THOMAS PAINE
(1737-1809)

THOMAS PAINE nasceu no dia 29 de janeiro de 1737 em Thetford, Norfolk, Inglaterra, filho do quaker Joseph Pain, um costureiro de espartilhos, e da anglicana Frances Cocke Pain. Estudou na Thetford Grammar School e aos treze anos se tornou aprendiz do pai. Em 1757, serviu no navio *King of Prussia* durante a Guerra dos Sete Anos e, depois de seis meses, foi para Londres trabalhar para um grande costureiro. Nessa época começou a entrar em contato com a filosofia e a ciência.

Em 1759, abriu sua própria confecção de espartilhos em Kent e casou-se com Mary Lambert, que morreu ao dar a luz ao primeiro filho, juntamente com o bebê. Após o abalo, fechou a loja e voltou a Thetford para trabalhar no serviço de cobrança de impostos, do qual acabou dispensado e ao qual foi readmitido diversas vezes, mas que serviu de base para *The Case of the Officers of Excise* (1772), seu primeiro panfleto a obter sucesso. Em 1771, casou-se com Elizabeth Ollive, filha de um amigo.

Em 1774, foi apresentado a Benjamin Franklin, quem o ajudou a imigrar para os Estados Unidos. Já na Filadélfia, passou a se dedicar ao jornalismo e a escrever artigos, poemas e outros escritos, que culminaram em 1776 com a publicação (primeiramente anônima) de *Senso comum*, um panfleto que conclamava as colônias americanas a lutarem para tornar o país independente da Grã-Bretanha e pela criação de uma república. Há registros de que o panfleto tenha vendido mais de 150 mil cópias somente em 1776. Nessa época, passou a assinar seu nome com um "e" no final, diferentemente do nome familiar.

No ano seguinte, viajou com o exército e não t~~
sucesso como soldado, mas essa experi^
em *The American Crisis*, um~
dos entre 1776 e 1783 c(
do exército e do congres
tanto nos Estados Unidos
comitês estratégicos e ass

entre eles o de secretário do Comitê de Assuntos Exteriores dos EUA, do qual acabou expulso. É dessa época o texto *Dissertations on Government; the Affairs of the Bank; and Paper Money* (1786). Após o polêmico episódio, retornou a Londres em 1787, dedicando seu tempo a invenções, como uma vela que produzisse menos fumaça e uma ponte de ferro sem pilares.

Em resposta a *Reflections on the Revolution in France*, obra crítica de Edmund Burke à Revolução Francesa, Paine escreveu *Os direitos do homem*, manifesto republicano-democrático publicado em duas partes (1791-1792), no qual mostra sua visão de uma sociedade igualitária fundamentada sobre os direitos naturais do cidadão. As detalhadas propostas – expostas na obra – sobre como o governo poderia assistir os pobres inspiraram as gerações futuras. Devido às suas posições radicalmente antimonárquicas, Paine foi condenado à prisão na Inglaterra, mas conseguiu fugir a tempo.

Na França, recebeu a cidadania honorária e foi eleito membro da Convenção Nacional. Porém, sua posição contrária à execução de Luís XVI – argumentando que ele deveria ser mantido na prisão durante a guerra e depois exilado para os Estados Unidos – levou à sua expulsão da Convenção Nacional e posterior prisão, em 1793. Nessa época de grandes tensões, Paine passou a beber cada vez mais. Ainda preso, começou a escrever seu mais controverso trabalho, *A idade da razão* (1794-1796), no qual questiona a autoridade da Bíblia e profere uma defesa fervorosa do deísmo (afirmação da existência de Deus por meio da razão).

Libertado em 1794, publicou um ano depois *Dissertação sobre os primeiros princípios do governo*, panfleto no qual defende o sufrágio universal. A convite do presidente americano Thomas Jefferson, Paine retornou para os Estados Unidos em 1802. Porém, com uma série de inimigos detratando-o publicamente, Paine foi se isolando aos poucos, até morrer em 8 de junho de 1809, aos 72 anos, em Nova York.

THOMAS PAINE

SENSO COMUM
OS DIREITOS DO HOMEM
DISSERTAÇÃO SOBRE OS PRIMEIROS PRINCÍPIOS DO GOVERNO

Tradução de RICARDO DONINELLI-MENDES

www.lpm.com.br

Coleção **L&PM** Pocket, vol. 768

Título original: *Common Sense*; *Rights of Man*; *Dissertation on First Principles of Government*

Primeira edição na Coleção **L&PM** Pocket: maio de 2009

Tradução: Ricardo Doninelli-Mendes
Capa: Ivan Pinheiro Machado
Preparação: Bianca Pasqualini
Revisão: Patrícia Yurgel

CIP-Brasil. Catalogação-na-Fonte
Sindicato Nacional dos Editores de Livros, RJ.

P163s

Paine, Thomas, 1737-1809
    Senso comum / Thomas Paine; tradução Ricardo Doninelli-Mendes. – Porto Alegre, RS: L&PM, 2009.
    352p. – (Coleção L&PM Pocket; v. 768)

    Tradução de: *Common Sense*
    ISBN 978-85-254-1875-3

    1. Ciência política - História - Século XVIII. 2. Monarquia. 3.Estados Unidos - Política e governo, 1775-1783. I. Título. II. Série.

09-1372.   CDD: 320.011
                             CDU: 321.01

© da tradução, L&PM Editores, 2009

Todos os direitos desta edição reservados a L&PM Editores
Rua Comendador Coruja 314, loja 9 – Floresta – 90220-180
Porto Alegre – RS – Brasil / Fone: 51.3225.5777 – Fax: 51.3221-5380
Pedidos & Depto. Comercial: vendas@lpm.com.br
Fale conosco: info@lpm.com.br
www.lpm.com.br

Impresso no Brasil
Outono de 2009

Sumário

Senso comum 9

Os direitos do homem 71
    Parte I 73
    Parte II 190

Dissertação sobre os primeiros princípios do governo ..323

SENSO COMUM

Senso comum

Dirigido aos habitantes da América

> Man knows no Master save creating HEAVEN,
> Or those whom Choice and common Good ordain.*
> THOMSON**

14 de fevereiro de 1776

Introdução

TALVEZ OS SENTIMENTOS contidos nas páginas seguintes *ainda* não estejam suficientemente em voga para obter aprovação geral; um hábito antigo de não conceber algo como *errado* lhe confere uma aparência de *certo*, e de início faz surgir um formidável brado em defesa do costume. Mas o tumulto logo passa. O tempo produz mais conversões que a razão.

Como um longo e violento abuso de poder é geralmente o meio de pôr o direito de tal poder em dúvida (e também em questões que poderiam jamais ser consideradas, se os pacientes não tivessem sido envolvidos na polêmica), e tendo o rei da Inglaterra se comprometido, por seu *próprio Direito*, a apoiar o Parlamento no que chama de direito *Dele*, e tendo o bom povo deste país sido gravemente oprimido por tal agrupamento, tem este o privilégio indubitável de questionar a pretensão de ambos e de igualmente rejeitar a usurpação de cada um.

Nas próximas páginas, o autor evitou cuidadosamente qualquer coisa que seja pessoal entre nós. Delas não fazem

---

* [O Homem não reconhece outro Senhor salvo a criação do PARAÍSO, / Ou aqueles a quem a Escolha e o Bem comum dão ordens.] (N.T.)
** James Thomson, *Liberty: A Poem* (1736), parte IV, linhas 636-37. (Nota do editor americano, The Library of America.)

parte elogios nem censuras a indivíduos. Os sábios e os dignos não necessitam do triunfo de um panfleto, e aqueles cujos sentimentos são insensatos ou hostis não se deterão a menos que demasiados esforços sejam destinados à sua conversão.

A causa da América é, em grande medida, a causa de toda a humanidade. Surgiram, e ainda surgirão, muitas circunstâncias que não são locais, mas universais, através das quais são afetados os princípios de todos os defensores da humanidade, e em cujas ocorrências suas afeições são implicadas. Que se desole um país com Fogo e Espada, declarando guerra aos direitos naturais de toda a Humanidade, extirpando seus defensores da face da Terra, é objeto de atenção de todo Homem a quem a Natureza deu o poder da sensibilidade; a esta classe, apesar da censura partidária, pertence o

AUTOR

P.S.: A publicação desta nova edição foi adiada para levar em conta (se fosse necessário) qualquer tentativa de refutação da doutrina da independência. Nenhuma resposta apareceu até agora, e suponho que nenhuma aparecerá, pois já se esgotou o tempo necessário para que tal ato viesse a público.

Para o público, é totalmente desnecessário saber quem é o autor desta obra, pois seu objeto de estudo é a *Doutrina*, e não o *Homem*. Contudo, talvez não seja desnecessário dizer que ele não está ligado a qualquer partido ou sob qualquer influência pública ou privada, mas apenas sob a influência da razão e dos princípios.

Filadélfia, 14 de fevereiro de 1776.

Da origem e propósito do governo em geral, com observações concisas sobre a Constituição Inglesa

Alguns escritores confundiram de tal forma a sociedade com o governo que fizeram, entre os dois, pouca ou nenhuma distinção; eles não são, entretanto, apenas diferentes, mas também possuem origens diferentes. A sociedade é produzida por nossas necessidades; o governo, por nossa maldade; a primeira promove a nossa felicidade *positivamente*, unindo nossas afeições; o último o faz *negativamente*, limitando nossos maus hábitos. Uma encoraja a inter-relação, o outro cria distinções. A primeira é uma patrona; o segundo, um punidor.

    A sociedade é, em qualquer estado, uma benção, mas o governo, mesmo em seu melhor estado, é apenas um mal necessário. No seu pior estado, é um mal intolerável, pois quando sofremos ou ficamos expostos, *por causa de um governo*, às mesmas desgraças que poderíamos esperar em um país *sem governo*, nossa calamidade pesa ainda mais ao considerarmos que somos nós que fornecemos os meios pelos quais sofremos. O governo, como uma vestimenta, é o emblema da inocência perdida; os palácios dos reis são construídos sobre as ruínas das moradas do paraíso. Se os impulsos da consciência fossem obedecidos de forma clara, uniforme e irresistível, ninguém necessitaria de outro legislador. Como não é esse o caso, os homens consideram necessário ceder uma parte de sua propriedade a fim de fornecer meios para a proteção do restante. A isso são levados pela mesma prudência que os aconselha, em qualquer outro caso, a escolher, dentre dois males, o menor. *Conseqüentemente*, sendo a segurança o verdadeiro propósito e finalidade do governo, segue-se irrefutavelmente que qualquer que seja a *forma* de governo que, com maior probabilidade, nos garantirá a segurança, com os menores custos e os maiores benefícios, ela será preferível a todas as demais.

    Para termos uma idéia clara e justa do propósito e da finalidade do governo, imaginemos um pequeno grupo de pessoas estabelecidas em uma parte isolada qualquer da Terra

– sem ligação com o restante dos homens – que representará o primeiro povoamento de um país ou do mundo. Nesse estado de liberdade natural, a sociedade será sua primeira preocupação. Mil razões estimulam o grupo a considerá-la como tal: a força de um homem é tão desproporcional às suas necessidades, e sua mente é tão pouco preparada para o isolamento, que ele rapidamente se verá obrigado a buscar ajuda e auxílio de outros, os quais, por sua vez, buscarão o mesmo. Quatro ou cinco, unidos, seriam capazes de construir uma morada aceitável em meio a uma paisagem agreste, enquanto *um* homem poderia trabalhar toda uma vida normal sem conseguir realizar nada; derrubada a árvore, poderia não conseguir remover a madeira ou erguê-la depois de removida; enquanto isso, a fome o afastaria de seu trabalho, assim como cada uma de suas diferentes necessidades o moveria em diferentes direções. A doença e até mesmo o infortúnio significariam a morte, pois, embora nenhum seja mortal, o incapacitariam para a vida e o reduziriam ao estado de definhamento.

Assim, a necessidade, como uma força gravitacional, em breve agruparia os imigrantes recém-chegados em uma sociedade cujos benefícios recíprocos a substituiriam e tornariam as obrigações da lei e do governo desnecessárias enquanto eles se mantivessem perfeitamente justos uns com os outros. Contudo, como nada além do Céu é impenetrável ao vício, à medida que vencessem as primeiras dificuldades da imigração, que os uniu por uma causa comum, eles inevitavelmente começariam a relaxar os deveres e ligações de cada um com os demais. Tal desleixo indicaria a necessidade de estabelecer alguma forma de governo para remediar a deficiência de virtude moral.

Uma árvore apropriada lhes proveria a sede do Parlamento, sob cujos ramos toda a colônia poderia reunir-se em assembléia para deliberar sobre questões públicas. É muito provável que as suas primeiras leis fossem intituladas apenas REGULAMENTOS, aos quais somente a pena do desprezo público os forçaria a obedecer. Nesse primeiro Parlamento, todos os homens, por direito natural, teriam assento.

Contudo, à medida que a colônia fosse crescendo, cresceriam igualmente os problemas públicos, e a distância que pudesse separar os membros tornaria bastante inconveniente que se reunissem todos em todas as ocasiões tal como no início, quando eram em pequeno número, suas casas eram próximas e os problemas públicos eram poucos e insignificantes. Isso indicaria a conveniência de consentirem em deixar que a parte legislativa fosse dirigida por um grupo seleto escolhido dentre todos os membros, grupo cujos interesses em jogo supostamente seriam os mesmos daqueles que o nomearam e que agiria da mesma maneira que agiriam todos os membros, caso estivessem todos presentes. Se a colônia continuasse a crescer, seria necessário aumentar o número dos representantes; chegando-se à conclusão de que, para que se pudesse atender o interesse de todas as partes da colônia, seria melhor dividir o todo em partes convenientes, com cada parte enviando o seu número apropriado de representantes. E para que os *eleitos* nunca pudessem moldar para si mesmos algum interesse independente dos *eleitores,* a prudência mostraria a adequação de eleições freqüentes, pois, podendo os *eleitos,* por tal meio, retornar e misturar-se, em poucos meses, ao corpo geral dos *eleitores*, a sua fidelidade à vontade pública ficaria assegurada pela prudente consideração de não prejudicarem a si próprios. E como essa alternância constante estabeleceria um interesse comum a todas as partes da comunidade, os membros se apoiariam mútua e naturalmente. Disso depende (e não do inexpressivo nome de rei) a *força do governo e a felicidade dos governados.*

Eis, então, a origem e o princípio do governo: um meio que se faz necessário devido à incapacidade da virtude moral para governar o mundo. Eis também o propósito e a finalidade do governo: a liberdade e a segurança. E, embora nossos olhos possam deslumbrar-se com algum espetáculo, e nossos ouvidos iludir-se com algum som, e por mais que o preconceito possa deformar a nossa vontade ou o interesse obscurecer a nossa compreensão, a simples voz da natureza e da razão dirá que isso é correto.

Infiro a minha idéia da forma de governo de um princípio natural que nenhum ardil pode aniquilar, a saber, quanto mais simples algo é, tanto menos sujeito à desordem, e, quando desordenado, tanto mais fácil será repará-lo. Com essa máxima em vista, ofereço algumas considerações sobre a tão alardeada Constituição da Inglaterra. Admitamos que ela tenha sido nobre para os tempos sombrios e de escravidão em que foi erigida. Quando o mundo estava assolado pela tirania, o menor distanciamento de tal tirania já significava uma gloriosa salvação. Mas se demonstra facilmente que a Constituição é imperfeita, está sujeita a convulsões e é incapaz de produzir o que parece prometer.

Os governos absolutos (embora sejam a vergonha da natureza humana) possuem a vantagem de serem simples: se o povo sofre, sabe de onde vem o seu sofrimento, sabe também qual o remédio e não se desnorteia com a diversidade de causas e curas. Mas a Constituição da Inglaterra é tão excessivamente complexa que a nação pode sofrer durante anos sem conseguir descobrir em que parte reside o defeito; alguns o identificarão em uma; outros, em alguma outra, e cada médico político recomendará um remédio diferente.

Sei que é difícil superar os preconceitos locais ou antigos mas, se nos dermos ao trabalho de examinar as partes da Constituição inglesa, veremos que elas são sobras abjetas de duas antigas tiranias, acrescidas de algumas novas substâncias republicanas.

Primeira: As sobras da tirania monárquica, na pessoa do rei.

Segunda: As sobras da tirania aristocrática, nas pessoas dos nobres.

Terceira: As novas substâncias republicanas, nas pessoas dos Comuns, de cuja virtude depende a liberdade da Inglaterra.

As duas primeiras, sendo hereditárias, são independentes do povo; assim, em um *sentido constitucional,* em nada contribuem para a liberdade do Estado.

É ridículo dizer que a Constituição da Inglaterra é uma *união* de três poderes que se *controlam* reciprocamente: ou essas palavras não têm significado, ou não passam de meras contradições.

Dizer que os Comuns constituem um controle sobre o rei pressupõe duas coisas:

Primeira: Que o rei não é confiável sem ser vigiado, ou, em outras palavras, que a sede pelo poder absoluto é a doença natural da monarquia.

Segunda: Que os Comuns, por terem sido nomeados para aquele propósito, ou são mais sábios ou são mais dignos de confiança do que a Coroa.

Porém, como a mesma Constituição que dá aos Comuns o poder de controlar o rei, negando-lhe os suprimentos, dá posteriormente ao rei o poder de controlar os Comuns, permitindo-lhe rejeitar seus outros projetos de lei, ela novamente supõe ser o rei mais sábio do que os que já supôs serem mais sábios do que ele. Puro absurdo!

Há algo de muito ridículo na composição da monarquia; primeiro ela exclui um homem dos meios de informação, mas lhe permite agir em casos que requerem capacidade superior de julgamento. A posição de um rei o aparta do mundo; no entanto, a atividade de um rei exige que ele conheça perfeitamente o mundo. Com isso, as diferentes partes, opondo-se de forma antinatural e destruindo uma à outra, provam que essa figura é absurda e inútil.

Alguns escritores têm explicado a Constituição inglesa desta forma: o rei, dizem, é uma coisa; o povo, outra; os nobres formam uma Casa em representação do rei; os Comuns, em representação do povo; mas isso tem todas as qualidades distintivas de uma Casa dividida contra si própria. E, ainda que as expressões sejam agradavelmente ordenadas, ao serem examinadas mostram-se inúteis e ambíguas. Sempre ocorrerá que a mais precisa construção de que são capazes as palavras, quando aplicada à descrição de alguma coisa que não possa existir ou ser demasiadamente incompreensível para caber na extensão da descrição, conterá apenas sons. Aquelas palavras, embora possam entreter o ouvido, não conseguem instruir a mente, pois aquela explicação implica uma questão anterior: *como o rei obteve um poder no qual o povo receia confiar e que sempre se vê obrigado a con-*

trolar? Tal poder não pode ser a dádiva de um povo sábio, e nenhum poder *que necessite ser controlado* pode vir de Deus; no entanto, a disposição estabelecida na Constituição supõe que tal poder exista.

Contudo, a disposição é desproporcional à tarefa; os meios não podem realizar ou não realizarão o fim, e a questão toda é um suicídio, pois, tal como o peso maior sempre fará subir o menor, e todas as rodas de uma máquina são postas em movimento por apenas uma, resta apenas saber qual poder na Constituição tem o maior peso, porque este irá governar. Embora os outros poderes, ou parte deles, possam frear ou, como se costuma dizer, controlar a rapidez do seu movimento, enquanto não conseguirem pará-lo, suas tentativas serão ineficazes. A primeira força motriz por fim conseguirá o que quer, e o tempo lhe suprirá a velocidade desejada.

Não é necessário mencionar que a Coroa é a parte dominante da Constituição inglesa, e é auto-evidente que ela deriva toda a sua importância apenas do fato de ser a doadora de cargos e pensões, razão pela qual, ainda que tenhamos sido suficientemente sensatos para fechar e trancar a porta à monarquia absoluta, ao mesmo tempo fomos suficientemente tolos para deixarmos a chave em poder da Coroa.

O preconceito dos ingleses a favor do seu próprio governo de Rei, Lordes e Comuns nasce mais do orgulho nacional do que da razão. Indubitavelmente, os indivíduos têm mais segurança na Grã-Bretanha do que em alguns outros países, mas a *vontade* do rei é, na Inglaterra, tal como na França, a *lei* da terra, com a diferença de que, em vez de proceder diretamente da boca do rei, é passada ao povo sob a forma mais terrível de uma lei do Parlamento. O destino de Carlos I tornou os reis apenas mais sutis, não mais justos.

Assim, deixando de lado todo o orgulho e preconceito nacionais a favor de hábitos e padrões, a verdade evidente é que o fato de a Coroa da Inglaterra não ser tão opressora como a da Turquia *se deve inteiramente à Constituição do povo, e não à Constituição do governo.*

Faz-se altamente necessária uma investigação dos *erros constitucionais* na forma inglesa de governo porque, assim como nunca estaremos em boas condições para fazer justiça a outros se continuarmos sob a influência de alguma destacada parcialidade, tampouco poderemos fazê-la a nós mesmos se permanecermos acorrentados por algum preconceito persistente. E assim como um homem apegado a uma prostituta não reunirá condições para escolher ou julgar uma esposa, qualquer predisposição a favor de uma constituição corrompida nos incapacitará a reconhecer uma que seja boa.

DA MONARQUIA E DA SUCESSÃO HEREDITÁRIA

SENDO OS HOMENS originariamente iguais na ordem da criação, a igualdade só pôde ser destruída por alguma circunstância posterior. As distinções entre ricos e pobres podem, em grande medida, ser assim explicadas, sem termos de recorrer aos nomes ásperos e malsonantes de opressão e avareza. Com freqüência, a opressão é a *conseqüência,* mas, raramente ou nunca, o *meio* da riqueza. E a avareza, ainda que possa proteger um homem da pobreza indigente, geralmente o torna medroso demais para conseguir ser rico.

Há, porém, outra distinção ainda maior, à qual não se pode atribuir nenhuma razão verdadeiramente natural ou religiosa: entre REIS e SÚDITOS. Macho e fêmea são as distinções da natureza; bom e mau, as distinções do Céu. Contudo, vale a pena indagar como uma linhagem de homens veio ao mundo em uma posição tão acima dos outros, distinta como uma nova espécie, e se significa, para a humanidade, um meio para a felicidade ou para a desgraça.

Nos primórdios do mundo, de acordo com a cronologia das Escrituras, não existiam reis. Como conseqüência, não havia guerras. Foi o orgulho dos reis que lançou a humanidade à confusão. A Holanda, sem um rei, gozou de mais paz neste último século do que qualquer um dos governos monárquicos da Europa. A Antigüidade permite fazer a mesma observação, pois a vida tranqüila e rural dos primeiros patriarcas tinha algo de feliz, que desaparece ao chegarmos à história da realeza judaica.

O governo dos reis foi introduzido no mundo pelos Pagãos, dos quais os filhos de Israel copiaram o costume. Essa foi a invenção mais propícia de que o Diabo jamais lançou mão para promover a idolatria. Os Pagãos prestavam honras divinas aos seus reis falecidos; o mundo cristão refinou o método, fazendo o mesmo aos seus reis vivos. Que heresia aplicar o título de sagrada majestade a um verme que, no meio do seu esplendor, se reduz a pó!

Assim como elevar um homem muito acima dos outros não pode ser justificado pelos direitos iguais de natureza, essa elevação tampouco pode ser defendida com base na autoridade das Escrituras, porque a vontade do Todo-Poderoso, conforme declarada por Gideão e pelo profeta Samuel*, desaprova expressamente o governo exercido por reis. Todas as passagens antimonárquicas das Escrituras têm sido cuidadosamente glosadas nos governos monárquicos, mas sem dúvida merecem a atenção dos países que ainda deverão dar forma a seu próprio governo. "Dai a César o que é de César" é a doutrina das Escrituras quanto aos tribunais; entretanto, elas não defendem o governo monárquico, pois os judeus, naquele tempo, não tinham um rei e eram vassalos dos romanos.

Passaram-se quase três mil anos desde a criação da terra – conforme o relato de Moisés – até que os judeus, iludidos com uma nação, exigissem um rei. Até então, a sua forma de governo (exceto em casos extraordinários, nos quais intervinha o Todo-Poderoso) fora um tipo de república administrada por um juiz e os anciãos das tribos. Não tinham nenhum rei. Considerava-se pecado reconhecer alguém com esse título, a não ser o Senhor dos Exércitos. Para alguém que reflita seriamente sobre a homenagem idólatra prestada às pessoas dos reis, não será uma surpresa que o Todo-Poderoso, sempre zeloso de sua honra, desaprove uma forma de governo que tão impiedosamente viola a prerrogativa do Céu.

Nas Escrituras, a monarquia é qualificada como um dos pecados dos judeus, pelo qual – anuncia-se – uma maldição lhes está destinada. Vale a pena atentar à história dessa qualificação.

---

* Juízes 6-8, especialmente 8:22-23; I Samuel 8:5-20, 12:17-19. (N.E.)

Os filhos de Israel eram oprimidos pelos medianitas. Gideão marchou contra eles, com um pequeno exército; por intervenção divina, a vitória inclinou-se a seu favor. Os judeus, jubilosos, atribuíram a vitória à habilidade de Gideão como general e propuseram que ele fosse feito rei, dizendo: "Reina sobre nós, tu e teu filho, e o filho de teu filho". Era a tentação em sua maior extensão: não apenas um reino, mas um reino hereditário. Contudo, com alma piedosa, Gideão respondeu: "Não reinarei sobre vós, nem sobre vós reinará meu filho. O SENHOR REINARÁ SOBRE VÓS." As palavras são claras: Gideão não *recusa* a honra, mas nega a eles o direito de conferi-la; tampouco os cumprimenta, com declarações fingidas de agradecimento; mas, com o estilo positivo de um profeta, acusa-os de desafeição ao soberano propriamente dito, o Rei do Céu.

Cerca de 130 anos depois, os judeus cometeram novamente o mesmo erro. O desejo ardente que tinham pelos costumes idólatras dos Pagãos é algo extraordinariamente inexplicável. Mas era tão intenso que – agarrando-se à má conduta dos dois filhos de Samuel, aos quais haviam sido confiados alguns assuntos seculares – chegaram brusca e clamorosamente até Samuel, dizendo-lhe: "Bem vês que estás velho e teus filhos não seguem as tuas pegadas; constitui-nos, pois, um rei que nos julgue, como o têm todas as nações". Aqui não podemos deixar de observar que os seus motivos eram maus, isto é, que eles queriam ser *iguais* às demais nações, ou seja, Pagãos, enquanto que a sua verdadeira glória estava em ser tão *diferente* deles quanto possível. "Mas as palavras 'constitui-nos um rei que nos julgue' desagradaram a Samuel; e Samuel orou ao Senhor, e o Senhor disse a Samuel: 'Ouve a voz do povo em tudo o que te disseram, porque ele não rejeitou a ti, mas a mim, PARA QUE EU NÃO REINE SOBRE ELE. Segundo todas as obras que fez desde o dia em que o tirei do Egito até hoje, pois a mim me deixou, e a outros deuses serviu, assim também o faz a ti. Agora, pois, atende à sua voz, porém adverte-o solenemente e explica-lhe qual será o costume do rei que houver de reinar sobre ele'", ou seja, não a de um rei particular, mas o costume geral dos reis na terra, que Israel tão zelosamente imitou depois. Apesar da grande distância no tempo e da diferença de costumes, essa figura continua em voga. "E Samuel disse todas as palavras do Senhor ao povo, que lhe pedia um rei. E continuou: 'Este será o costume do rei que houver de reinar sobre vós; ele tomará os vossos filhos, e os empregará nos seus carros, e como seus cavaleiros, para que corram adiante dos seus carros" (essa descrição está de acordo com a maneira atual de impressionar os homens). "E os porá por chefes de mil, e de cinqüenta; e para que lavrem a sua lavoura, e façam a sua sega, e fabriquem as suas armas de guerra e os petrechos de seus carros. E tomará as vossas filhas para perfumistas, cozinheiras e padeiras" (o que descreve os gastos e os luxos, bem como a opressão dos reis). "E tomará o melhor das vossas terras, e das vossas vinhas, e dos vossos olivais, e os dará aos seus servos. E tomará a dízima das vossas sementes e vinhas, para dar aos seus oficiais e aos seus servos" (pelo que se vê que o suborno, a corrupção e o favoritismo são vícios permanentes dos reis). "E também dos vossos servos, servas e vossos melhores moços, e dos vossos jumentos, tomará a dízima, e os empregará no seu trabalho. E tomará a dízima do vosso rebanho, e vós lhe servireis de servos. Então naquele dia clamareis por causa do vosso rei, que vós houverdes escolhido; MAS O SENHOR NÃO VOS OUVIRÁ NAQUELE DIA." Isso explica a continuação da monarquia. Tampouco o caráter dos bons reis que viveram desde então santifica ou apaga o pecado da origem. Os grandes elogios feitos a Davi não se referem a ele *oficialmente como um rei,* mas apenas como *um homem* segundo o coração de Deus. "Porém, o povo não quis ouvir a voz de Samuel; e disseram: 'Não, mas haverá sobre nós um rei. E nós também seremos como todas as outras nações; e o nosso rei nos julgará, e sairá adiante de nós, e fará as nossas guerras'." Samuel continuou a argumentar com o povo, mas em vão; desvelou-lhe sua ingratidão, mas nada resultou; e vendo-o inteiramente disposto à loucura, gritou: "'Clamarei, pois, ao Senhor, que lhes trará trovões e chuva [o que então era um castigo, pois era a época da colheita do trigo]; e sabereis e vereis que é grande a vossa maldade, que tendes feito perante o Senhor, PEDINDO PARA VÓS UM REI.' Então invocou Samuel ao

Senhor, e o Senhor trouxe trovões e chuva naquele dia; por isso todo o povo temeu sobremaneira ao Senhor e a Samuel. E todo o povo disse a Samuel: 'Roga pelos teus servos ao Senhor teu Deus, para que não venhamos a morrer; PORQUE A TODOS OS NOSSOS PECADOS TEMOS ACRESCENTADO ESTE MAL, DE PEDIRMOS PARA NÓS UM REI'." Esses trechos das Escrituras são diretos e indiscutíveis. Não admitem interpretação equívoca. Ou o Todo-Poderoso aí se declarou contra o governo monárquico, ou as Escrituras são falsas. E existem boas razões para acreditar que há tanto da arte reinar quanto do poder sacerdotal na sonegação das Escrituras ao público nos países papistas, porque a monarquia é sempre o papismo do governo.

Ao mal da monarquia acrescentamos o da sucessão hereditária; se a primeira é uma degradação e depreciação de nós mesmos, a segunda, reivindicada como uma questão de direito, é uma afronta e uma imposição à posteridade. Sendo todos os homens originariamente iguais, *ninguém* pode ter, *por nascimento,* o direito de pôr em perpétua preferência sua família relativamente às demais; e se alguém merecer, de seus contemporâneos, alguma medida decente de honras, ainda assim, os seus descendentes poderão ser muito indignos de herdá-las. Uma das provas *naturais* mais fortes contra a asneira do direito hereditário dos reis é que a natureza o desaprova; de outro modo, não o faria tão freqüentemente cair em ridículo, dando à humanidade um *burro em pele de leão.*

Em segundo lugar, já que nenhum homem poderia inicialmente possuir outras honras que não as que lhe tivessem sido concedidas, os que as concedem não poderiam ter poder algum de desfazer-se do direito de posteridade. Embora os concedentes pudessem dizer "Nós te escolhemos para *nosso* chefe", não poderiam, sem cometer uma clara injustiça para com seus filhos, dizer "Teus filhos e os filhos de teus filhos reinarão sobre *os nossos* para sempre", porque um pacto tão insensato, injusto e antinatural poderia (talvez) pô-los, na sucessão seguinte, sob o governo de um velhaco ou de um tolo. A maioria dos homens sensatos sempre considerou, sob o ponto de vista privado, o direito hereditário com desdém.

Todavia, aí está um dos males que, uma vez estabelecidos, não são facilmente extirpados. Muitos se sujeitam por medo, outros, por superstição, enquanto os mais poderosos compartilham com o rei a pilhagem dos restantes.

Isso supondo que a atual linhagem de reis do mundo tenha uma origem honrosa. Entretanto, é mais do que provável que, se pudéssemos retirar a negra cobertura de antigüidade e remontar essa linhagem à sua origem, descobriríamos que o primeiro desses reis não passa do principal malfeitor de algum bando agitado, alguém que granjeou entre os saqueadores, por sua brutalidade ou superior sutileza, o título de chefe. Alguém que também, aumentando o seu poder e ampliando as depredações, apavorou os pacíficos e indefesos, fazendo-os comprar sua segurança pagando-lhe freqüentes taxas. Entretanto, os eleitores do chefe poderiam não fazer idéia alguma da concessão de direito hereditário aos descendentes dele, porque essa perpétua exclusão deles mesmos era incompatível com os princípios livres e irrestritos que declaravam seguir. Por conseguinte, a sucessão hereditária nos primeiros tempos da monarquia não pode ter-se afirmado como matéria reivindicatória, mas sim como algo casual ou concedido por cortesia. Contudo, como não havia registros naquela época e a história tradicional estava repleta de mitos, foi muito fácil, no intervalo de poucas gerações, forjarem uma história supersticiosa convenientemente determinada no tempo, como a de Maomé, para fazer os plebeus engolirem o direito hereditário. Talvez as desordens que ameaçavam sobrevir, ou pareciam ameaçar, por ocasião da morte de um chefe e da escolha de outro (pois as eleições entre rufiões não podiam ser muito ordeiras), tenham induzido muita gente a inicialmente sustentar pretensões hereditárias; e desse modo ocorreu, e vem ocorrendo desde então, que aquilo que a princípio fora apresentado como conveniência fosse, mais tarde, reivindicado como direito.

A Inglaterra, desde a conquista, conheceu alguns poucos monarcas bons, mas gemeu sob um número muito maior de maus; no entanto, ninguém poderá dizer, em seu juízo, que tenha sido coisa honrosa seu título para Guilherme, o Conquistador. Um bastardo francês, que desembarca com bandidos armados e se constitui rei da Inglaterra contra a vontade dos nativos, é, falando francamente, uma fonte bastante torpe e vil. Certamente não há nada de divino nisso. Mas é desnecessário perder muito tempo expondo a tolice do direito hereditário; se há alguém tão simplório que acredite nele, então que adore promiscuamente o Burro e o Leão, e bom proveito! Não imitarei sua humildade nem perturbarei sua devoção.

Entretanto, gostaria de perguntar como se supõe que tenham surgido os primeiros reis. A questão admite apenas três respostas: por sorteio, eleição ou usurpação. Se o primeiro rei foi escolhido por sorteio, isso estabeleceu um precedente para o seguinte, o que exclui a sucessão hereditária. Saul foi escolhido por sorteio*, mas a sucessão não foi hereditária; tampouco parece ter havido, no processo, alguma intenção de que fosse hereditária. Se o primeiro rei de qualquer país foi escolhido por eleição, fica igualmente estabelecido o precedente para o seguinte, pois dizer que o *direito* de todas as futuras gerações é suprimido na escolha, feita pelos primeiros eleitores, não apenas de um rei, mas de uma família de reis, e para sempre, é coisa que não encontra analogia nas Escrituras nem fora delas, salvo a doutrina do pecado original, que supõe que, com Adão, perdeu-se o livre-arbítrio de todos os homens. Dessa comparação, e nenhuma outra é aceitável, a sucessão hereditária não pode derivar glória alguma porque se, com Adão, todos pecaram e, com os primeiros eleitores, todos os homens obedeceram; se com um, toda a humanidade ficou sujeita a Satanás e, com o outro, à soberania; se, no primeiro caso, perdemos a nossa inocência, e, no segundo, a nossa autoridade; se ambos nos incapacitam a resgatar um estado e um privilégio anteriores, segue-se irrefutavelmente que o pecado original e a sucessão hereditária são análogos. Que categoria desonrosa! Que ligação inglória! No entanto, nem o mais sutil dos sofistas poderia apresentar uma comparação mais justa.

Quanto à usurpação, nenhum homem será audacioso o suficiente para defendê-la. E é um fato inegável que

---
* Samuel 10:17-24. (N.E.)

Guilherme, o Conquistador, foi um usurpador. A verdade evidente é que a antigüidade da monarquia inglesa não resistirá a um exame minucioso.

Entretanto, o que mais interessa à humanidade não é o absurdo da sucessão hereditária, mas seu mal. Se ela garantisse uma linhagem de homens bons e sensatos, traria o selo da autoridade divina; mas, como abre as portas ao *tolo,* ao *mau* e ao *inconveniente,* tem em si a natureza da opressão. Os que se consideram nascidos para reinar e julgam os outros nascidos para obedecer logo se tornam insolentes. Isolados do resto da humanidade, suas mentes cedo se envenenam com a importância; e o mundo em que agem difere materialmente tanto do mundo como um todo que pouca oportunidade eles têm de conhecer os verdadeiros interesses deste mundo; e quando recebem o governo por sucessão, eles são, com freqüência, os mais ignorantes e incapazes dentre todos os homens sob seu domínio.

Outro dos males que atinge a sucessão hereditária é o trono estar sujeito a ser ocupado por um menor de idade. Agindo sob o manto real, a regência tem o incentivo para, sempre que possível, trair a confiança do rei. A mesma desventura nacional ocorre quando um rei, esgotado pela velhice e por enfermidades, chega ao último estágio da fraqueza humana. Em ambos os casos, o público torna-se presa de qualquer canalha que consiga falsificar com êxito os desatinos da velhice ou da infância.

A justificativa mais plausível já oferecida da sucessão hereditária é que ela protege uma nação das guerras civis. Se isso fosse verdade, seria um argumento de peso; contudo, trata-se da mentira mais descarada já imposta à humanidade. Toda a história da Inglaterra nega esse fato. Trinta reis e dois menores reinaram nesse insensato país desde a conquista. Durante esses reinados (incluindo a Revolução), houve nada menos que oito guerras civis e dezenove rebeliões. Portanto, em vez de estimular a paz, é desfavorável a ela e destrói os próprios alicerces sobre o quais ela parece firmar-se.

A luta pela monarquia e pela sucessão entre as Casas de York e Lancaster pôs a Inglaterra em um cenário de sangue por muitos anos. Entre Henrique e Eduardo, foram travadas doze batalhas campais, além de escaramuças e sítios. Por duas vezes, Henrique foi prisioneiro de Eduardo, quem, por sua vez, o foi de Henrique. Tão incertos são o destino de uma guerra e o humor de uma nação, quando questões pessoais são a única base de uma disputa, que Henrique foi levado em triunfo da prisão ao palácio, enquanto Eduardo foi obrigado a fugir do palácio para uma terra estrangeira. Entretanto, como as mudanças repentinas de humor são raramente duradouras, Henrique foi expulso do trono, e Eduardo chamado de volta para sucedê-lo. O Parlamento sempre acompanhou o lado mais forte.

Essa luta começou no reinado de Henrique VI e só terminou inteiramente quando se uniram as famílias em torno a Henrique VII, abrangendo um período de 67 anos, de 1422 a 1489.

Em resumo, a monarquia e a sucessão cobriram de sangue e de cinzas o mundo inteiro (não apenas este ou aquele país). É uma forma de governo contra a qual testemunha a palavra de Deus, e o sangue a acompanhará.

Se investigarmos as atribuições de um rei, descobriremos que, em alguns países, elas não existem; e depois de passar a vida sem prazer para si e sem vantagem para a nação, o rei retira-se de cena, deixando que seus sucessores percorram o seu mesmo trajeto inútil. Nas monarquias absolutas, todo o peso das atribuições civis e militares recai sobre o rei; os filhos de Israel clamaram insistentemente por um rei que "nos julgará, e sairá adiante de nós, e fará as nossas guerras". Mas nos países em que o rei não é juiz nem general, como na Inglaterra, um homem se confundiria e não saberia quais *são* as atribuições dele.

Quanto mais um governo se aproxima da república, tanto menos atribuições há para o rei. É bastante difícil achar um nome apropriado para o governo da Inglaterra. Sir William Meredith* chama-o de república. No seu atual estado, contudo, é indigno de tal nome, porque a corrupta influência da Coroa, tendo todos os cargos à sua disposição,

---

* Meredith (morto em 1790) foi membro whig do Parlamento, de 1754 a 1780, e autor de vários panfletos sobre a política britânica. (N.E.)

engoliu o poder e devorou a virtude da Câmara dos Comuns (a parte republicana da Constituição) de forma tão eficaz que o governo da Inglaterra é quase tão monárquico quanto o da França ou da Espanha. Os homens desentendem-se com os nomes sem os compreender, porque é da parte republicana, e não da parte monárquica da Constituição da Inglaterra, que os ingleses desfrutam, ou seja, da liberdade de escolher uma Câmara dos Comuns saída de sua própria sociedade – e é fácil ver que, quando as virtudes republicanas falham, o resultado é a escravidão. Por que outro motivo a Constituição da Inglaterra está enferma senão porque a monarquia envenenou a república e a Coroa absorveu os Comuns?

Na Inglaterra, o rei faz pouco mais do que guerrear e presentear cargos, o que, dito diretamente, significa empobrecer a nação e desuni-la. É mesmo um belo negócio para um homem receber oitocentas mil libras esterlinas por ano e, de quebra, ser adorado! Muito mais vale, para a sociedade e para Deus, um homem honesto do que todos os rufiões coroados que já viveram.

Reflexões sobre o presente estado das questões americanas

Nas páginas seguintes, nada ofereço além de fatos simples, argumentos claros e senso comum. E de antemão só peço ao leitor que se livre dos preconceitos e precauções, e deixe que sua razão e sua intuição decidam por si mesmas; que *se vista*, ou melhor, que não *se dispa* do verdadeiro caráter de um homem e generosamente estenda suas idéias para além dos dias atuais.

Volumes e volumes foram escritos sobre a luta entre a Inglaterra e a América. Homens de todas as posições entraram na controvérsia, com diferentes motivações e propósitos diversos; mas todos foram ineficazes. Está encerrado o período de debate: as armas, como último recurso, decidirão a disputa; a apelação foi a escolha do rei, e o continente aceitou o desafio.

Conta-se que o falecido sr. Pelham (quem, embora hábil ministro, não carecia de defeitos), ao ser atacado na Câmara dos Comuns, sob a alegação de que suas medidas não tinham apenas caráter temporário, respondeu: "elas se manterão durante a minha época". Se um pensamento tão fatalista e covarde se apossasse das colônias na luta atual, o nome dos antepassados seria lembrado com ódio pelas futuras gerações.

O sol jamais brilhou sobre uma causa com maior importância. Não se trata da pendência de uma cidade, um município, uma província ou um reino, mas a de um continente que constitui pelo menos a oitava parte do globo habitável. Não se trata da preocupação de um dia, um ano, uma época; a posteridade está virtualmente implicada na contenda, e será mais ou menos afetada, até o fim dos tempos, pelo atual processo. É chegado o tempo da semeadura da união continental, sua fé e sua honra. A menor fratura agora será como um nome gravado com a ponta de um prego na tenra casca de um jovem carvalho; o ferimento crescerá com a árvore, e a posteridade o lerá em letras bem graúdas.

Transferindo o problema dos argumentos para as armas, surge um novo período na política, emerge um novo método de pensar. Todos os planos, propostas etc., anteriores ao dia 19 de abril, isto é, ao começo das hostilidades, são como os almanaques do ano passado: ainda que então apropriados, hoje não valem e são inúteis. Tudo o que foi apresentado pelos defensores de ambos os lados da disputa terminou no mesmo ponto: a união com a Grã-Bretanha. A única diferença entre as partes foi o método para realizá-la; uma das partes propôs o apelo à força; a outra, à amizade. Mas até agora, o uso da força falhou, e a amizade retraiu sua influência.

Como muito tem sido dito sobre as vantagens da reconciliação, que, como um sonho aprazível, esvaiu-se, deixando-nos como estávamos, é bastante conveniente examinarmos o lado contrário do argumento e investigarmos alguns dos inúmeros danos materiais suportados por essas colônias, danos que continuarão a sofrer se permanecerem ligadas à Grã-Bretanha e dela dependerem. Examinaremos essa ligação e dependência com base nos princípios da natureza e do senso comum, a fim de ver em que devemos confiar, caso nos separemos, e o que devemos esperar, caso continuemos dependentes.

Tenho ouvido alguns afirmarem que, por ter florescido sob a sua antiga ligação com a Grã-Bretanha, a mesma ligação é necessária para a felicidade futura da América, e que esse efeito sempre será o mesmo. Nada pode ser mais falacioso do que esse tipo de argumento. Poderíamos igualmente afirmar que uma criança, por ter se desenvolvido com leite, jamais deverá comer carne, ou que os primeiros vinte anos de nossas vidas devem ser considerados um precedente para os vinte anos seguintes. Mas mesmo isso seria admitir mais do que a verdade, pois, rebato veementemente, a América teria florescido na mesma medida, e provavelmente mais, se nenhum poder europeu tivesse ligação alguma com ela. O comércio, com o qual enriqueceu, constitui-se em uma das necessidades da vida, e sempre haverá um mercado enquanto a Europa tiver o costume de comer.

Mas a Grã-Bretanha nos protegeu, dizem alguns. Que de nós se apoderou, é certo. E admite-se que defendeu o continente às nossas custas, bem como à custa própria. Mas teria defendido a Turquia pelo mesmo motivo, a causa do comércio e do domínio.

Que infelicidade termos, por tão longo tempo, sido levados por velhos preconceitos e feito grandes sacrifícios à superstição! Temos nos vangloriado da proteção da Grã-Bretanha, sem considerar que o seu motivo era o *interesse,* não a *afeição;* que ela não nos protegeu de *nossos inimigos* por *nossa causa,* mas dos *inimigos dela,* e *por causa dela,* daqueles que não teriam nenhuma disputa conosco se não fosse por *causa dela,* e que serão sempre nossos inimigos por essa *mesma causa*. Abandone a Grã-Bretanha suas pretensões sobre o continente, ou livre o continente da dependência, e estaremos em paz com a França e a Espanha quando estiverem em guerra com ela. As misérias da última guerra em Hannover* deveriam nos alertar do perigo dessas ligações.

---

* Durante a Guerra dos Sete Anos (1756-1763), os franceses se misturaram ao eleitorado alemão de Hannover, cuja dinastia tinha reinado também na Grã-Bretanha desde 1714. (N.E.)

Ultimamente tem-se dito no Parlamento que as colônias só se relacionam entre si por intermédio do país-matriz, isto é, que Pensilvânia e Nova Jersey, e assim por diante, são colônias irmãs apenas por intermédio da Inglaterra. É certamente um modo bastante evasivo de comprovar parentesco, mas é o modo mais rápido, e o único verdadeiro, de granjear inimigos. A França e a Espanha nunca foram, e provavelmente jamais serão, nossas inimigas por sermos *americanos,* mas por sermos *súditos da Grã-Bretanha.*

Contudo, afirmam alguns, a Inglaterra é o país-matriz. Nesse caso, é ainda mais vergonhosa a sua conduta. Nem as feras devoram os filhotes, nem os selvagens guerreiam contra a própria família. Assim, se verdadeira, aquela afirmação se transforma em reprovação. Mas acontece que ela não é verdadeira, ou o é apenas em parte. A expressão *país-matriz* ou *pátria-mãe* foi jesuiticamente adotada pelo rei e seus parasitas com o vulgar objetivo papista de influenciar iníqua e preconceituosamente a crédula debilidade de nossas mentes. A pátria da América não é a Inglaterra, mas a Europa. Este Novo Mundo tem sido o abrigo para os perseguidos amantes da liberdade civil e religiosa de *todas as partes* da Europa. Para cá eles fugiram, não do terno abraço materno, mas da crueldade do monstro. Para o caso da Inglaterra, isso é tão verdadeiro que a mesma tirania que expulsou os primeiros emigrantes do próprio lar ainda persegue os seus descendentes.

Nesta vasta região do globo, esquecemo-nos dos estreitos limites de 360 milhas (a extensão da Inglaterra), e levamos a nossa amizade a uma escala mais ampla; reivindicamos uma fraternidade entre nós e todos os cristãos europeus, e alegramo-nos imensamente com a generosidade do afeto que nos une.

É agradável observar por quais degraus regulares superamos a força de preconceitos locais à medida que ampliamos o nosso conhecimento do mundo. Um homem nascido em qualquer cidade inglesa dividida em paróquias naturalmente se ligará mais aos companheiros paroquianos (porque terão, em muitos casos, interesses comuns) e os reconhecerá pelo nome de *vizinhos*; se os encontrar a algumas poucas milhas do lar, ele deixará de lado a limitada idéia de rua e os saudará pelo nome de *concidadãos*; se sair do país e os encontrar em outros, ampliará a noção limitada de rua e localidade e os chamará de *compatriotas*, isto é, *homens do mesmo condado*; mas se, em seus passeios pelo exterior, caso precisem se unir na França ou em qualquer outra parte da Europa, suas saudações locais serão ampliadas até *ingleses*. E por uma justa analogia de raciocínio, todos os europeus que se encontrarem na América ou em qualquer outra parte do globo serão *compatriotas*, pois, quando comparadas ao globo como um todo, a Inglaterra, a Holanda, a Alemanha ou a Suécia situam-se no mesmo lugar, em escala maior, que as divisões de rua, cidade e país em escalas menores. As diferenças são demasiadamente limitadas para as mentes continentais. Nem a terça parte dos habitantes, mesmo os da Pensilvânia, é de ascendência inglesa. Por essa razão, reprovo a aplicação da expressão *país-matriz* ou *pátria-mãe* apenas à Inglaterra, por ser falsa, egoísta, estreita e mesquinha.

Contudo, admitindo que fôssemos todos de ascendência inglesa, o que isso significaria? Nada. Sendo agora a Grã-Bretanha um inimigo declarado, extingue-se todo e qualquer outro nome e título; e dizer que o nosso dever é a reconciliação seria realmente ridículo. O primeiro rei da Inglaterra da atual linhagem (Guilherme, o Conquistador) era francês, e do mesmo país descendem os nobres da Inglaterra. Portanto, usando o mesmo método de raciocínio, a Inglaterra deveria ser governada pela França.

Muito tem sido dito sobre as forças unidas da Grã-Bretanha e das colônias: juntas poderiam desafiar o mundo. Mas isso é uma mera suposição: o destino da guerra é incerto, e essas expressões nada significam, pois este continente jamais aceitaria ser privado de seus habitantes para dar assistência às tropas britânicas na Ásia, África ou Europa.

Além disso, de que nos importaria desafiar o mundo? Nosso plano é o comércio, que, se bem desempenhado, nos garantirá a paz e a amizade de toda a Europa, porque é do interesse da Europa ter a América como um *porto livre*.

Nosso comércio sempre nos protegerá, e a falta de ouro e prata nos guardará dos invasores.

Desafio o mais ardoroso defensor da reconciliação a apresentar uma única vantagem que este continente possa colher da sua ligação com a Grã-Bretanha. Reitero o desafio: não se tira uma só vantagem. O nosso milho alcançará o seu preço em qualquer mercado da Europa, e os bens que importamos terão de ser pagos onde quer que os compremos.

Mas os prejuízos e as desvantagens que sofremos com essa ligação são incontáveis, e o nosso dever com relação à humanidade como um todo, bem como a nós mesmos, instrui-nos para renunciarmos à aliança, porque qualquer submissão à Grã-Bretanha, ou dependência dela, tende diretamente a envolver este continente em guerras e disputas européias, pondo-nos em desacordo com nações que, caso contrário, procurariam a nossa amizade, e das quais não temos raiva nem queixa. Como a Europa é o nosso mercado, não devemos formar uma ligação parcial com quaisquer de suas partes. O real interesse da América é manter-se afastada das contendas européias, coisa que não conseguirá enquanto, por sua dependência da Grã-Bretanha, servir de contrapeso na balança das políticas britânicas.

A Europa está demasiadamente povoada de reinos para que a paz seja duradoura. E sempre que irrompe uma guerra entre a Inglaterra e alguma potência estrangeira, o comércio da América arruína-se *por causa de sua ligação com a Grã-Bretanha*. A próxima guerra pode não terminar como a última, e caso não termine, os que hoje defendem a reconciliação vão então desejar a separação, porque, em tal caso, a neutralidade seria uma escolha mais segura que um navio de guerra. Tudo o que é direito ou natural pede a separação. O sangue dos assassinados, a voz chorosa da natureza grita: "É hora de se separar". Até mesmo a distância que o Todo-Poderoso colocou entre a Inglaterra e a América é prova forte e natural de que a autoridade de uma sobre a outra nunca foi o desígnio do Céu. A época em que o continente foi descoberto também acrescenta peso ao argumento, e o modo como foi povoado aumenta a sua força. A Reforma foi precedida pelo descobrimento da América, como se o

Onipotente pretendesse graciosamente abrir um santuário para os perseguidos do futuro, quando a pátria não mais lhes proporcionasse amizade ou segurança.

A autoridade da Grã-Bretanha sobre este continente é uma forma de governo que, mais cedo ou mais tarde, necessitará ter um fim. E uma mente séria não pode achar agradável perceber antecipadamente, com dolorosa e inegável convicção, que aquilo que ele chama de "atual constituição" tem duração meramente temporária. Como pais, não podemos sentir nenhuma alegria sabendo que *este governo* não é suficientemente duradouro para garantir alguma coisa que possamos legar à posteridade. E, argumentando diretamente, visto que estamos endividando a próxima geração, deveríamos fazer-lhe o trabalho, senão a estaremos usando de modo mesquinho e desprezível. Para descobrirmos corretamente o verdadeiro curso do nosso dever, devemos assumir a posição de nossos filhos e nos situarmos mais alguns anos à frente na vida. Essa perspectiva nos apresentaria um panorama que alguns temores e preconceitos atuais ocultam dos nossos olhos.

Embora eu queira evitar cuidadosamente qualquer ofensa desnecessária, inclino-me a acreditar ainda assim que todos os que aderem à doutrina da reconciliação podem ser incluídos na seguinte descrição: homens interesseiros, em quem não se pode confiar; homens fracos, que *não podem* ver; homens preconceituosos, que *não querem* ver; e certo grupo de homens moderados, cuja opinião sobre o mundo europeu o superestima. Esta última classe, por deliberação precipitada, causará mais calamidades a este continente do que as outras três.

A felicidade de muitos é viver distante da cena do sofrimento; o mal não é suficientemente levado às *suas* portas para *fazê-los* sentir a precariedade da posse da propriedade na América. Mas deixemos que nossa imaginação nos transporte por alguns instantes a Boston.* Esse lar da desgraça nos ensinará a sabedoria, orientando-nos, para sempre, a rejeitar

---

* As tropas britânicas haviam ocupado Boston desde junho de 1774. A cidade foi sitiada pelas forças americanas de 19 de abril de 1775 até a retirada britânica, em 17 de março de 1776. (N.E.)

um poder no qual não podemos confiar. Os habitantes dessa infeliz cidade, que viviam, há apenas alguns meses, em meio à tranqüilidade e à riqueza, hoje não têm alternativa senão ficar em casa e morrer de fome ou sair para pedir esmolas. Se continuarem na cidade, estarão expostos ao perigo do fogo amigo; se a abandonarem, serão saqueados pelas tropas. Na presente situação, são prisioneiros sem esperança de libertação. Em um ataque geral para resgatá-los, ficariam expostos à fúria de ambos os exércitos.

Os homens de temperamento passivo examinam de forma um tanto superficial e inconseqüente os ataques da Grã-Bretanha e, ainda esperando pelo melhor, são capazes de gritar: "Vinde, vinde, seremos amigos novamente, apesar de tudo". Mas examinem as paixões e os sentimentos da humanidade, submetam a doutrina da reconciliação ao teste da natureza e digam-me se seriam capazes, depois, de amar, honrar e servir fielmente ao poder que trouxe armas de fogo e espadas à sua terra. Se não forem capazes de fazer tudo isso, então estarão apenas se enganando e, com a demora, levando a ruína à posteridade. A sua futura ligação com a Grã-Bretanha, a qual não podem amar nem honrar, será uma união forçada e antinatural e, sendo moldada apenas pela conveniência atual, em pouco tempo sofrerá uma recaída ainda mais ignóbil que a primeira. Mas se disserem que ainda poderiam ignorar as violações, então lhes perguntarei: queimaram sua casa? Destruíram a sua propriedade diante de seus olhos? Sua mulher e seus filhos ficaram sem cama para dormir e sem pão para comer? Perderam um pai, um filho, pelas mãos deles, e são sobreviventes arruinados e infelizes? Se não for esse o seu caso, então não podem ser juízes dos que passaram por isso. Mas, se já passaram e ainda assim conseguem estreitar a mão dos assassinos, são indignos do nome de marido, pai, amigo ou amante; e seja qual for a sua posição ou título na vida, têm o coração de covarde e espíritos de sicofanta.

Não estamos aumentando ou exagerando as questões, mas pondo-as à prova pelos sentimentos e afetos que a natureza comprova e sem os quais não conseguiríamos cumprir os deveres sociais da vida ou desfrutar suas alegrias. Não pretendo mostrar o horror com o objetivo de provocar vingança, mas para que despertemos do sono fatal e covarde e possamos perseguir com determinação o objetivo fixado. Não está ao alcance da Grã-Bretanha, nem da Europa, conquistar a América, se esta não conquistar a si própria devido à *demora* ou à *timidez*. O atual inverno pode valer por uma época inteira se corretamente usado, mas, se for perdido ou negligenciado, todo o continente partilhará do infortúnio; e não haverá castigo que não seja merecido pelo homem que – seja ele quem for, o que for, ou esteja onde estiver – venha a ser o meio para o sacrifício de uma estação tão preciosa e útil.

Repugna à razão, à ordem universal das coisas e a todos os exemplos das eras precedentes supor que este continente possa continuar por mais tempo submetido a um poder externo. Na Grã-Bretanha, nem o mais otimista pensa assim. O máximo esforço de sabedoria humana não consegue atualmente conceber um plano, exceto a separação, capaz de garantir ao continente pelo menos um ano de segurança. A reconciliação é *hoje* um sonho falacioso. A natureza abandonou a ligação, e a arte não consegue substituí-la, pois, como Milton sabiamente expressou, "a verdadeira reconciliação nunca poderá florescer onde as feridas do ódio mortal tenham sido tão profundas".*

Foram ineficazes todos os métodos discretos para alcançar paz. As nossas súplicas foram rejeitadas com desdém e serviram apenas para nos convencer de que nada lisonjeia mais a vaidade dos reis, nem fortalece mais sua teimosia, do que repetidas petições – e nada contribuiu mais do que essa mesma medida para tornar absolutos os reis da Europa: vejam os casos da Dinamarca e da Suécia. Assim, como somente a luta terá efeito, avancemos, pelo amor de Deus, até a separação definitiva, e não deixemos para a próxima geração – violando e esvaziando de significado os nomes de pai e filho – a responsabilidade de cortar gargantas.

Dizer que eles nunca mais tentarão nos atacar é vão e utópico. Assim pensamos quando a Lei do Selo foi revogada. No entanto, bastaram um ou dois anos para nos abrir os

---

* *Paraíso perdido* (1667), livro IV, linhas 98-99. (N.E.)

olhos.* Isso seria o mesmo que supor que as nações que tenham sido derrotadas nunca mais voltarão a lutar.

Quanto às questões de governo, não está ao alcance da Grã-Bretanha fazer justiça a este continente: nossos problemas em breve serão muito graves e intrincados para serem administrados, com algum grau tolerável de conveniência, por um poder tão distante e ignorante acerca deles. Se não nos podem conquistar, não nos podem governar. Estar sempre correndo três ou quatro mil milhas com um conto ou uma petição, esperando quatro ou cinco meses por uma resposta que, uma vez obtida, requer mais cinco ou seis meses para ser esclarecida, será, em poucos anos, considerado loucura e infantilidade. Houve um tempo em que isso era adequado, e há um tempo certo para que termine.

Pequenas ilhas incapazes de se proteger são objetos apropriados para estar sob a tutela de reinos. Mas existe algo de muito absurdo em supor que um continente deva ser perpetuamente governado por uma ilha. A natureza não fez exemplo algum de satélite maior que seu planeta. E, considerando que a Inglaterra e a América invertem, em sua relação, a ordem comum da natureza, fica evidente que pertencem a sistemas diferentes: a Inglaterra pertence à Europa; a América, a si mesma.

Não sou levado por motivos de orgulho, de partido ou ressentimento a aderir à doutrina da separação e da independência. Estou clara, positiva e conscienciosamente persuadido de que se trata do verdadeiro interesse deste continente. Tudo quanto difere *disso* é mero remendo, incapaz de proporcionar felicidade duradoura. Seria deixar a espada para nossos filhos e recuar em um momento em que mais um passo adiante faria deste continente a glória da Terra.

Como a Grã-Bretanha não manifestou a menor inclinação para um acordo, podemos ter certeza de que não alcançaremos termos dignos de aceitação pelo continente, senão a perda de sangue e dinheiro à qual já temos sido submetidos.

---

* O Parlamento revogou a Lei do Selo em março de 1766, depois de uma vasta resistência colonial, mas em 1767 ratificou seu direito de cobrar impostos das colônias americanas. (N.E.)

O objetivo em disputa deve sempre guardar uma justa proporção com seus custos. A demissão de North, ou de todo o abominável gabinete, é questão que não merece os milhões que gastamos. Uma suspensão temporária do comércio seria uma inconveniência suficientemente proporcional à revogação de todas as leis* denunciadas, se tais revogações tivessem sido obtidas; mas, se todo o continente precisar pegar em armas, se cada homem tiver que se transformar em soldado, não valerá a pena lutar apenas contra um ministério desprezível. Pagaremos caro, muito caro, pela revogação dessas leis se apenas travarmos combate; pois, fazendo uma avaliação justa, seria uma grande loucura pagar o preço de Bunker Hill por uma lei ou pela terra. Como sempre considerei a independência deste continente um evento que mais cedo ou mais tarde deveria ocorrer, diante do rápido progresso do continente rumo à maturidade concluo que a independência não tardará. Dessa forma, ao irromperem as hostilidades, não valeria a pena disputar uma questão que o tempo acabaria por corrigir, a menos que quiséssemos agir seriamente. Do contrário, seria o mesmo que desperdiçar um patrimônio em uma ação judicial para reparar violações do direito de propriedade por parte de um arrendatário cujo contrato está prestes a expirar. Ninguém desejou mais fervorosamente a reconciliação do que eu, antes do fatídico 19 de abril de 1775.** Porém, no momento em que o fato desse dia se fez público, rejeitei para sempre o insensível e rabugento

---

* Uma oposição generalizada às leis resultou na reunião do Primeiro Congresso Continental na Filadélfia, em 5 de setembro de 1774, e na criação pelo Congresso, em 18 de outubro, da Associação Continental. Em suas cláusulas, a associação se comprometia a interromper o comércio de escravos e cessar a importação de bens da Grã-Bretanha, Irlanda e Índias Orientais e Ocidentais após 1º de dezembro de 1774, cessar o consumo de bens britânicos após 1º de março de 1775 e ainda, se necessário, cessar todas as exportações (inclusive de arroz) para a Grã-Bretanha, Irlanda e Índias Ocidentais após 10 de setembro de 1775. Comitês eleitos nos distritos, municípios e condados impunham o cumprimento dessas cláusulas e puniam suas violações tornando-as públicas e fazendo boicotes. (N.E.)

** Massacre em Lexington. (N.A.)

faraó da Inglaterra, e desdenho o infame que, com o pretenso título de PAI DO SEU POVO, é capaz de desapiedadamente saber que o chacinam e dormir serenamente com o sangue dele na alma.

Mas, admitindo-se que os problemas fossem agora consertados, qual seria a conseqüência? Respondo: a ruína do continente. E isso por diversas razões:

Primeira: Se os poderes para governar permanecessem nas mãos do rei, este teria poder de veto sobre toda a legislação deste continente. E como ele se tem revelado inimigo inveterado da liberdade e sedento de poder arbitrário, será ou não o homem apropriado para dizer a estas colônias "Não criarão outras leis exceto as que me agradarem"? E haverá, na América, algum habitante tão ignorante que não saiba que, de acordo com o que se chama *Constituição atual*, este continente não pode criar outras leis senão as autorizadas pelo rei? E existirá algum homem tão insensato a ponto de não ver que (considerando-se o que aconteceu) o rei não tolerará que se crie aqui lei alguma exceto as convenientes aos *seus* propósitos? Podemos ser escravizados pela falta de leis na América tão eficazmente quanto pela sujeição às leis criadas para nós na Inglaterra. Depois de os problemas serem ajustados (como se diz), poderá haver alguma dúvida de que todo o poder da Coroa será exercido para manter este continente tão fraco e humilhado quanto possível?

Em vez de irmos para frente, recuaremos, envolvidos perpetuamente em disputas ou em ridículas petições. Já somos maiores do que o rei desejaria que fôssemos. Daqui em diante, não se empenhará ele em nos tornar menores? Coloquemos a questão nos seguintes termos: o poder que inveja a nossa prosperidade é um poder apropriado para nos governar? Quem responder "não" é um *independente*, pois a independência significa somente que ou criaremos as nossas próprias leis, ou então o rei, o maior inimigo que este continente tem ou pode ter, nos dirá que "não haverá outras leis senão as que me agradarem".

Mas o rei, dirão, tem o poder de veto na Inglaterra: aí o povo não pode criar leis sem o seu consentimento. Mas, a bem do direito e da boa ordem, há algo de muito ridículo no fato de que um rapaz de 21 anos (coisa que ocorreu freqüentemente) possa dizer, a vários milhões de pessoas mais idosas e sensatas, que proíbe que este ou aquele de seus atos legislativos possa vir a ser lei. Aqui, todavia, rejeito essa espécie de resposta, embora jamais deixe de mostrar o seu absurdo, e respondo apenas que, sendo a Inglaterra a residência do rei, e não a América, o caso é inteiramente outro. O veto do rei é *aqui* dez vezes mais perigoso e fatal que na Inglaterra, porque *lá* ele dificilmente se recusaria a aprovar um projeto de lei destinado a proporcionar à Inglaterra o estado de defesa mais forte possível; já na América, ele jamais permitiria que tal projeto fosse sancionado.

A América é apenas um objeto secundário no sistema da política britânica. A Inglaterra só leva em consideração o bem *deste* país quando isso corresponde ao propósito dela. Assim, o seu interesse *próprio* a leva a suprimir o desenvolvimento do *nosso* sempre que sua vantagem não seja fomentada nem desimpedida. Considerando-se o que aconteceu, em que bela situação em breve estaríamos, controlados por esse governo de segunda mão? Os homens não se transformam de inimigos em amigos pela mera alteração de um nome. E para mostrar que *agora* a reconciliação é uma doutrina perigosa, afirmo que, *no momento, revogar as leis seria a tática do rei para ser novamente empossado no governo das províncias*, a fim de REALIZAR A LONGO PRAZO, PELA ASTÚCIA E SUTILEZA, O QUE NÃO PODE FAZER A CURTO PRAZO PELA FORÇA E VIOLÊNCIA. A reconciliação e a ruína têm uma estreita relação.

Segunda: Visto que até os melhores termos que podemos esperar podem não ser mais do que um expediente temporário ou uma espécie de governo por tutela que pode durar só até as colônias atingirem a maioridade, a situação geral e o estado de coisas permanecerão, nesse meio-tempo, incertos e pouco promissores. Os emigrantes de posses não decidirão vir para um país cuja forma de governo esteja por um fio e todos os dias cambaleie à beira da comoção e da desordem. E muitos dos atuais habitantes aproveitariam o momento para livrar-se dos seus bens e deixar o continente.

Contudo, o mais poderoso de todos os argumentos é que nada, a não ser a independência, isto é, uma forma de governo continental, pode manter a paz do continente e preservá-lo intocado pelas guerras civis. Temo a reconciliação com a Grã-Bretanha agora, pois é bem provável que seria seguida por uma revolta, em algum lugar ou outro, cujas conseqüências poderiam ser muito mais fatais do que todas as maldades da Grã-Bretanha.

Milhares de pessoas já foram arruinadas pela barbárie britânica (e provavelmente milhares ainda terão o mesmo destino). Esses homens têm sentimentos diferentes dos nossos porque nós nada sofremos. Tudo o que eles têm *agora* é a liberdade; aquilo de que antes desfrutavam foi sacrificado por ela, e, não tendo mais nada a perder, desdenham a submissão. Ademais, atitude geral das colônias em relação a um governo britânico será considerá-lo um jovem que está quase chegando à maioridade: pouco se importarão com ele. E um governo incapaz de preservar a paz não é governo, e nesse caso gastamos nosso dinheiro para nada; e, digam-me, o que poderia fazer a Inglaterra, estando seu poder inteiramente no papel, se já no dia seguinte à reconciliação irrompesse uma agitação civil? Tenho ouvido alguns homens dizerem, e creio que muitos deles falam sem pensar, que temem a independência, com medo de que ela possa produzir guerras civis. Só raras vezes os nossos primeiros pensamentos são realmente corretos; é o caso aqui: há dez vezes mais razões para temer os resultados de uma ligação remendada do que a independência. Faço minha a causa dos sofredores e declaro que, se me expulsassem do meu lar e da minha pátria, se destruíssem a minha propriedade, se arruinassem a minha situação de vida, como homem consciente das injustiças, jamais conseguiria apreciar a doutrina da reconciliação nem me considerar sujeito a ela.

As colônias têm manifestado um espírito de boa ordem e obediência ao governo continental que é suficiente para fazer com que toda pessoa razoável se sinta à vontade e feliz a respeito do assunto. Ninguém poderá apresentar, como mínima escusa aos seus temores, razões que sejam tão infantis e ridículas como, por exemplo, a de que as colônias se empenharão em obter superioridade umas sobre as outras.

Onde não há distinções, não pode haver superioridade. A perfeita igualdade não propicia tentações. As repúblicas da Europa estão todas (e podemos dizer sempre) em paz. A Holanda e a Suíça não têm guerras, sejam domésticas, sejam externas. Os governos monárquicos, é certo, nunca permanecem por muito tempo em paz; *em casa*, a própria coroa é uma tentação para patifes ousados. O grau de soberba e insolência que sempre acompanha a autoridade real inflará até o rompimento com as potências estrangeiras nos casos em que um governo republicano, por ser formado com base em princípios mais naturais, contornaria o mal-entendido.

Se existe alguma causa real para se temer a independência, trata-se do fato de que nenhum plano ainda foi traçado. Ninguém consegue ver uma saída. Assim, como um começo de solução, ofereço as sugestões a seguir, sobre as quais, ao mesmo tempo, observo que não tenho outra opinião salvo a de poderem ser meios para gerar soluções melhores. Se os pensamentos esparsos dos indivíduos pudessem ser reunidos, freqüentemente formariam um material que homens sábios e capazes desenvolveriam e transformariam em matéria útil.

Que as assembléias sejam anuais, com apenas um presidente. Que a representação seja mais igual. E que seus assuntos sejam inteiramente domésticos e sujeitos à autoridade de um Congresso Continental.

Que cada colônia seja dividida em seis, oito ou dez distritos convenientes, enviando cada distrito um número apropriado de delegados ao Congresso, de modo que cada colônia envie pelo menos trinta. O número total, no Congresso, será de pelo menos 390. Cada Congresso deverá se reunir e escolher um presidente pelo seguinte método: reunidos os delegados, que se escolha uma colônia, dentre as treze, por sorteio; em seguida, que o Congresso escolha (por votação) um presidente dentre os delegados *daquela* província. No Congresso seguinte, que se escolha por sorteio uma colônia dentre doze apenas, deixando de lado aquela colônia da qual o presidente tenha sido escolhido no Congresso anterior, e assim por diante até que as treze colônias tenham sido apropriadamente revezadas. E para que não se aprove como lei algo que não seja satisfatoriamente justo, que seja exigido, como maioria, pelo menos três quintos do Congresso. Aquele que promover discórdia em um governo formado tão eqüitativamente associará sua revolta a Lúcifer.

Todavia, como é algo particularmente delicado saber de quem e de que modo essa questão necessitará surgir pela primeira vez, e como parece mais aceitável e coerente que ela provenha de um corpo intermediário entre os governados e os governantes, isto é, entre o Congresso e o povo, que seja realizada uma CONFERÊNCIA CONTINENTAL, da forma e com o propósito apresentados a seguir.

Um comitê de 26 membros do Congresso, isto é, dois membros por colônia. Dois membros provenientes de cada Casa de Assembléia ou Convenção Provincial; e cinco representantes do povo em geral, escolhidos na capital de cada província, em nome de toda a província, por tantos eleitores qualificados – vindos de todas as partes da província – quanto se julgar apropriado reunir; ou, se for mais conveniente, os representantes poderão ser escolhidos em duas ou três das partes mais populosas das províncias. Nessa conferência, assim reunida, estarão unidos os dois grandes princípios da questão: o *conhecimento* e o *poder*. Os membros do Congresso, das Assembléias ou das Convenções, tendo experiência em assuntos nacionais importantes, serão conselheiros capazes e úteis, e o conjunto, sendo autorizado pelo povo, terá uma autoridade legal genuína.

Reunidos os conferencistas, que sua ocupação seja a formulação de uma CARTA CONTINENTAL ou Carta das Colônias Unidas (correspondente ao que se chama Magna Carta na Inglaterra), fixando o número e a forma de escolha dos membros do Congresso e dos membros da Assembléia, com a respectiva data da sessão, e traçando entre eles a linha de atividade e jurisdição (sempre lembrando de que a nossa força é continental e não provincial). Que se garanta a liberdade e a propriedade a todos os homens, e, acima de tudo, o livre exercício da religião de acordo com os ditames da consciência, e tudo o mais que uma Carta contenha. Imediatamente depois, a citada conferência deverá ser dissolvida, e os grupos escolhidos em conformidade com a citada Carta serão os legisladores e governantes deste país para o momento. E que Deus lhes preserve a paz e a felicidade. Amém.

Se a algum grupo de pessoas for conferida delegação para esse ou algum outro fim semelhante, eu lhes ofereço o seguinte trecho de Dragonetti, sábio observador de governos: "A ciência do político", diz, "consiste em fixar o verdadeiro fim da felicidade e da liberdade. Aqueles homens que descobrirem uma forma de governo que contenha a maior soma de felicidade individual, com o menor custo nacional, merecerão uma gratidão duradoura". (Dragonetti em *Virtues and Rewards.**)

Mas, perguntam alguns, onde está o rei da América? Eu lhes digo, meus amigos, que ele reina lá em cima, e não devasta a humanidade, como faz o Real Bruto da Grã-Bretanha. Contudo, para não parecermos defectivos nem mesmo em honras terrenas, que seja marcado solenemente um dia para a promulgação da Carta; que esta seja criada assentada na lei divina, a palavra de Deus; que seja posta sobre ela uma coroa, pela qual o mundo saiba – tanto quanto aprovamos a monarquia – que na América A LEI É O REI. Assim como nos governos absolutos o rei é a lei, nos países livres a lei *deve* ser o rei; e não poderá existir outro. Mas para que não possa surgir nenhum mau uso posterior, que a coroa, ao término da cerimônia, seja destruída e espalhada por entre o povo, a quem ela pertence de direito.

Um governo nosso é nosso direito natural; e quando alguém reflete seriamente na precariedade das coisas humanas, logo se convence de que é infinitamente mais sensato e seguro formar uma Constituição nossa, de modo tranqüilo e deliberado, enquanto está ao nosso alcance fazê-lo, do que confiar um evento tão importante ao tempo e ao acaso. Se deixarmos de fazê-lo agora, um Massanello** qualquer poderá aparecer e, valendo-se da inquietação popular, reunir

---

* Giacinto Dragonetti (1738-1818), jurista italiano, autor do panfleto *Trattorio delle virtù et de' primi* (1765). (N.E.)

** Tomás Anello ou Massanello, pescador de Nápoles que, depois de incitar seus conterrâneos, em pleno mercado público, contra a opressão dos espanhóis, que então dominavam a cidade, levou-os à revolta e tornou-se rei por um dia. (N.A.)

os desesperados e os descontentes e, arrogando-se os poderes do governo, varrer do mapa, como um dilúvio, as liberdades do continente. Se o governo da América voltar para as mãos da Inglaterra, a situação cambaleante das coisas será uma tentação para um aventureiro atrevido tentar a sorte. E, nesse caso, que ajuda poderá nos dar a Grã-Bretanha? Antes que ela ouvisse as notícias, poderia estar consumado o serviço mortal, e nós padeceríamos como os desventurados bretões sob a opressão do Conquistador. Os que agora se opõem à independência não sabem o que fazem: mantendo vago o assento do governo, estão abrindo uma porta à tirania eterna. Há milhares, dezenas de milhares de pessoas que considerariam glorioso expulsar do continente o bárbaro e infernal poder que vem incitando índios e negros* a nos destruir. A crueldade traz assim uma dupla culpa: nós a repartimos brutalmente, e eles a repartem traiçoeiramente.

Falar de amizade com aqueles em quem nossa razão nos proíbe de confiar e nossos sentimentos, feridos aos mil, nos ensinam a odiar é insanidade e tolice. A cada dia, desgasta-se o pouco da afinidade que restou entre nós e eles. E pode haver motivo para esperar que, uma vez cessado o relacionamento, a afeição aumente, ou que concordemos mais facilmente quando tivermos interesses maiores e mais numerosos em conflito?

Os que nos falam de harmonia e reconciliação poderão devolver-nos o tempo que passou? Serão capazes de devolver à prostituição a sua antiga inocência? Tampouco poderão reconciliar a Grã-Bretanha e a América. O último laço agora está rompido, o povo da Inglaterra se pronuncia contra nós. Existem danos que a natureza não pode perdoar; ela deixaria de ser natureza, se o fizesse. O continente pode perdoar os crimes da Grã-Bretanha tanto quanto um amante pode perdoar o violador de sua amada. O Todo-Poderoso enraizou em

---

* Em 1775, Lorde Dunmore, governador real da Virgínia, tentou recrutar índios da fronteira noroeste como aliados contra os patriotas americanos. Dunmore também publicou um manifesto, em novembro de 1775, oferecendo libertar os escravos de senhores rebeldes se eles lutassem ao lado das forças britânicas. (N.E.)

nós esses sentimentos inextinguíveis voltados para fins bons e sensatos; eles são os guardiões da Sua imagem em nosso coração. Distinguem-nos do rebanho de animais comuns. O pacto social se dissolveria e a justiça seria extirpada da terra, ou teria apenas existência casual, se fôssemos insensíveis aos apelos da simpatia. O ladrão e o assassino freqüentemente escapariam impunes se os danos sofridos pelo nosso caráter não nos instigassem a fazer justiça.

Os que amam a humanidade, que ousam opor-se não apenas à tirania, mas ao tirano – apresentem-se! Cada lugar do velho mundo está devastado pela opressão. A liberdade foi caçada em todo o globo. A Ásia e a África há muito que a expulsaram. A Europa a considera uma estranha, e a Inglaterra advertiu-a para que vá embora. Recebam a fugitiva, e preparem a tempo um refúgio para a humanidade!

DA ATUAL CAPACIDADE DA AMÉRICA, COM ALGUMAS REFLEXÕES VARIADAS

NUNCA ENCONTREI UM homem, nem na Inglaterra nem na América, que não me confessasse a sua opinião de que ocorrerá uma separação entre os dois países, mais cedo ou mais tarde. E não há exemplo no qual tenhamos mostrado menor discernimento do que na tentativa de descrever o que chamamos de amadurecimento ou aptidão do continente para a independência.

E como todos os homens aprovam a medida e variam apenas em sua opinião quanto ao prazo, a fim de remover os erros façamos um exame geral das coisas e procuremos, se possível, descobrir o momento *exato*. Não necessitamos, porém, ir muito longe: a investigação cessa imediatamente, pois *o tempo nos encontrou*. A conformidade geral de opiniões, a união gloriosa de todas as coisas, comprova esse fato.

Não é nos números, mas na unidade que reside a nossa grande força; no entanto, os nossos números atuais bastam para rechaçar a força de todo o mundo. O continente possui atualmente um corpo de homens armados e disciplinados superior ao de qualquer potência sob o firmamento, e há pouco alcançou o nível de força em que nenhuma colônia isolada é capaz de manter-se, em que o todo, se unido, pode resolver o problema. Um pouco mais ou menos de força teria conseqüências fatais.

Nossa força terrestre já é suficiente; e quanto à força naval, não podemos ser insensíveis ao fato de que a Grã-Bretanha jamais permitirá a construção de um navio de guerra americano enquanto o continente estiver sob seu domínio. Desse modo, nesse campo, daqui a cem anos não estaremos mais avançados que agora. Mas a verdade é que estaremos até mais atrasados, porque a cada dia diminui a madeira do país, e a que finalmente sobrar estará em locais muito distantes e será difícil de obter.

Se o continente estivesse cheio de gente, seus sofrimentos, nas atuais circunstâncias, seriam intoleráveis. Quanto mais cidades portuárias, mais teríamos a defender e perder. O número atual é tão gratamente proporcional às nossas necessidades que ninguém precisa ficar desocupado. A diminuição do comércio torna possível um exército, e as necessidades do exército criam um novo comércio.

Dívidas, não as temos; e se contrairmos alguma por esse motivo, servirá de gloriosa lembrança da nossa virtude. Se pudermos somente legar à posteridade uma forma estabelecida de governo, uma constituição própria e independente, qualquer preço será barato. Mas gastar milhões para obter a revogação de algumas poucas leis infames e derrubar apenas o ministério atual tem um custo injustificado e implica tratar a posteridade com extrema crueldade, pois significa deixar-lhe o trabalho maior e o peso de uma dívida sem qualquer vantagem. Esse pensamento é indigno de um homem honrado, e caracteriza realmente o espírito mesquinho e o político leviano.

A dívida que podemos contrair não merece a nossa atenção só se a tarefa for realizada. Nenhuma nação deve ficar sem dívida. Uma dívida nacional é uma amarra nacional e, quando não carrega juros, não é de modo algum uma calamidade. A Grã-Bretanha encontra-se oprimida por uma dívida de mais de 140 milhões de libras esterlinas, pela qual paga mais de quatro milhões de juros. Em compensação, tem uma grande esquadra. A América não tem dívida e não tem esquadra; no entanto, com a vigésima parte da dívida nacional inglesa, poderia ter uma esquadra do mesmo tamanho. A esquadra da Inglaterra não vale atualmente mais que três milhões e meio de libras esterlinas.

A primeira e a segunda edições deste panfleto foram publicadas sem os cálculos a seguir, agora apresentados como prova de que é correta a estimativa feita acima. *Ver* Naval History, *de Entic*, Introdução, página 56.*

Custo da construção de um navio de cada categoria, equipado com mastros, depósitos, velas e cordame, com provisões para contramestre e carpinteiro, para oito meses, de acordo com os cálculos do sr. Burchett**, secretário da Armada:

	£
Para um navio de 100 canhões —	35.553
90 —	29.886
80 —	23.638
70 —	17.785
60 —	14.197
50 —	10.606
40 —	7.558
30 —	5.846
20 —	3.710

A partir daí, é fácil somar o valor, ou melhor, o custo da esquadra britânica inteira, que se compunha, em 1757, no momento de sua maior glória, dos seguintes navios e canhões:

---

* John Entick, *A New Naval History; or, Complete View of the British Marine* (1757). (N.E.)
** Josiah Burchett (1666?-1746), secretário do Ministério da Marinha de 1698 a 1742. Escreveu sobre a história naval britânica. (N.E.)

Navios	Canhões	Custo unitário £	Custo total £
6	100	35.553	213.318
12	90	29.886	358.632
12	80	23.638	283.656
43	70	17.785	764.755
35	60	14.197	496.895
40	50	10.606	424.240
45	40	7.558	340.110
58	20	3.710	215.180
85 Chalupas, bombardas* e navios incendiários: custo médio		2.000	170.000
			3.266.786
Restante para os canhões			233.214
		Total	£ 3.500.000

Nenhum país no mundo está em tão boa situação, ou tem tanta capacidade interna de erigir uma frota, quanto a América. O alcatrão, a madeira, o ferro e a cordoalha são seus produtos naturais. Não precisamos procurar nada no exterior, enquanto os holandeses, que obtêm grandes lucros alugando seus navios de guerra a espanhóis e portugueses, são obrigados a importar a maior parte dos materiais que usam. Deveríamos considerar a construção de uma frota como artigo de comércio, como a manufatura natural deste país. É o melhor modo se gastarmos o nosso dinheiro. Uma esquadra, quando acabada, vale mais do que custou e constitui aquele ponto exato em que se unem, na política nacional, o comércio e a defesa. Construamos navios; se não precisarmos deles, podemos vendê-los; e isso significa substituir o nosso papel-moeda por ouro e prata.

Quanto à questão de equipar com homens uma frota, as pessoas em geral cometem grandes erros: não é necessário que

---

* Pequenos navios usados para bombardeio costeiro. (N.E.)

a quarta parte dos tripulantes seja de marinheiros. O navio do terrível corsário Capitão Morte*, que foi, na última guerra, o combatente mais furioso, não contava com mais de vinte marinheiros, embora houvesse mais de duzentos homens a bordo. Uns poucos marinheiros hábeis e sociáveis em breve ensinarão a um número suficiente de camponeses as tarefas comuns de um navio. Assim, nunca seremos mais capazes de dar início aos negócios marítimos do que agora, enquanto a nossa madeira se encontra parada, nossas regiões pesqueiras, bloqueadas, e nossos marinheiros e construtores navais sem trabalho. Se, há quarenta anos, foram construídos na Nova Inglaterra navios de guerra de setenta e oitenta canhões, por que não fazer o mesmo agora? Na construção naval, o maior orgulho da América, em tempo suplantaremos o mundo inteiro. Os grandes impérios do Oriente, na maioria, não têm acesso ao mar; conseqüentemente, estão excluídos da possibilidade de rivalizar com a América. A África encontra-se em um estado de barbárie, e não há nação da Europa que possua tamanha extensão de litoral ou tamanha reserva interna de materiais; a natureza, onde lhes deu uma, retirou-lhes a outra; somente com a América ela foi liberal nas duas. O vasto império da Rússia está quase excluído do mar, razão pela qual as suas vastas florestas, seu alcatrão, seu ferro e seu cordame são apenas artigos de comércio.

Quanto à segurança, deveríamos dispensar uma frota? Não somos mais o pequeno povo de sessenta anos atrás; naquele tempo poderíamos deixar tranqüilamente nossos bens nas ruas, ou melhor, nos campos, e dormir sem medo, com as portas sem trancas e as janelas abertas. A situação hoje é outra, e os nossos métodos de defesa devem melhorar junto com o aumento de nossos bens. Qualquer pirata,

---

* O capitão William Death comandou o navio corsário *Terrible*, armado com 26 canhões, em seu combate com o navio corsário francês *Vengeance*, armado com 36 canhões, na entrada oeste do Canal Inglês em 27 de dezembro de 1756. Depois de uma batalha que durou três horas, o Capitão Morte foi ferido mortalmente, e o *Terrible*, rendido. Paine escreveu depois, em *Os direitos do homem*, que esteve alistado, por um curto tempo, a bordo do *Terrible*. (N.E.)

há doze meses, poderia ter subido o Delaware e imposto à Filadélfia o pagamento imediato de uma taxa no valor que bem entendesse. O mesmo poderia ter sucedido com outros lugares. Mais ainda, qualquer homem ousado, em um brigue de catorze ou dezesseis canhões, poderia ter saqueado todo o continente e levado meio milhão em dinheiro. São circunstâncias que exigem a nossa atenção e mostram a necessidade de defesa naval.

Alguns talvez dirão que, após nos reconciliarmos com a Grã-Bretanha, ela nos protegerá. Podemos ser tão insensatos a ponto de pretender dizer que ela manterá, para tal propósito, uma frota em nossos portos? O senso comum nos dirá que a potência que procurou nos subjugar é, dentre todas, a menos indicada para nos defender. A conquista poderá ser feita sob o pretexto de amizade, e nós, após longa e brava resistência, seremos finalmente conduzidos enganosamente à escravidão. E se os seus navios não forem admitidos em nossos portos, pergunto, como ela poderia nos proteger? Pouca utilidade terá uma esquadra a três ou quatro mil milhas de distância; e em casos de emergência imediata, não terá utilidade alguma. Assim, se precisamos nos defender daqui por diante, por que não o fazemos nós mesmos? Por que nos defender por intermédio de outrem?

A lista de navios de guerra ingleses é longa e formidável, mas nem uma décima parte se encontra em condições permanentes de uso, e um bom número nem mesmo existe; no entanto, os nomes continuam figurando pomposamente na lista, mesmo que do navio tenha sobrado apenas uma tábua; e sequer uma quinta parte dos que estão em condições de uso pode ficar de reserva, ao mesmo tempo, em um ponto qualquer. As Índias Orientais e Ocidentais, o Mediterrâneo, a África e outras partes sobre as quais a Grã-Bretanha estende suas pretensões exigem muito da esquadra. Por um misto de preconceito e desatenção, adquirimos uma falsa idéia da armada inglesa e falamos como se devêssemos enfrentá-la inteira ao mesmo tempo. Por essa razão supomos que devemos ter uma marinha de igual tamanho. Como isso não é factível imediatamente, muitos tóris disfarçados usam esse argumento para desencorajar-nos a iniciar sua construção.

Nada se afasta mais da verdade, pois, se a América tivesse apenas uma vigésima parte da força naval da Grã-Bretanha, seria uma adversária muito superior porque, por não possuirmos ou reivindicarmos nenhum domínio estrangeiro, toda a nossa força seria empregada em nosso próprio litoral, onde, a longo prazo, teríamos uma vantagem de dois para um sobre aqueles que precisariam percorrer três ou quatro mil milhas antes de poder nos atacar, tendo de percorrer a mesma distância para realizar consertos e obter reforços. E, embora a Grã-Bretanha pudesse com sua frota bloquear o nosso comércio com a Europa, também poderíamos bloquear o seu com as Índias Ocidentais, que, estando nas vizinhanças do Continente, encontra-se inteiramente à mercê dele.

Poderíamos descobrir algum método para manter uma força naval em tempo de paz, caso não julgássemos necessário manter uma marinha permanente. Se fossem dados prêmios aos mercadores para construírem e empregarem a seu serviço navios com vinte, trinta, quarenta ou cinqüenta canhões (sendo os prêmios proporcionais à perda de carga), cinqüenta ou sessenta desses navios, com alguns barcos de escolta em serviço permanente, constituiriam uma esquadra suficiente, e isso sem nos onerar com o mal de que tanto se queixam na Inglaterra, o de ver a frota apodrecer nas docas em tempos de paz. É boa a política de unir a energia do comércio e da defesa, porque, quando nossa força e nossa riqueza se favorecem mutuamente, não precisamos temer inimigo externo algum.

Temos em abundância quase todos os artigos de defesa. O cânhamo floresce com tanto vigor que não precisaremos nos preocupar com cordame. O nosso ferro é superior ao de outros países. As nossas armas de pequeno porte equiparam-se a quaisquer outras do mundo. Podemos fundir canhões à vontade. Produzimos diariamente salitre e pólvora. Nosso conhecimento aumenta a cada hora. A determinação é inerente ao nosso caráter, e a coragem jamais nos desamparou. Portanto, do que carecemos? Por que hesitamos? Da Grã-Bretanha, só podemos esperar a ruína. Se mais uma vez ela for aceita no governo da América, não valerá a pena viver neste continente. Surgirão, a todo instante, rivalidades e insurreições. Quem as acalmará? Quem arriscará a vida para submeter seus compatriotas à obediência ao estrangeiro? A disputa entre a Pensilvânia e Connecticut quanto a certas terras não demarcadas mostra a insignificância de um governo britânico e prova cabalmente que só a autoridade continental é capaz de ajustar questões continentais.

Outra razão pela qual o atual momento é preferível aos demais é que, quanto menor o nosso número, tanto maior a dimensão das terras ainda não ocupadas, que, em vez de serem desperdiçadas pelo rei como presente a seus indignos dependentes, poderão ser depois empregadas não apenas para a quitação da dívida atual, mas também para a permanente sustentação do governo. Nenhuma nação sob os céus tem uma vantagem como essa.

O estado de infância das colônias, como dizem, longe de ser um argumento contra a independência, é um argumento a favor dela. Somos suficientemente numerosos, e se fôssemos mais, poderíamos estar menos unidos. Há um ponto digno de nota: quanto mais povoado é um país, tanto menor é seu exército. Em números militares, os antigos excediam em muito aos modernos. O motivo para isso é evidente: como o comércio é uma conseqüência da população, os homens ficam demasiadamente absorvidos por ele e não se dedicam a mais nada. O comércio diminui não só o espírito patriótico como o espírito de defesa militar. E a história nos informa suficientemente que os feitos mais corajosos sempre foram realizados na menoridade das nações. Com o aumento do comércio, a Inglaterra perdeu sua coragem. A cidade de Londres, apesar de sua população, submete-se a contínuos insultos com a paciência de um covarde. Quanto mais os homens têm a perder, menos querem se arriscar. Em geral, os ricos são escravos do medo e se submetem ao poder palaciano com a trêmula duplicidade de um sabujo.

A juventude, tanto nas nações como nos indivíduos, é a época de semeadura dos bons hábitos. Seria difícil, senão impossível, pôr o continente sob um só governo daqui a meio século. A enorme variedade de interesses, causada pelo aumento do comércio e da população, criaria confusão. Uma colônia se voltaria contra a outra. Cada uma delas, se pudesse, desprezaria a ajuda da outra; e embora os soberbos e tolos pudessem se jactar das suas pequeninas distinções, os sábios lamentariam o fato de a união não ter se formado antes. Portanto, o *momento atual* é o *momento certo* para estabelecer essa união. A intimidade que se adquire na infância e a amizade que se forma no infortúnio são, dentre todas, as mais duradouras e inalteráveis. A nossa união atual possui essas duas características: somos jovens e já passamos por sofrimentos, mas a nossa concórdia resistiu aos nossos problemas e solidifica uma era memorável e esplendorosa para a posteridade.

Do mesmo modo, o momento atual é aquele que só ocorre uma vez a uma nação: moldar-se em governo. A maior parte das nações deixou escapar tal oportunidade, e assim foi obrigada a aceitar leis feitas por seus conquistadores, em vez de fazer suas próprias leis. Primeiro tiveram um rei e depois uma forma de governo, ao passo que a Carta do governo deveria ter sido feita em primeiro lugar; posteriormente, homens designados representantes teriam de levá-la a efeito. Mas aprendamos com o erro das outras nações e aproveitemos a presente oportunidade *para iniciar o governo pelo lado certo.*

Quando Guilherme, o Conquistador, subjugou a Inglaterra, impôs uma lei por meio da força. Enquanto consentirmos que a sede de governo na América seja legal e autoritariamente ocupada, estaremos correndo o risco de vê-la tomada por um rufião sortudo que poderá tratar-nos daquela mesma maneira. Então, onde estará a nossa liberdade? E a nossa propriedade?

Quanto à religião, sustento que é dever indispensável de todo governo proteger todos os professantes conscienciosos de uma fé, e não conheço nenhuma outra tarefa que o governo tenha de realizar quanto a ela. Se um homem deixar de lado a estreiteza de espírito, o egoísmo de princípio do qual mesquinhos de todas as religiões se separam com tanta má vontade, ao mesmo tempo estará livre de seus temores quanto a essa questão. A suspeita é companheira das almas inferiores e ruína de toda boa sociedade. Por mim, creio de modo pleno e consciente que é vontade do Todo-Poderoso que exista uma diversidade de opiniões religiosas entre nós: ela proporciona uma esfera de ação mais ampla à nossa bondade cristã. Se todos pensássemos do mesmo modo, as nossas inclinações religiosas precisariam de uma matéria de provação. Pelo princípio liberal há pouco enunciado, considero as diversas denominações entre nós como filhas da mesma família, diferindo apenas pelos seus nomes de batismo.

Na página 41, propus algumas idéias sobre a justeza de uma Carta Continental (pretendo apenas oferecer sugestões e não planos), e agora tomo a liberdade de mencionar novamente o assunto, observando que uma Carta deve ser entendida como um acordo de obrigação solene que o todo celebra para defender o direito de religião, liberdade pessoal ou propriedade de cada parte individual. Um firme contrato e justas contas fazem bons amigos.

Anteriormente, mencionei também a necessidade de uma representação ampla e igual, e não existe questão política que mereça mais nossa atenção. Um pequeno número de eleitores ou um pequeno número de representantes é igualmente perigoso. Mas se o número dos representantes é não apenas pequeno, mas desigual, o perigo aumenta. Como exemplo disso, apresento o seguinte caso: quando a petição dos milicianos foi apresentada perante a Assembléia da Pensilvânia, estavam presentes apenas 28 membros*; todos os oito membros do condado de Bucks votaram contra ela; e se sete dos membros de condado de Chester tivessem feito o mesmo, toda a província seria governada só por dois condados. A esse perigo ela está sempre exposta. Do mesmo modo, o injustificável esforço feito por aquela Assembléia, na última sessão, para obter autoridade ilegal sobre os delegados daquela província

---

* Uma comissão de soldados rasos que serviam na milícia da Pensilvânia submeteu uma petição à apreciação da Assembléia da Pensilvânia em outubro de 1775 que requeria a aprovação de uma lei que tornasse obrigatório o serviço militar para todos os homens livres. O voto decisivo, do presidente da Assembléia, foi favorável, e em 25 de novembro de 1775 a Assembléia aprovou uma lei que previa a cobrança de multa dos que "não se associassem" à milícia. (N.E.)

deveria advertir o povo como um todo sobre o modo de confiar o poder que está em suas mãos. Foi criado para os delegados um conjunto de instruções que, em matéria de juízo e zelo, teria causado vergonha a um aluno de escola. Depois de aprovadas por *poucos, pouquíssimos* deles ao ar livre, foram levadas à Assembléia e lá aprovadas como lei *para o bem de toda a colônia*. Pelo contrário, se toda a colônia soubesse com que má vontade a Assembléia considera algumas medidas públicas imprescindíveis, não hesitaria, em momento algum, em julgar indignos de confiança os seus representantes.

As necessidades imediatas tornam convenientes muitas coisas que, caso continuassem, se transformariam em opressão. A utilidade e a justiça são coisas diferentes. Quando as calamidades da América exigiram uma conferência, naquele momento não houve método tão rápido ou tão apropriado como o de nomear pessoas provenientes das diversas Assembléias para esse propósito. E a sensatez com a qual elas procederam salvou este continente da ruína. Mas, sendo muito provável que nunca ficaremos sem um CONGRESSO, todos os que apóiam a boa ordem precisam reconhecer que merece consideração o modo de escolher seus membros. E apresento uma questão àqueles que estudam a humanidade: *a representação e a eleição* não constituiriam um poder grande demais para ser possuído pelo mesmo grupo de homens? Quando fazemos planos para a posteridade, devemos lembrar que a virtude não é hereditária.

É dos nossos inimigos que freqüentemente obtemos excelentes máximas, e muitas vezes são os erros deles que inesperadamente nos conduzem à razão. O sr. Cornwall (um dos lordes do Tesouro) tratou com desprezo a petição da Assembléia de Nova York, porque *aquela* assembléia, disse ele, consistia de apenas 26 membros, número tão insignificante, argumentou, que não podia representar decentemente o todo. Nós lhe agradecemos sua involuntária honestidade.*

PARA CONCLUIR, por mais estranho que possa parecer a alguns ou por mais que possam relutar em aceitar a idéia, não

---

* Aqueles que quiserem entender completamente o impressionante resultado que uma representação ampla e igual constitui para o Estado devem ler *Political Disquisitions*, de Burgh. (N.A.)

importa: muitas razões fortes e notáveis podem ser apresentadas para mostrar que nada é capaz de resolver nossos problemas tão expeditamente como uma declaração direta e resoluta de independência. Eis algumas delas:

Primeira: É costume das nações, quando duas delas estão em guerra, que outras potências, não empenhadas na luta, ingressem como mediadoras e formulem as preliminares do acordo de paz. Mas, enquanto a América chamar a si mesma de súdita da Grã-Bretanha, nenhuma potência, mesmo com a melhor das disposições, poderá oferecer sua mediação. Desse modo, em nosso estado atual, poderemos continuar para sempre em disputa.

Segunda: Não é razoável supor que a França ou a Espanha nos prestariam qualquer espécie de ajuda, se pretendêssemos utilizá-la apenas para reparar a ruptura e fortalecer a ligação entre a Grã-Bretanha e a América, pois aquelas nações é que sofreriam as conseqüências.

Terceira: Enquanto nos declararmos súditos da Grã-Bretanha seremos, aos olhos das nações estrangeiras, considerados rebeldes. Esse precedente – que homens ditos súditos se rebelem – é um tanto perigoso para *a paz delas*. Podemos imediatamente eliminar o paradoxo, mas unir resistência e sujeição exige uma idéia demasiado refinada para a compreensão comum.

Quarta: Se publicássemos um manifesto e o despachássemos às cortes estrangeiras, expondo os padecimentos que temos suportado e os métodos pacíficos, mas ineficazes, que empregamos para a reparação, e declarássemos que, não podendo mais viver com felicidade e segurança sob a cruel disposição da corte britânica, fomos impelidos à necessidade de cortar todos os laços com ela, assegurando, ao mesmo tempo, a nossa disposição pacífica com respeito a tais cortes e o nosso desejo de comerciar com elas, tal manifesto produziria efeitos melhores a este continente do que se enviássemos à Inglaterra um navio carregado de petições.

Sob a nossa denominação atual de súditos britânicos, não podemos ser recebidos nem ouvidos no exterior. O costume de todas as cortes é contrário a nós, e assim será até que, pela independência, sejamos emparelhados a outras nações.

Tais procedimentos podem, a princípio, parecer estranhos e difíceis, mas, como os outros passos que já demos, em pouco tempo se tornarão familiares e propícios. E até que a independência seja declarada, o continente se sentirá como um homem que continua a adiar uma tarefa desagradável para o dia seguinte, mas sabe que ela necessita ser realizada. Ele odeia tomar providências e, desejando vê-la resolvida, é continuamente assombrado pelo pensamento dessa necessidade.

APÊNDICE

DESDE A PUBLICAÇÃO DA primeira edição deste panfleto, ou melhor, no mesmo dia em que apareceu, o Discurso do rei* também foi publicado nesta cidade. Se o espírito da profecia tivesse dirigido o nascimento deste panfleto, não poderia tê-lo feito em momento mais propício nem em oportunidade mais necessária. A sanguinária intenção de um mostra a necessidade de seguirmos a doutrina do outro. Os homens lêem para vingar-se. E o Discurso, em vez de amedrontar, preparou o caminho para os valorosos princípios da Independência.

A formalidade ou mesmo o silêncio, seja qual for o motivo do qual nasçam, têm uma tendência perniciosa quando imprimem, ainda que em grau mínimo, aprovação a ações infames e malvadas. Logo, se admitirmos essa máxima, segue-se naturalmente que o Discurso do rei, por ser uma peça de requintada vilania, mereceu e ainda merece execração pública, tanto do Congresso quanto do povo. Contudo, como a tranqüilidade doméstica de uma nação depende em grande parte da *castidade* do que pode apropriadamente ser chamado de COSTUMES NACIONAIS, muitas vezes é melhor omitir certas coisas com um silencioso desdém do que fazer uso de novos métodos de antipatia que poderiam introduzir uma inovação mínima na guardiã de nossa paz e segurança. E talvez se deva

---

* Em 10 de janeiro de 1776, chegaram à Filadélfia cópias do discurso proferido por George III na abertura do Parlamento em 26 de outubro de 1775. (N.E.)

principalmente a essa prudente cortesia o fato de o Discurso do rei não ter sofrido até agora a execração pública. O Discurso, se é que podemos chamá-lo assim, não passa de um libelo proposital e atrevido contra a verdade, o bem comum e a existência da humanidade. Trata-se de um método formal e pomposo de ofertar sacrifícios humanos à soberba dos tiranos. Mas esse massacre geral da humanidade é um dos privilégios e uma conseqüência segura dos reis, pois, assim como a natureza *não os* conhece, eles *não a* conhecem, e embora sejam *nossas* criaturas, eles não *nos* conhecem e foram transformados em deuses de seus criadores. O Discurso tem uma boa qualidade: não ter sido planejado para enganar. E mesmo que quiséssemos, não poderíamos ser enganados por ele. A brutalidade e a tirania estão em sua face. Ele não nos confunde: cada linha nos convence, já no momento de sua leitura, de que o índio nu e inculto, que caça na mata, é menos selvagem que o rei da Grã-Bretanha.

Sir John Dalrymple, suposto autor de uma chorosa peça jesuítica, enganosamente chamada *The Address of the people of* ENGLAND *to the inhabitants of* AMERICA [Discurso do povo da Inglaterra aos habitantes da América], movido talvez pela vã suposição de que o povo *daqui* se amedrontaria com a pomposa condição de um rei, apresentou (apesar de bastante tolamente de sua parte) o verdadeiro caráter do rei atual. "Mas", diz o autor, "se estão inclinados a fazer elogios a uma administração (referindo-se à do marquês de Rockingham, que revogou a Lei do Selo), coisa da qual não nos queixamos, é muito injusto recusar fazê-los ao príncipe, *por cuja* EXCLUSIVA PERMISSÃO *aquela administração pode fazer alguma coisa"*. Isso é ser declaradamente tóri! Eis a idolatria sem máscara; e quem é capaz de calmamente ouvir e digerir essa doutrina perde seu direito à racionalidade; torna-se apóstata da ordem da humanidade e deve ser considerado como alguém que não apenas desistiu da própria dignidade humana, mas também desceu abaixo do nível dos animais, rastejando pelo mundo como um verme desprezível.

Contudo, agora importa muito pouco o que diz ou faz o rei da Inglaterra; ele maldosamente rompeu com toda obrigação moral e humana, pisoteou a natureza e a consciência, e, com um imperturbável e constitucional espírito de insolência e crueldade, granjeou o ódio universal. *Agora* o interesse da América é cuidar de si própria. Ela já tem uma grande e jovem família, a quem deve cuidar mais do que ceder os seus bens para sustentar um poder que se tornou uma reprovação para os nomes "humano" e "cristão". (Os que têm o ofício de zelar pela moral da nação, seja qual for a facção ou denominação a que pertençam, como também os que guardam mais imediatamente a liberdade pública, se quiserem preservar o seu país da contaminação da corrupção européia, precisarão desejar secretamente a separação.) Mas, deixando para a reflexão privada este parêntese moral, vou limitar as minhas observações adicionais aos seguintes tópicos:

Primeiro: Que é do interesse da América separar-se da Grã-Bretanha.

Segundo: Qual é o plano mais fácil e viável, a RECONCILIAÇÃO ou a INDEPENDÊNCIA? – incluindo algumas observações casuais.

Em defesa da primeira afirmação, eu poderia, se julgasse apropriado, apresentar a opinião de alguns dos homens mais capazes e versados deste continente, cujas opiniões sobre o ponto ainda não são publicamente conhecidas. Na realidade, é uma posição evidente, pois nenhuma nação, em estado de dependência estrangeira, limitada no comércio e restrita e agrilhoada no seu poder legislativo, pode alcançar uma superioridade material. A América ainda não conhece a opulência; embora o progresso por ela realizado não tenha paralelo na história de outras nações, ainda está na infância, comparado ao que poderíamos alcançar se a própria América controlasse, como deveria, o poder legislativo. A Inglaterra, neste momento, cobiça soberbamente aquilo que, se for alcançado, não lhe fará bem algum, enquanto o continente hesita em uma questão que, se for negligenciada, trará a sua ruína derradeira. Não é com conquista da América, e sim com o comércio, que a Inglaterra se beneficiará. O comércio mudaria muito pouco se os países fossem independentes um do outro, como a França e a Espanha, porque, para muitas mercadorias, ninguém faria melhor negócio. Mas a independência deste país, da Grã-Bretanha ou de qualquer outro, é o nosso principal e único objetivo no momento, verdade que parecerá, como outras descobertas pela necessidade, a cada dia mais forte e clara. *Primeiro,* porque este país chegará à independência mais cedo ou mais tarde. *Segundo,* porque quanto mais for adiada, tanto mais dificilmente será alcançada.

Tenho freqüentemente me divertido, tanto em convivências públicas como em privadas, observando em silêncio os erros sedutores que cometem os que falam sem refletir. E, dentre os muitos que ouvi, o seguinte parece o mais usual: se o rompimento ocorresse daqui a quarenta ou cinqüenta anos, em vez de ocorrer *agora,* o continente estaria mais capacitado a livrar-se da dependência. A isso respondo que a capacidade militar *no momento* deriva da experiência adquirida na última guerra, e estaria totalmente extinta daqui a quarenta ou cinqüenta anos. Então, o continente não disporia de um general, nem mesmo de um oficial militar, e nós, ou os nossos sucessores, desconheceríamos completamente os problemas marciais, tanto quanto os antigos índios. Esta opinião isolada, considerada cuidadosamente, provará indubitavelmente que o momento atual é preferível a todos os outros. O argumento é este: no final da última guerra, tínhamos experiência, mas não éramos em número suficiente; daqui a quarenta ou cinqüenta anos, seremos em número suficiente, mas não teremos experiência; logo, o momento adequado deve ser um momento específico situado entre os dois extremos, no qual ainda haja suficiente experiência e já sejamos em número suficiente. E esse momento é agora.

O leitor perdoará essa digressão, que não se encaixa bem no primeiro tópico que mencionei, mas volto agora a ele através da exposição a seguir.

Se os problemas com a Grã-Bretanha forem contornados e ela continuar sendo o poder governante e soberano da América (o que, nas atuais circunstâncias, equivale a desistir inteiramente da oportunidade), ficaremos privados dos próprios meios de saldar a dívida que contraímos ou possamos contrair. As terras remotas, das quais são despojadas clandestinamente algumas das províncias pela injusta extensão dos limites do Canadá*, avaliadas em apenas cinco libras esterlinas a cada cem acres, valem mais de 25 milhões em moeda da Pensilvânia. A taxação da terra em um pêni por acre gera a soma de dois milhões por ano.

É com a venda dessas terras que a dívida pode ser paga, sem onerar ninguém; e o imposto assim garantido continuará aliviando – e, com o tempo, cobrirá inteiramente – a despesa anual do governo. Não importa quanto tempo a dívida demore em ser paga, contanto que os valores das terras vendidas sejam aplicados no seu pagamento. O Congresso ficará, por enquanto, encarregado dessas operações como curador continental.

Passo agora ao segundo tópico: qual é o plano mais fácil e viável, a RECONCILIAÇÃO ou a INDEPENDÊNCIA? – incluindo algumas observações casuais.

Aquele que toma a natureza como seu guia não é facilmente superado em seus argumentos, e por essa razão respondo: *de forma ampla, a* INDEPENDÊNCIA *– por ser* UMA LINHA ÚNICA E SIMPLES, *que encerramos dentro de nós mesmos, e a reconciliação, uma questão excessivamente complexa e intrincada, na qual interferirá uma corte traiçoeira e caprichosa – apresenta-se como a resposta sem margem de dúvida.*

A atual situação da América é verdadeiramente alarmante para quem quer que seja capaz de reflexão. Sem lei, sem governo, sem nenhuma outra modalidade de poder que não seja o fundamentado na cortesia e por ela concedido. A América se mantém unida por uma confluência de sentimentos nunca vista que, embora sujeita a mudanças, todos os inimigos secretos se empenham em dissolver. A nossa atual situação é de legislação sem lei; sabedoria sem plano, constituição sem nome e, o que assombra estranhamente, perfeita independência lutando por dependência. Trata-se de um caso sem nenhum precedente, jamais ocorrido. E

---

* A Lei do Quebec, de 1774, estendeu as fronteiras do Quebec ao sul até o rio Ohio, incluindo assim territórios reivindicados pela Virgínia, por Massachusetts e Connecticut. (N.E.)

quem poderá dizer qual será o seu desfecho? Ninguém tem a propriedade assegurada no atual sistema frouxo de governo. A vontade da multidão fica sem rumo e, não vendo objeto fixo à sua frente, persegue o que lhe apresenta a fantasia ou a opinião. Nada é crime, não existe uma coisa chamada traição; portanto, cada um se julga livre para agir como bem entender. Os tóris não teriam ousado reunir-se agressivamente caso soubessem que, com tal ato, suas vidas ficariam submetidas às leis do Estado. Uma linha deve ser traçada para distinguir os soldados ingleses apanhados em combate e os habitantes da América apanhados em revolta. Os primeiros são prisioneiros, mas os últimos são traidores. Aqueles perdem a liberdade; estes, suas cabeças.

Apesar da nossa sabedoria, existe, em alguns de nossos procedimentos, uma fraqueza visível que encoraja as dissensões. O Cinto Continental está afivelado de modo muito frouxo e, se algo não for feito a tempo, será tarde demais para fazer qualquer coisa, e nós tombaremos em uma situação na qual nem a *Reconciliação* nem a *Independência* serão viáveis. O rei e os seus inúteis partidários estão no velho jogo de dividir o continente, e entre nós não faltam impressores que se ocupem em disseminar mentiras plausíveis. A carta ardilosa e hipócrita que apareceu, há alguns meses, em dois dos jornais de Nova York, bem como em mais outros dois, é uma prova de que existem homens que carecem de discernimento ou honestidade.

É fácil ir para as esquinas e becos e falar em reconciliação. Contudo, tais homens de fato consideram seriamente como essa tarefa é difícil e quão perigosa pode revelar-se caso o continente se divida quanto a isso? Tais homens têm em mente as várias categorias de homens cuja situação e circunstâncias, assim como as deles próprios, devem ser levadas em conta? Colocam-se no lugar de quem sofre e *já* perdeu *tudo,* e do soldado que a *tudo* renunciou para defender seu país? Se a sua mal avaliada moderação for adequada tão-somente à sua situação particular, sem levar em consideração a dos outros, o fato irá convencê-los de que "estão fazendo as contas muito mal".

Voltemos, dizem alguns, ao pé em que estávamos em 1763.* Respondo que *atualmente* não está ao alcance da Grã-Bretanha atender tal pedido, e nem ela o proporá. Mas se ela o pudesse atender, e supondo que o fizesse, proponho uma indagação razoável: que meios podem obrigar uma corte tão corrupta e desleal a honrar seus compromissos? Mais ainda: outro Parlamento, até mesmo o atual, poderá no futuro anular a obrigação sob o pretexto de ter sido obtida pela violência ou outorgada insensatamente. Nesse caso, como ficará a nossa reparação? Não se apela à lei para obrigar nações. Os advogados das Coroas são os canhões. E quem julga a demanda não é a espada da justiça, mas a da guerra. Para voltarmos ao pé em que estávamos em 1763, não basta que a lei apenas seja retrocedida àquela situação; mas que as nossas circunstâncias também o sejam. Nossas cidades queimadas e destruídas deveriam ser reparadas ou melhoradas; nossas perdas privadas, compensadas; nossas dívidas públicas (contraídas para a defesa), perdoadas. Caso contrário, estaremos em uma situação milhares de vezes pior do que aquela em que estávamos naquela invejável época. Se tal pedido tivesse sido atendido há um ano, teria conquistado o continente de corpo e alma – mas agora é tarde demais: "O Rubicão já foi atravessado".

Ademais, utilizar armas apenas para forçar a revogação de uma lei pecuniária parece tão injustificável pela lei divina e tão repugnante aos sentimentos humanos quanto usar armas para impor obediência a ela. Em ambos os lados, o fim não justifica os meios, pois a vida dos homens é muito valiosa para ser desperdiçada com tais ninharias. O que conscienciosamente qualifica o uso de armas é a violência, que se faz ou ameaça fazer contra a nossa pessoa, a destruição da nossa propriedade por uma força armada, a invasão do nosso país pelo fogo e pela espada. No momento em que a defesa pelas armas se tornou necessária, toda a sujeição à Grã-Bretanha deveria ter cessado; e a independência da América deveria

---

* Antes do final da Guerra dos Sete Anos em 1763, a Grã-Bretanha poucas vezes tinha tributado as colônias americanas, ou cobrado os impostos legalmente em vigor, que visavam principalmente à regulamentação do comércio, e não aumento da arrecadação. (N.E.)

ter sido considerada datada e proclamada a partir *do primeiro tiro disparado contra ela*. Essa linha é uma linha de coerência, não traçada pelo capricho nem expandida pela ambição, mas produzida por uma cadeia de acontecimentos que não foram criados pelas colônias.

Concluo estas observações com as seguintes sugestões oportunas e bem-intencionadas. Devemos refletir que existem três caminhos diferentes pelos quais a independência poderá ser realizada e que *um* dos *três* será, mais cedo ou mais tarde, o destino da América: pela voz legal do povo no Congresso, por uma força militar ou por uma multidão amotinada. Nem sempre os nossos soldados serão cidadãos, e a multidão, um grupo de homens sensatos. A virtude, como já assinalei, não é hereditária nem perpétua. Se a independência for feita pelo primeiro desses três meios, teremos diante de nós a oportunidade e o encorajamento de que precisarmos para criar a constituição mais nobre e pura da face da terra. Está ao nosso alcance começar o mundo outra vez. Nunca se verificou situação semelhante à presente desde os tempos de Noé. A data de nascimento de um mundo novo está à nossa frente, e uma estirpe de homens, talvez tão numerosa quanto a que a Europa contém, receberá a sua parcela de liberdade, resultante dos acontecimentos de alguns meses. É horrível refletir e perceber, desse ponto de vista, quão insignificantes e ridículas são as cavilações triviais e vis de alguns homens fracos ou interesseiros quando comparadas aos afazeres de um mundo.

Se negligenciarmos o favorável e convidativo momento atual, e a independência for realizada mais tarde por qualquer outro meio, teremos de debitar as conseqüências a nós mesmos, ou àquelas almas estreitas e preconceituosas que se opõem habitualmente à medida sem questionamento ou reflexão. Há razões a favor da independência sobre as quais os homens deveriam refletir de forma privada, e não ficar discutindo publicamente. No momento, não deveríamos debater se devemos ou não ser independentes, mas deveríamos nos preocupar em realizar a independência em bases firmes, seguras e honrosas, e nos inquietar por ainda não termos dado o primeiro passo. A cada dia ficamos mais convencidos da sua necessidade. Os tóris (se tais seres ainda existem entre nós), dentre todos nós, deveriam ser os mais solícitos em promovê-la, pois assim como a nomeação de comissões inicialmente os protegeu da fúria popular, uma forma de governo sensata e bem estabelecida será o único meio seguro de lhes garantir a continuidade da proteção. *Portanto,* se não têm virtude suficiente para serem WHIGS, devem ser prudentes o suficiente para desejar a independência.

Em resumo, a independência é o único VÍNCULO capaz de nos ligar e nos manter unidos. Deveremos ver então os nossos objetivos, e os nossos ouvidos serão legalmente cerrados aos artifícios de um inimigo intrigante e cruel. Também estaremos então na posição apropriada para entrar em entendimento com a Grã-Bretanha, pois é de bom senso concluir que o orgulho daquela corte será menos ferido por discutir os termos de paz com os Estados americanos do que por negociar termos de ajustamento com quem chama de "súditos rebeldes". É a nossa demora que a encoraja a esperar pela conquista, e a nossa relutância tende apenas a prolongar a guerra. Como retraímos o nosso comércio para conseguir uma reparação das injustiças que sofremos, mas não obtivemos nenhum bom resultado, tentemos *agora* a alternativa, reparando-as nós mesmos *independentemente,* e oferecendo, depois, a abertura do comércio. A parte mercantil e sensata da Inglaterra continuará conosco, porque a paz *com* o comércio é preferível à guerra *sem* ele. E se essa oferta não for aceita, poderemos recorrer a outras cortes.

Sobre estes fundamentos deixo a questão. E como, até agora, não foi apresentada nenhuma refutação da doutrina contida nas edições anteriores deste panfleto, isso é uma prova negativa de que ou bem doutrina não pode ser refutada, ou bem os seus partidários são demasiadamente numerosos para sofrerem oposição. *Assim,* em vez de olharmos uns para os outros com uma curiosidade desconfiada ou cheia de dúvidas, estendamos aos nossos vizinhos a mão cordial da amizade e nos unamos no traçado de uma linha que, como um ato de esquecimento, faça desaparecer no olvido quaisquer divergências anteriores. Extingamos os nomes de whigs e tóris, e que entre nós sejam ouvidos apenas os de *bom cidadão, amigo franco e resoluto, e virtuoso defensor dos* DIREITOS *da* HUMANIDADE *e dos* ESTADOS LIVRES E INDEPENDENTES DA AMÉRICA.

Aos Representantes da Sociedade Religiosa dos chamados Quakers, ou a todos ligados à publicação de uma obra recente intitulada "Os ANTIGOS TESTEMUNHO E PRINCÍPIOS dos chamados QUAKERS, renovados com respeito ao REI e ao GOVERNO e concernentes às AGITAÇÕES que ora sobressaem nestas e em outras partes da AMÉRICA, endereçados ao POVO EM GERAL".*

O AUTOR DESTA EPÍSTOLA é um dos poucos que jamais desonraram a religião, seja ridicularizando-a, seja cavilando de qualquer que seja a denominação. A respeito da religião, é a Deus, e não aos homens, que todos nós devemos prestar contas. Desse modo, não é propriamente endereçada a vocês como grupo religioso, mas como um grupo político que se intromete em assuntos em que a professada Quietude de seus Princípios os ensina a não interferir.

Como, sem uma autorização apropriada, puseram-se no lugar de todos os quakers, assim também este autor, para estar em igual posição, vê-se na necessidade de se pôr no lugar de todos aqueles que aprovam os mesmos escritos e princípios contra os quais o seu testemunho está dirigido. E ele escolheu esta condição singular para que vocês possam descobrir nele a arrogância de caráter que não podem enxergar em si mesmos. Pois nem ele nem vocês têm nenhum direito ou título de *Representação Política*.

Não é de admirar que quando os homens se desviam do caminho certo eles tropecem e caiam. E é evidente, pela maneira como conduziram o seu testemunho, que a política não é a sua

---

* A petição quaker, datada de 20 de janeiro de 1776, foi escrita por John Pemberton (1727-95), clérigo da Congregação Quaker da Filadélfia. (N.E.)

(como um grupo religioso de homens) ocupação característica, pois, por mais ajustado que ele lhes pareça, é uma mixórdia insensata de opiniões boas e ruins, das quais são extraídas conclusões ao mesmo tempo desnaturadas e injustas.

Eu lhes dou crédito pelas duas primeiras páginas (e o total não chega a quatro), esperando a mesma civilidade de sua parte, porque o amor e o desejo pela paz não se confinam ao quacrismo. É um desejo *natural,* e também religioso, de todas as denominações de homens. E por essa razão, como homens labutando para estabelecer uma Constituição Independente que nos seja própria, sobrepujamos todos os outros em nossa esperança, finalidade e objetivo. *Nosso plano é a paz para sempre.* Estamos cansados das contendas com a Grã-Bretanha e não vemos nenhuma conclusão real para elas a não ser a separação definitiva. Agimos de forma consistente, porque, visando a dar início a uma paz infinita e ininterrupta, suportamos males e fardos do presente. Estamos nos empenhando e continuaremos a nos empenhar firmemente em separar e dissolver uma ligação que já encheu de sangue a nossa terra e que, enquanto seu nome perdurar, será causa fatal de danos futuros para ambos os países.

Não lutamos por vingança nem por conquista, tampouco por orgulho ou paixão. Não estamos insultando o mundo com nossas esquadras e exércitos, nem devastando o mundo com saques. Somos atacados sob a sombra de nossas próprias vinhas. Somos atacados com violência em nossas próprias casas e terras. Assistimos a nossos inimigos nos papéis de ladrões de estrada e arrombadores de casas, contra os quais a lei civil não nos oferece defesa, e por isso nos vemos obrigados a puni-los pela lei militar e a usar a espada nos mesmos casos em que vocês, até o presente, aplicavam a forca. Talvez sintamos, em relação aos sofredores arruinados e ofendidos de todas as partes do continente, um grau de ternura que ainda não achou lugar entre alguns de vocês. Entretanto, certifiquem-se de não se confundir quanto à causa e ao fundamento do seu Testemunho. Não dêem o nome de religião à frieza de alma, nem ponham o *Fanático* no lugar do *Cristão.*

Oh, ministros parciais de seus próprios princípios confessos! Se empunhar armas for pecaminoso, os primeiros a entrar em guerra devem ser ainda maior pecadores em razão de toda a diferença entre o ataque intencional e a defesa inevitável. Assim, se pregam realmente com consciência e não pretendem fazer de sua religião um passatempo, convençam o mundo disso, proclamando sua doutrina a nossos inimigos, *pois eles também empunham* ARMAS. Dêem-nos uma prova de sua sinceridade, publicando-a em St. James, aos comandantes-em-chefe em Boston, aos almirantes e capitães que estão saqueiam as nossas costas à maneira dos piratas, e a todos os perversos assassinos que agem sob a autoridade DAQUELE a quem vocês afirmam servir. Se vocês tivessem a alma honesta de *Barclay**, pregariam arrependimento ao *seu* rei; comunicariam ao Patife Real os pecados dele, e o advertiriam da ruína eterna. Não desperdiçariam suas invectivas parciais atacando apenas os feridos e insultados, mas, como ministros fiéis, gritariam alto e *não poupariam ninguém*. Não digam que são perseguidos nem se esforcem para nos transformar nos autores da reprovação que atraem para si mesmos; pois nós testemunhamos diante de todos os homens que não os acusamos por serem *Quakers*, mas por *fingirem ser*, mas NÃO serem Quakers.

Que desgraça! Considerando a tendência particular de algumas partes de seu testemunho e de outras partes de sua conduta, parece que todo o pecado se reduz e se limita ao *ato de usar armas*, feito pelo povo *apenas*. Parece-nos que

---

* "Tu provaste da prosperidade e da adversidade; soubeste como é ser banido de teu país natal, ser dominado e também dominar, e sentar-te ao trono; estando *oprimido*, tiveste fundamento para saber quão *odioso* o *opressor* é, tanto para Deus como para o homem. Se depois de todos esses avisos e advertências não te voltares para o Senhor com todo teu coração, mas te esqueceres de Quem se lembrou de ti quando sofrias e te entregares à luxúria e à vaidade, certamente será grande a tua condenação. — Contra tais ardis e as tentações daqueles que podem te satisfazer, induzindo-te ao mal, o remédio mais excelente e duradouro será que te apliques àquela luz de Cristo, que brilha em tua consciência, que não pode nem irá lisonjear-te e que tampouco te deixará em paz com teus pecados." *Discurso de Barclay, dirigido ao rei Carlos II.* (N.A.)

confundiram a consciência com facção, pois o teor geral de suas ações carece de uniformidade. E torna-se extremamente difícil darmos crédito a muitos de seus fingidos escrúpulos, pois os vemos declarados pelos mesmos homens que, no mesmo instante em que gritam contra a riqueza maléfica do mundo, seguem atrás dela com um passo tão constante quanto o do Tempo e um apetite tão aguçado quanto o da Morte.

A citação que fizeram dos Provérbios, na terceira página de seu testemunho, "quando os caminhos de um homem agradam ao Senhor, faz que até os seus inimigos estejam em paz com ele", foi muito mal escolhida de sua parte, pois equivale a uma prova de que os caminhos do rei (a quem tanto desejam apoiar) *não* agradam ao Senhor. Do contrário, seu reino estaria em paz.

Agora passo à última parte de seu testemunho, para a qual todo o precedente parece ser somente uma introdução:

"Sempre foi nosso juízo e princípio, desde que fomos chamados a professar a luz de Jesus Cristo, manifestado em nossas consciências até hoje, que instituir e depor reis e governos são uma prerrogativa própria de Deus, por motivos por Ele conhecidos, e não é da nossa conta interferir ou contribuir em tais assuntos; nem devemos bisbilhotar além da nossa posição, muito menos conspirar e planejar a ruína ou derrubada de quaisquer deles, mas sim orar pelo rei, pela segurança de nossa nação e pela segurança de todos os homens para que possamos, religiosa e integralmente, levar uma vida pacífica e quieta, *sob o governo que Deus fica feliz em estabelecer para nós."–* Se esses são *realmente* os seus princípios, por que não os seguem? Por que não deixam aquilo que chamam de Tarefa do Senhor para Ele? Esses mesmos princípios os ensinam a esperar com paciência e humildade a ocorrência de todas as medidas públicas e a considerar *essa ocorrência* como o que a vontade divina lhes deseja. *Logo*, que oportunidade existe para o seu *testemunho político* se acreditam plenamente no seu conteúdo? Sua simples publicação prova que ou não acreditam no que professam ou não têm virtude suficiente para praticar aquilo em que acreditam.

Os princípios do quacrismo tendem diretamente a tornar um homem um súdito comedido e inofensivo de todo e qualquer governo *estabelecido para ele*. E se instituir e depor reis são uma prerrogativa própria de Deus, certamente Ele não será privado dela por nós; conseqüentemente, o próprio princípio os leva a aprovar tudo aquilo que já aconteceu, ou que poderá acontecer, aos reis como Obra do Senhor. Oliver Cromwell lhes agradece. Charles, então, não morreu pelas mãos do homem, e se o atual Orgulhoso Imitador dele tiver o mesmo fim prematuro, os que escreveram e publicaram o testemunho serão obrigados, pela doutrina nele contida, a aplaudir o fato. Os reis não são depostos por milagres, nem as mudanças no governo são feitas por meios que não sejam comuns e humanos, tais como os que agora usamos. Mesmo a dispersão dos judeus, embora predita por nosso Salvador, foi efetuada pelas armas. Desse modo, ainda que se recusem a ser os meios em um dos lados, não deveriam se intrometer no outro lado; deveriam esperar o desfecho em silêncio. E, a menos que possam exibir autoridade divina para provar que o Todo-Poderoso que criou e situou este *novo* mundo, à maior distância possível, a leste e a oeste, de qualquer parte do velho mundo, condena, apesar disso, a sua independência da corte corrupta e devassa da Grã-Bretanha – a menos, dizia eu, que possam mostrar como podem, com base em seus princípios, justificar a incitação e o encorajamento do povo "para que se una firmemente na *repugnância* a todos esses *escritos* e *medidas* que evidenciam o desejo e o desígnio de romper a *feliz* ligação, da qual temos até o momento desfrutado, com o reino da Grã-Bretanha, e a nossa justa e necessária subordinação ao rei e àqueles homens postos legalmente em posição de autoridade pelo rei". Que bofetada! Os mesmos homens que no parágrafo anterior desistiam, passiva e tranqüilamente, de reconhecer, alterar e descartar reis e governos, deixando a tarefa nas mãos de Deus, agora revogam seus princípios e requerem uma participação nela. É possível que a conclusão, aqui citada adequadamente, possa, de algum modo, seguir-se da doutrina estabelecida? A inconsistência é evidente demais para não ser vista; o absurdo, grande demais para não provocar risos. Ela só pode ter sido deduzida por aqueles cuja compreensão estava obscurecida pelo espírito estreito e obscuro de um partido político em desespero; pois vocês não podem ser considerados como o grupo inteiro dos quakers, mas apenas uma facção e uma fração dele.

Aqui termina o exame de seu testemunho (e não peço aos homens para abominá-lo, como vocês o fizeram, mas apenas para lê-lo e julgá-lo com justiça), ao qual acrescento a seguinte observação: "instituir e depor reis" certamente significa tornar rei alguém que não o seja e destituir do trono alguém que já é rei. E o que isso tem a ver com o presente caso? Que querem dizer nem *instituir* nem *depor* ninguém, nem *tornar* alguém rei nem *destituí-lo* do trono; que pretendem não ter nada a *fazer* com eles. Desse modo, seu testemunho, visto sob qualquer luz, serve apenas para macular o seu discernimento. E, por muitas outras razões, seria melhor ter sido deixado de lado em vez de ser publicado:

Primeiro, porque tende a diminuir e censurar toda e qualquer religião, e porque uma religião que toma partido em disputas políticas é um perigo extremo para a sociedade.

Segundo, porque apresenta um grupo de homens como interessados em publicar e aprovar testemunhos políticos, embora muitos desses homens repudiem tais atos.

Terceiro, porque tende a desfazer a harmonia e a amizade continentais, as quais vocês mesmos, com suas recentes doações liberais e caridosas, ajudaram a estabelecer, e cuja preservação é de extrema importância para todos nós.

E aqui me despeço, sem ódio ou ressentimento. Desejo sinceramente que, como homens e cristãos, possam sempre desfrutar, plena e ininterruptamente, de todos os direitos civis e religiosos e ser, por sua vez, o meio de assegurá-los aos outros; mas que o exemplo que tão insensatamente vocês deram, misturando religião e política, *seja repudiado e condenado por cada habitante da* AMÉRICA.

OS DIREITOS DO HOMEM

Os direitos do homem

*Uma resposta
ao ataque do sr. Burke
à Revolução Francesa*

1791

A George Washington,
Presidente dos Estados Unidos
da América

Senhor,

Apresento-lhe um pequeno Tratado em defesa daqueles Princípios da Liberdade que sua Virtude exemplar tão eminentemente contribuiu para estabelecer.

– Que os direitos do homem possam tornar-se tão universais quanto sua Benevolência o desejar, e que o senhor possa desfrutar da Felicidade de ver o Novo Mundo regenerar o Velho é a prece de
Seu mui grato, obediente e humilde servo,

Thomas Paine

Prefácio à edição inglesa

Levando em conta o papel que o sr. Burke desempenhou na Revolução Americana, seria natural que eu o considerasse um amigo da humanidade; e como nosso entendimento teve início naquele terreno, para mim teria sido mais agradável ter motivos para manter tal opinião do que para mudá-la.

No momento em que o sr. Burke fazia seu violento discurso* no último inverno no Parlamento Inglês contra a

---
* Burke discursou na Câmara dos Comuns atacando a Revolução Francesa em 9 de fevereiro de 1790. (N.E.)

Revolução Francesa e a Assembléia Nacional, encontrava-me em Paris e, pouco tempo antes, havia escrito a ele para informá-lo quão auspiciosamente as coisas progrediam. Logo depois disso, vi o anúncio do panfleto* que ele pretendia publicar. Como o ataque seria realizado em uma língua pouco estudada, e menos compreendida ainda, na França, como tudo sofre ao ser traduzido, prometi a alguns amigos da Revolução naquele país que, quando quer que o panfleto fosse publicado, eu responderia a ele. Isso me pareceu mais necessário ao ver as flagrantes deturpações contidas no panfleto do sr. Burke. Embora ele seja um insulto ultrajante à Revolução Francesa e aos princípios da Liberdade, pode impressionar enganosamente o resto do mundo.

Fico ainda mais perplexo e desapontado com essa conduta do sr. Burke porque (com base nas circunstâncias que vou mencionar) havia formado outras expectativas.

Já tinha visto o bastante das misérias da guerra para desejar que ela nunca mais existisse no mundo e que algum outro método pudesse ser encontrado para pôr em ordem as diferenças que ocasionalmente surgem na vizinhança das nações. Isso certamente poderia ser realizado se as Cortes se dispusessem sinceramente a tomar as devidas providências, ou se os países fossem suficientemente esclarecidos para não se deixar enganar pelas Cortes. O povo da América foi criado com os mesmos preconceitos contra a França, característicos do povo da Inglaterra naquela época. Contudo, a experiência e certa familiaridade com a nação francesa revelaram aos Americanos, com muita eficácia, a falsidade desses preconceitos. Não acredito que haja um trato mais cordial e de confiança entre dois países do que o existente entre a América e a França.

Quando cheguei à França na primavera de 1787, o arcebispo de Toulouse era um ministro que, naquele momento, gozava de elevada estima. Tornei-me um amigo próximo

---

* *Reflections on the Revolution in France, and on the Proceedings in Certain Societies in London Relative to that Event; in a Letter intended to have been sent to a Gentleman in Paris* foi publicado em Londres em 1º de novembro de 1790. (N.E.)

do secretário particular desse ministro*, um homem dotado de um coração largamente benevolente. Descobri que seus sentimentos e os meus concordavam perfeitamente quanto à insanidade da guerra e à infame e inepta política de duas nações, como a Inglaterra e a França, que continuamente atormentam uma à outra sem outro propósito senão o aumento mútuo de encargos e impostos. Para que eu pudesse me assegurar de que não o compreendera mal, e nem ele a mim, registrei por escrito o essencial de nossas opiniões e o remeti a ele, acrescentando uma interrogação: se eu constatasse, entre o povo da Inglaterra, qualquer disposição para cultivar um melhor entendimento entre as duas nações do que aquele que até então prevalecera, até que ponto eu estaria autorizado a dizer que uma disposição idêntica predominava do lado da França? Ele me respondeu por carta da maneira mais franca, e isso não só de sua parte, como também da parte do ministro, com cujo conhecimento, declarava, a carta fora escrita.

Coloquei essa carta nas mãos do sr. Burke há quase três anos e com ele a deixei, onde ainda permanece, na esperança e, ao mesmo tempo, na expectativa natural, considerando a opinião que dele tinha, de que ele encontraria uma oportunidade para fazer bom uso dela, com o propósito de eliminar os erros e preconceitos que duas nações vizinhas, por carência de mútuo conhecimento, têm nutrido, com prejuízo para ambas.

Quando a Revolução Francesa irrompeu, certamente deu ao sr. Burke uma oportunidade de fazer algum bem, caso se dispusesse a isso. Ao contrário, tão logo percebeu que os velhos preconceitos se corroíam, começou imediatamente a plantar novas sementes de um hábito inveterado, como se temesse que a Inglaterra e a França deixassem de ser inimigas. Que existam homens, em todos os países, que vivem da guerra e da continuidade dos conflitos entre as nações é

---

* Etienne Charles de Loménie de Brienne (1727-94), arcebispo de Toulouse, foi controlador-geral das finanças, o cargo ministerial mais alto no governo francês, de maio de 1787 a agosto de 1788. Brienne fez um juramento de fidelidade à Revolução em 1790, mas foi preso em novembro de 1793 durante o Terror jacobino. Morreu na prisão. (N.E.)

tão chocante que é difícil acreditar. Mas isso se torna mais imperdoável quando aqueles que se ocupam do governo de um país se especializam em semear a discórdia e cultivar preconceitos entre as nações.

Sobre o fato, aludido em um parágrafo desta obra, de o sr. Burke ter uma pensão, há um relatório que circulou por algum tempo, por dois meses pelo menos; e, como freqüentemente uma pessoa é a última a ouvir o que mais lhe interessa saber, eu o mencionei, de modo que o sr. Burke possa dispor de uma oportunidade de desmentir o boato, se o julgar apropriado.

Thomas Paine

Os direitos do homem

Dentre as incivilidades por meio das quais nações e indivíduos se provocam e se irritam entre si, o panfleto do sr. Burke sobre a Revolução Francesa é um caso extraordinário. Nem o povo da França, nem a Assembléia Nacional se preocupavam com os assuntos da Inglaterra ou com o Parlamento Inglês. Que o sr. Burke tenha desencadeado um ataque que eles não provocaram, no parlamento e em público, constitui uma conduta inescusável, do ponto de vista dos costumes, e injustificável desde uma perspectiva diplomática.

Dificilmente se poderá encontrar na língua inglesa um termo insultuoso com o qual o sr. Burke não tenha maltratado a nação francesa e a Assembléia Nacional. Tudo que o ressentimento, o preconceito, a ignorância ou o conhecimento poderiam sugerir é espalhado na copiosa fúria de quase quatrocentas páginas. Com a tensão e o propósito que o sr. Burke escrevia, poderia ter chegado a milhares. Quando a língua ou a pena é solta em um frenesi de paixão, é o homem e não o assunto que se esgota.

Até agora, o sr. Burke tem se equivocado e frustrado nas opiniões que formou sobre os assuntos da França; mas sua esperança é tão engenhosa, ou seu desespero tão maligno, que lhe fornece novos pretextos para seguir em frente.

Houve um tempo em que era impossível fazer o sr. Burke crer que haveria qualquer revolução na França. Sua opinião então era de que os franceses não tinham entusiasmo para empreendê-la, nem firmeza para mantê-la. Agora que há uma, ele tenta escapar condenando-a.

Não suficientemente satisfeito em insultar a Assembléia Nacional, grande parte de sua obra se dedica a ofender o dr. Price (um dos homens vivos de melhor coração) e as duas sociedades inglesas conhecidas pelos nomes de Revolution Society e Constitutional Society.

O dr. Price pronunciou um sermão no dia 4 de novembro de 1789, aniversário do que chamam, na Inglaterra, de Revolução de 1688. O sr. Burke, referindo-se a esse sermão, diz: "O Reverendo político passa então dogmaticamente à afirmação de que, pelos princípios da Revolução, o povo da Inglaterra adquiriu três direitos fundamentais: 1) de escolher nossos próprios governantes; 2) de cassá-los por má conduta; 3) de moldar um governo para nós mesmos."

O dr. Price não diz que o direito de realizar essas coisas existe nesta ou naquela pessoa, ou nesta ou naquela classe de pessoas, mas que existe no *todo:* que é um direito residente na nação. O sr. Burke, ao contrário, nega que tal direito exista na nação, quer no todo ou em parte dela, ou que exista em algum lugar. E diz, de forma ainda mais estranha e espantosa, "que o povo inglês nega terminantemente tal direito e que impedirá, com vidas e riquezas, que ele seja assegurado na prática". Que os homens devam empunhar armas e consumir suas vidas e fortunas *não* para manter seus direitos, mas para sustentar que *não têm* direitos, é uma descoberta inteiramente nova, adequada ao talento paradoxal do sr. Burke.

O método que o sr. Burke usa para provar que o povo da Inglaterra não tem esses direitos e que tais direitos não existem agora na nação, quer no todo ou em parte dela, ou em lugar algum, é espantoso e monstruoso como aquilo que ele já declarou, pois seu argumento é que as pessoas, ou as gerações no seio das quais realmente existiram, estão mortas, e com elas também estão mortos os direitos. Para provar essa afirmação, ele cita uma declaração feita pelo Parlamento, há cerca de cem anos, a Guilherme e Mary nos seguintes termos: "Os Lordes espirituais e temporais, e os Comuns, em nome do povo anteriormente mencionado" (ou seja, o povo inglês então vivo), "muito humilde e fielmente *sujeitam a si mesmos*, a seus *herdeiros* e *pósteros,* para SEMPRE". Ele também cita uma cláusula de outra lei do Parlamento promulgada no mesmo reinado, cujos termos, diz ele "nos obriga" (ou seja, ao povo daquela época), "a nossos *herdeiros* e nossa *posteridade*, a *eles,* seus *herdeiros* e *pósteros,* até o final dos tempos".

O sr. Burke entende o seu argumento como suficientemente fundamentado pela apresentação dessas cláusulas, e o reforça dizendo que elas excluem o direito da nação para *sempre.* Não se dando por satisfeito em fazer tais declarações, repetidas inúmeras vezes, também diz "que embora o povo da Inglaterra possuísse tal direito antes da Revolução" (o que ele reconhece ter sido o caso, não só na Inglaterra, mas em toda a Europa, em um período antigo), "a *nação inglesa*, no momento da Revolução, a ele renunciou e dele abdicou, da forma mais solene, para si e *toda sua posteridade para sempre*".

Como o sr. Burke ocasionalmente aplica o veneno extraído de seus horrendos princípios (se não for uma profanação dar-lhes o nome de princípios) não somente à nação inglesa, como também à Revolução Francesa e à Assembléia Nacional, e acusa essa augusta, esclarecida e esclarecedora assembléia de homens com o epíteto de *usurpadores,* eu estabelecerei, sem cerimônia, um sistema de princípios em oposição ao dele.

O Parlamento inglês de 1688 fez algo que, para ele mesmo e seus membros, tinha o direito de fazer, e que lhes parecia certo. Contudo, além desse direito, que possuía por delegação, *estabeleceu outro por presunção,* o de obrigar e controlar a posteridade até o final dos tempos. Portanto, esse caso se divide em duas partes: o direito que possuía por delegação e o direito que estabeleceu por presunção. O primeiro direito é reconhecido. Porém, com respeito ao segundo, apresento minha réplica a seguir.

Jamais houve, haverá ou poderá existir um Parlamento, ou qualquer representação de homens, ou qualquer geração de homens, em qualquer país, que detenha o direito ou o poder de obrigar e controlar a posteridade até *"o final dos tempos"*, ou de ordenar para sempre como o mundo será governado ou quem o governará. Portanto, todas essas cláusulas, leis ou declarações pelas quais os seus autores tentam fazer o que não têm nem o direito nem o poder de fazer, nem o poder de executar, são em si mesmas nulas e sem efeito. Todas as épocas e gerações devem ser tão livres quanto as épocas e gerações que as precederam para agirem por si mesmas *em todas as circunstâncias*. A vaidade e a presunção de governar além do túmulo constituem a mais grotesca e insolente de todas as tiranias. Nenhum homem é proprietário de outro homem. Tampouco geração alguma é proprietária de gerações que a sucedem. O Parlamento ou o povo de 1688, ou de qualquer outra época, não tinha mais direito de dispor do povo atual, ou de obrigá-lo ou controlá-lo *de qualquer que seja a forma,* do que o Parlamento ou o povo atual tem de dispor, obrigar ou controlar aqueles que viverão cem ou mil anos à frente. Cada geração é e tem que estar capacitada a realizar todos os propósitos que as circunstâncias exijam. São os vivos, e não os mortos, que devem ser favorecidos. Quando um ser humano deixa de existir, seu poder e suas necessidades deixam de existir com ele; e, não tendo mais qualquer participação nos interesses deste mundo, não tem mais autoridade alguma para controlar quem o governará ou como esse governo será organizado ou administrado.

Não estou defendendo nem combatendo qualquer forma de governo, nem defendendo ou combatendo qualquer partido daqui ou de algum outro lugar. Aquilo que a nação toda escolhe fazer, ela tem o direito de fazer. O sr. Burke diz que não. Onde, então, *existe* esse direito? Estou argumentando a favor dos direitos dos *vivos* e contra a pretensa autoridade escrita dos mortos para deserdar, controlar e atrelar contratualmente os vivos. O sr. Burke argumenta a favor da autoridade dos mortos sobre os direitos e a liberdade dos vivos. Houve um tempo em que reis transmitiam seus poderes por testamento em seu leito de morte e confiavam o povo, como animais do campo, a quem quer que fosse designado como sucessor. Atualmente, isso é tão encoberto que mal é lembrado, e tão monstruoso que mal acreditamos.

Contudo, as cláusulas parlamentares sobre as quais o sr. Burke constrói sua igreja política são da mesma natureza.

As leis de cada país precisam ter analogia com algum princípio comum. Na Inglaterra, nenhum pai ou senhor, nem toda a autoridade do Parlamento, que classifica a si mesma de onipotente, pode vincular ou controlar a liberdade pessoal mesmo de um indivíduo com mais de 21 anos de idade. Assim, com que razão de direito poderia o Parlamento de 1688, ou qualquer outro Parlamento, vincular toda a posteridade para sempre?

Aqueles que deixaram o mundo e aqueles que ainda não chegaram a ele estão tão distantes entre si quanto pode conceber o mais extremo esforço da imaginação dos mortais. Então, que possível obrigação pode existir entre eles? Que regra ou princípio pode ser formulado estabelecendo que, para dois seres não existentes, um que deixou de existir e outro que ainda não existe, e que jamais poderão se encontrar neste mundo, um deve controlar o outro até o final dos tempos?

Na Inglaterra, se diz que o dinheiro não pode ser tirado dos bolsos das pessoas sem seu consentimento. Mas quem autorizou ou quem poderia autorizar o Parlamento de 1688 a controlar e tirar a liberdade da posteridade – que não existia para dar ou negar seu consentimento – e limitar e restringir seus direitos de agir em certos casos para sempre?

Não é possível apresentar ao entendimento humano absurdo maior do que o oferecido pelo sr. Burke aos seus leitores. Ele lhes diz e diz ao mundo vindouro que uma certa assembléia de homens, que existiu há cem anos, fez uma lei e que não existe agora na nação, nem jamais existirá, nem poderá existir, um poder para alterá-la. Com quantas sutilezas ou absurdos o direito divino de governar tem sido imposto à credulidade da humanidade! O sr. Burke descobriu um novo absurdo e encurtou sua viagem a Roma apelando ao poder desse Parlamento infalível de outrora. E ainda apresenta o que foi feito por esse Parlamento como tendo autoridade divina, pois precisa ser certamente um poder mais do que humano, uma vez que nenhum poder humano é capaz de alterá-lo até o final dos tempos.

Contudo, o sr. Burke prestou algum serviço, não à sua causa, mas ao seu país, ao trazer essas cláusulas a público. Eles servem para demonstrar quão necessário é prevenir-se contra a tentativa de usurpação do poder e seus contínuos excessos. É um tanto extraordinário que a violação pela qual Jaime II foi derrubado, a de estabelecer poder por *presunção,* fosse cometida novamente, sob outra aparência e forma, pelo Parlamento que o derrubou. Isso mostra que os direitos do homem foram apenas imperfeitamente entendidos na Revolução, pois é certo que o direito que aquele Parlamento estabeleceu por *presunção* (pois não o tinha por delegação, nem o poderia porque ninguém poderia tê-lo conferido) sobre as pessoas e a liberdade dos pósteros para sempre foi do mesmo tipo tirânico sem fundamento que Jaime tentou estabelecer sobre o Parlamento e sobre a nação; por isso foi deposto. A única diferença (pois não diferem por princípio) é que um era um usurpador dos vivos e o outro, dos não nascidos. Mas, como nenhum tinha uma autoridade superior na qual se basear, ambos necessitam ser igualmente nulos, vazios e sem efeito.

Com que base ou motivo o sr. Burke prova o direito de qualquer poder humano vincular a posteridade para sempre? Ele apresentou suas cláusulas, mas precisa apresentar também suas provas de que tal direito existiu e mostrar como existiu. Se algum dia existiu, então deve existir agora, pois o que pertence à natureza do homem, seja o que for, não pode ser aniquilado pelo homem. É da natureza do ser humano morrer e ele continuará morrendo enquanto continuar nascendo. Mas o sr. Burke instituiu uma espécie de Adão político, com a qual toda a posteridade é vinculada para sempre. Portanto, ele precisa provar que esse Adão possuía tal poder ou tal direito.

Quanto mais fraca a corda, menos suportará ser esticada e pior será a política de esticá-la, a menos que se vise arrebentá-la. Se alguém pretendesse derrotar as posições do sr. Burke, procederia tal como o sr. Burke: ampliaria as autoridades com o propósito de questionar o seu *direito*; e, no instante em que esse questionamento iniciasse, as autoridades se romperiam.

Basta um lampejo muito pequeno de pensamento para perceber que, embora leis feitas em uma geração freqüentemente continuem vigentes ao longo de sucessivas gerações, elas prosseguem extraindo sua força do consentimento dos vivos. Uma lei não revogada continua em vigor não porque *não possa* ser revogada, mas porque *não* foi revogada. A não-revogação é tomada por consentimento.

Todavia, as cláusulas do sr. Burke sequer têm essa qualificação a seu favor. Tornam-se nulas ao tentarem se tornar imortais. Sua natureza impede o consentimento. Elas destroem o direito que *poderiam* ter ao fundamentá-lo em um direito que *não podem* ter. O poder imortal não é um direito humano e, por conseguinte, não pode ser um direito do Parlamento. O Parlamento de 1688 poderia também ter aprovado uma lei que autorizasse seus membros a viver para sempre, de modo a fazer que sua autoridade vivesse para sempre. Tudo, portanto, que pode ser dito dessas cláusulas é que constituem uma formalidade de palavras, tão importante quanto uma felicitação daqueles que as utilizaram dirigida a si mesmos. Se a fizessem no estilo oriental antigo, teriam dito: "Ó Parlamento, vive para sempre!"

A situação mundial muda continuamente, e também as opiniões dos homens. Como o governo é para os vivos e não para os mortos, são somente os vivos que têm direito sobre ele. Aquilo que é considerado correto e fundamentado numa época pode ser considerado errado e impróprio em outra. Em tais casos, a quem cabe decidir, aos vivos ou aos mortos?

Como quase cem páginas do livro do sr. Burke são dedicadas a essas cláusulas, segue-se conseqüentemente – se as próprias cláusulas, na medida em que estabelecem um domínio *presumido e usurpado* sobre a posteridade para sempre, são destituídas de autoridade e, em sua natureza, nulas e sem efeito – que todas as copiosas inferências e declarações pomposas delas retiradas, ou nelas baseadas, são igualmente nulas e sem efeito. Nesse pé, eu deixo o assunto.

Agora eu me volto mais particularmente às questões da França. O livro do sr. Burke parece ter sido escrito como um regulamento para a nação francesa. Mas, se me permito usar uma metáfora exagerada, adequada ao exagero do caso, diria que são as trevas tentando iluminar a luz.

Enquanto escrevo, por acaso tenho diante de mim algumas propostas para uma declaração de direitos, de autoria do marquês de La Fayette (peço-lhe desculpa por empregar seu discurso anterior, o que faço somente por uma questão de honra), dirigidas à Assembléia Nacional em 11 de julho de 1789, três dias antes da tomada da Bastilha. Não posso deixar de me impressionar com quão opostas são as fontes das quais esse cavalheiro e o sr. Burke extraem seus princípios. Em vez de se referir a registros obsoletos e pergaminhos bolorentos para provar que os direitos dos vivos foram extraviados, "renegados e interrompidos para sempre" por aqueles que não existem mais, como fez o sr. Burke, o marquês de La Fayette se refere ao mundo dos vivos e diz enfaticamente para "lembrarmos os sentimentos que a natureza gravou no coração de todos os cidadãos e que ganham uma nova força ao serem solenemente reconhecidos por todos: para uma nação amar a liberdade, basta que a conheça; para ser livre, basta que o queira." Quão árida, estéril e obscura é a fonte da qual o sr. Burke se serve; e quão ineficazes, ainda que adornados com flores, são toda a sua declamação e seu argumento quando comparados a esses sentimentos claros, concisos e animadores! Poucos e breves como são, conduzem a um vasto campo de pensamentos generosos e varonis, e não findam, como as orações do sr. Burke, com música aos ouvidos, mas sim com um vazio no coração.

Como citei o marquês de La Fayette, tomarei a liberdade de acrescentar uma anedota, a respeito do seu discurso de despedida proferido ao Congresso da América em 1783, que me veio vigorosamente à mente quando vi o trovejante ataque do sr. Burke à Revolução Francesa. No período inicial da guerra, La Fayette foi para a América e permaneceu como voluntário a seu serviço até o fim. Sua conduta durante todo esse empreendimento é das mais extraordinárias que podemos testemunhar na vida de um jovem que mal completara vinte anos de idade. Vivendo em um país que era um regaço para os prazeres sensuais e dispondo dos recursos para desfrutá-los, quão poucos homens encontraríamos dispostos a mudar desse cenário para as florestas e ermos da América, despendendo os viçosos anos da juventude, sem proveito algum, em meio a perigos e sofrimentos! Mas foi o que ele fez. Finda a guerra, ele estava prestes a partir definitivamente quando se apresentou ao Congresso para o seu adeus afetuoso, no qual contemplou a revolução que vira, expressando-se com as seguintes palavras: "Que possa este grandioso monumento erigido à Liberdade servir de lição aos opressores, e de exemplo aos oprimidos!" Seu discurso chegou às mãos do doutor Franklin, então na França, que solicitou ao conde Vergennes que o publicasse na *Gazeta Francesa*, mas cuja permissão jamais obteve. O fato é que o conde Vergennes era um déspota aristocrata em seu país e temia o exemplo da Revolução Americana para a França, tal como algumas outras pessoas temem atualmente o exemplo da Revolução Francesa para a Inglaterra. O tributo do sr. Burke ao temor (pois é sob essa luz que seu livro deve ser considerado) encontra paralelo na recusa do conde Vergennes.

Retornemos mais particularmente ao seu trabalho. "Vimos", diz o sr. Burke, "os rebeldes franceses agindo contra um monarca indulgente e legítimo com mais fúria, excesso e insulto do que qualquer povo que tenha se insurgido contra o mais ilegal dos usurpadores ou contra o mais sanguinário dos tiranos." Esse é um entre mil outros exemplos que revelam a ignorância do sr. Burke sobre as causas e princípios da Revolução Francesa.

Não foi contra Luís XVI, mas contra os princípios despóticos do governo que a nação se revoltou. Esses princípios não se originavam nele, mas no *establishment* original, muitos séculos antes, e se arraigaram muito profundamente para serem eliminados. Só uma revolução completa e universal poderia limpar o estábulo com uma imundície augeana de parasitas e saqueadores. Quando se torna necessário fazer algo, devemos fazê-lo de corpo e alma ou sequer tentar. A crise chegara e só restava uma escolha: agir com firmeza e vigor ou nada fazer. O rei era sabidamente o amigo da nação e essa particularidade favorecia o empreendimento. Talvez nenhum homem educado como um monarca absoluto tenha possuído um coração tão pouco propenso ao exercício desse tipo de poder como o atual rei da França. Mas os princípios do próprio governo ainda permaneciam idênticos. O monarca e a monarquia eram coisas distintas e separadas. Foi contra o despotismo estabelecido desta, e não contra a pessoa ou princípios daquele, que a revolta foi iniciada e a revolução, realizada.

O sr. Burke não atenta para a distinção entre *homens* e *princípios*; portanto, não percebe que uma revolta pode ocorrer contra o despotismo destes últimos, embora não haja acusação de despotismo contra os primeiros.

A natural moderação de Luís XVI em nada contribuiu para alterar o despotismo hereditário da monarquia. Todas as tiranias de reinados anteriores, autorizadas pelo despotismo hereditário, ainda poderiam reviver nas mãos de um sucessor. Não seria a suspensão temporária de um reinado que iria satisfazer uma França iluminada, o que ela então se tornara. Uma descontinuidade casual da *prática* do despotismo não é uma descontinuidade de seus *princípios*. A primeira depende da virtude do indivíduo que está de posse imediata do poder; a segunda, da virtude e coragem da nação. Nos casos de Carlos I e Jaime II da Inglaterra, a revolta foi contra o despotismo pessoal dos homens, enquanto na França foi contra o despotismo hereditário do governo estabelecido. Mas homens que conseguem alienar os direitos da posteridade para sempre com base na autoridade de um pergaminho bolorento, tais como o sr. Burke, não estão qualificados para julgar essa revolução. Ela engloba um campo vasto demais para ser explorado pela visão deles e caminha, levada pelo poderio da razão, a passos que eles não podem acompanhar.

Contudo, essa revolução pode ser considerada sob muitos pontos de vista. Um despotismo que se estabeleceu por um extenso período em um país como a França não reside somente na pessoa do rei. Embora assim pareça ao público e se manifeste na autoridade nominal, não é assim na prática e de fato. Em toda parte, o despotismo apresenta seu padrão: todo cargo e repartição possuem seu despotismo, fundado no uso e costume. Todo lugar tem sua Bastilha, e toda Bastilha, seu déspota. O despotismo hereditário original, que reside na pessoa do rei, divide-se e subdivide-se em mil figuras e formas, até finalmente o seu todo ser representado por delegação. Esse foi o caso na França, e contra essa espécie de despotismo, que se espalha por um labirinto interminável de cargos até que sua fonte se torne quase imperceptível, não há remédio. Ele se fortalece assumindo a aparência do dever e tiranizando sob o pretexto de fazer obedecer.

Quando refletimos sobre a condição na qual se achava a França em conseqüência da natureza de seu governo, percebemos outras causas da revolta além das que se relacionam imediatamente à pessoa ou ao caráter de Luís XVI. Havia na França, se posso assim me expressar, mil despotismos a serem reformados. Eles se desenvolveram sob a proteção do despotismo hereditário da monarquia e se enraizaram tanto que se tornaram bastante independentes. Entre a monarquia, o Parlamento e a Igreja havia uma *rivalidade* de despotismo, além do despotismo feudal, que operava localmente, e do despotismo administrativo, que operava em toda parte. Entretanto, o sr. Burke se expressa, ao considerar o rei como o único objeto possível de uma revolta, como se a França fosse um povoado, no qual tudo que sucedesse fosse conhecido pelo seu comandante e só fossem causadas opressões que ele pudesse imediatamente controlar. O sr. Burke poderia ter estado na Bastilha toda a sua vida, tanto durante o reinado de Luís XVI como o de Luís XIV, e nem um nem outro teriam sabido que alguém como o sr. Burke existiu. Os princípios despóticos do governo eram os mesmos em ambos os reinados, embora os temperamentos daqueles dois homens se distanciassem tanto quanto a tirania e a benevolência.

Aquilo que o sr. Burke julga ser uma vergonha para a Revolução Francesa (o fato de ela ter se desenrolado em um reinado mais brando do que os precedentes) é uma de suas mais elevadas distinções. As revoluções ocorridas em outros países da Europa foram instigadas pelo ódio pessoal. A ira se voltou contra o homem e este se tornou a vítima. Mas no exemplo da França assistimos a uma revolução gerada pelo pensamento racional sobre os direitos do homem, que desde o começo faz a distinção entre pessoas e princípios.

O sr. Burke, porém, parece não fazer idéia de princípios ao pensar sobre governos: "Há dez anos eu poderia ter felicitado a França por ela ter um governo, sem indagar sobre a natureza desse governo ou como era administrado". Essa é a linguagem de um homem racional? É a linguagem de um coração que considera os direitos e a felicidade da espécie humana tal como devem ser considerados? Baseando-se no que sustenta, o sr. Burke tem de cumprimentar todos os governos do mundo, enquanto as vítimas que sofrem sob seu jugo, sendo vendidas como escravas ou torturadas até a morte, são completamente esquecidas. É o poder, e não os princípios, que o sr. Burke venera. Essa abominável perversão o desqualifica para ajuizá-los. É o suficiente sobre a sua opinião quanto às causas da Revolução Francesa. Passo agora a outras considerações.

Conheço um lugar na América chamado Point-no-Point porque à medida que avançamos pela praia, vistosa e florida como a linguagem do sr. Burke, há uma ponta da praia que continuamente recua, mas sempre parece estar bem perto; porém, depois de já termos avançado tanto quanto possível na sua direção, não chegamos a ponta alguma. É isso precisamente o que acontece com as 356 páginas do sr. Burke; portanto, é difícil responder-lhe. Mas como os pontos que ele deseja provar podem ser inferidos do mau uso que ele faz da linguagem, é nos paradoxos que devemos procurar os seus argumentos.

Quanto às pinturas trágicas com as quais o sr. Burke insulta sua própria imaginação e tenta influenciar a de seus leitores, elas são bem apropriadas para uma representação teatral, na qual os fatos são fabricados em função do espetáculo e ajustados para produzir, com a ajuda da debilidade da empatia, um efeito lacrimoso. Mas o sr. Burke tem de lembrar que está escrevendo história e não *peças teatrais,* e que seus leitores esperam a verdade e não o jorro exclamativo de uma linguagem pomposa e oca.

Quando vemos um homem lamentando – usando um tom dramático, em um escrito que se pretende confiável – que "a era dos cavaleiros se foi!", que "a glória da Europa está extinta para sempre!", que "a insubornável graça da vida (se alguém sabe o que isso significa), a defesa comum das nações, o cultivo do sentimento viril e do heroísmo se foram!", e tudo isso porque a era quixotesca da bobagem cavalheiresca se foi, que opinião podemos formar do seu discernimento, ou que respeito podemos ter pelos seus fatos? Na sua imaginação extravagante, ele descobriu um mundo de moinhos de vento e lamenta não haver Quixotes para atacá-los. Mas se a era da aristocracia, como a da cavalaria, acabar – e, originalmente, elas tinham uma conexão –, o sr. Burke, o trombeteiro da Ordem, poderá continuar sua paródia até o fim, finalizando-a com a exclamação: "O ofício de Otelo acabou!"*

A despeito das horrendas descrições do sr. Burke, quando comparamos a Revolução Francesa àquelas em outros países é assombroso que ela seja marcada por tão poucos sacrifícios. Mas o assombro cessará quando observarmos que os objetos visados para destruição eram *princípios*, e não *pessoas*. O ânimo da nação movia-se por um estímulo mais elevado do que a consideração de pessoas poderia inspirar e buscava uma conquista superior à produzida pela queda do inimigo. Dentre os poucos caídos, nenhum parece ter sido intencionalmente escolhido. Todos tiveram seu destino dentro das circunstâncias do momento; não foram perseguidos com o espírito da vingança a sangue frio, prolongada e implacável com a qual foram perseguidos os desafortunados escoceses no episódio de 1745.

Em todo o livro do sr. Burke, só pude observar uma única menção à Bastilha, acompanhada de uma insinuação, como se ele lamentasse a sua demolição e desejasse que fosse reconstruída: "Reconstruímos Newgate e ocupamos o solar; e temos prisões quase tão sólidas quanto a Bastilha para aqueles que ousam difamar as rainhas da França".**

---

* Shakespeare, *Othello*, III.iii.357. (N.E.)

** Na verdade, além do registrado acima, em dois outros trechos do seu panfleto o sr. Burke menciona o termo Bastilha; porém, nos mesmos moldes. Em um deles, ele o introduz numa espécie de questão obscura, indagando: "Será que algum desses ministros que agora servem tal rei, em simples manifestação de respeito, obedecerão cordialmente às ordens daqueles que há pouco tempo, em seu nome, os haviam encerrado na Bastilha?" No outro, a tomada da Bastilha é mencionada como envolvendo um crime dos guardas franceses que ajudaram na sua demolição. "Eles não", diz ele, "esqueceram a tomada dos castelos do rei em Paris." Este é o sr. Burke, que finge escrever sobre a liberdade constitucional. (N.A.)

O que um louco como a pessoa chamada Lorde George Gordon* – para quem Newgate é mais um manicômio do que uma prisão – poderia dizer não merece uma consideração racional. Foi coisa de um louco difamador, o que basta como desculpa, mas que propiciou uma oportunidade para aprisioná-lo, e isso é o que se desejava. Mas é certo que o sr. Burke, que não se diz louco (seja o que for que outras pessoas possam dizer), difamou, da maneira mais espontânea e no estilo mais grosseiro do insulto mais vulgar, toda a autoridade representativa da França. Ainda assim, o sr. Burke toma assento na Câmara dos Comuns Britânica! Por sua violência e sua mágoa, seu silêncio sobre alguns pontos e seu excesso em outros, é difícil não acreditar que o sr. Burke lamente, lamente de forma extrema, que o poder arbitrário, o poder do Papa e a Bastilha tenham caído.

Em seu livro inteiro, não consigo encontrar um olhar sequer de compaixão, nem um pensamento de comiseração pelos que padeceram a mais desgraçada das vidas, uma vida sem esperança na mais miserável das prisões. É penoso olhar para um homem que emprega seus talentos para corromper a si próprio. A natureza foi mais bondosa com o sr. Burke do que ele é com ela. Ele não se abala com a realidade da desgraça que chega ao seu coração, mas com a imagem pomposa dela que impressiona a sua imaginação. Ele tem dó da plumagem, mas se esquece do pássaro que está morrendo. Acostumado a beijar a mão aristocrática que o furtou de si mesmo, ele descamba em artificialidades. A genuína alma da natureza o abandona. Seu herói ou sua heroína tem de ser uma vítima trágica que expira teatralmente, e não a verdadeira prisioneira da miséria, que escorrega para a morte em meio ao silêncio de um calabouço.

Visto que o sr. Burke omitiu todos os acontecimentos da Bastilha (e seu silêncio nada conta a seu favor) e distraiu seus leitores com reflexões baseadas na pretensa verdade de fatos distorcidos em falsidades reais, apresentarei, visto que

---

* Gordon (1751-1793), notório agitador anticatólico, ajudou a inspirar os chamados "motins de Gordon", ocorridos em Londres em 1780. Gordon morreu na prisão de Newgate. Muitos de seus contemporâneos questionaram a sua sanidade. (N.E.)

ele não o fez, um relato das circunstâncias que precederam tais acontecimentos. Elas servirão para demonstrar que, considerando as agravações traiçoeiras e hostis dos inimigos da Revolução, seria improvável que menores danos acompanhassem aqueles acontecimentos.

A mente dificilmente poderia imaginar um cenário mais horroroso do que aquele exibido pela cidade de Paris na tomada da Bastilha e nos dois dias que a precederam e a sucederam, nem conceber a possibilidade de que a situação se aquietasse tão logo. A certa distância, o incidente pareceu apenas um ato de heroísmo isolado. A estreita conexão política que tinha com a Revolução se perdeu no brilho da façanha. Mas temos que considerá-la como a força dos partidários, passada de homem para homem, lutando pelo resultado. A Bastilha precisava ser o prêmio ou a prisão dos que a assaltaram. A sua queda incluía a idéia da queda do Despotismo, uma imagem cuja composição se tornara tão figurativamente unida quanto o Castelo da Dúvida e o Gigante Desespero de Bunyan.*

A Assembléia Nacional, antes e na ocasião da tomada da Bastilha, estava sediada em Versalhes, a doze milhas de Paris. Cerca de uma semana antes da insurreição dos parisienses e sua tomada da Bastilha, descobriu-se que se formava uma conspiração, liderada pelo conde d'Artois, o irmão mais novo do rei, para destruir a Assembléia Nacional e prender seus membros, conseguindo assim aniquilar, de forma inesperada, todas as esperanças e chances de formar um governo livre. Para o bem da humanidade, e também da liberdade, esse plano não teve êxito. Não faltam exemplos que mostram quão horrivelmente vingativos e cruéis são todos os velhos governos quando saem vitoriosos contra o que chamam de revolta.

Tal plano deve ter sido cogitado por algum tempo porque para executá-lo foi necessário reunir um grande contingente militar em torno de Paris e interromper a comunicação entre essa cidade e a Assembléia Nacional

---

* O Gigante Desespero é o proprietário do Castelo da Dúvida na obra de John Bunyan *O peregrino – a viagem do cristão da cidade da destruição para a Jerusalém celestial,* Parte 1 (1678). (N.E.)

em Versalhes. As tropas designadas para a missão foram principalmente as estrangeiras a serviço da França; para essa finalidade específica, foram retiradas das províncias distantes onde estavam aquarteladas. Quando reunidas, somando entre vinte e cinco e trinta mil soldados, julgou-se que era a hora de executar o plano. O ministério que então estava no poder, favorável à Revolução, foi imediatamente demitido. Um novo ministério foi formado por aqueles que haviam concertado o plano, entre os quais se achava o conde de Broglie, a quem foi confiado o comando das tropas. O caráter desse homem – como me foi descrito em uma carta, cujo conteúdo comuniquei ao sr. Burke antes que começasse a escrever seu livro, vinda de uma autoridade que o sr. Burke bem sabia ser decente – era o de "um ambicioso aristocrata, frio e capaz de todo e qualquer ardil".

No calor desses acontecimentos, a Assembléia Nacional permaneceu na mais perigosa e crítica situação que uma assembléia de homens pode enfrentar. Eles eram as vítimas sacrificadas, e sabiam disso. Os corações e as aspirações de seu país estavam ao seu lado, mas não detinham poder militar algum. Os soldados do conde de Broglie cercaram o salão onde a assembléia se reunia e esperaram o comando para prender seus integrantes, tal como havia sido feito um ano antes com o parlamento de Paris. Tivesse a Assembléia Nacional abandonado suas obrigações ou exibido sinais de fraqueza ou medo, seus inimigos teriam ganhado coragem, e o país, caído em desalento. Quando a situação em que se achava, a causa em que estava engajada e a crise iminente que deveria determinar seu destino político, o destino pessoal de seus membros e o destino do país são examinadas sob a mesma perspectiva, somente um coração insensibilizado pelo preconceito ou corrompido pela dependência poderia deixar de se interessar no seu êxito.

O arcebispo de Viena* era, na ocasião, o presidente da Assembléia Nacional: uma pessoa idosa demais para agüentar o cenário que alguns dias ou algumas horas poderiam criar. Era necessário um homem mais ativo e com coragem mais ousada; a Assembléia Nacional elegeu (para

---

* Jean-George le Franc Pompignan (1715-1790). (N.E.)

vice-presidente, pois o arcebispo ainda estava na presidência) o marquês de La Fayette. Este é o único exemplo da eleição de um vice-presidente. Em 11 de julho, na iminência da tempestade sobre a Bastilha, uma declaração de direitos foi apresentada por La Fayette (a mesma mencionada na página 83). Foi redigida apressadamente e constitui apenas uma parte da declaração de direitos mais extensa posteriormente acordada e adotada pela Assembléia Nacional. A razão especial para apresentá-la naquele momento (como La Fayette depois me informou) era que, se a Assembléia Nacional sucumbisse à destruição anunciada pelos que então a cercavam, vestígios de seus princípios poderiam ter uma chance de sobreviver ao desastre.

Assim, tudo caminhava para uma crise. O resultado seria liberdade ou escravidão. De um lado, um exército de quase trinta mil soldados; do outro, um grupo desarmado de cidadãos, pois os cidadãos de Paris, dos quais a Assembléia Nacional necessariamente dependia de imediato, se encontravam tão desarmados e desorientados quanto os cidadãos de Londres hoje. A Guarda Francesa dera fortes sinais de adesão à causa nacional, mas o seu contingente era pequeno, não alcançando um décimo da força comandada pelo conde de Broglie. E seus oficiais atendiam aos interesses do conde.

Sob tais circunstâncias amadurecidas, o novo ministério foi empossado. O leitor terá em mente que a Bastilha foi tomada em 14 de julho; o momento de que estou falando é o dia 12. Logo que a notícia da mudança do ministério alcançou Paris à tarde, todos os teatros e locais de entretenimento, lojas e casas foram fechados. A mudança do ministério era considerada como o prelúdio às hostilidades, opinião que tinha um fundamento correto.

As tropas estrangeiras começaram avançar em direção à cidade. O príncipe de Lambesc, que comandava uma tropa da cavalaria alemã, aproximou-se pela Praça Luís XV, que se liga a algumas ruas. Em sua marcha, ele insultou e golpeou um idoso com uma espada. Os franceses se destacam por seu respeito à velhice. A insolência que pareceu acompanhar o ato do príncipe, combinada à comoção geral na qual a população se achava envolvida, produziu um efeito poderoso, e um brado de "Às armas! Às armas!" se espalhou rapidamente pela cidade.

Armas, eles não tinham, e quase ninguém que soubesse como usá-las. Mas a firmeza do desespero, quando não há nada a perder, supre, por algum tempo, a falta de armas. Próximo ao local onde o príncipe de Lambesc alinhava suas tropas, havia uma grande quantidade de pedras amontoadas para a construção da nova ponte; a multidão as usou para atacar a cavalaria. Um destacamento da Guarda Francesa, ao ouvir os disparos de armas de fogo, abandonou depressa suas posições e se juntou ao povo. Ao anoitecer, a cavalaria bateu em retirada.

As ruas de Paris, por serem estreitas, favorecem a defesa. E a altura das casas de muitos pavimentos, que poderia trazer grandes aborrecimentos, as protegeu de investidas noturnas. E a multidão passou a noite suprindo-se de toda sorte de armas que podia fazer ou obter: armas de fogo, espadas, martelos de ferreiros, machados de carpinteiros, pés-de-cabra, piques, alabardas, forcados, espetos, porretes etc.

O incrível número de pessoas que se reuniam na manhã seguinte e a determinação ainda mais incrível que mostravam perturbaram e pasmaram seus inimigos. De forma alguma o novo ministério poderia esperar por tal demonstração. Os próprios ministros, acostumados à escravidão, não faziam idéia de que a liberdade fosse capaz de tal inspiração, ou que um grupo de cidadãos desarmados ousasse encarar uma força militar de trinta mil homens. Todos os momentos desse dia foram empregados na coleta de armas, na combinação de planos e na melhor organização que um movimento instantâneo como aquele podia se permitir. O conde de Broglie permaneceu nos arredores da cidade, mas não realizou outras investidas nesse dia; a noite foi de tanta tranqüilidade quanto tal cenário poderia criar.

Mas a defesa não era o único objetivo dos cidadãos. Havia uma causa em jogo: sua liberdade ou sua escravidão. Esperavam ser atacados ou ficar sabendo de um ataque à Assembléia Nacional a qualquer momento. Em tais situações, as respostas mais imediatas são, por vezes, as melhores. O objetivo que agora se apresentava era a Bastilha, e o brilho da tomada da fortaleza diante de um enorme exército não poderia deixar de estarrecer o novo ministério, que mal tivera tempo para se reunir. Através de uma correspondência interceptada naquela manhã, descobriu-se que o prefeito de Paris, sr. Defflesselles, que parecia atender aos interesses do ministério, o estava traindo. Com essa descoberta, não restava dúvida alguma de que o conde de Broglie reforçaria a Bastilha na noite seguinte. Portanto, era necessário atacá-la naquele dia mas, antes que isso pudesse ser feito, precisavam conseguir um melhor suprimento de armas.

Nos limites da cidade, havia uma grande quantidade de armas provisoriamente armazenadas no Hospital dos Inválidos. Os cidadãos intimaram o lugar à rendição. Como não era defensável e não houve uma maior tentativa de defendê-lo, os cidadãos não tardaram a ter êxito. Assim, muniram-se e se puseram em marcha para atacar a Bastilha: uma imensa multidão misturando pessoas de todas as idades e de todas as posições, portando todo tipo de armas. A imaginação seria incapaz de representar tal marcha e a ansiedade que antecedia os acontecimentos que algumas horas ou alguns minutos poderiam produzir. O que o ministério planejava era ignorado pelo povo na cidade tanto quanto o ministério ignorava o que o povo fazia. Os cidadãos igualmente ignoravam os movimentos que o conde de Broglie poderia comandar para reforçar ou revezar as tropas na Bastilha. Tudo envolvia mistério e risco.

Em poucas horas, a Bastilha foi atacada com um entusiasmo heróico que somente a mais intensa animação da liberdade poderia inspirar: eis um acontecimento com o qual o mundo está inteiramente familiarizado. Não estou detalhando o ataque, mas trazendo à luz a conspiração contra a nação que o provocou e que ruiu junto com a Bastilha. A prisão à qual o novo ministério condenava a Assembléia Nacional, além de ser o altar-mor e a fortaleza do despotismo, tornou-se o próprio objetivo por onde começar. Essa operação dissolveu o novo ministério, cujos membros agora iniciavam a fuga da ruína que haviam preparado para outros. As tropas do conde de Broglie se dispersaram e ele próprio fugiu também.

O sr. Burke falou bastante de conspirações, mas nunca dessa conspiração contra a Assembléia Nacional e as liberdades da nação. E como não podia admiti-la, omitiu todas as circunstâncias que poderiam lançá-la em seu caminho. Os exilados que fugiram da França, em cujo caso ele próprio tanto se interessa e do qual tirara sua lição, fugiram em conseqüência do fracasso dessa conspiração. Nenhuma conspiração foi formada contra eles; eles é que conspiravam contra outros. Aqueles que tombaram enfrentaram, não injustamente, o castigo que se preparavam para levar a efeito. Mas, dirá o sr. Burke, se essa conspiração, tramada com o refinamento de uma emboscada, tivesse sido vitoriosa, a parte vencedora teria contido sua fúria tão cedo? Que a história de todos os governos antigos responda a essa questão.

Quem a Assembléia Nacional conduziu ao patíbulo? Ninguém. Seus próprios membros eram as vítimas sacrificadas dessa conspiração. E não buscaram uma retaliação. Por que, então, são acusados de vingança se não a praticaram? Deveríamos esperar que nada sucedesse o extraordinário irrompimento de um povo inteiro, no qual todas as posições, temperamentos e personalidades se misturam, livrando-se, por um esforço milagroso, da destruição tramada contra ele? Quando a percepção de opressões enfurece os homens e a expectativa de novas opressões os ameaça, deveríamos procurar a serenidade da filosofia ou a paralisia da insensibilidade? O sr. Burke brada contra o insulto; no entanto, o maior deles, ele próprio cometeu. Seu livro é um volumoso insulto, sem a escusa de um impulso momentâneo, mas nutrido durante dez meses, embora o sr. Burke não tivesse nenhuma provocação, nenhuma vida, nenhum interesse em jogo.

Mais cidadãos do que seus oponentes tombaram nessa luta, porém quatro ou cinco pessoas foram agarradas pelo populacho e imediatamente mortas: o diretor da Bastilha, o prefeito de Paris, que foi descoberto os traindo, e, posteriormente, Foulon, um dos novos ministros, além de Berthier, seu genro, que aceitara o cargo de intendente de Paris. Suas cabeças foram transpassadas por grandes pregos e carregadas pela cidade. É em torno dessa forma de punição que o sr. Burke monta grande parte de seus cenários trágicos. Por isso, examinemos como os homens chegaram à idéia de punir dessa forma.

Eles a aprendem com os governos sob os quais vivem e revidam as punições que foram acostumados a ver. As cabeças espetadas em grandes pregos, que permaneceram durante anos em Temple Bar*, por obra e graça do governo inglês, em nada diferiam, no horror da cena produzida, daquelas carregadas em grandes pregos por Paris. Talvez se possa dizer que para um homem nada significa o que lhe é feito depois que está morto; mas significa muito para os vivos: tortura seus sentimentos ou endurece seu coração e, em ambos os casos, os ensina como punir quando o poder cair em suas mãos.

Deitemos então o machado à raiz e ensinemos humanidade aos governos. São suas punições sanguinárias que corrompem a espécie humana. Na Inglaterra, a punição em certos casos é por *enforcamento, estiramento* e *esquartejamento:* o coração do sofredor é extraído de seu corpo e erguido para que o populacho o veja. Na França, as punições aplicadas pelo governo anterior não eram menos bárbaras. Quem não se recorda da execução de Damien, despedaçado por cavalos? Esses espetáculos de crueldade exibidos ao populacho resultam na destruição da ternura ou incitação da vingança. E, através da idéia vil e falsa de governar os homens pelo terror, e não pela razão, eles se tornam precedentes. O governo pelo terror pretende operar sobre a classe mais baixa da espécie humana, e é sobre ela que produz o pior efeito. Seus membros compreendem o suficiente para perceber que são visados e, por sua vez, impõem o terror nos mesmos moldes que foram ensinados a praticar.

Há, em todos os países da Europa, uma grande classe de pessoas que se enquadram na descrição recém feita; na Inglaterra, ela é chamada de *turba*. Eram dessa classe os que produziram incêndios e devastações em Londres em 1780, e a ela também pertenciam os que carregaram as cabeças espetadas por Paris. Foulon e Berthier foram apanhados no campo e mandados para Paris, onde seriam submetidos a

---

* Portão construído em 1670, que assinalava o limite ocidental da cidade de Londres. Foi removido em 1878. (N.E.)

interrogatório no Hotel de Ville, pois a Assembléia Nacional, assim que o novo ministério tomou posse, aprovou um decreto, comunicado ao rei e seu gabinete, afirmando que ela responsabilizaria os membros do ministério – Foulon era um deles – pelas medidas que aconselhassem e adotassem. A turba, porém, inflamada pelo aparecimento de Foulon e Berthier, os arrancou de seus condutores antes que fossem levados ao Hotel de Ville e os executou no local. Por que, então, o sr. Burke acusa um povo inteiro de excessos dessa ordem? Poderia igualmente acusar todo o povo de Londres pelos tumultos e excessos de 1780 ou atribuir aqueles da Irlanda a todos os seus compatriotas.

Mas tudo o que vemos ou ouvimos que ofenda os nossos sentimentos e deprecie a natureza humana deveria levar a outras ponderações além da censura. Mesmo os seres que praticam tais ofensas têm direito à nossa consideração. Por que, então, classes humanas tais como as que designamos por vulgo ou turba ignorante são tão numerosas em todos os velhos países? No instante em que nos fazemos essa pergunta, a intuição já percebe uma resposta. Elas surgem, como conseqüência inevitável, da má formação de todos os velhos governos da Europa, inclusive da Inglaterra. É pela exaltação distorcida de alguns homens que outros são rebaixados de maneira distorcida, até que o todo se torne desnaturado. Uma vasta massa da humanidade é lançada, de forma degradante, ao segundo plano da cena humana para trazer resplendor ao espetáculo de marionetes do Estado e da aristocracia. No início de uma revolução, esses homens seguem mais o *partido* do que a *bandeira* da liberdade e ainda precisam ser ensinados a reverenciá-la.

Considerarei todos os exageros teatrais do sr. Burke como fatos e, então, perguntarei a ele se não estabelecem a certeza daquilo que aqui exponho. Supondo-os verdadeiros, eles revelam a necessidade da Revolução Francesa, tanto quanto qualquer outra coisa que ele tivesse afirmado. Aqueles excessos não resultaram dos princípios da Revolução, mas da mente degradada que existia antes do período revolucionário, e que a Revolução pretende corrigir. Coloque-os no devido lugar e tome para si a reprovação deles.

É mérito da Assembléia Nacional e da cidade de Paris terem sido capazes – durante esse medonho cenário de revolta e confusão, fora do controle de qualquer autoridade – de refrear tanto sob a influência do exemplo e da exortação. Nunca houve maior esforço para educar e esclarecer a humanidade – e para fazê-la ver que seu interesse consiste de sua virtude e não de sua vingança – do que na Revolução Francesa. Eu agora passo a algumas observações sobre o relato do sr. Burke da expedição a Versalhes em 5 e 6 de outubro.

Eu dificilmente poderia considerar o livro do sr. Burke sob outra luz senão a de uma encenação teatral. E penso que ele próprio o deve ter considerado sob a mesma luz, a julgar pelas liberdades poéticas que tomou omitindo alguns fatos, distorcendo outros e fazendo toda a maquinaria operar de forma a produzir um efeito de cena. Dessa espécie é seu relato da expedição a Versalhes. Ele inicia esse relato omitindo os únicos fatos que são conhecidos como causas verdadeiras. Qualquer coisa além deles é conjetural mesmo para o caso de Paris. Em seguida, ele desenvolve um conto que se ajusta às suas próprias paixões e preconceitos.

É de se observar que, ao longo de todo o livro, o sr. Burke nunca fala de conspirações *contra* a Revolução; e dessas conspirações se originaram todos os danos. Serve ao propósito dele exibir os efeitos sem suas causas. É um dos artifícios do teatro. Se os crimes dos homens fossem exibidos com os sofrimentos infligidos, por vezes o efeito de cena se perderia e o público tenderia à aprovação quando se pretendia que se compadecesse.

Depois de todas as investigações feitas sobre esse assunto intrincado (a expedição a Versalhes), ele ainda permanece envolvido em todo tipo de mistério que sempre acompanha acontecimentos produzidos mais pela concomitância de complicadas circunstâncias do que por algum plano estabelecido. Enquanto a personalidade dos homens está se formando, como sempre ocorre nas revoluções, há suspeitas recíprocas, e eles se inclinam a uma mútua má interpretação. Mesmo partidos em princípio diretamente opostos, às vezes coincidirão em apoiar o mesmo movimento a partir de visões muito distintas, esperando que produzam conseqüências muito diferentes. Muito disso pode ser percebido nesse emaranhado caso. No entanto, o resultado geral foi algo que ninguém esperava.

A única coisa que se sabe com certeza é que, nessa ocasião, uma considerável inquietação foi provocada em Paris pela demora do rei em sancionar e expedir os decretos da Assembléia Nacional, especialmente o da *Declaração dos direitos do homem* e os de *4 de Agosto**, que continham os princípios basilares a partir quais a Constituição seria criada. A hipótese mais benévola, e talvez a mais justa, a respeito desse assunto é que alguns dos ministros pretendiam acrescentar reparos e comentários a certas partes deles antes que fossem finalmente sancionados e despachados para as províncias. Mas, fosse o que fosse, os inimigos da Revolução retiraram esperança dessa demora, enquanto os amigos da Revolução, inquietação.

Durante esse estado de suspense, a *Garde du Corps,* que era composta, como tais regimentos geralmente o são, de pessoas muito ligadas à Corte, ofereceu uma festa em Versalhes (em 1º de outubro) a alguns regimentos estrangeiros recém-chegados. No auge da festa, foi dado um sinal e os membros da *Garde du Corps* arrancaram o cocar nacional de seus chapéus, nele pisaram, e o substituíram por um "contra-cocar", preparado com o propósito de demonstrar oposição. Uma indignidade desse tipo equivalia à rebeldia. Era como declarar guerra; e quando os homens fazem provocações, devem esperar pelas conseqüências. Contudo, tudo isso foi cuidadosamente deixado de lado pelo sr. Burke. Ele começa seu relato dizendo que "a história registrará que, na manhã de 6 de outubro de 1789, o rei e a rainha da França – após um dia de confusão, alerta, assombro e matança, e na segurança afiançada pela fé pública –, cedendo à natureza durante poucas horas de trégua, deitados repousavam, inquietos e melancólicos". Não temos aqui o estilo sóbrio da história, nem a sua intenção; tudo é deixado ao sabor da conjetura e do engano. Poderíamos pelo menos pensar que tenha ocorrido uma batalha, e uma batalha provavelmente teria

---

* Em 4 de agosto de 1789, a Assembléia Nacional aboliu os privilégios feudais, incluindo a isenção da tributação para a aristocracia. (N.E.)

ocorrido não fosse pela moderada prudência daqueles que o sr. Burke envolve em suas censuras. Ao omitir a *Garde du Corps*, o sr. Burke se permitiu a licença dramática de colocar o rei e a rainha em seus lugares, como se a expedição fosse contra eles. Mas retornemos ao meu relato.

Essa conduta da *Garde du Corps,* como era de se esperar, alarmou e enfureceu os parisienses. As cores da causa e a própria causa haviam se tornado muito ligadas para deixar dúvida sobre a intenção da afronta, e os parisienses estavam decididos a convocar a *Garde du Corps* para uma prestação de contas. Certamente nada havia de covardia homicida na marcha, à luz do dia, para tirar satisfação, se esta expressão pode ser usada, de um grupo de homens armados que tinham voluntariamente feito uma provocação. Mas a circunstância que serve para embaralhar esse incidente é que tanto os inimigos da Revolução como os seus amigos parecem tê-lo encorajado. Uns esperavam evitar uma guerra civil controlando-a a tempo; os outros esperavam travá-la. As esperanças dos que se opunham à Revolução se baseavam em fazer do rei seu partidário e levá-lo de Versalhes para Metz, onde esperavam reunir uma tropa e levantar uma bandeira. Temos, portanto, dois objetivos distintos que se apresentam simultaneamente e serão alcançados pelos mesmos meios: um, punir a *Garde du Corps,* o objetivo dos parisienses; o outro, transformar essa cena confusa em estímulo para o rei se pôr a caminho de Metz.

Em 5 de outubro, um grande número de mulheres e homens disfarçados de mulheres se reuniu em torno do Hotel de Ville, sede da prefeitura de Paris, e partiu para Versalhes. Seu objetivo declarado era a *Garde du Corps*, mas homens prudentes relembram prontamente que é mais fácil dar início a uma maldade do que lhe dar fim. Aquela cavalgada impressionou mais fortemente por causa das suspeitas já indicadas e de sua irregularidade. Assim, logo que uma força suficiente pôde ser reunida, o marquês de La Fayette, por ordem da autoridade civil de Paris, se pôs em seu encalço comandando vinte mil soldados da milícia de Paris. A Revolução não poderia extrair benefício algum da confusão, mas os seus opositores poderiam. Graças a sua gentileza e vivacidade de trato, o marquês conseguira até agora – com extraordinário êxito – dissipar inquietudes. Por isso, frustrava as esperanças dos que poderiam buscar melhorar esse cenário, transformando-o numa espécie de necessidade que justificasse a saída do rei de Versalhes e sua retirada para Metz. Para evitar, ao mesmo tempo, as conseqüências que poderiam resultar do confronto entre a *Garde du Corps* e aquela falange de homens e mulheres, La Fayette encaminhou uma mensagem urgente ao rei comunicando que marchava para Versalhes, por ordem da autoridade civil de Paris, em missão de paz e proteção, declarando ao mesmo tempo a necessidade de evitar que a *Garde du Corps* atirasse na multidão.*

Ele chegou em Versalhes entre 10 e 11 horas da noite. A *Garde du Corps* estava alinhada e a multidão havia chegado algum tempo antes. Entretanto, tudo permanecia em suspenso. A sabedoria e a diplomacia consistiam agora em transformar um quadro de perigo iminente em um feliz acontecimento. La Fayette se tornou o mediador entre as partes enfurecidas, e o rei, a fim de afastar a intranqüilidade gerada pela demora já mencionada, mandou buscar o presidente da Assembléia Nacional e assinou a *Declaração dos direitos do homem,* além de outras partes da constituição que já se achavam prontas.

Era cerca de uma hora da manhã. Tudo parecia estar resolvido e instaurou-se um clima de felicitação geral. Ao rufar dos tambores foi proclamado que os cidadãos de Versalhes concederiam a hospitalidade de suas casas aos seus concidadãos de Paris. Os que não puderam ser acomodados dessa maneira permaneceram nas ruas ou se alojaram nas igrejas. Às duas horas o rei e a rainha se retiraram.

Assim se passaram as coisas até o romper do dia, quando um novo distúrbio ocorreu devido ao comportamento reprovável de alguns indivíduos em ambas as partes, pois em todos esses cenários sempre há tais personagens. Um integrante da *Garde du Corps* surgiu em uma das janelas do palácio e as pessoas que tinham permanecido durante a noite

---

* Estou autorizado a afirmar isso, uma vez que o soube através do próprio marquês de La Fayette, com quem mantive laços de amizade por catorze anos. (N.A.)

nas ruas o abordaram injuriosa e provocativamente. Em vez de se retirar, como recomendaria a prudência em tal caso, ele ergueu seu mosquete, disparou e matou um dos milicianos de Paris. Violada assim a paz, a multidão invadiu o palácio em busca do criminoso. Atacaram o alojamento da *Garde du Corps* dentro do palácio e perseguiram seus membros através das passagens do palácio até os aposentos do rei. Em meio a esse tumulto, não apenas a rainha, como o sr. Burke o representou, mas todas as pessoas no palácio se acordaram e se amedrontaram. La Fayette teve, pela segunda vez, que se interpor entre as partes. Após a perda de duas ou três vidas, o incidente terminou com a *Garde du Corps* vestindo o cocar nacional, e o assunto foi esquecido.

Durante os últimos momentos dessa confusão, o rei e a rainha apareceram em público na sacada do palácio; nenhum deles se escondeu por questão de segurança, como é insinuado pelo sr. Burke. A situação foi assim apaziguada, e a tranqüilidade, restaurada. Irrompeu então uma aclamação geral de *Le Roi à Paris, Le Roi à Paris* – o rei em Paris. Foi o brado de paz, imediatamente aceito por parte do rei. Com tal medida, todos os futuros planos de capturar o rei em Metz e erguer a bandeira de oposição à Constituição foram frustrados, e as suspeitas, eliminadas. O rei e sua família alcançaram Paris ao anoitecer e foram saudados à sua chegada pelo sr. Bailly, prefeito de Paris, em nome dos cidadãos. O sr. Burke, que ao longo de todo seu livro confunde coisas, pessoas e princípios em suas observações sobre o discurso do sr. Bailly, também se confundiu com relação ao tempo. Ele censura o sr. Bailly por mencionar *un bon jour,* um dia bom. O sr. Burke deveria ter se informado para saber que essa situação durou dois dias, o dia em que começou, com toda a aparência de perigo e dano, e o dia em que terminou, sem os danos ameaçadores; é a esse desfecho pacífico que o sr. Bailly alude, e à chegada do rei em Paris. Não menos que trezentas mil pessoas se organizaram no cortejo de Versalhes a Paris, e ninguém se feriu durante toda a marcha.

O sr. Burke, baseando-se na autoridade do sr. Lally Tollendal, um desertor da Assembléia Nacional, diz que, ao entrar em Paris, a multidão gritava *"Tous les évèques à la lanterne"* – enforquem todos os bispos nas lucernas ou nos postes de iluminação! É surpreendente que ninguém tenha ouvido isso exceto Lally Tollendal e que ninguém tenha nisso acreditado exceto o sr. Burke. Esse grito não tem a menor ligação com qualquer parte da operação e é totalmente estranho a todas as suas circunstâncias. Os bispos não haviam sido introduzidos antes em qualquer cena do drama do sr. Burke: por que, então, são introduzidos nesse ponto subitamente e todos juntos? O sr. Burke introduz os bispos e suas figuras lanterneiras sob a luz de uma lucerna mágica, criando suas cenas por contraste, e não por conexão. Mas esse exemplo serve para mostrar, juntamente com o resto de seu livro, que pouco crédito deve ser dado a quem desafia até mesmo a probabilidade com o propósito de caluniar. Com essa reflexão, em lugar de um solilóquio em louvor do cavalheirismo, como fez o sr. Burke, encerro este relato da expedição a Versalhes.*

Preciso agora seguir o sr. Burke por uma selva intransitável de rapsódias e uma espécie de contraponto sobre os governos, onde ele afirma tudo o que lhe apraz supondo que recebe crédito, sem apresentar evidências ou razões para suas afirmações.

Antes que possamos argumentar a favor de qualquer conclusão, certos fatos, princípios ou dados a partir dos quais se raciocina precisam ser estabelecidos, admitidos ou negados. O sr. Burke, com seu costumeiro excesso, insultou a *Declaração dos direitos do homem*, publicada pela Assembléia Nacional de França como o fundamento sobre o qual é construída a Constituição da França. Ele a classifica como "desprezíveis e obscurecidas páginas sobre os direitos do homem". O sr. Burke pretende negar que o *homem* tenha quaisquer direitos? Se é o que pretende, então terá que admitir que não há, em parte alguma, coisas como as que chamamos de direitos, e que ele próprio não tem direito algum pois, afinal, quem está no mundo salvo o homem? Mas

---

* Um relato da expedição a Versalhes pode ser encontrado no nº 13 da *Revolution de Paris*, contendo os acontecimentos de 3 a 10 de outubro de 1789. (N.A.)

se o sr. Burke admitir que o homem tem direitos, a questão então será: quais são esses direitos e como o homem os obteve originalmente?

O erro daqueles que raciocinam com base em precedentes extraídos da antigüidade a respeito dos direitos do homem é não remontarem o suficiente à antigüidade. Não trilham o caminho inteiro. Eles se detêm em alguns dos estágios intermediários de cem ou mil anos atrás e apresentam o que foi feito então como uma regra para o presente. Mas isso não representa autoridade alguma. Se voltarmos ainda mais remotamente à antigüidade, encontraremos opiniões e práticas predominantes que são frontalmente contrárias. Se fôssemos atribuir autoridade à antigüidade, mil autoridades que se contradizem sucessivamente poderiam ser mostradas. Mas se prosseguirmos nesse recuo no tempo, acabaremos bem: chegaremos ao momento em que o homem saiu das mãos de seu Criador. E o que era ele então? Homem. Homem era o seu título ilustre, e também o seu único. Um título mais elevado não poderia ser a ele conferido. Mas de títulos falarei depois.

Chegamos agora à origem do homem e à origem dos seus direitos. Quanto ao modo que o mundo foi governado daqueles dias até os dias atuais, só nos interessa fazer um uso adequado dos erros ou dos aprimoramentos mostrados pela história. Aqueles que viveram há cem ou mil anos eram então modernos, como o somos hoje. Eles tinham *a sua* antigüidade, e esta tinha a sua; nós, à nossa vez, também seremos uma antigüidade. Se o mero nome de antigüidade tiver que governar os afazeres da vida, as pessoas que viverão daqui a cem ou mil anos poderão também nos tomar como precedente, tal como o fazemos com os que viveram cem ou mil anos atrás. O fato é que parcelas da antigüidade, ao provarem tudo, nada estabelecem. Temos autoridade contra autoridade por todo o caminho até atingirmos a origem divina dos direitos do homem no momento da criação. Nesse ponto nossas investigações encontram repouso, e nossa razão encontra um lar. Se uma disputa acerca dos direitos do homem tivesse surgido a um tempo cem anos depois da criação, a esta fonte de autoridade os disputantes deveriam remontar, e é à mesma fonte de autoridade que nós devemos hoje nos referir.

Embora eu não pretenda tocar em qualquer princípio sectário religioso, pode ser valioso observar que a genealogia de Cristo remonta a Adão. Que tal, então, remontar os direitos do homem à criação do homem já que há governos surgindo do nada, atravessando-se e atuando presunçosamente para *rebaixar* o homem?

Se alguma geração humana alguma vez possuiu o direito de ditar a maneira pela qual o mundo deveria ser governado para sempre, tal geração foi a primeira que existiu, e se não o exerceu, nenhuma geração seguinte pode manifestar autoridade para exercê-lo ou para estabelecê-lo. O princípio iluminador e divino dos direitos iguais do homem (pois se origina do Criador do homem) se relaciona não somente aos indivíduos vivos, mas também às gerações humanas que se sucedem. Toda geração tem direitos iguais aos da geração que a precedeu, conforme a mesma regra de que todo indivíduo nasce com direitos iguais aos de seus contemporâneos.

Todas as histórias da criação e as narrativas tradicionais, pertencentes ao mundo culto ou ao inculto, ainda que possam variar em sua opinião ou crença quanto a certos detalhes, coincidem no estabelecimento de um ponto: a *unidade dos homens,* isto é, os homens pertencem todos a *uma mesma classe;* conseqüentemente, todos os homens nascem iguais e com iguais direitos naturais, como se a posteridade tivesse continuado por *criação* em lugar de *geração,* sendo a geração apenas o modo pelo qual a criação é levada adiante. Por conseguinte, toda criança nascida no mundo deve ser considerada como existindo a partir de Deus. O mundo é tão novo para ela como o foi para o primeiro homem que existiu, e o seu direito natural é do mesmo tipo.

A narrativa mosaica da criação, considerada como autoridade divina ou como meramente histórica, depende inteiramente deste ponto: a *unidade* ou *igualdade dos homens.* As expressões não admitem controvérsia: "E disse Deus: 'Façamos o homem à nossa imagem'... À imagem de Deus o criou; criou-os homem e mulher."* A diferença entre

---

* Gênese, 1:26-27. (N.E.)

sexos é apontada, mas nenhuma outra diferença é sequer sugerida. Se não se trata de autoridade divina, trata-se pelo menos de autoridade histórica, mostrando que a igualdade dos homens, longe de ser uma doutrina moderna, é a mais antiga de que se tem registro.

Também é de se observar que todas as religiões conhecidas no mundo se fundamentam, tanto quanto se relacionam ao homem, no princípio da *unidade dos homens*: pertencemos todos a uma mesma classe. No céu ou no inferno, ou em qualquer que seja o estado em que o homem possa existir no futuro, o bom e o mau são as únicas diferenças relevantes. Mais ainda, até mesmo as leis dos governos são obrigadas a se encaixar nesse princípio, criando classificações que diferenciam crimes e não pessoas.

Entre todas as verdades, é uma das maiores, e seu cultivo é sumamente proveitoso. Considerando o homem sob essa luz e educando-o para que considere a si mesmo sob tal luz, ele é colocado em estreita conexão com todos os seus deveres em relação ao seu Criador e à criação, da qual ele é uma parte. É somente quando o homem esquece sua origem ou, para usar uma expressão mais na moda, o *berço da família,* que ele se torna devasso. Não está entre os menores dos males provocados pelos atuais governos em todas as partes da Europa lançar o homem, considerado como homem, imensamente longe de seu Criador. O abismo artificial resultante é preenchido por uma sucessão de barreiras, ou um tipo de cancela de pedágio que ele tem de ultrapassar. Citarei o elenco de barreiras que o sr. Burke estabeleceu entre o homem e seu Criador. Assumindo o papel de um arauto, ele diz: "Tememos a Deus – olhamos para os reis com *assombro*; para os parlamentos, com estima; para os magistrados, com submissão; para os sacerdotes, com reverência, e para a nobreza, com respeito". O sr. Burke se esqueceu de citar a "cavalaria". Também se esqueceu de incluir Pedro.

O dever do homem não é um sertão pontuado por cancelas de pedágio nas quais precisa de um passe para poder seguir até a próxima. Ele é claro e simples e consiste apenas de dois casos. Seu dever para com Deus, que precisa ser percebido por todos os homens, e com seu próximo, que é tratar os outros como esperaria ser tratado. Se aqueles a quem o poder é delegado agirem corretamente, serão respeitados; caso contrário, serão desprezados. Quanto àqueles a quem nenhum poder é delegado, mas que o assumem, o mundo racional nada pode saber deles.

Até aqui falamos somente (e apenas parcialmente) dos direitos naturais do homem. Cabe-nos agora examinar os direitos civis do homem e mostrar como uns se originam dos outros. O homem não iniciou a sociedade para ficar *pior* do que antes, nem para ter menos direitos do que antes, mas para ter esses direitos melhor assegurados. Seus direitos naturais constituem o fundamento de todos seus direitos civis. Entretanto, para obter maior precisão nessa distinção, será necessário assinalar as diferentes qualidades dos direitos naturais e civis.

Algumas palavras bastam para assinalá-las. Os direitos naturais são aqueles pertinentes ao homem em razão de sua existência. Desse tipo são todos os direitos intelectuais, ou direitos da mente, e também todos aqueles direitos de agir como indivíduo para seu próprio conforto e felicidade que não sejam ofensivos aos direitos naturais dos outros. Os direitos civis são aqueles pertinentes ao homem em razão de ser um membro da sociedade. Todo direito civil tem por fundamento algum direito natural preexistente no indivíduo, mas para cujo exercício seu poder individual não é, em todos os casos, suficientemente competente. Desse tipo são todos os direitos que se relacionam à segurança e à proteção.

Partindo desse breve exame, será fácil distinguir entre a classe de direitos naturais retidos pelo homem após constituir a sociedade e aqueles que ele confia ao capital comum entre os membros da sociedade.

Os direitos naturais por ele retidos são todos aqueles para os quais o *poder* de exercício é tão perfeito no indivíduo quanto o próprio direito. Nessa classe, como foi mencionado anteriormente, estão todos os direitos intelectuais, ou direitos da mente. Por conseguinte, a religião é um desses direitos. Os direitos naturais que não são retidos são todos aqueles para os quais, ainda que o direito seja perfeito no indivíduo, o poder de exercício é imperfeito no indivíduo. Não atendem ao seu propósito. Um homem, pelo direito natural, tem o direito de julgar em sua própria causa e, tanto quanto o direito intelectual estiver em jogo, esse homem jamais renunciará a ele. Mas de que lhe vale julgar se não tem poder para reparar? Por isso, ele confia esse direito ao capital comum da sociedade e se apóia no braço da sociedade, da qual ele faz parte, de preferência e em acréscimo ao seu próprio. A sociedade nada lhe *concede*. Todo ser humano é um proprietário na sociedade e se vale do capital como uma questão de direito.

Dessas premissas se seguem duas ou três conclusões incontestáveis:

Primeira: Todo direito civil se origina de um direito natural; ou, em outras palavras, é um direito natural trocado.

Segunda: O poder civil propriamente considerado é composto pelo agregado dos direitos naturais do homem, que se tornam imperfeitos no indivíduo com referência ao poder e não atendem ao seu propósito, mas que, quando concentrados um foco, se tornam adequados para atender ao propósito de todos.

Terceira: O poder produzido a partir do agregado de direitos naturais, com poder imperfeito no indivíduo, não pode ser aplicado para violar os direitos naturais que são retidos pelo indivíduo, em quem o poder de exercê-los é tão perfeito quanto o próprio direito.

Em poucas palavras, determinamos o homem como passando de indivíduo natural para membro da sociedade, e mostramos, ou nos empenhamos em mostrar, a qualidade dos direitos naturais retidos e daqueles que são trocados por direitos civis. Apliquemos agora esses princípios aos governos.

Ao lançarmos nosso olhar sobre o mundo, fica extremamente fácil distinguir os governos que emergiram da sociedade, ou do pacto social, dos que não emergiram. Contudo, para conseguir maior clareza do que aquela que pode ser proporcionada por um simples olhar, será conveniente examinar as várias fontes das quais surgiram os governos e sobre as quais têm sido fundados.

É possível enquadrá-las todas em três categorias: primeira, a superstição; segunda, o poder; e terceira, o interesse comum da sociedade e os direitos comuns do homem.

Da primeira, surgiu um governo de sacerdotes; da segunda, um governo de conquistadores; e da terceira, um governo da razão.

Quando um grupo de homens ardilosos simulava, por meio de oráculos, manter uma relação com a divindade tão familiar quanto a sua subida atualmente pelas escadas de serviço das cortes européias, o mundo esteve completamente sob o governo da superstição. Os oráculos eram consultados e o que quer que fossem levados a dizer se transformava em lei. Essa espécie de governo durou enquanto durou essa espécie de superstição.

Depois desses governos, surgiu uma raça de conquistadores cujos governos, como o de Guilherme, o Conquistador, eram fundados no poder, e nos quais a espada substituiu o cetro. Governos assim estabelecidos duram enquanto durar o poder que os sustenta. Mas, podendo para isso recorrer a todo engenho que lhes favorecesse, uniram a fraude à força e erigiram um ídolo ao qual deram o nome de *Direito Divino*, que – imitando o papa, que finge ser espiritual e temporal, e contradizendo o fundador da religião cristã – transfigurou-se posteriormente em um ídolo com outro aspecto, chamado *Igreja e Estado*. A chave de São Pedro e a chave do Tesouro Público abrigaram-se mutuamente, e a multidão ludibriada maravilhou-se e venerou tal invenção.

Quando considero a dignidade natural do homem, quando experimento (pois a natureza não foi bondosa comigo o suficiente para entorpecer meus sentimentos) a honra e felicidade contidas em seu caráter, fico irritado com a tentativa de governar a humanidade pela força e pela fraude, como se fossem todos miseráveis e tolos, e mal consigo evitar a aversão por aqueles que assim se impõem.

Precisamos agora examinar os governos que emergem da sociedade em contraste com aqueles que se originam da superstição e da conquista.

A afirmação de que o governo é um pacto entre os que governam e os que são governados tem sido julgada como um considerável avanço em direção ao estabelecimento dos princípios da Liberdade. Entretanto, não é possível que seja verdadeira, uma vez que significa colocar o efeito antes da causa: como a existência do homem deve preceder a dos governos, houve necessariamente um tempo em que não existiam governos e, conseqüentemente, não podiam originalmente existir governantes com os quais fazer tal pacto. Portanto, é forçosamente verdadeiro que os *próprios indivíduos,* cada um em seu próprio direito pessoal e soberano, *celebram mutuamente um pacto* para originar um governo. Eis a única maneira que confere direito de origem aos governos e o único princípio que lhes confere direito de existência.

Para fazermos uma idéia clara do que é o governo, ou do que deve ser, precisamos traçar a sua origem. Assim descobriremos facilmente que os governos devem ter surgido *de dentro do* povo ou *desde acima do* povo. O sr. Burke não fez distinção alguma. Ele nada investiga até as fontes, de modo que confunde tudo. Indicou, contudo, sua intenção de empreender, em alguma futura oportunidade, uma comparação entre as constituições da Inglaterra e da França. Como ele me desafia ao me apresentar uma questão controversa, eu aceito travá-lo em seu próprio terreno. É nos grandes desafios que grandes verdades têm o direito de surgir. Eu o aceito com a maior disposição porque me proporciona, ao mesmo tempo, uma oportunidade para considerar a questão com relação aos governos que emergem da sociedade.

Mas será necessário primeiramente definir o que se entende por *Constituição*. Não basta adotarmos a palavra; temos também de estabelecer para ela um significado padrão.

Uma Constituição não é algo apenas nominal, mas algo no domínio dos fatos. Não encerra uma idéia, mas uma existência real. E se não puder ser criada de uma forma visível, não haverá Constituição alguma. A Constituição é algo *antecedente* a um governo e o governo é somente a sua criatura. A Constituição de um país não é a lei ordinária um governo, mas do povo que constitui esse governo. É o corpo de elementos ao qual podemos nos referir, citar artigo por artigo, e que contém os princípios com base nos quais o governo será estabelecido, a maneira na qual será organizado, os poderes que deterá, a forma das eleições, a duração dos "parlamentos" (ou quaisquer outros nomes que designem essas assembléias legislativas), os poderes a serem detidos pela parte executiva do governo; em suma, tudo o que se relaciona à organização completa de um governo civil e aos princípios segundo os quais ele atuará, e pelos quais ele será vinculado. Uma Constituição, portanto, está para um governo tal como as leis por ele criadas posteriormente estão para um tribunal de justiça. Este tribunal não cria as leis; tampouco as pode alterar. Limita-se a atuar em conformidade com as leis criadas; o governo, de modo análogo, é governado pela Constituição.

Então, o sr. Burke pode criar a Constituição inglesa? Se ele não pode, podemos concluir razoavelmente que, embora muito tenha sido dito acerca dela, não existe essa coisa de Constituição, nem jamais existiu; conseqüentemente, o povo ainda tem que moldá-la.

O sr. Burke não negará, presumo, a afirmação que apresentei anteriormente: os governos surgem *de dentro do* povo ou *desde acima do* povo. O governo inglês é um dos que resultaram de uma conquista e não de uma sociedade; por conseguinte, surgiu *desde acima do* povo. E, embora haja sido muito modificado em circunstâncias oportunas desde a época de Guilherme, o Conquistador, o país nunca se regenerou; por isso, carece de uma Constituição.

Percebo prontamente a razão pela qual o sr. Burke se recusou a investigar comparativamente as Constituições inglesa e francesa: ele não pôde deixar de notar, ao debruçar-se sobre a tarefa, que nada que fosse uma Constituição existia no lado que lhe correspondia na comparação. Seu livro é certamente volumoso o suficiente para conter tudo o que seu autor pudesse dizer acerca desse assunto, e poderia ter fornecido o melhor embasamento para as pessoas julgarem independentemente seus méritos. Por que, então, ele declinou da única coisa sobre a qual valeria a pena escrever? Era o fundamento mais sólido que ele poderia adotar se as vantagens estivessem do seu lado, mas o mais frágil se elas não estivessem. Sua recusa em adotá-lo é um sinal de que ele não era capaz ou bem de assumi-lo ou bem de mantê-lo.

O sr. Burke declarou, ao discursar no Parlamento no inverno passado, que quando a Assembléia Nacional pela primeira vez se reuniu em três Ordens (o Terceiro Estado, o Clero e a Nobreza), a França teve então uma boa Constituição. Isso mostra, em meio a inúmeros outros exemplos, que o sr. Burke não compreende o que é uma Constituição. As pessoas assim reunidas não eram uma *Constituição*, mas uma *convenção* para criar uma *Constituição*.

A atual Assembléia Nacional da França é, falando estritamente, o pacto social feito em pessoa. Seus membros são os representantes da nação em seu caráter *original;* futuras assembléias serão os representantes da nação em seu caráter *organizado.* A autoridade da atual assembléia é diferente daquela das futuras assembléias. A autoridade da atual assembléia é a de criar uma Constituição; a das futuras será a de legislar de acordo com os princípios e moldes prescritos naquela Constituição. E se a experiência demonstrar no futuro a necessidade de alterações, emendas ou adições, a Constituição indicará o procedimento pelo qual tais coisas serão feitas, não o deixando nas mãos do poder discricionário do futuro governo.

Um governo guiado pelos mesmos princípios que constituem os governos constitucionais originados na sociedade não pode ter o direito de alterar a si mesmo. Se o tivesse, seria arbitrário. Poderia ele mesmo fazer o que lhe agradasse, mas se tal direito estivesse estabelecido, isso evidenciaria a inexistência de uma Constituição. A lei pela qual o Parlamento Inglês outorgou a si mesmo o poder de ter assento por sete anos demonstra que não há Constituição na Inglaterra. Poderia, usando da mesma autoridade arbitrária, determinar um mandato para qualquer outro número maior de anos, ou o tornar vitalício. O projeto de lei que o sr. Pitt, nosso contemporâneo, apresentou ao Parlamento alguns anos atrás para a reforma desta Assembléia Legislativa se baseava no mesmo princípio errôneo. O direito de reforma se encontra na nação em seu caráter original, e o procedimento constitucional indicado seria uma convenção geral eleita com aquela finalidade. Além disso, há um paradoxo na idéia de assembléias viciadas que reformam a si mesmas.

A partir dessas considerações preliminares, passo a fazer algumas comparações. Já me referi à declaração dos direitos, e como pretendo ser o mais conciso possível, passo a examinar outras partes da Constituição francesa.

A Constituição da França diz que todo homem que paga um imposto de sessenta soldos *per annum* (2½ *shillings* ingleses) é um eleitor. Qual artigo o sr. Burke oporá a isso? É possível que alguma coisa seja mais limitada e, ao mesmo tempo, mais caprichosa do que as qualificações para ser um eleitor na Inglaterra? São qualificações limitadas porque nem a um homem em cem (falo sem exagero) será permitido votar. E são caprichosas porque o mais vil dos indivíduos que supostamente exista e que não disponha sequer dos meios óbvios para seu honesto sustento é um eleitor em certos lugares, enquanto, em outros, o homem que paga tributos muito elevados e tem caráter reconhecidamente íntegro, bem como o fazendeiro que arrenda parte de sua propriedade pela soma de trezentas ou quatrocentas libras por ano, correspondente à terça ou quarta parte do valor de sua fazenda, não é aceito como eleitor. Tudo está desnaturado – como diz o sr. Burke em outra ocasião – nesse estranho caos, e todos os tipos de loucuras se misturam a todos os tipos de crimes. Guilherme, o Conquistador, e seus descendentes dividiram o país dessa maneira e subornaram uma parte dele usando o que chamam de cartas patentes, a fim de subjugar as demais partes às suas vontades de forma mais eficiente. Essa é a razão para a abundante existência dessas cartas na Cornualha. O povo se opôs ao governo estabelecido por ocasião da conquista, e as cidades foram guarnecidas e subornadas para que o país fosse escravizado. Todas as antigas cartas patentes são as insígnias dessa conquista. É essa a fonte da qualificação caprichosa exigida do eleitor.

A Constituição francesa diz que o número de representantes de qualquer lugar deverá ser proporcional ao número de habitantes ou eleitores tributáveis. Qual artigo o sr. Burke oporá a isso? O condado de Yorkshire, que abriga quase um milhão de almas, envia dois membros seus. O mesmo faz o condado de Rutland, que não abriga sequer uma centésima parte daquele número. A cidade de Old Sarum, que não possui três casas, envia dois membros. À cidade de Manchester, que abriga mais de sessenta mil almas, não é permitido enviar sequer um. Há algum princípio nessas coisas? Há alguma coisa pela qual possamos reconhecer as marcas da liberdade ou descobrir as da sabedoria? Não é de se admirar que o sr. Burke tenha se esquivado da comparação e se empenhado em afastar seus leitores do assunto conduzindo-os desordenadamente por uma selva de rapsódias paradoxais.

A Constituição francesa diz que a Assembléia Nacional será eleita de dois em dois anos. Qual artigo o sr. Burke oporá a isso? Ora, que a nação não tem direito algum no caso; que o governo é perfeitamente arbitrário com respeito a esse ponto. E para conceder autoridade à sua alegação, ele pode citar o precedente de um parlamento anterior.

A Constituição francesa diz que não haverá leis de caça, que o fazendeiro em cujas terras forem encontrados animais de caça (já que é dos produtos dessas terras que eles se alimentam) terá direito aos que for capaz de tomar; que não haverá monopólios de espécie alguma, que todo comércio será livre e todo homem livre para seguir qualquer ocupação da qual possa extrair um sustento honesto, em qualquer lugar, cidade ou município em toda a nação. O que o sr. Burke dirá em relação a isso? Na Inglaterra, os animais caçados viram propriedade daqueles que nada gastaram com a sua alimentação. O país é retalhado em monopólios, e toda cidade privilegiada com carta patente é em si mesma um monopólio aristocrático. As qualificações de eleitores emanam desses monopólios criados pelas cartas. Isso é liberdade? É isso o que o sr. Burke entende por Constituição?

Nesses monopólios de carta patente, um homem que vem de outra parte do país é expulso como se fosse um inimigo estrangeiro. Um inglês não é livre em seu próprio país; cada um desses lugares lhe barra o caminho e lhe diz que ele não é um homem livre – que ele não tem direitos. Dentro desses monopólios, existem outros monopólios. Numa cidade como, por exemplo, Bath, que abriga entre vinte e trinta mil habitantes, o direito de eleger representantes para o Parlamento é monopolizado por cerca de 31 pessoas. E dentro desses monopólios ainda existem outros. Até um homem da mesma cidade cujos pais não estavam em condições de lhe dar uma ocupação é, em muitos casos, privado do direito natural de conquistar uma, seja qual for o seu talento ou esforço.

Essas coisas são exemplos para oferecer a um país que, como a França, se regenera da escravidão? Certamente que não, e estou seguro de que quando o povo da Inglaterra refletir sobre elas, tal como a França, aniquilará essas insígnias da antiga opressão, esses vestígios de uma nação conquistada. Tivesse o sr. Burke um talento semelhante ao do autor de *A riqueza das nações**, compreenderia todas as partes que se põem de acordo e, em assembléia, criam uma Constituição. Raciocinaria a partir de minúcias até atingir a grandeza. Sua falta de aptidão para o assunto sobre o qual escreve não se deve apenas aos seus preconceitos, mas também ao molde confuso do seu talento. Mesmo seu talento carece de uma constituição. É um talento à toa, que não foi instituído. Mas o sr. Burke tem que dizer alguma coisa. Assim, ele se elevou aos ares como um balão para afastar os olhos da multidão do chão sobre o qual ela se assenta.

Muito precisa ser aprendido a partir da Constituição francesa. Com Guilherme, o Conquistador, a conquista e a tirania se transplantaram da Normandia para a Inglaterra, e o país ainda se acha desfigurado por essas marcas. Que possa, então, o exemplo de toda a França contribuir para regenerar a liberdade que uma província sua destruiu!

A Constituição francesa diz que para manter a representação nacional preservada da corrupção nenhum membro da Assembléia Nacional será um funcionário do governo, um funcionário público apadrinhado ou um pensionista. O que o sr. Burke oporá a isso? Vou murmurar a sua resposta: *pães* e *peixes*.** Ah, este governo de vantagens pessoais é mais danoso do que as pessoas já possam ter pensado. A Assembléia Nacional fez a descoberta e apresenta o exemplo ao mundo. Tivessem os governos concordado

---

* Adam Smith (1723-90), filósofo e economista escocês. (N.E.)

** Uma expressão para as vantagens pessoais associadas aos cargos públicos. João 6:1-14, 24-27. (N.E.)

em brigar propositalmente para espoliar seus países com impostos, não teriam sido mais exitosos do que foram.

Tudo no governo inglês me parece o oposto do que devia ser e do que se diz ser. *Supõe-se*, contudo, que o Parlamento, mesmo eleito da maneira imperfeita e caprichosa como é, mantenha o erário nacional *custodiado* para a nação. Mas, da maneira pela qual um parlamento inglês é formado, isso equivaleria a um homem que fosse ao mesmo tempo devedor hipotecário e credor hipotecário; no caso de traição da custódia, teríamos o criminoso presente, mas sem ser parte, em seu próprio julgamento. Se os que votam os orçamentos são os mesmos que recebem as provisões aprovadas, e precisam prestar contas dos gastos àqueles que os aprovaram, então serão *eles mesmos a prestar contas a si mesmos,* e a Comédia dos Erros será finalizada com a Pantomima do SILÊNCIO. Nem os membros do ministério nem a oposição tocarão nesse assunto. O erário nacional é o cavalo de aluguel que todos montam. É como dizem as pessoas do campo: "Cavalga e amarra – Tu cavalgas um trecho; depois, é a minha vez".* Na França, essas coisas estão mais bem dispostas.

A Constituição francesa declara que o direito de guerra e de paz repousa na nação. E onde mais ele poderia repousar senão naqueles que vão arcar com as despesas?

Na Inglaterra, diz-se que esse direito repousa em uma *metáfora* exibida na Torre de Londres por meio *shilling* ou um *shilling* cada um: assim estão os leões. Mas estaríamos mais próximos da razão dizendo que repousa neles, pois qualquer metáfora inanimada não é mais do que um chapéu ou um gorro. Todos nós somos capazes de perceber o absurdo de adorar o bezerro de metal fundido de Aarão ou a imagem de ouro de Nabucodonosor. Mas por que os

---

* É costume, em algumas regiões do interior, quando dois viajantes dispõem de um só cavalo – o qual, como o erário nacional, não suportará carga dupla –, que um monte e cavalgue duas ou três milhas, depois desmonte, amarre o cavalo a uma porteira e siga o caminho a pé. Quando o segundo viajante alcança essa porteira, ele monta o cavalo, cavalga, ultrapassa seu companheiro em uma milha ou duas e amarra o animal novamente; e assim sucessivamente – "Cavalga e amarra". (N.A.)

homens continuam a praticar eles próprios os absurdos que desprezam nos outros?

Pode-se dizer com razão que a maneira pela qual a nação inglesa é representada não indica onde aquele direito repousa, se na Coroa ou no Parlamento. A guerra é a safra que pertence a todos aqueles que participam da divisão e do gasto do dinheiro público, em todos os países. É a arte de *conquistar em casa:* seu objetivo é um aumento da renda, e como a renda não pode ser aumentada sem impostos, tem-se que criar um pretexto para os gastos. Ao examinar a história do governo inglês, suas guerras e seus impostos, um espectador curioso que não estivesse privado da visão por força do preconceito, nem desvirtuado por força do interesse, declararia que os impostos não foram aumentados para executar as guerras, mas que as guerras foram deflagradas para executar a cobrança de impostos.

O sr. Burke, como um membro da Câmara dos Comuns, é parte do governo inglês, e embora se julgue um inimigo da guerra, ele insulta a Constituição francesa, que procura condená-la. Ele exibe o governo inglês em todas as suas partes como um modelo para a França, mas deveria primeiramente conhecer as observações que os franceses fazem sobre esse governo. Estes sustentam, em seu próprio favor, que o quinhão de liberdade fruído na Inglaterra já é o suficiente para escravizar um país mais produtivamente do que usando o despotismo. E também que, sendo a renda a meta real de todo despotismo, governos como o inglês obtêm mais do que poderiam quer pelo despotismo direto, quer pela liberdade plena, e por isso se interessam pela oposição a ambos. Também explicam a prontidão com que tais governos sempre se envolvem em guerras, observando os diferentes motivos que as produzem. Nos governos despóticos, as guerras são o efeito do orgulho mas, para aqueles em que elas se tornam o meio de tributação, elas adquirem uma urgência mais permanente.

A Constituição francesa, portanto, visando à prevenção contra esses dois males, suprimiu o poder de declarar guerra dos reis e ministros, e situa o direito de declará-la em quem precisará arcar com os custos.

Quando a questão do direito de guerra e paz agitava na Assembléia Nacional, o povo inglês parecia estar muito interessado no evento e altamente disposto a aplaudir a decisão. Como um princípio, esse direito se aplica tanto a um país quanto a outro. Guilherme, o Conquistador, *enquanto conquistador,* reteve em si mesmo o poder de guerra e paz, e seus descendentes desde então o reivindicaram, em nome dele, como um direito.

Embora o sr. Burke tenha afirmado o direito do Parlamento na Revolução de obrigar e controlar a nação e a posteridade para *sempre,* ele nega, ao mesmo tempo, que o Parlamento ou a nação tenha qualquer direito de alterar o que chama de sucessão da Coroa, exceto em parte, ou mediante uma espécie de modificação. Ao assumir essa posição, ele faz o caso depender da *Conquista Normanda,* e ao traçar uma linha de sucessão, começando com Guilherme, o Conquistador, e alcançando os nossos dias, ele cria a necessidade de indagar quem e o que foi Guilherme, o Conquistador, e de onde ele veio, e investigar a origem, história e natureza das chamadas prerrogativas. Tudo que está em questão deve ter tido um início, e a névoa do tempo e da antigüidade deve ser penetrada para descobri-lo. Que o sr. Burke apresente, então, seu Guilherme da Normandia, pois é para essa origem que seu argumento se dirige. Infelizmente também ocorre que, ao traçarmos essa linha de sucessão, uma outra linha, paralela a essa, se apresenta, ou seja, que se a sucessão caminha na linha da conquista, a nação caminha na linha de ser conquistada, e deve resgatar a si mesma dessa ignomínia.

Mas talvez se diga que, embora o poder de declarar guerra seja uma herança da conquista, ele é mantido sob controle pelo direito do Parlamento de negar-lhe as verbas. Sempre que uma coisa estiver originalmente errada, emendas não a tornarão certa, e amiúde estas produzem benefícios tanto quanto danos. Esse é o caso em questão, pois se uma parte temerariamente declara guerra por uma questão de direito, enquanto a outra lhe nega peremptoriamente as verbas por uma questão de direito, o remédio se torna tão ruim quanto a doença ou pior do que ela. Uma parte obriga a nação a combater, enquanto a outra lhe ata as mãos. O resultado mais provável, porém, é que a diferença entre elas termine em um conluio que sirva de anteparo para ambas.

Nessa questão da guerra, três coisas precisam ser consideradas. Em primeiro lugar, o direito de declará-la; em segundo, os custos para sustentá-la; em terceiro, o método de conduzi-la após ser declarada. A Constituição francesa situa esse *direito* em quem precisará arcar com os *custos,* e essa união só pode estar na nação. O método de conduzir a guerra depois de ter sido declarada é confiado ao órgão executivo. Se assim fosse em todos os países, só ouviríamos pouco mais sobre as guerras.

Antes de passar ao exame de outras partes da Constituição francesa, e a título de aliviar o cansaço gerado pelo argumento, contarei uma história que escutei do dr. Franklin.

No período em que o doutor morou na França na qualidade de ministro da América durante a guerra, recebeu inúmeras propostas de planejadores de todos os países e de toda espécie que desejavam ir para a terra onde fluem leite e mel, a América. Entre eles, houve um que se ofereceu para ser rei. Apresentou sua proposta ao doutor por carta – a qual se encontra hoje de posse do sr. Beaumarchais, de Paris –, afirmando, em primeiro lugar, que os americanos, tendo despedido ou demitido* o seu rei, desejariam outro; em segundo, que ele próprio era um normando; em terceiro lugar, que pertencia a uma família mais antiga que a dos duques da Normandia, de linhagem mais nobre e que nunca fora abastardada; em quarto, que já havia um precedente na Inglaterra de reis provenientes da Normandia. Sobre essas razões ele apoiava a sua oferta, *encarregando* o doutor de encaminhá-la para a América. Mas como o dr. Franklin não a encaminhou nem lhe deu uma resposta, o planejador escreveu uma segunda carta na qual não ameaçou, é verdade, partir e conquistar a América, mas apenas propôs, com grande decência, que – caso sua oferta não fosse aceita – lhe fosse concedida uma soma de aproximadamente trinta mil libras em reconhecimento da sua generosidade! Ora, como todos os argumentos concernentes à sucessão devem necessariamente ligá-la a alguma origem, os argumentos do sr.

---
* A palavra por ele usada foi *renvoyé*, despedido ou demitido. (N.A.)

Burke acerca deste assunto consistem em mostrar que não existe uma origem inglesa dos reis da Inglaterra, e que estes descendem da linhagem normanda por direito de *conquista*. Pode, portanto, ser útil à sua doutrina tornar essa história conhecida e informar ao sr. Burke que, no caso da extinção natural à qual estão sujeitos todos os mortais, se pode novamente ter reis da Normandia, em termos mais razoáveis do que os associados a Guilherme, o Conquistador, e que, conseqüentemente, o bom povo da Inglaterra, na Revolução de 1688, teria feito muito melhor se o generoso normando, tal como *aquele,* conhecesse *as suas* necessidades, e o povo conhecesse *as dele*. É muito mais fácil, certamente, realizar um bom negócio com o cavalheiro que o sr. Burke tanto admira do que com um holandês de difícil trato. Mas voltemos às matérias da Constituição.

A Constituição francesa diz: "Não haverá títulos" e, por conseguinte, toda aquela classe cuja genealogia é confusa, que, em alguns países, é chamada de *"aristocracia"*, e em outros, de *"nobreza"*, fica abolida, e o *par* é elevado a HOMEM.

Títulos não passam de alcunhas e toda alcunha é um título. Isso é perfeitamente inócuo em si mesmo; porém, imprime uma marca de afetação na natureza humana que a degrada. Reduz o homem ao seu diminutivo nas coisas que são grandes e as mulheres à falsificação nas coisas que são pequenas. Fala de sua bela *fita azul* como uma garota e mostra sua nova *liga* como uma criança. Certo escritor, um tanto antigo, diz: "Quando eu era criança, pensava como criança, mas quando me tornei homem, descartei as criancices".*

A tolice dos títulos caiu, propriamente, do elevado espírito de França. As roupinhas de *conde* e *duque* deixaram de servir e, crescidos, os títulos vestiram calças de homem. A França não os nivelou, mas os elevou. Demoliu os anões para erguer o homem. Palavras débeis e sem sentido como *duque* ou *conde* deixaram de agradar. Mesmo aqueles que possuíam tais títulos rejeitaram o balbucio e, ao vencerem o raquitismo, passaram a desdenhar os rega-bofes. O espírito genuíno do homem, sedento de seu lar nativo, a sociedade,

---

* Apóstolo Paulo, 1 Coríntios 13:11. (N.E.)

desdenha as futilidades que o afastam dele. Títulos são como círculos traçados pela varinha do mago para reduzir a esfera da felicidade humana. Ele vive preso na Bastilha de uma palavra e examina, à distância, a invejada vida do homem.

É surpreendente, então, que os títulos tenham caído na França? E não é ainda mais surpreendente que se mantenham em algum lugar? O que são eles? Qual é o seu valor e "qual a sua importância"? Quando pensamos ou falamos sobre um *juiz* ou um *general,* associamos às palavras as idéias de cargo e caráter; pensamos em seriedade, em um caso, e em bravura, no outro. Mas quando usamos uma palavra meramente como um *título,* nenhuma idéia associamos a ela. Em todo o vocabulário de Adão não há nenhum animal denominado *duque* ou *conde.* Tampouco conseguimos conectar qualquer idéia clara a essas palavras. Se elas significam força ou fraqueza, sabedoria ou loucura, uma criança ou um homem, ou o cavaleiro ou o cavalo, tudo é impreciso. Que respeito pode, então, ser conferido àquilo que nada descreve e nada significa? A imaginação concedeu forma e natureza aos centauros, aos sátiros e a toda a tribo das fadas, mas os títulos confundem até mesmo os poderes da fantasia e são quiméricas palavras não-descritivas.

Mas isso não é tudo. Se um país inteiro se dispuser a julgá-los desprezíveis, todo o valor deles desaparecerá e ninguém os possuirá. É apenas a opinião pública que os transforma em alguma coisa ou nada, ou em algo pior do que nada. Não é necessário levar embora os títulos, pois eles vão por conta própria quando a sociedade concorda em ridicularizá-los. Essa espécie de importância imaginária está visivelmente declinando em todas as regiões da Europa e se apressa a sair de cena à medida que o mundo da razão segue crescendo. Houve um tempo em que a classe mais inferior da chamada nobreza era considerada melhor do que sua classe mais elevada é considerada atualmente, e em que um homem de armadura cavalgando pelos domínios da Cristandade em busca de aventuras brilhava mais do que um moderno duque. O mundo assistiu à queda dessa tolice, que caiu ao ser escarnecida, e a farsa dos títulos seguirá o seu destino. Os patriotas da França descobriram a tempo que a posição e a dignidade na sociedade devem ter um novo fundamento. O antigo deu em nada. Elas devem agora se apoiar na base substancial do caráter, ao invés da base quimérica dos títulos. Aqueles patriotas levaram seus títulos ao altar da razão e os ofereceram em holocausto.

Se nenhum dano tivesse acompanhado a tolice dos títulos, eles não teriam merecido uma destruição séria e formal, tal como a que a Assembléia Nacional lhes decretou. Isso exige que investiguemos melhor a natureza e o caráter da aristocracia.

O que é designado como aristocracia em alguns países, e como nobreza em outros, teve origem nos governos fundados na conquista. Originalmente era uma ordem militar com o propósito de defender um governo militar (pois desta natureza foram todos os governos fundados na conquista); e para que a descendência dessa ordem se mantivesse firme no propósito para o qual fora estabelecida, todos os descendentes mais jovens dessas famílias foram deserdados, e a lei da *primogenitura* foi instituída.

Nessa lei, a natureza e o caráter da aristocracia nos são revelados. É uma lei que contraria todas as leis naturais, e a própria Natureza clama por sua destruição. Instituam a justiça de família e a aristocracia será aniquilada. Pela lei aristocrática da primogenitura, em uma família de seis filhos, cinco são abandonados. A aristocracia jamais tem mais do que *um* filho. Os demais são gerados para serem devorados. São lançados como presas aos canibais, e são os pais naturais que preparam o repasto desnaturado.

Como tudo no homem que está fora da natureza afeta, em maior ou menor grau, o interesse da sociedade, assim acontece com essa lei. Todos os filhos que a aristocracia rejeita (que são todos, exceto o mais velho) são, em geral, deixados como órfãos em alguma paróquia, para serem sustentados pelo público, mas a um custo maior. Para mantê-los, são criados nos governos e nas cortes, à custa do público, órgãos e cargos desnecessários.

Que tipo de pensamento parental pode o pai ou a mãe dirigir à sua prole mais jovem? Segundo a natureza, são filhos;

segundo o casamento, são herdeiros; mas, segundo a aristocracia, são bastardos e órfãos. Em uma linhagem, são a carne e o sangue de seus pais; na outra, em nada se assemelham a seus pais. A fim de restituir, portanto, os pais aos seus filhos e os filhos aos seus pais – o parentesco aos parentes e o homem à sociedade – e exterminar o monstro chamado Aristocracia, suas raízes e seus ramos, a Constituição francesa deu fim à lei da PRIMOGENITURA. Aqui jaz, então, o monstro e, caso queira, o sr. Burke pode escrever seu epitáfio.

Até agora consideramos a aristocracia principalmente sob um ponto de vista. Precisamos, neste momento, considerá-la sob outro. Mas quer a encaremos de frente, por trás, pelo lado ou de qualquer outra forma, sob um prisma doméstico ou público, ela continuará sendo um monstro.

Na França, a aristocracia possuía em sua fisionomia uma característica a menos do que em alguns outros países. Não compunha um corpo de legisladores hereditários. Não era "uma corporação de aristocratas", como ouvi o marquês de La Fayette descrever uma Câmara Inglesa dos Pares. Examinemos, então, as razões pelas quais a Constituição francesa inclui uma disposição contrária à presença de tal Câmara na França.

Em primeiro lugar, como já mencionado, porque a aristocracia é mantida pela tirania e injustiça das famílias.

Em segundo, porque os aristocratas são, contrariamente à natureza, inaptos para serem legisladores de uma nação. Suas idéias de *justiça distributiva* são corrompidas na própria fonte. Começam a vida maltratando todos os irmãos e irmãs mais jovens, além de parentes de todo tipo, e são ensinados e educados a agir assim. Com que idéias de justiça ou honra tais homens poderiam ingressar em uma Assembléia Legislativa, homens que concentram em suas próprias pessoas a herança de toda uma família de filhos ou que a estes distribuem algum quinhão desprezível com a insolência de quem concede uma dádiva?

Em terceiro lugar, porque a idéia de legisladores hereditários é tão inconsistente quanto a de juízes hereditários ou a de júris hereditários, e tão absurda quanto a de um matemático hereditário, ou a de um sábio hereditário, e tão ridícula como a de um poeta laureado por hereditariedade.

Em quarto lugar, porque um grupo de homens que não se consideram responsáveis por ninguém não deve merecer a confiança de ninguém.

Em quinto lugar, porque a aristocracia dá continuidade ao princípio incivilizado dos governos fundados na conquista e na idéia torpe do homem como proprietário de outro homem e que o governa por direito pessoal.

Em sexto lugar, porque a aristocracia tem uma tendência a degenerar a espécie humana. Sabe-se, pela economia universal da natureza, e está provado pelo exemplo dos judeus, que a espécie humana tende a degenerar quando dentro de grupos pequenos, separados do sortimento geral da sociedade, as pessoas se casam entre si constantemente. Frustra mesmo seu suposto propósito e se torna, com o tempo, o oposto do que é nobre no ser humano. O sr. Burke fala de nobreza: que ele mostre o que é isso. As maiores personalidades que o mundo conheceu surgiram em solo democrático. A aristocracia não tem sido capaz de acompanhar adequadamente os passos da democracia. Perante o NOBRE da natureza, o NOBRE artificial se reduz a um anão; e os poucos casos (pois há alguns em todos os países) em que a natureza, como por um milagre, sobreviveu à aristocracia são de HOMENS QUE A DESPREZAM. Mas é hora de passar ao exame de outra matéria.

A Constituição francesa reformou a condição do clero. Aumentou a renda da classe mais baixa e da classe média e retirou renda da classe mais alta. Ninguém tem agora menos que duas mil *livres* (cinqüenta libras esterlinas) ou mais que cerca de duas ou três mil libras. O que o sr. Burke oporá a isso?

Ele diz: "O povo da Inglaterra consegue ver, sem desgosto ou relutância, um arcebispo preceder a um duque; consegue ver um bispo de Durham ou de Winchester desfrutando de dez mil libras por ano, mas não consegue ver por que tal quantia se encontraria em piores mãos do que propriedades rurais de valor semelhante nas mãos deste conde ou daquele nobre rural". E o sr. Burke oferece isso como um exemplo para a França.

Quanto à primeira parte, se o arcebispo precede ao duque, ou o duque ao arcebispo, acredito que signifique para o povo em geral algo como *Sternhold* e *Hopkins**, ou *Hopkins* e *Sternhold*. Podemos colocar em primeiro lugar o que bem quisermos. Como tenho de confessar que não compreendo o mérito desse exemplo, não o disputarei com o sr. Burke.

Mas quanto à segunda parte, tenho algo a dizer. O sr. Burke não formulou o argumento acertadamente. A comparação se mostra descabida ao ser feita entre o bispo e o conde ou o nobre rural. Devia ser feita entre o bispo e o cura; então, seria assim formulada: "O povo da Inglaterra consegue ver, sem desgosto ou relutância, um bispo de Durham ou de Winchester desfrutando de dez mil libras por ano, e um cura, de trinta ou quarenta libras por ano, ou menos." Não, senhor, ele certamente não vê tais coisas sem grande desgosto ou relutância. É uma situação que toca o senso de justiça de todo ser humano, e uma dentre muitas que clamam por uma Constituição.

Na França, o brado de "A Igreja! A Igreja!" foi repetido com a mesma freqüência que aparece no livro do sr. Burke, e tão alto como quando o projeto de lei sobre os dissidentes foi apresentado ao Parlamento Inglês. Mas a maioria do clero francês não precisava ser enganada por esse brado por mais tempo. O clero sabia que, qualquer que fosse a escusa, era ele mesmo um dos seus principais objetos. Era o brado do clero beneficiado com elevadas prebendas visando impedir qualquer regulamentação da renda para todos aqueles que recebiam entre dez mil libras por ano e a quantia ganha por um cura. Assim, incluiu seu caso entre todas as outras classes de homens oprimidos, e mediante essa junção logrou a retificação.

A Constituição francesa aboliu os dízimos, a fonte de perpétuo descontentamento entre o detentor do direito ao dízimo e o paroquiano. Quando a terra é atrelada ao dízimo, encontra-se na condição de propriedade rural mantida por duas partes, uma que recebe um décimo da produção; a outra, nove décimos; conseqüentemente, pelos princípios de eqüidade, se a propriedade rural puder ser melhorada e capacitada, pelo melhoramento, a produzir o dobro ou o

---

* Thomas Sternhold e John Hopkins versificaram os salmos; a primeira edição do *Sternhold and Hopkins Psalter* apareceu em 1562. (N.E.)

triplo do que produzia antes, ou algum outro múltiplo, o custo desse melhoramento deveria ser arcado pelas partes na mesma proporção da partilha da produção. Mas não é o que ocorre com os dízimos. O fazendeiro arca com todo o custo, e o detentor do direito ao dízimo abocanha um décimo da melhoria, somando-o ao décimo original, obtendo, dessa forma, o valor de dois décimos em vez de um. Eis outra situação que clama por uma Constituição.

A Constituição francesa aboliu ou abandonou a *Tolerância* e também a *Intolerância,* e estabeleceu o DIREITO UNIVERSAL DE CONSCIÊNCIA.

A *tolerância* não é o *oposto* da intolerância, mas a sua *imitação*. Ambas são despotismos. Uma se apropria do direito de obstruir a Liberdade de Consciência; a outra, do direito de concedê-la. Uma é o papa munido de fogo e facho; a outra, o papa vendendo ou concedendo indulgências. A primeira é a Igreja e o Estado; a segunda, a Igreja e o comércio.

Contudo, a tolerância pode ser contemplada sob uma luz muito mais intensa. O homem não venera a si próprio, mas ao seu Criador, e a liberdade de consciência que reivindica não está a seu serviço, mas a serviço de seu Deus. Nesse caso, portanto, devemos necessariamente ter uma idéia que liga duas coisas: o *mortal* que venera, e o SER IMORTAL que é venerado. A tolerância, por conseguinte, se coloca não entre o homem e o homem, nem entre a Igreja e a Igreja, nem tampouco entre uma denominação religiosa e outra, mas entre Deus e o homem, entre o ser que venera e o SER que é venerado, e pelo mesmo ato de suposta autoridade pelo qual tolera que o homem preste veneração, se institui, de maneira presunçosa e blasfema, para tolerar que o Todo-Poderoso a receba.

Se um projeto de lei fosse apresentado a qualquer Parlamento com o título "UMA LEI para tolerar ou conceder liberdade ao Todo-Poderoso para receber a veneração de um judeu ou de um turco" ou "para proibir o Todo-Poderoso de recebê-la", todos os homens ficariam chocados e o julgariam uma blasfêmia. Haveria um rebuliço. A presunção de tolerância em matérias religiosas teria sido, então, desmascarada. Mas a presunção não é menor porque somente o nome "homem" consta nessas leis, pois a idéia que une *venerador* e *venerado* não pode ser isolada. Quem, então, és tu, pó e cinzas da vaidade? Qualquer que seja o teu nome, rei, bispo, Igreja, Estado, Parlamento ou qualquer outro, intrometes a tua insignificância entre a alma do homem e o seu Criador! Preocupa-te com teus próprios interesses. Se um homem não crer como tu crês, será uma prova de que não crês como ele crê, e não haverá nenhum poder terreno que possa decidir entre vocês.

Quanto às chamadas denominações religiosas, se a cada um couber julgar sua própria religião, não haverá uma religião que seja errada; se, entretanto, cada um tratar de julgar a religião dos outros, não haverá uma religião que seja certa. Portanto, todo o mundo está certo ou todo o mundo está errado. Mas quanto à religião ela mesma, desconsiderando-se os nomes, e na medida em que, partindo da família universal da humanidade, direciona a si própria ao objeto divino de toda adoração, *trata-se do ser humano levando ao seu Criador os frutos de seu coração;* e, embora esses frutos possam diferir entre si assim como os frutos da terra, de cada um é aceito o tributo de gratidão.

Um bispo de Durham, um bispo de Winchester ou o arcebispo que chefia os duques não recusará a dízima sobre um monte de trigo porque não é um monte de feno, nem sobre um monte de feno porque não é um de trigo; nem sobre um porco porque não é nem um nem outro. Essas mesmas pessoas, contudo, sob a figura de uma Igreja estabelecida, não permitirão que seu Criador receba as variadas dízimas da devoção dos homens.

Um dos contínuos coros do livro do sr. Burke é "Igreja e Estado". Ele não quer dizer alguma Igreja em particular, ou algum Estado em particular, mas qualquer Igreja e qualquer Estado. Ele usa a expressão como uma figura geral para exibir a doutrina política de unir sempre a Igreja ao Estado em todos os países, e censura a Assembléia Nacional por não ter feito isso na França. Reflitamos um pouco sobre essa matéria.

Todas as religiões são em sua natureza moderadas, bondosas e unidas a princípios morais. Não poderiam inicialmente ter feito prosélitos professando qualquer coisa que fosse violenta, cruel, opressora ou imoral. Como tudo mais, tiveram o seu começo e continuaram através da persuasão, da exortação e do exemplo. Como explicar, então, que tenham perdido sua moderação original e se tornado melancólicas e intolerantes?

Isso resulta da ligação recomendada pelo sr. Burke. Ao unir a Igreja ao Estado, uma espécie de mula, capaz somente de destruir e não de criar, é gerada. Ela se chama *Igreja estabelecida pela lei*, e é uma estranha, já desde o seu nascimento, para qualquer mãe que a tenha gerado, a quem, com o tempo, ela expulsa e destrói.

A Inquisição na Espanha não provém da religião originalmente professada, mas dessa mula engendrada pela união da Igreja com o Estado. Os incêndios em Smithfield* provieram dessa mesma criatura heterogênea; e foi a regeneração desse estranho animal na Inglaterra, posteriormente, que renovou o rancor e a irreligião entre os habitantes e levou os chamados *Quakers* e *Dissidentes* a rumar para a América. A perseguição não é uma característica original em *nenhuma* religião, mas constitui sempre a característica mais marcante de todas as "religiões de direito", ou religiões estabelecidas pela lei. Retire de qualquer religião seu "estabelecimento por força de lei" e ela reassumirá sua bondade original. Na América um sacerdote católico é um bom cidadão, uma boa pessoa e um bom vizinho; o mesmo vale para um ministro da Igreja Episcopal. Essa situação decorre, independentemente dos homens, da ausência na América de qualquer religião instituída por lei.

Se considerarmos essa matéria também sob uma perspectiva temporal, veremos os maus efeitos que produziu sobre a prosperidade das nações. A união da Igreja e do Estado empobreceu a Espanha. A revogação do Édito de Nantes empurrou a fabricação da seda da França para a Inglaterra. A Igreja e o Estado agora empurram a manufatura do algodão da Inglaterra para a América e a França. Que o sr. Burke, então, continue pregando sua doutrina antipolítica da "Igreja e Estado". Para algo há de servir. A Assembléia Nacional

---

* Durante os reinados de Henrique VII e, especialmente, da rainha Maria (1553-1558), dezenas de protestantes foram queimados em estacas, no lado de fora dos muros de Londres, por suas convicções religiosas. (N.E.)

não seguirá o seu conselho, mas tirará proveito da sua loucura. Foi observando os efeitos negativos dessa doutrina na Inglaterra que a América foi advertida contra ela. E por tais efeitos serem sofridos pela França, a Assembléia Nacional a aboliu e, como a América, estabeleceu O DIREITO UNIVERSAL DE CONSCIÊNCIA E O DIREITO UNIVERSAL DE CIDADANIA.*

---

* Quando presenciamos, em qualquer país, a ocorrência de circunstâncias extraordinárias, as vemos levar naturalmente todo indivíduo com talento para a observação e a investigação a indagar sobre suas causas. As manufaturas de Manchester, Birmingham e Sheffield são as principais da Inglaterra. Como isso se explica? Uma breve observação dará conta desse caso. Tanto os principais habitantes desses lugares como o seu povo em geral não fazem parte da chamada *igreja estabelecida pela lei,* e eles ou seus pais (pois o período abarcado é de poucos anos) escaparam da perseguição das cidades com carta patente, onde as Leis do Teste operam mais particularmente, e instalaram uma espécie de refúgio para eles mesmos nesses outros lugares. Era o único refúgio então disponível, pois o resto da Europa era pior. A situação, entretanto, está mudando atualmente. A França e a América dão boas-vindas a todos que chegam e os iniciam em todos os direitos de cidadania. A diplomacia e o interesse, portanto, ditarão na Inglaterra, mas talvez demasiado tarde, o que a razão e a justiça foram incapazes de ditar. As manufaturas estão se afastando das cidades com privilégio e surgindo em outros lugares. Atualmente está sendo construída em Passy, a três milhas de Paris, uma grande tecelagem de algodão. E muitas já foram construídas na América. Logo depois da rejeição do projeto de lei para revogação das Leis do Teste, um dos mais ricos manufaturadores ingleses me disse: "A Inglaterra, senhor, não é um país para um dissidente viver – temos que ir para a França". São verdades, e dizê-las faz justiça a ambos os partidos. Foram principalmente os dissidentes que conduziram as manufaturas inglesas ao auge em que se acham atualmente, e esses mesmos homens detêm o poder de levá-las embora. E ainda que esses artigos continuem a ser produzidos nesses lugares, o mercado externo estará perdido. Freqüentemente lemos no *London Gazette* extratos de leis para impedir que máquinas e pessoas (na medida em que possam ser estendidas a pessoas) deixem o país. Tem-se a impressão que as más conseqüências das Leis do Teste e do estabelecimento oficial da Igreja começam a ser levadas em conta. Entretanto, o remédio da força jamais pode substituir o da razão. Em menos de um século, toda a parte sem representação da Inglaterra, pertencente a todas as denominações, e que é, no mínimo, cem vezes mais numerosa, pode começar a sentir a necessidade de uma constituição e, então, todos esses assuntos se apresentarão regularmente a ela. (N.A.)

Encerrarei aqui a comparação relativa aos princípios da Constituição francesa e concluirei esta parte da matéria com umas poucas observações a respeito da organização das partes formais dos governos francês e inglês.

O poder executivo em cada país está nas mãos de uma pessoa chamada de rei, mas a Constituição francesa distingue o rei do soberano. Considera o cargo de rei como oficial e situa a soberania na nação.

Os representantes da nação que compõem a Assembléia Nacional e que constituem o poder legislativo originam-se do povo por meio de eleição, como um direito inerente ao povo. Na Inglaterra é diferente. O poder legislativo deriva do estabelecimento original da chamada monarquia inglesa. Como pela conquista todos os direitos do povo ou da nação passaram às mãos do Conquistador, quem a este título acrescentou o de Rei, aquelas mesmas matérias que na França são agora consideradas como direitos do povo ou da nação são tidas na Inglaterra como concessões da chamada Coroa. O Parlamento na Inglaterra, em ambas suas partes, foi estabelecido por meio de patentes concedidas pelos descendentes do Conquistador. A Câmara dos Comuns não nasceu como uma questão de direito do povo para delegar ou eleger, mas como uma concessão ou favor.

Segundo a Constituição francesa, a nação é sempre nomeada antes do rei. O terceiro artigo da Declaração dos Direitos diz: "A nação é essencialmente a origem (ou fonte) de toda soberania". O sr. Burke argumenta que na Inglaterra o rei é a fonte, isto é, que ele é a fonte de toda honra. Mas como essa idéia provém evidentemente da conquista, não farei nenhuma observação a seu respeito, exceto que faz parte da natureza da conquista pôr tudo de cabeça para baixo, e como ao sr. Burke não será recusado o privilégio de se pronunciar duas vezes e há apenas duas partes na figura, a *fonte* e o *duto,* ele estará certo na segunda vez.

A Constituição francesa coloca o legislativo antes do executivo, a lei antes do rei, *La Loi, Le Roi.* Isso está presente também na ordem natural das coisas, porque as leis têm que existir antes de poderem ser aplicadas.

Um rei na França, ao se dirigir à Assembléia Nacional, não diz "Minha Assembléia", de modo semelhante à expressão utilizada na Inglaterra, *"Meu* Parlamento". E não pode usá-la de forma consistente com a Constituição, nem ela poderia ser admitida. É possível que seu uso seja adequado na Inglaterra, pois, como mencionado anteriormente, as duas Câmaras do Parlamento se originaram da chamada Coroa, por meio da concessão de patente ou favor – e não de direitos inerentes ao povo, como é o caso da Assembléia Nacional na França, cujo nome designa essa origem.

O presidente da Assembléia Nacional não pede ao rei *que conceda* à *assembléia liberdade de expressão,* como acontece na Câmara dos Comuns inglesa. A dignidade constitucional da Assembléia Nacional não pode se rebaixar. A liberdade de expressão é, em primeiro lugar, um dos direitos naturais do homem sempre retidos. Usá-la é um *dever* da Assembléia Nacional, da qual a nação é a *autoridade.* Ela foi eleita pelo maior grupo de homens no exercício do direito de votar que o mundo europeu já viu. Ela não se originou da imundície de distritos corruptos e nem é a representante vassala de distritos aristocráticos. Sentindo a dignidade distintiva dos cargos dessa assembléia, seus eleitores a apóiam. Sua linguagem parlamentar, seja a favor ou contra uma questão, é livre, corajosa e varonil, estendendo-se a todos os aspectos e circunstâncias do caso. Se uma matéria ou um assunto referente ao órgão executivo ou à pessoa que o preside (o rei) chega a ela, é debatido com o espírito dos homens e a linguagem dos cavalheiros; e sua resposta ou seu discurso retorna em estilo idêntico. Ela não se mantém indiferente ao vácuo escancarado da ignorância vulgar, nem se rende à bajulação do insignificante sicofanta. O orgulho gracioso da verdade não conhece os extremos e preserva, em toda a extensão da vida, o caráter reto do homem.

Contemplemos agora o outro lado da questão. Nos discursos dos Parlamentos ingleses aos seus reis não vemos o espírito intrépido dos antigos Parlamentos da França nem a serena dignidade da atual Assembléia Nacional. Tampouco vemos qualquer coisa que, no feitio dos costumes ingleses, chegue às raias da rudeza. Como, então, não são nem de origem estrangeira, nem naturalmente de ascendência inglesa, sua origem deve ser buscada alhures, e essa origem é a conquista normanda. Pertencem evidentemente à classe dos vassalos e representam enfaticamente a distância prosternada que só existe entre conquistador e conquistado. Nem sequer a Revolução de 1688 erradicou essa concepção e esse estilo de discurso da vassalagem, o que fica evidente na declaração do Parlamento a Guilherme e Mary: "Nós, com suma humildade e fidelidade, *nos submetemos* aos nossos herdeiros e pósteros para sempre". *Submissão* é um termo completamente vassalo, repugnante à dignidade da liberdade, e um eco da linguagem usada na Conquista.

Como a avaliação de todas as coisas é feita por comparação, a Revolução de 1688, embora, pelas circunstâncias, possa ter sido exaltada além de seu valor, encontrará o seu nível. Já se acha minguante, eclipsada pela cada vez mais ampla órbita da razão e pelas luminosas revoluções da América e da França. Em menos de um século irá, juntamente com os labores do sr. Burke, "para a catacumba de toda a família dos Capuletos".* E a humanidade então mal acreditará que um país que se diz livre mandaria buscar na Holanda um homem e o investiria de poder para propositadamente temê-lo, e que lhe daria quase mil libras esterlinas por ano para que a permitisse *submeter* a si e à sua posteridade, como servos e servas, para sempre.

Mas há uma verdade que deve ser conhecida, a qual tive a oportunidade de perceber: *a despeito das aparências, não há nenhum gênero de homens que despreze a monarquia tanto quanto os cortesãos*. Mas eles bem sabem que se isso fosse percebido por outros tal como eles o percebem, a impostura não poderia ser mantida. Estão na condição de homens que ganham a vida fazendo um espetáculo, para quem a loucura desse espetáculo é tão familiar que eles o ridicularizam. Mas se ao público fosse dada a mesma astúcia deles, haveria um

---

* Em *Reflections on the Revolution in France,* Burke escreveu, referindo-se aos escritos dos "livre-pensadores" do início do século XVIII: "Em poucos anos, seus poucos sucessores irão para a catacumba de toda a família dos Capuletos". Shakespeare, *Romeu e Julieta*, IV. I.3-12. (N.E.)

fim para o espetáculo e para os lucros que o acompanham. A diferença entre um republicano e um cortesão com respeito à monarquia é que o primeiro se opõe à monarquia na crença que esta seja alguma coisa, enquanto o segundo escarnece dela por saber que ela não é nada.

Como eu às vezes costumava me corresponder com o sr. Burke, crendo então que ele fosse um homem de princípios mais sólidos do que o seu livro revela, escrevi-lhe no inverno passado de Paris e lhe relatei quão prosperamente as coisas se desenrolavam. Entre outros assuntos dessa carta, aludi à situação feliz em que a Assembléia Nacional fora colocada; que ela havia assumido uma posição que unia seu dever moral e seu interesse político. Ela não tem que insistir em uma linguagem na qual ela própria não acredita, com o propósito enganador de se fazer acreditar pelos outros. Sua posição não requer nenhum artifício para ser sustentada, e só pode ser mantida mediante o esclarecimento da humanidade. Não constitui seu interesse nutrir a ignorância, mas sim dissipá-la. Não se encontra na situação de um partido ministerial ou de oposição na Inglaterra, que, embora sejam antagônicos, ainda se unem para conservar o mistério comum. A Assembléia Nacional tem de lançar uma revista de luz. Deve mostrar ao homem o caráter que lhe é próprio, e quanto mais o aproximar desse padrão, mais forte ela se tornará.

Ao observar a Constituição francesa, nela percebemos uma ordem racional das coisas. Os princípios se harmonizam com as formas, e ambos com sua origem. Talvez fosse possível dizer, a título de desculpa para as formas ruins, que não passam de formas. Mas isso é um erro. Formas brotam de princípios e atuam para dar continuidade aos princípios dos quais brotaram. É impossível praticar uma forma ruim com base em algo que não seja um mau princípio. Tal forma pode ser enxertada em um bom princípio. E sempre que as formas de um governo forem más, elas serão um indício de que os princípios também são maus.

Finalmente, encerrarei aqui este assunto. Eu o iniciei observando que o sr. Burke havia *voluntariamente* se recusado a realizar uma comparação entre as Constituições inglesa e francesa. Ele se desculpa por não fazê-lo dizendo que não dispunha de tempo. O sr. Burke teve seu livro por mais de oito meses em mãos; o livro chegou a um volume de 356 páginas. Como a omissão do sr. Burke efetivamente prejudica sua causa, sua desculpa piora as coisas, e os homens do lado inglês do canal começarão a considerar se não há alguma falha radical naquilo que é chamado de Constituição inglesa de forma que sr. Burke tenha necessitado omitir a comparação a fim de evitar deixar a falha à vista.

Como o sr. Burke não escreveu sobre Constituições, tampouco o fez acerca da Revolução Francesa. Não apresenta relato algum sobre seu início ou seu progresso. Ele se restringe a expressar seu assombro. "É como", diz ele, "se eu estivesse em uma grande crise, não somente dos assuntos da França, mas de toda a Europa, talvez de além da Europa. Consideradas todas as circunstâncias, a Revolução Francesa é a mais assombrosa que aconteceu até hoje no mundo."

Como os sábios se assombram com coisas tolas, e outras pessoas com coisas sábias, não sei qual razão poderia explicar o assombro do sr. Burke. Mas o certo é que ele não compreende a Revolução Francesa. Ela aparentemente irrompeu do caos, mas não passa da conseqüência de uma revolução mental anteriormente existente na França. A mente da nação tinha mudado antes, e a nova ordem das coisas seguiu naturalmente a nova ordem dos pensamentos. Delinearei aqui, tão concisamente quanto puder, o desenvolvimento da Revolução Francesa e destacarei as circunstâncias que contribuíram para produzi-la.

O despotismo de Luís XIV, unido à folia de sua corte e à ostentação afetada de seu caráter, havia humilhado tanto e, ao mesmo tempo, a tal ponto fascinado a alma da França que o povo parecia ter perdido todo o senso de sua própria dignidade ao contemplar aquela de seu imponente monarca, e todo o reinado de Luís XV, notável apenas pela debilidade e afeminação, não produziu qualquer alteração senão a de disseminar uma espécie de letargia pela nação afora, da qual esta não mostrava disposição alguma para se erguer.

Os únicos sinais que apareceram do espírito de liberdade durante esses períodos são encontrados nos escritos dos filósofos franceses. Montesquieu, presidente do Parlamento de Bordeaux, foi o mais longe que um escritor sob um governo despótico poderia ir. Sendo ele obrigado a se dividir entre os princípios e a prudência, com freqüência seu propósito se mostra sob um véu, cabendo a nós atribuir ao escritor créditos que vão além das suas expressões.

Voltaire, que foi tanto o bajulador quanto o satirista do despotismo, seguiu outra linha. O seu ponto forte consistia em expor e ridicularizar as superstições que o clero, unido ao Estado, tinha entretecido com os governos. Seus ataques não partiram da pureza de seus princípios ou do seu amor pela humanidade (pois a sátira e a filantropia não são naturalmente compatíveis), mas da sua forte capacidade de enxergar a loucura em sua verdadeira forma e da sua irresistível inclinação para exibi-la. Todavia, eles foram tão formidáveis quanto se tivessem partido de motivos virtuosos, e Voltaire merece mais os agradecimentos do que o apreço da humanidade.

Ao contrário, encontramos nos escritos de Rousseau e do abade Raynal sentimentos encantadores em favor da liberdade que despertam o respeito e elevam as faculdades humanas. Entretanto, após terem criado esse entusiasmo, seus escritos não guiam as ações, deixando a mente apaixonada por um objeto sem descrever o meio para alcançá-lo.

Os escritos de Quesnay, Turgot e dos seus amigos são do gênero sério; porém, esses autores escreveram com as mesmas limitações de Montesquieu: seus escritos estão repletos de máximas morais para governar, mas elas se destinam mais à moderação dos gastos e à reforma administrativa do governo do que ao próprio governo.

Mas todos esses escritos e muitos outros tiveram o seu peso, e pela maneira diferente de se ocuparem do assunto governo – Montesquieu, por seu discernimento e conhecimento das leis; Voltaire, por sua presença de espírito; Rousseau e Raynal, por seu entusiasmo; e Quesnay e Turgot, por suas máximas morais e sistemas econômicos –, de um ou outro modo agradaram leitores de todas as classes, e um espírito de indagação política começou a se difundir por toda a nação quando a disputa entre a Inglaterra e as então colônias da América irrompeu.

É bem sabido que a nação parecia estar à frente do ministério francês na guerra na qual a França posteriormente se envolveu. Cada um tinha a sua visão, mas elas se direcionavam a objetos diferentes: a nação buscava a liberdade; o ministério, retaliar a Inglaterra. Os oficiais e soldados franceses que depois disso foram à América finalmente foram postos na escola da liberdade e aprenderam de cor sua prática e seus princípios.

Como era impossível separar os acontecimentos militares que ocorreram na América dos princípios da Revolução Americana, o anúncio desses acontecimentos na França os ligou necessariamente aos princípios que os produziram. Muitos dos fatos eram em si mesmos princípios, tais como a declaração de independência americana e o tratado de aliança entre a França e a América, que reconhecia os direitos naturais do homem e justificava a resistência à opressão.

O então ministro francês, conde Vergennes, não era amigo da América e é justo e grato dizer que foi a rainha da França que deu à causa da América um bom-tom na corte francesa. O conde era amigo pessoal e do convívio social do dr. Franklin. Graças à sua encantadora sensibilidade, o doutor obtivera uma espécie de influência sobre ele. Mas, no tocante a princípios, o conde Vergennes era um déspota.

A situação de Franklin como representante diplomático da América na França deve ser considerada dentro da cadeia dos acontecimentos. A condição de diplomata é por si mesma o âmbito mais estreito da sociedade no qual o homem pode atuar. Ela impossibilita o relacionamento em função da suspeita recíproca. Um diplomata é uma espécie de átomo sem conexões, que continuamente repele e é repelido. Entretanto, este não foi o caso do dr. Franklin. Ele não foi o diplomata de uma corte, mas do HOMEM. Sua personalidade de filósofo fora há muito estabelecida e seu círculo social na França era universal.

O conde Vergennes resistiu, por um considerável tempo, a publicar na França a Constituição americana traduzida para a língua francesa. Mas mesmo nisso foi obrigado a dar prioridade à opinião pública e ao decoro de permitir que se revelasse o que ele se comprometera a defender. A Constituição americana está para a liberdade tal como a gramática está para a língua: ambas definem as partes de um discurso e as combinam praticamente conforme uma sintaxe.

A situação peculiar do então marquês de La Fayette é outro elo da grande cadeia. Ele trabalhou na América como oficial americano para uma comissão do Congresso e, pelo cunho universal de seu entendimento, mantinha uma estreita amizade com o governo civil da América e também com a classe militar. Falava a língua do país, participava das discussões sobre os princípios de governo e era sempre um amigo bem-vindo em qualquer eleição.

Quando a guerra acabou, o retorno dos oficiais e soldados franceses espalhou pela França um imenso reforço à causa da liberdade. Um conhecimento prático foi então somado à teoria, e tudo que faltava para conferir-lhe existência real era a oportunidade. O homem não é capaz, propriamente falando, de criar circunstâncias que atendam aos seus propósitos, mas sempre pode melhorá-las quando elas ocorrem, e este foi o caso da França.

O ministro Necker foi demitido em maio de 1781. E devido à má gestão das finanças que se seguiu, particularmente durante a extravagante administração do ministro Calonne, a renda da França, que era de quase 24 milhões de libras esterlinas por ano, tornou-se desequilibrada em relação aos gastos, não devido à diminuição da renda, mas ao aumento dos gastos. Essa foi a circunstância que a nação agarrou para antecipar uma revolução. O primeiro-ministro inglês, sr. Pitt, freqüentemente faz referência, na apresentação dos seus orçamentos, ao estado das finanças francesas sem compreender a matéria. Se o Parlamento francês estivesse tão disposto a ratificar éditos sobre novos tributos quanto um Parlamento inglês a conceder isenções tributárias, não teria havido uma desordem das finanças e revolução alguma. Mas isso se explicará melhor na continuação.

Será necessário mostrar agora como os impostos eram aumentados anteriormente na França. O rei, ou melhor, a corte ou o ministério atuando sob esse nome elaboravam os éditos tributários segundo o seu próprio critério e os enviavam aos parlamentos para serem ratificados, pois enquanto não fossem por eles ratificados não entrariam em vigor. Há muito ocorriam disputas entre a corte e os parlamentos quanto ao âmbito da autoridade destes nessa questão. A corte insistia que a autoridade dos parlamentos não ia além de objetar ou indicar razões contra o imposto, reservando a si mesma o direito de determinar se as razões eram bem ou mal fundamentadas; conseqüentemente, ela tinha o direito de revogar o édito como uma questão de escolha ou *ordenar* sua ratificação como uma questão de autoridade. Os parlamentos, por sua vez, insistiam que não apenas detinham o direito de objetar, como também o de revogar. E nesse terreno tinham sempre o respaldo da nação.

Retomo, contudo, a seqüência da minha narrativa. O ministro Calonne queria dinheiro, e quando soube da disposição inflexível dos parlamentos com respeito a aprovar novos impostos, ele engenhosamente procurou abordá-los usando um meio mais suave do que a autoridade direta ou vencê-los por meio de uma manobra e, com essa finalidade, ressuscitou o projeto de reunir um grupo de homens provenientes das diversas províncias, no estilo de uma "Assembléia de Notáveis" ou Homens Dignos de Nota, que se encontrou em 1787, cuja função era recomendar impostos aos parlamentos ou atuar ele mesmo como um parlamento. Uma assembléia com esse nome tinha sido convocada em 1617.

Já que vamos considerar essa reunião dos Notáveis como o primeiro passo prático para a Revolução, será conveniente considerar alguns detalhes que lhe dizem respeito. A Assembléia dos Notáveis tem sido em alguns lugares confundida com os Estados Gerais. Foi, entretanto, um grupo inteiramente diferente: os Estados Gerais sempre eram eleitos. As pessoas que compunham a Assembléia dos Notáveis eram todas nomeadas pelo rei e somavam 140 membros. Mas como o ministro Calonne não podia depender de uma maioria dessa Assembléia a seu favor, com grande habilidade organizou seus membros de maneira a fazer de 44 uma maioria de 140 – para obtê-la, ele os dispôs em sete comitês separados de vinte membros cada. Toda matéria geral deveria ser decidida não por uma maioria de pessoas, mas por uma maioria de comitês, e como onze votos constituiriam maioria num comitê e quatro comitês, maioria em sete, o ministro Calonne tinha boas razões para concluir que, como 44 determinariam a decisão de qualquer matéria geral, ele não poderia perder votação alguma. Mas todos os seus planos o iludiram e na realidade se tornaram a sua derrota.

O então marquês de La Fayette foi colocado no segundo comitê, do qual era presidente o conde D'Artois, e como o objetivo desse grupo era apreciar matérias relacionadas com dinheiro, todas as circunstâncias a este ligadas foram naturalmente trazidas à tona pelo comitê. O marquês acusou verbalmente Calonne de vender terras da Coroa pela quantia de dois milhões de libras, fato que parecia ser desconhecido pelo rei. O conde D'Artois (como para intimidar, pois a Bastilha estava, então, em pleno funcionamento) perguntou ao marquês se ele faria a acusação por escrito. O marquês respondeu que o faria. O conde D'Artois não o exigiu, porém apresentou uma mensagem do rei nesse sentido. O marquês de La Fayette então registrou sua acusação por escrito para ser entregue ao rei, e se comprometeu a sustentá-la. Não houve novas revelações em torno deste assunto, mas o ministro Calonne foi logo depois demitido pelo rei e partiu para a Inglaterra.

Como o marquês de La Fayette, em função da sua experiência na América, estava mais familiarizado com a ciência do governo civil do que a maioria dos membros da Assembléia dos Notáveis, a parte mais difícil do assunto lhe coube consideravelmente. O plano daqueles que tinham uma Constituição em vista era contestar a corte no terreno dos tributos, e alguns deles professaram abertamente seu objetivo. Ocorreram freqüentes discussões entre o conde D'Artois e o marquês de La Fayette acerca de diversos assuntos. Quanto às dívidas já feitas, o marquês propôs que fossem reparadas acomodando as despesas à renda, e não a renda às despesas; quanto às reformas, ele propôs a extinção da Bastilha e de todas as prisões do Estado em toda a nação (cuja manutenção era efetuada com grandes despesas) e a supressão das *lettres de cachet*. Mas essas matérias não receberam na oportunidade muita atenção e, relativamente às *lettres de cachet, a maioria dos nobres parecia favorável a ela.*

Quanto ao assunto da provisão de novos impostos ao Tesouro, a Assembléia se recusou a examiná-lo, concordando com a opinião de que não dispunha da devida autoridade. Em um debate sobre esse assunto, o marquês de La Fayette declarou que obter mais dinheiro por meio de impostos só podia ser decidido por uma Assembléia Nacional, com membros livremente eleitos pelo povo e atuando como seus representantes.

– Queres dizer – disse o conde D'Artois – os *Estados Gerais?*

O marquês respondeu que sim.

– Assinarás – retrucou o conde – o que declaras para ser entregue ao rei?

O marquês respondeu que não faria apenas isso, mas que iria além e declararia que o modo eficaz de resolver o assunto seria o rei concordar com o estabelecimento de uma Constituição.

Como um dos planos tinha então falhado, o de fazer a Assembléia atuar como um parlamento, o outro veio à tona, ou seja, o de fazer recomendações aos parlamentos. Nessa matéria, a Assembléia concordou em recomendar dois novos impostos para serem ratificados pelo parlamento: um imposto do selo e um imposto territorial, ou uma espécie de imposto da terra. Os dois foram estimados em cerca de cinco milhões de libras esterlinas por ano. Temos agora de voltar nossa atenção para os parlamentos, para os quais a matéria foi novamente devolvida.

O arcebispo de Toulouse (antes arcebispo de Sens, e hoje cardeal) foi nomeado para a administração das finanças logo depois da demissão de Calonne. Foi também feito primeiro-ministro, um cargo que nem sempre existiu na França. Quando o cargo não existia, o chefe de cada um dos principais ministérios tratava dos assuntos diretamente com o rei. Quando, entretanto, um primeiro-ministro era nomeado, os assuntos eram tratados somente com ele. O arcebispo alcançou mais autoridade no Estado do que qualquer outro ministro desde o duque de Choiseuil e gozava de um forte apoio da nação. Porém, devido a uma conduta dificilmente justificável, corrompeu todas as suas oportunidades, converteu-se em déspota, caiu em desgraça e se tornou cardeal.

Dissolvida a Assembléia dos Notáveis, o novo ministro remeteu os éditos dos dois novos impostos recomendados pela Assembléia aos Parlamentos para que fossem ratificados. Chegaram, é claro, primeiramente ao Parlamento de Paris, que respondeu que *com os tributos e taxas que a nação então suportava, a palavra imposto não devia sequer ser mencionada exceto com o propósito de redução,* e recusou os dois éditos.*

Com essa recusa, os éditos foram mandados para Versalhes, onde, da maneira usual, o rei realizou o que no Antigo Regime se chamava *Lit de Justice,* e os dois éditos foram ratificados diante do Parlamento por uma ordem do Estado, da forma mencionada anteriormente na página 138.

Imediatamente depois, o Parlamento retornou a Paris, retomou suas sessões e ordenou que a ratificação dos éditos fosse anulada, declarando que tudo que fora feito em Versalhes era ilegal. A todos os membros do Parlamento foram aplicadas *lettres de cachet.* Punidos com o exílio em Trois, eles permaneceram tão inflexíveis quanto antes. Como a retaliação não preenchia o lugar dos impostos, depois de pouco tempo eles foram chamados de volta a Paris.

Os éditos foram novamente oferecidos ao Parlamento, e o conde D'Artois se propôs a atuar como representante do rei. Com esse propósito, ele se deslocou de Versalhes a Paris seguido por um séquito. O Parlamento se reunira para recebê-lo. Mas espetáculos e desfiles tinham perdido sua influência na França e fossem quais fossem as idéias importantes com as quais iniciara sua viagem, teve que retornar mortificado e desapontado. Ao descer de sua carruagem para subir os degraus do Parlamento, a multidão (que se reunira em grande número) lançou ao ar expressões batidas, dizendo: "Este é o sr. D'Artois, que quer mais do nosso dinheiro para gastar". A marcante reprovação que ele presenciou o deixou abalado e temeroso. A expressão *Aux armes!* (Às armas!) foi emitida pelo oficial da guarda que lhe prestava serviço. E foi vociferada tão sonoramente que ecoou pelas alamedas

---

* Quando o primeiro-ministro inglês, sr. Pitt, mencionar as finanças da França novamente no Parlamento Inglês, seria de bom alvitre que levasse em conta essa declaração como um exemplo. (N.A.)

do Parlamento e produziu uma confusão temporária. Eu me encontrava, nessa ocasião, em um dos aposentos pelos quais ele teria que passar, e não pude deixar de pensar em quão lastimável era a condição de um homem desrespeitado.

Ele se esforçou para impressionar o Parlamento usando termos grandiloqüentes e manifestou sua autoridade dizendo: "O rei, nosso senhor e mestre". O Parlamento o acolheu muito friamente e com sua usual determinação de não ratificar os impostos. E assim terminou o encontro.

Depois disso, um novo assunto entrou em cena. Nos vários debates e polêmicas que surgiram entre a corte e os Parlamentos em torno dos impostos, o Parlamento de Paris finalmente declarou que, embora os Parlamentos costumeiramente ratificassem os éditos tributários como uma questão de conveniência, esse direito pertencia exclusivamente aos *Estados Gerais*, e que, portanto, o Parlamento não podia continuar a debater com decoro algo sobre o qual não dispunha de autoridade para agir legislativamente. Em seguida, o rei foi a Paris e se reuniu com o Parlamento, desde as dez da manhã até cerca de seis da tarde, e – como se a decisão emanasse dele, independentemente de consulta ao gabinete ou ao primeiro-ministro – garantiu ao Parlamento que os Estados Gerais seriam convocados.

Mas então irrompeu outra cena por uma razão distinta de todas as anteriores. O primeiro-ministro e o gabinete se opunham à convocação dos Estados Gerais. Eles sabiam que se os Estados Gerais se reunissem, eles próprios seriam demitidos. E como o rei não mencionara *prazo algum,* eles encontraram um plano intencionado a frustrar a convocação, sem que parecessem se opor.

Com tal propósito, a Corte se pôs a elaborar uma espécie de Constituição. Foi principalmente o trabalho do sr. Lamoignon, guardião do Selo Real, quem mais tarde causaria a sua própria desgraça. Esse novo arranjo consistia em estabelecer um órgão chamado *Cour plénière,* ou Corte plena, investido de todos os poderes dos quais o governo precisasse fazer uso. Os integrantes dessa Corte deveriam ser nomeados pelo rei. Este abriu mão do direito de taxação em disputa, e um novo Código Criminal, composto de normas e procedimentos, substituiu o âmbito do anterior.

Essa espécie de Constituição continha, em muitos pontos, melhores princípios do que aqueles que até então tinha guiado a administração do governo mas, com relação à *Cour plénière,* não passava de um veículo pelo qual o despotismo se imporia, sem que parecesse influir diretamente.

O gabinete esperava muito de seu novo instrumento. As pessoas que comporiam a *Cour plénière* já estavam nomeadas, e como era necessário transmitir uma aparência de justeza, muitas das melhores personalidades da nação tinham sido indicadas. Deveria iniciar sua atuação em 8 de maio de 1788, mas houve oposição a ela em dois terrenos: quanto ao seu princípio e quanto à sua forma.

No terreno do princípio, argumentava-se que o governo não tinha o direito de alterar a si mesmo e que, se essa prática fosse inicialmente admitida, ela se transformaria em princípio e se tornaria um precedente para quaisquer alterações futuras que o governo quisesse estabelecer. O direito de alterar o governo, sustentava-se, era um direito nacional e não um direito do governo. E no terreno da forma, argumentava-se que a *Cour plénière* não era nada mais do que um gabinete maior.

Os duques de La Rochefoucault, de Luxembourg, de Noailles e muitos outros se recusaram a aceitar a nomeação e se opuseram vigorosamente ao plano como um todo. Quando o édito para o estabelecimento dessa nova Corte foi encaminhado aos Parlamentos a fim de ser ratificado e executado, eles também o rejeitaram. O Parlamento de Paris não só o rejeitou como lhe negou a autoridade, e o conflito entre o Parlamento e o gabinete se renovou com mais intensidade do que nunca. Enquanto o Parlamento debatia a questão, o primeiro-ministro ordenou a um regimento de soldados que cercasse o prédio do Parlamento e executasse um bloqueio. Os membros do Parlamento pediram camas e provisões e passaram a viver como se estivessem em uma fortaleza sitiada. Mas como isso não surtiu efeito, o comandante recebeu a ordem de entrar no prédio e prender seus membros. O comandante cumpriu a ordem, e alguns dos principais membros do Parlamento foram encarcerados em diferentes prisões. Quase ao mesmo tempo, uma delegação chegava da província da Bretanha a fim de protestar contra o estabelecimento da *Cour plénière*. Essas pessoas foram mandadas para a Bastilha pelo arcebispo. Mas o espírito da nação não seria vencido, e era tão inteiramente perceptivo ao expressivo terreno que tinha conquistado – o da recusa dos impostos – que se contentou em manter uma espécie de resistência silenciosa, que efetivamente pôs por terra todos os planos arquitetados contra ele naquele momento. O projeto da *Cour plénière* teve, finalmente, que ser abandonado. O primeiro-ministro, não muito tempo depois, selou o destino desse projeto ao chamar o sr. Necker de volta ao cargo.

A tentativa de estabelecer a *Cour plénière* produziu um efeito sobre a nação que ela própria não percebeu. Foi uma espécie de nova forma de governo que imperceptivelmente serviu para tirar a antiga de vista e fazer com que o governo se desvencilhasse da autoridade supersticiosa da antiguidade. Era o governo destronando o governo. E o antigo governo, ao tentar constituir um novo, produziu um vácuo.

O fracasso desse sistema reacendeu a questão da convocação dos Estados Gerais, e isso deu origem a uma nova seqüência política. Não havia uma forma definida de convocar os Estados Gerais; tudo o que eles positivamente significavam era uma delegação de representantes das ordens do Clero, da Nobreza e dos Comuns. Mas seu número ou sua proporção nem sempre foram iguais. Tinham sido convocados apenas em ocasiões extraordinárias, a última delas em 1614, quando tiveram proporções iguais e votaram por ordens.

Não escapou à sagacidade do ministro Necker que o procedimento de 1614 não atenderia ao propósito do governo de então nem ao da nação. Dadas as circunstâncias daquele momento, seria controverso demais chegar a um acordo sobre qualquer coisa. Os debates seriam intermináveis em torno de privilégios e isenções, nos quais não seriam atendidas as necessidades do governo nem satisfeitos os anseios da nação por uma Constituição. Mas como o ministro não escolheu decidir por conta própria, convocou novamente a *Assembléia dos Notáveis*, transferindo para ela a decisão. Na sua maior parte, esse órgão tinha interesse em decidir, principalmente a aristocracia e o clero muito bem remunerado, e posicionou-se favoravelmente ao procedimento de 1614. Essa decisão ia contra o sentimento da nação e os desejos da Corte, pois a aristocracia se opunha a ambas e lutava por privilégios independentes das duas também. A matéria foi então acolhida pelo Parlamento, que recomendou que o número de Comuns fosse igual ao das outras duas Ordens, e todos deveriam ser membros de uma só Câmara e votar como membros de um só órgão. O número finalmente determinado foi 1200:600 a serem escolhidos pelos Comuns (menor do que sua proporção deveria ser, se considerássemos seu valor e sua importância em escala nacional), trezentos pelo Clero e trezentos pela Aristocracia. Entretanto, quanto à forma de se reunirem, se em conjunto ou separados, ou quanto à maneira de votarem, a essas matérias houve apenas alusão.*

---

* O sr. Burke (e devo tomar a liberdade de lhe dizer que ele está muito desinformado sobre os assuntos franceses), aludindo a essa matéria, diz: "A primeira coisa que me impressionou na convocação dos Estados Gerais foi a grande divergência com o antigo procedimento". E em seguida ele continua: "No momento que li a lista percebi claramente – e me aproximei bastante do que aconteceu – tudo o que estava por suceder". O sr. Burke certamente não percebeu tudo o que estava por suceder. Esforcei-me para convencê-lo, antes e depois de os Estados Gerais terem se reunido, de que haveria uma *revolução,* mas não pude fazê-lo perceber, e ele também não acreditaria nisso. Como ele poderia perceber claramente todas as partes quando o todo se achava invisível, isso está além da minha compreensão. E quanto à observação da "divergência com o antigo procedimento", além da sua natural fragilidade, ela mostra que ele desconhece as circunstâncias. A divergência era necessária, pois a experiência tinha comprovado que o antigo procedimento era ruim. Os Estados Gerais de 1614 foram convocados no começo da guerra civil, na menoridade de Luís XIII, mas devido ao estrondo da organização por Ordens, eles acabaram aumentando a confusão para cujo apaziguamento tinham sido convocados. O autor de *L'Intrigue du Cabinet* (A intriga do gabinete), que escreveu antes que se cogitasse qualquer revolução na França, falando dos Estados Gerais de 1614, diz: "Eles mantiveram o público em suspense durante cinco meses; e pelas questões assim agitadas e o calor com o qual eram formuladas, parece que os Grandes *(les grands)* pensavam mais em satisfazer suas paixões *particulares* do que em buscar o bem da nação, e o tempo todo foi consumido em altercações, cerimônias e desfiles". *L'Intrigue du Cabinet,* vol. I, p. 329. (N.A.)

A eleição que se seguiu não foi controversa, mas marcada pelo entusiasmo. Os candidatos não eram homens, mas princípios. Associações foram formadas em Paris e comitês de correspondência e comunicação foram estabelecidos por toda a nação com o propósito de esclarecer o povo e lhe explicar os princípios do governo civil. A eleição foi conduzida com tal ordem que sequer deu origem a rumores sobre tumultos.

Os Estados Gerais deveriam reunir-se em Versalhes em abril de 1789, mas não o fizeram antes de maio. Eles se reuniram em três câmaras separadas, ou melhor, o Clero e a Aristocracia se recolheram para câmaras separadas. A maioria aristocrática reivindicava o que chamava de privilégio de votar como um órgão separado e de aprovar ou desaprovar aquela matéria. E muitos dos bispos e dos membros do alto clero reivindicavam o mesmo privilégio para a sua Ordem.

O *Tiers État* (como era então chamado) repudiava qualquer conhecimento de Ordens artificiais e privilégios artificiais e se mostrava não apenas decidido a respeito desse ponto, mas também desdenhoso. Começava a considerar a aristocracia como um tipo de fungo que se desenvolvia a partir da corrupção da sociedade, que não podia ser admitido sequer como uma parte dela. E pela disposição que a aristocracia manifestara ao apoiar as *Lettres de Cachet* e em diversas outras ocasiões, ficou evidente que nenhuma Constituição poderia ser criada salvo admitindo os homens na condição de Homens da Nação.

Após muitas altercações acaloradas em torno desse tópico, o *Tiers État* ou Comuns (como eram então chamados) declararam a si mesmos (em uma moção preparada com tal propósito pelo abade Sieyès) "OS REPRESENTANTES DA NAÇÃO; e que as duas Ordens podiam ser consideradas apenas como representantes de corporações e que só poderiam ter voz deliberativa quando se reunissem em caráter nacional com os representantes da nação". Esse procedimento demoliu a sustentação dos *États Généraux* e ergueu a representação atual da nação: a *Assemblée Nationale*.

Essa moção não foi preparada de uma maneira precipitada. Resultou de uma fria deliberação e de um acordo entre os representantes nacionais e os membros patrióticos das duas Câmaras que examinaram a loucura, o dano e a injustiça das distinções baseadas em privilégios artificiais. Tornara-se evidente que qualquer Constituição digna desse nome só poderia ser estabelecida sobre um fundamento nacional. A Aristocracia tinha, até então, se oposto ao despotismo da Corte e influenciado a linguagem do patriotismo. Mas ela se opunha como sua rival (como os barões ingleses se opunham ao rei John), e agora se opunha à nação pelos mesmos motivos.

Ao entregar a moção, os representantes nacionais fizeram, como haviam combinado, um convite às duas Câmaras para que se unissem a eles em caráter nacional e procedessem aos trabalhos. Uma maioria do clero, constituída principalmente por párocos, afastou-se da Câmara clerical e juntou-se à nação; 45 membros da outra Câmara fizeram o mesmo. Há uma espécie de história secreta a respeito desta última situação que precisa ser explicada. Não foi considerado prudente que todos os membros patrióticos da Câmara, que se intitulava a si mesma de Nobreza, a abandonassem de imediato; em conseqüência desse acerto, eles se afastaram gradualmente, sempre ficando alguns, tanto para debater o caso quanto para a vigilância dos suspeitos. Em pouco tempo, o número cresceu de 45 para oitenta; logo depois, para um número maior, o que, com a maioria do clero e a totalidade dos representantes nacionais, deixou os descontentes em uma condição bastante inferior.

O rei, que é – muito diferentemente daqueles pertencentes à classe geral chamada de nobreza – um homem de bom coração, mostrou-se inclinado a recomendar uma união das três câmaras, apoiada no fundamento que a Assembléia Nacional havia adotado. Mas os descontentes se empenharam para impedi-la e já concebiam outro projeto. O seu contingente consistia de uma maioria da Câmara aristocrática e de uma minoria da Câmara clerical, sobretudo bispos e clérigos com altos benefícios. Esses homens estavam determinados a discordar de tudo por meio da força ou de algum estratagema. Não se opunham a uma Constituição, mas ela tinha que ser ditada por eles mesmos e ajustada às suas próprias opiniões e circunstâncias particulares. Por outro lado, a nação só admitia reconhecê-los como cidadãos e estava determinada a excluir todas essas pretensões arrivistas. Quanto mais a aristocracia aparecia, mais era desprezada; na maioria dela, havia uma visível imbecilidade e carência de intelectos, algo como um *"je ne sais quoi"*, de modo que, embora seus membros fingissem ser mais do que cidadãos, eram menos do que seres humanos. Perdeu terreno devido mais ao desprezo do que ao ódio e foi mais zombada como um asno do que temida como um leão. Este é o caráter geral da aristocracia, ou do que se chamam *nobres* ou *nobreza,* ou melhor, os *"sem-talento"* de todos os países.

O plano dos descontentes consistia agora de duas coisas: deliberar e votar por Câmaras (ou Ordens), especialmente em todas as questões concernentes à Constituição (com o que a Câmara aristocrática poderia vetar qualquer artigo da Constituição), ou, caso não alcançassem esse objetivo, derrubar a Assembléia Nacional por inteiro.

A fim de alcançar um ou outro desses objetivos, eles começaram a cultivar uma amizade com o despotismo com o qual até então haviam tentado rivalizar. O conde D'Artois tornou-se seu chefe. O rei (que desde então se declarou enganado por tais medidas) realizou, seguindo a antiga fórmula, um *Lit de Justice,* no qual declarou concordância com a deliberação e o voto *par tête* (por cabeça) sobre várias matérias, reservando, porém, às três Câmaras separadamente a deliberação e o voto sobre todas as questões relativas à Constituição. Essa declaração do rei contrariava o conselho do ministro Necker, que começava a perceber que perdia influência na Corte e que se planejava a escolha de outra pessoa para o seu cargo.

Como a forma de representação em Câmaras separadas continuava a ser mantida em aparência, embora essencialmente destruída, depois dessa declaração do rei os representantes nacionais se valeram de suas próprias Câmaras para deliberar sobre a desaprovação formal à decisão do rei. E a minoria da Câmara (os *Nobres*, como ela se denominava*)*, que tinha aderido à causa nacional, recolheu-se a uma Câmara privada para deliberar de maneira semelhante. Os descontentes, a essa altura, tinham combinado suas medidas com a corte, de cuja execução se encarregou o conde D'Artois. Mas quando perceberam – pelo descontentamento que a declaração produzira e pela oposição que se fazia a ela – que não poderiam controlar a futura Constituição através do voto separado, eles se prepararam para o objetivo final: uma conspiração contra a Assembléia Nacional para derrubá-la.

Na manhã seguinte, a porta do salão da Assembléia Nacional foi trancada e permaneceu vigiada por tropas. Não se admitiu o ingresso de seus membros. Diante disso, eles se retiraram para um campo de esportes na vizinhança de Versalhes, o lugar mais conveniente que conseguiram encontrar, e, após retomarem sua sessão, fizeram o juramento de não se separar uns dos outros em circunstância alguma, exceto em caso de morte, até que tivessem estabelecido a Constituição. Como o episódio do fechamento do salão da Assembléia não surtira efeito algum exceto fortalecer o vínculo entre os seus membros, ele foi reaberto no dia seguinte, e os negócios públicos foram reiniciados no local costumeiro.

Vamos agora considerar a formação do novo Ministério, que deveria executar a derrubada da Assembléia Nacional. Mas como seria necessário o uso da força, emitiram-se ordens para reunir trinta mil soldados, cujo comando foi atribuído ao conde de Broglie, um dos membros do novo Ministério, que foi chamado de volta do campo com esse propósito. Porém, certo cuidado era necessário para que o plano fosse mantido em segredo até que estivesse pronto para ser posto em prática. Essa é a orientação que deve ser atribuída a uma declaração feita pelo conde D'Artois e que convém ser aqui apresentada.

Era inevitável que – enquanto os descontentes prosseguissem recorrendo às suas câmaras separadamente em vez de se unirem à Assembléia Nacional – se gerasse maior desconfiança e também maior suspeita sobre a existência da conspiração. Mas como haviam assumido sua posição e agora queriam um pretexto para abandoná-la, era necessário inventar algum. Isso foi efetivamente realizado pela declaração do conde: "Se eles não participassem da Assembléia Nacional, a vida do rei correria perigo". Em resposta, eles deixaram suas Câmaras e se misturaram à Assembléia como órgão único.

Na ocasião em que foi feita, essa declaração foi amplamente considerada como uma opinião absurda do conde D'Artois, calculada apenas para livrar os principais membros das duas Câmaras da situação de inferioridade na qual foram colocados. Se nada mais houvesse sucedido, essa conclusão teria sido boa. Mas como as coisas se explicam melhor pelos próprios acontecimentos, essa união aparente não passava de um disfarce para as maquinações que se desenvolviam secretamente. E aquela declaração se ajustava a essa finalidade. Em pouco tempo, a Assembléia Nacional se encontrou cercada por tropas, e milhares de soldados chegavam diariamente. Diante disso, a Assembléia Nacional dirigiu ao rei uma declaração muito incisiva, protestando contra a impropriedade da medida e exigindo uma justificativa. O rei, que não sabia da trama secreta, como ele próprio mais tarde declarou, respondeu substancialmente que não tinha outro objetivo senão preservar a tranqüilidade pública, que parecia estar sendo bastante perturbada.

Mas, após alguns dias, a conspiração foi revelada. Necker e o ministério foram demitidos e um novo ministério foi formado com inimigos da Revolução. O conde de Broglie, acompanhado por tropas somando entre vinte e cinco e trinta mil soldados estrangeiros, chegou para lhe dar apoio. A máscara foi então retirada, e a questão chegava a um momento decisivo. O fato é que, no espaço de três dias, o novo ministério e os seus apoiadores julgaram prudente escapar da nação. A Bastilha foi tomada, e o conde de Broglie e suas tropas foram dispersos, como já foi relatado na parte anterior desta obra.

Há algumas circunstâncias curiosas na história desse ministério de curta existência e de sua breve tentativa de fazer uma contra-revolução. O Palácio de Versalhes, que era a sede da Corte, não se distanciava mais do que quatrocentos metros do salão onde se reunia a Assembléia Nacional. Naquele momento, esses dois lugares se assemelhavam a quartéis-generais distintos de dois exércitos combatentes. Entretanto, a Corte ignorava completamente a informação que chegara de Paris para a Assembléia Nacional, como se desta se distanciasse cem quilômetros. O então marquês de La Fayette, quem (como já foi mencionado) foi escolhido para presidir a Assembléia Nacional nessa ocasião particular, nomeou, por ordem da Assembléia, três sucessivas delegações, no dia e até a noite da tomada da Bastilha, para informar o rei e com ele discutir a situação. Contudo, o ministério, que só sabia que ela fora atacada, barrou todas as comunicações e se alegrou com a agilidade que o logrou. Mas, em poucas horas, as informações chegaram com tanta abundância e rapidez que os membros do ministério tiveram que saltar de suas escrivaninhas e correr. Partiram sob diferentes disfarces, mas nenhum deles em sua própria figura. Para que não fossem detidos, preocupavam-se agora em serem mais rápidos do que as notícias, as quais, por mais rápido que corressem, não poderiam viajar tão velozmente quanto eles.

É digno de menção o fato de a Assembléia Nacional não ter perseguido esses conspiradores fugitivos, nem ter tomado conhecimento deles, nem procurado retaliar de qualquer forma. Ocupada em estabelecer uma Constituição fundamentada nos direitos do homem e na autoridade do povo, a única autoridade na qual o governo tem o direito de basear sua existência em qualquer país, a Assembléia Nacional não experimentou nenhuma dessas paixões mesquinhas que caracterizam os governos impertinentes que se fundamentam em sua própria autoridade ou no absurdo da sucessão hereditária. É faculdade da mente humana transformar-se naquilo que contempla e atuar em uníssono com seu objeto.

Dispersa a conspiração, uma das primeiras obras da Assembléia Nacional, em lugar de declarações de vingança, como tem sido o caso de outros governos, foi publicar uma *Declaração dos direitos do homem*, como o fundamento sobre o qual a nova Constituição deveria ser construída e que é aqui adicionada.

Declaração dos direitos do homem e dos cidadãos

Pela Assembléia Nacional da FRANÇA:

"Os representantes do povo da França, constituídos numa Assembléia Nacional, considerando que a ignorância, a negligência e o desprezo dos direitos humanos são as únicas causas dos infortúnios públicos e das corrupções do governo, resolveram anunciar em declaração solene esses direitos naturais, imprescritíveis e inalienáveis. Que esta declaração esteja constantemente presente nas mentes dos membros do corpo social para que eles sempre atentem aos seus direitos e deveres. Que os atos dos poderes legislativo e executivo, por poderem, a todo o momento, ser comparados à finalidade das instituições políticas, possam ser mais respeitados. E, também, que as futuras reivindicações dos cidadãos, sendo orientadas por princípios simples e incontestáveis, possam sempre tender para a manutenção da Constituição e da felicidade geral.

"Por essas razões a ASSEMBLÉIA NACIONAL efetivamente reconhece e declara, diante do Ser Supremo, esperando por sua bênção e favorecimento, os seguintes direitos *sagrados* dos homens e dos cidadãos:

"I. *Os homens nascem e permanecem sempre livres e iguais com respeito aos seus direitos. As distinções civis, portanto, só podem se fundar na utilidade pública.*

"II. *O fim de todas as associações políticas é a preservação dos direitos naturais e imprescritíveis do homem; esses direitos são a liberdade, a propriedade, a segurança e a resistência à opressão.*

"III. *A nação é essencialmente a fonte de toda soberania; nenhum* INDIVÍDUO *ou* GRUPO DE HOMENS *detém qualquer autoridade que não seja expressamente recebida da nação.*

"IV. A liberdade política consiste no poder de fazer tudo que não cause dano aos outros. O exercício dos direitos naturais de cada homem não tem outros limites senão os necessários para assegurar a cada um dos *outros* homens o livre exercício dos mesmos direitos; e esses limites só podem ser determinados pela lei.

"V. A lei deve proibir apenas as ações danosas à sociedade. O que não é proibido pela lei não deve ser impedido; tampouco ninguém deve ser forçado àquilo que não é requerido pela lei.

"VI. A lei é uma expressão da vontade da comunidade. Todos os cidadãos têm o direito de participar, pessoalmente ou através de representantes, da sua criação. Ela deve ser idêntica para todos, quer proteja ou puna. E, *sendo todos iguais perante ela, são igualmente qualificados para todas as honras, cargos e empregos de acordo com suas diferentes capacidades, sem qualquer outra distinção exceto a gerada por suas virtudes e talentos.*

"VII. Nenhum homem deverá ser acusado, detido ou recolhido a uma prisão salvo nos casos determinados pela lei e de acordo os procedimentos por ela prescritos. Todos aqueles que fomentam, solicitam, executam ou mandam executar ordens arbitrárias devem ser punidos; e todo cidadão intimado ou preso por força da lei deve imediatamente obedecer e, se oferecer resistência, torna a si mesmo culpável.

"VIII. A lei deve impor somente penas que sejam absoluta e evidentemente necessárias; e ninguém deve ser punido senão em virtude de uma lei promulgada antes do delito e legalmente aplicada.

"IX. Todo homem é presumido inocente até que tenha sido condenado, e toda vez que sua detenção se tornar indispensável, todo rigor com relação a ele, além do necessário para imobilizá-lo, deve ser prescrito pela lei.

"X. Nenhum homem deve ser molestado por causa de suas opiniões, nem sequer por suas opiniões *religiosas*, contanto que para declará-las ele não perturbe a ordem pública estabelecida pela lei.

"XI. A comunicação irrestrita dos pensamentos e opiniões é um dos mais preciosos direitos do homem; assim, todo cidadão pode falar, escrever e publicar com liberdade, contanto que seja responsável pelo abuso dessa liberdade nos casos determinados pela lei.

"XII. Uma força pública é necessária para assegurar os direitos dos homens e dos cidadãos; essa força é instituída para o benefício da comunidade, e não para o benefício particular das pessoas às quais é confiada.

"XIII. Sendo necessária uma contribuição comum para manter a força pública e custear os demais gastos do governo, ela deve ser dividida igualmente entre os membros da comunidade de acordo com as suas capacidades.

"XIV. Todo cidadão tem direito, seja pessoalmente ou por meio de seu representante, a opinar livremente na determinação da necessidade das contribuições públicas, dos seus fundos, valores, formas de taxação e prazos.

"XV. Toda comunidade tem direito de exigir de todos os seus representantes a prestação de contas de suas condutas.

"XVI. Toda comunidade na qual a separação dos poderes e a garantia dos direitos não estejam estabelecidas necessita de uma Constituição.

"XVII. Sendo o direito à propriedade inviolável e sagrado, ninguém deve dele ser privado, exceto em casos de evidente necessidade pública legalmente determinada e sob a condição de uma prévia e justa indenização."

OBSERVAÇÕES ACERCA DA DECLARAÇÃO DE DIREITOS

OS TRÊS PRIMEIROS ARTIGOS compreendem em termos gerais o todo de uma declaração de direitos: todos os artigos subseqüentes deles derivam ou seguem como elucidações. O quarto, o quinto e o sexto definem mais particularmente aquilo que é expresso apenas em termos gerais no primeiro, no segundo e no terceiro artigos.

Os artigos sétimo, oitavo, nono, décimo e décimo primeiro afirmam os *princípios* a partir dos quais as leis devem ser formadas, em conformidade com os *direitos* já declarados. Porém, alguns franceses bem-intencionados, bem como pessoas de outras nacionalidades, questionam se o décimo artigo garante suficientemente o direito ao qual pretende atender; além disso, ele abandona a dignidade divina da religião, enfraquecendo sua força operativa sobre a mente, e a torna matéria das leis humanas. Assim, a religião se apresentaria ao homem como a luz interceptada por um ambiente nebuloso. Para a visão do homem, sua fonte estaria obscurecida e, nos seus raios sombrios, ele nada veria para ser reverenciado.*

Os artigos restantes, começando pelo décimo segundo, estão substancialmente contidos nos princípios dos artigos precedentes. Mas, na situação singular em que se encontrava a França então, tendo que desfazer o que estava errado, bem como instituir o que estava certo, era apropriado ser mais específico do que seria necessário em outro estado de coisas.

Enquanto a Declaração dos Direitos era apresentada à Assembléia Nacional, alguns de seus membros observaram que se uma declaração de direitos fosse publicada, deveria ser acompanhada por uma declaração de deveres. A observação revelou um intelecto que refletia, mas que somente falhava por não refletir com suficiente alcance. Uma declaração de direitos é, por reciprocidade, uma declaração de deveres também. Qualquer que seja o meu direito como homem, é

---

* Há uma idéia específica que, se incidir certeiramente sobre a mente, em um sentido legal ou religioso, impedirá qualquer homem, qualquer grupo de homens ou qualquer governo de atuar erroneamente em matéria de religião. É a idéia de que existia, antes que fosse conhecida no mundo qualquer instituição humana de governo, se posso expressá-lo assim, um pacto entre Deus e o homem, desde o início dos tempos. E que, como a relação e a condição em que o homem em sua *pessoa individual* se coloca diante de seu Criador não podem ser mudadas ou de qualquer forma alteradas por nenhuma lei humana ou autoridade humana, a devoção religiosa, que faz parte desse pacto, não pode ser transformada em matéria de leis humanas. E que todas as leis necessitam se ajustar a esse pacto preexistente, e não supor que o pacto se ajuste às leis, as quais, além de serem humanas, são posteriores a ele. O primeiro ato do homem, quando olhou à sua volta e viu a si mesmo como uma criatura que ele não criara e um mundo provido para sua fruição, deve ter sido de devoção, e a devoção tem que permanecer sempre sagrada para todo indivíduo humano, *como lhe parece certo;* e os governos provocam danos ao interferirem. (N.A.)

igualmente o direito dos outros; usufruir dele se transforma no meu dever de garanti-lo aos outros.

Os três primeiros artigos são a base da liberdade, tanto individual como nacional; qualquer país cujo governo não se inicia pelos princípios neles contidos e não os conserva puros tampouco pode ser classificado como livre. E o todo da Declaração dos Direitos possui mais valor para o mundo e produzirá maior bem do que todas as leis e estatutos que já foram promulgados.

No exórdio declaratório que prefacia a Declaração dos Direitos vemos o espetáculo solene e majestoso de uma nação manifestando sua autorização, sob os auspícios de seu Criador, para o estabelecimento de um governo, um cenário tão novo e tão transcendentemente sem paralelo no mundo europeu que a designação de Revolução é insuficiente para expressar seu caráter, que se ergue até uma regeneração do homem. O que são os atuais governos da Europa senão cenários de iniquidade e opressão? O que é o governo da Inglaterra? Não dizem seus próprios habitantes que ele é um mercado onde todo homem tem seu preço e a corrupção é praticada habitualmente a expensas de um povo ludibriado? Não é de surpreender, então, que a Revolução Francesa seja desacreditada. Se ela tivesse se limitado apenas à destruição do flagrante despotismo, talvez o sr. Burke e alguns outros permanecessem calados. O brado deles agora é que "ela foi longe demais", isto é, ela foi longe demais para eles. Ela olha a corrupção nos olhos e a tribo toda dos corruptos se alarma. O medo deles se revela como ultraje, e eles apenas manifestam os últimos suspiros de um vício agonizante. Mas, com essa oposição, a Revolução Francesa é homenageada em vez de sofrer. Quanto mais for golpeada, mais centelhas ela emitirá, e o medo é que não seja suficientemente golpeada. Ela nada tem a temer dos ataques: a Verdade lhe conferiu uma fundação e o Tempo a registrará com um nome tão duradouro quanto o seu.

Tendo delineado o desenvolvimento da Revolução Francesa através da maior parte dos seus principais estágios, do seu início à tomada da Bastilha, e a sua instituição pela Declaração dos Direitos, concluirei este assunto com a vigorosa apóstrofe do marquês de La Fayette: "Que possa este grandioso monumento erigido à Liberdade servir de lição aos opressores e de exemplo aos oprimidos!".*

Capítulo variado

Para evitar interromper a argumentação na parte precedente deste trabalho ou a narrativa que a sucede, reservei algumas observações para fazê-las em conjunto neste capítulo, de modo que a variedade não possa ser censurada por confusão. O livro do sr. Burke é uma *completa* miscelânea. Sua intenção foi atacar a Revolução Francesa, mas, em vez de proceder ordenadamente, ele a bombardeou com uma chuva de idéias que trovejam e se destroem umas às outras.

Mas a confusão e a contradição no livro do sr. Burke podem ser facilmente esclarecidas. Quando um homem, em meio a uma causa prolongada, tenta nortear seu rumo por algo que não seja uma verdade polar ou princípio, ele certamente se perderá. Está além da sua capacidade manter juntas todas as partes de um argumento e uni-las em uma só questão, a menos que mantenha aquele norte em vista. Nem a memória nem a invenção suprirão a falta dele. A primeira o abandonará; a última o trairá.

A despeito do absurdo – pois não merece outro nome – que o sr. Burke afirmou sobre os direitos hereditários e a sucessão hereditária, sustentando que uma nação não tem o direito de criar um governo para si mesma, por acaso cruzou seu caminho uma explicação do que é o governo. "O governo", ele diz, "é um instrumento da sabedoria humana."

Admitindo que o governo seja um instrumento da *sabedoria* humana, segue-se necessariamente que a sucessão hereditária e os direitos hereditários (como são denominados) não podem fazer parte dele porque é impossível tornar hereditária a sabedoria; por outro lado, um instrumento que pode,

---

* Ver página 84. N.B. Desde a tomada da Bastilha, os acontecimentos vêm sendo noticiados, mas as questões registradas nesta narrativa são anteriores a esse período; e algumas delas, como pode ser facilmente constatado, só poderiam ser bem pouco conhecidas. (N.A.)

ao funcionar, confiar o governo de uma nação à sabedoria de um idiota não é um instrumento sábio. O fundamento que o sr. Burke adota é fatal para todas as partes da sua causa. O argumento passa dos direitos hereditários para a sabedoria hereditária. Surge então a questão: quem é o homem mais sábio? Ele deverá agora demonstrar que cada homem na linha da sucessão hereditária foi um Salomão; do contrário, seu direito não é suficiente para que seja um rei. Que proeza realizou o sr. Burke! Para usar a expressão de um marujo, ele *limpou o convés com esfregão* e mal deixou um nome legível na lista dos reis. E segou e raleou a Câmara dos Pares com uma foice tão formidável quanto a Morte e o Tempo.

Parece, contudo, que o sr. Burke percebeu essa réplica mordaz e tomou cuidado para se proteger contra ela fazendo do governo não apenas um *instrumento* da sabedoria humana, como também um *monopólio* dessa sabedoria. Ele coloca de um lado uma nação inteira de tolos; do outro, coloca seu governo de sabedoria, todos homens sábios de Gotham; em seguida, declara que "Os homens têm o DIREITO de que suas NECESSIDADES sejam atendidas por essa sabedoria". Feita essa declaração, ele passa então a explicar aos tolos quais são suas *necessidades* e também seus *direitos.* Nisso ele se saiu bem graças à sua habilidade, fazendo tais necessidades serem uma *necessidade* da sabedoria. Mas como isso é apenas um triste consolo, ele então os informa que eles têm *direito*, não de participarem da sabedoria, mas de serem governados por ela. Para impressioná-los com uma solene reverência a esse governo monopolizador da sabedoria e sua imensa capacidade para todos os propósitos, possíveis ou impossíveis, certos ou errados, ele continua, com um misterioso toque astrológico, informando-os de seus poderes nas seguintes palavras: "Os direitos dos homens no governo são suas vantagens; e estas freqüentemente estão equilibradas entre diferentes bens; às vezes, em acordos entre o *bem* e o *mal;* e, às vezes, entre o *mal* e o *mal.* A razão política é um *princípio de cálculo*; ela adiciona, subtrai, multiplica e divide – moralmente, e não metafísica ou matematicamente – considerações verdadeiramente morais".

Como o público maravilhado, ao qual o sr. Burke supõe que está se dirigindo, talvez não compreenda todo esse jargão erudito, assumirei o papel de seu intérprete. O significado então de tudo isso, meus caros, é: *o governo não é governado por princípio algum; ele pode transformar um mal em bem, ou um bem em mal, tal como queira. Em síntese, o governo é um poder arbitrário.*

Mas há algumas coisas que o sr. Burke esqueceu. *Primeira,* não mostrou a origem da sabedoria; *segunda,* não mostrou a autoridade com a qual começou a atuar. Da maneira como ele introduz o assunto, resulta que ou bem o governo rouba a sabedoria, ou a sabedoria rouba o governo. Este é destituído de uma origem e seus poderes são destituídos de autoridade. Em suma, ele é usurpação.

Se for um sentimento de vergonha ou a consciência de algum defeito radical num governo que necessita ser mantido oculto, ou ambos, ou qualquer outra causa, não pretendo determiná-la. Mas o fato é que um pensador monarquista jamais liga o governo à sua fonte ou delineia a partir de sua fonte. É uma das *pedras de toque* pelas quais ele pode ser reconhecido. Dentro de mil anos, aqueles que viverem na América ou na França voltarão seu olhar para o passado com orgulho, pousando-o sobre a origem dos seus governos, e dirão: "Esta foi a obra dos nossos gloriosos antepassados!". Mas o que poderá dizer um falador monarquista? O que o fará exultar? Nada. Coitado! Algo o proibirá de rememorar um começo para que nenhum assaltante ou Robin Hood se erga das longas trevas do tempo dizendo "Eu sou a origem". Por mais arduamente que o sr. Burke tenha trabalhado no projeto de lei da Regência e da sucessão hereditária há dois anos, e por mais que tenha vasculhado em busca de precedentes, ainda assim não foi suficientemente ousado para apresentar Guilherme da Normandia e dizer: "Eis aquele que encabeça a lista, eis a fonte da honra, o filho de uma prostituta, o saqueador da nação inglesa".

As opiniões dos homens com respeito ao governo estão mudando rapidamente em todos os países. As Revoluções da América e da França lançaram sobre o mundo um raio de luz que alcança o homem. A enorme despesa dos governos tem levado as pessoas a pensar, fazendo-as perceber. E uma vez que o véu começa a rasgar-se, não é possível fazer reparos. A ignorância possui uma natureza peculiar: uma vez dissipada, é impossível restabelecê-la. Não é originalmente uma coisa por si mesma, mas apenas a ausência de conhecimento, e embora o homem possa ser *mantido* ignorante, não pode ser *feito* ignorante. Na descoberta da verdade, a mente opera da mesma maneira que opera através do olho na descoberta dos objetos: uma vez que um objeto tenha sido percebido, é impossível fazer a mente retornar à mesma condição em que se encontrava antes de percebê-lo. Os que falam de uma contra-revolução na França mostram quão pouco compreendem o ser humano. Não existe no âmbito da linguagem uma combinação de palavras poderosa o suficiente para produzir uma contra-revolução. O único meio teria que ser uma supressão do conhecimento, e ainda não foi descoberto como fazer o homem *não conhecer* seu conhecimento ou *não pensar* seus pensamentos.

O sr. Burke se esforça em vão para deter o progresso do conhecimento. A isso se acrescenta algo pior de sua parte, por ser conhecido certo negócio na cidade que o torna suspeito de ser pensionista sob um nome fictício. Isso pode explicar uma doutrina estranha exposta por ele em seu livro. Ainda que ele a dirija à Revolution Society, é efetivamente dirigida contra toda a nação.

"O rei da Inglaterra", diz ele, "detém *sua* Coroa" (pois ela não pertence à nação, de acordo com o sr. Burke) *"desprezando* a escolha da Revolution Society, que não tem um só voto para rei dentre seus membros, *individual* ou *coletivamente,* e os herdeiros de sua Majestade, cada um a sua vez e em ordem, alcançarão a Coroa *com o mesmo desprezo* que sua Majestade teve ao alcançar a sua atual."

Quanto a quem é rei na Inglaterra ou em outra parte, ou se existe, afinal, um rei, ou se o povo escolheu um chefe *cherokee* ou um mercenário de Hesse como rei, não é assunto com o qual eu me preocupe. Que fique a critério dele mesmo. Mas quanto à doutrina, no que diz respeito aos direitos dos homens e das nações, é tão abominável quanto qualquer coisa já proferida no mais escravizado país sob o céu. Se soa pior aos meus ouvidos, por não estar habituado a ouvir tal despotismo, do que soa aos ouvidos de outra pessoa, não sou o melhor juiz para dizê-lo, mas no que diz respeito ao seu princípio abominável, não tenho dificuldades para julgá-lo.

Não é à Revolution Society que o sr. Burke se dirige, mas à nação, tanto em seu caráter *original* quanto em seu caráter *representativo*. E teve o cuidado de se fazer compreender ao dizer que seus membros não têm um só voto, quer *coletiva* quer *individualmente*. A Revolution Society é composta de cidadãos de todas as classes e de membros de ambas Câmaras do Parlamento; conseqüentemente, se não há direito a voto em nenhuma de suas figuras, não pode haver direito a voto algum na nação nem no Parlamento. Isso deve constituir uma advertência a todo país que importa famílias estrangeiras para serem reis. É um tanto curioso observar que, embora o povo da Inglaterra esteja habituado a falar de reis, se trata sempre de uma dinastia estrangeira de reis. Mesmo detestando estrangeiros, continua sendo governado por eles. Atualmente é a Casa de Brunswick, uma das insignificantes tribos da Alemanha.

Até agora tem sido uma prática dos parlamentos ingleses regular o que era chamado de sucessão (admitindo então que a nação continuou concordando com a fórmula de anexar um ramo monárquico ao seu governo, pois sem isso o Parlamento não poderia ter autoridade para recorrer à Holanda ou a Hannover, ou para impor um rei à nação contra a sua vontade). E esse tem que ser o limite extremo que o parlamento pode chegar no caso; mas o direito da nação alcança o caso *inteiro* porque ela tem o direito de mudar sua forma *inteira* de governo. O direito de um Parlamento é somente um direito sob custódia, um direito por delegação, e concedido apenas por uma parte bem pequena da nação. E uma de suas Câmaras não possui sequer tal direito. O direito da nação, entretanto, é um direito original, tão universal quanto a tributação. A nação é o pagador de tudo e tudo tem que se conformar à sua vontade geral.

Lembro-me de ter tido conhecimento de um discurso na chamada de Câmara Inglesa dos Pares, proferido pelo então conde de Shelburne (penso que foi na época em que ele era o primeiro-ministro), que se aplica a esse caso. Não registro diretamente em minha memória todos os detalhes, mas suas palavras e seu propósito, tanto quanto posso lembrar, eram os seguintes: *que a forma de um governo era sempre uma matéria inteiramente da esfera da vontade da nação, que se esta escolhesse uma forma monárquica, tinha direito de tê-la; e que se posteriormente escolhesse ser uma república, tinha o direito de ser uma república e de dizer a um rei: "Não precisamos mais de ti".*

Quando o sr. Burke afirma que "os herdeiros e sucessores de sua Majestade, cada um a sua vez e em ordem, alcançarão a Coroa *com o mesmo desprezo* que sua Majestade teve ao alcançar a sua atual", está dizendo demasiado, mesmo ao indivíduo mais humilde do país, parte de cujo trabalho diário se encaminha para formar o milhão de libras esterlinas que o país dá à pessoa que nomeia rei. O governo com insolência é despotismo, mas quando o desprezo é adicionado, torna-se pior que despotismo, e pagar por desprezo é excesso de escravidão. Essa espécie de governo provém da Alemanha e me faz lembrar do que um dos soldados de Brunswick me disse ao ser feito prisioneiro pelos americanos na guerra recente: "Ah," ele disse, "a América é um país livre e bom, que merece a luta de seu povo. Sei da diferença porque conheço o meu; em meu país, se o príncipe nos manda comer palha, nós comemos palha." Que Deus ajude aquele país, eu pensei, seja a Inglaterra ou outro, cujas liberdades precisam ser protegidas por princípios alemães de governo e príncipes de Brunswick!

Como o sr. Burke às vezes fala da Inglaterra, às vezes da França e às vezes do mundo e do governo em geral, é difícil responder ao seu livro sem aparentemente cair no mesmo terreno do seu autor. Embora os princípios de governo sejam matéria de natureza geral, é quase impossível, em muitos casos, separá-los da idéia de lugar e circunstância, mais ainda quando as circunstâncias tomam o lugar de argumentos, o que freqüentemente é o caso do sr. Burke.

Na primeira parte de seu livro, dirigindo-se ao povo francês, ele diz: "Nenhuma experiência nos ensinou [querendo dizer os ingleses] que, por qualquer procedimento ou método diferente da *coroa hereditária,* nossas liberdades possam ser regularmente perpetuadas e conservadas sagradas como nosso *direito hereditário".* Pergunto ao sr. Burke: Quem as suprimirá? O marquês de La Fayette, falando à França, diz: "Para uma nação ser livre, basta que o queira". Mas o sr. Burke representa a Inglaterra como carente da capacidade de cuidar de si mesma, e que suas liberdades devam ser cuidadas por um rei que a "despreza". Se a Inglaterra cair nessa situação, estará se preparando para comer palha, como em Hannover ou em Brunswick. Mas acontece que, além da insensatez da declaração, os fatos estão todos contra o sr. Burke. Devido ao governo *ser hereditário* é que as liberdades do povo foram postas em perigo. Carlos I e Jaime II são exemplos dessa verdade; não obstante, nenhum deles foi tão longe a ponto desprezar a nação.

Como é às vezes vantajoso ao povo de um país ouvir o que aqueles de outros países têm a dizer a respeito dele, é possível que o povo francês possa aprender alguma coisa com o livro do sr. Burke e que o povo inglês possa também aprender alguma coisa com as respostas que ele causará. Quando as nações discordam sobre a liberdade, abre-se um amplo campo de debate. A argumentação começa com os direitos da guerra, sem os seus males e, como o conhecimento constitui o objeto em disputa, a parte que suporta a derrota obtém a recompensa.

O sr. Burke se refere ao que chama de coroa hereditária como se ela fosse algum produto da natureza, ou como se, semelhante ao tempo, ela tivesse o poder de operar, não apenas independentemente como a despeito do ser humano ou como se fosse uma coisa ou matéria aceita universalmente. Pobre dele! Ela não possui nenhuma dessas propriedades. Ao contrário, ela é o oposto de todas. É uma coisa imaginária, cuja justeza é mais do que duvidosa e cuja legalidade, em poucos anos, será negada.

Mas, para que possamos situar esta matéria em uma perspectiva mais clara que a passada por expressões comuns, será necessário indicar as distintas categorias sob as quais uma (assim chamada) coroa hereditária – ou, para falarmos mais apropriadamente, uma sucessão hereditária ao governo de uma nação – pode ser considerada. São elas:

Primeira: O direito de uma família específica de estabelecer a si mesma no governo.

Segunda: O direito de uma nação de estabelecer uma família específica no governo.

Quanto à *primeira* dessas categorias, o direito de uma família instituir a si mesma com poderes hereditários mediante sua própria autoridade e independentemente do consentimento de uma nação, todos os homens concordarão em chamá-la de despotismo. Seria ofensivo ao entendimento deles tentar demonstrá-lo.

Mas a *segunda* categoria, o direito de uma nação instituir uma família específica com *poderes hereditários,* não se apresenta como despotismo após uma primeira consideração. Porém, se as pessoas se permitirem fazer uma segunda reflexão e a levarem adiante, entendendo quais poderes são transferidos aos descendentes dessa família, perceberão que a sucessão hereditária acarreta para outros o mesmo despotismo que rejeitaram para si mesmas. Ela opera no sentido de obstruir o consentimento das gerações seguintes. E a obstrução ao consentimento é despotismo. Em qualquer momento, quando a pessoa que está de posse de um governo – ou aqueles que a sucedem – diz a uma nação, "Detenho este poder 'desprezando-os'", ela não indica a autoridade com a qual julga poder dizê-lo. Não é um alívio, mas uma decepção, para uma pessoa escravizada descobrir que foi vendida por seus pais; e como aquilo que aumenta a criminalidade de um ato não pode ser apresentado para demonstrar a legalidade dele, a sucessão hereditária não pode ser estabelecida como algo legal.

A fim de chegar a um julgamento mais exato sobre essa segunda categoria, será adequado examinar a geração que efetiva a instituição de uma família com *poderes hereditários* à parte das gerações seguintes; e, também, examinar o cunho da ação da *primeira* geração sobre as seguintes.

A geração que primeiramente seleciona uma pessoa e a coloca à frente de seu governo, seja com o título de rei, seja com qualquer outra distinção, faz a sua *própria escolha,* seja esta sábia ou tola, como um agente livre por si mesmo. A pessoa assim instituída não é hereditária, mas selecionada e indicada, e a geração que a instala não vive sob um governo hereditário, mas sob um governo por ela mesma escolhido e estabelecido. Se a geração que institui a pessoa no poder e a pessoa instituída vivessem para sempre, nunca haveria uma sucessão hereditária; por conseguinte, a sucessão hereditária só pode seguir-se à morte dos primeiros participantes.

Como, portanto, a sucessão hereditária está fora de questão relativamente à *primeira* geração, precisamos agora examinar o cunho da ação *dessa* geração sobre a geração iniciante e todas as seguintes.

A ação assume um cunho ao qual a primeira geração não tem direito nem título. Transforma essa geração de *legisladora* em *testadora* e finge realizar sua vontade, que terá efeito após a morte dos testadores, para legar em herança o governo. Não apenas legar por testamento, mas estabelecer, na geração seguinte, uma forma nova de governo, diferente daquela sob a qual ela mesma vivia. Ela mesma, como já observado, vivia não sob um governo hereditário, mas um governo por ela mesma escolhido e estabelecido. Agora ela procura, por testamento (que não tem autoridade para fazer), retirar da geração iniciante e de todas as futuras os direitos e a capacidade de agir livremente que garantiram a sua própria ação.

Entretanto, excluindo o direito que qualquer geração possui de agir coletivamente como um testador, os objetos aos quais o testamento se aplica neste caso não estão na esfera de qualquer lei, vontade ou testamento.

Os direitos dos homens em sociedade não podem ser legados ou transferidos, nem são destrutíveis, mas apenas transmitidos aos descendentes, e nenhuma geração tem o poder de cortar definitivamente ou suspender essa transmissão. Se a atual geração, ou qualquer outra, está disposta a ser escravizada, isso não diminui o direito da geração seguinte de ser livre. Delitos não podem ter uma transmissão legal. Quando o sr. Burke procura sustentar que a *nação inglesa, na Revolução de 1688, renunciou, da forma mais solene, a seus direitos e aos de toda a sua posteridade,* não merece sequer uma resposta e só pode incitar o desprezo por seus princípios prostituídos ou a piedade por sua ignorância.

Seja qual for a luz que ilumine a sucessão hereditária por testamento de uma geração anterior, ela é um absurdo. *A* não pode fazer um testamento para subtrair de *B* a propriedade de *B* para dá-la a *C*; no entanto, esta é a maneira pela qual opera (a chamada) sucessão hereditária por lei. Uma geração anterior fez um testamento para subtrair os direitos da geração iniciante e de todas as futuras, e transmite esses direitos a um terceiro, quem posteriormente se apresenta e diz a elas, na linguagem do sr. Burke, que elas *não têm quaisquer direitos,* que seus direitos já foram a ele transmitidos e que ele governará *sem acatá-los.* Que o bom Deus livre o mundo de tais princípios e tal ignorância!

Mas, afinal, que metáfora é essa chamada de Coroa, ou melhor, o que é a monarquia? É uma coisa, é um nome ou é uma fraude? É um "instrumento da sabedoria humana" ou um artifício humano para obter dinheiro de uma nação sob pretextos ilusórios? É uma coisa necessária para uma nação? Se for, em que consiste essa necessidade, que serviços ela presta, qual a sua função e quais são seus méritos? A virtude se baseia na metáfora ou no homem? Será que o ourives que fabrica a coroa fabrica também a virtude? Será que funciona como o chapéu de Fortunatus ou a espada de Arlequim?* Será que faz de um homem um mágico? Em suma, o que é? Parece uma coisa que está saindo de moda, caindo no ridículo e que é rejeitada em alguns países como desnecessária e dispendiosa. Na América, é considerada um absurdo e na França declinou tanto que a bondade do homem e o respeito por seu caráter pessoal são as únicas coisas que a preservam aparentemente existindo.

Se governo for o que o sr. Burke afirma, "um instrumento da sabedoria humana", eu poderia lhe perguntar: se a sabedoria estivesse tão escassa na Inglaterra, seria necessário importá-la da Holanda e de Hannover? Mas farei justiça ao

---

* No folclore alemão e na comédia teatral de Thomas Dekker, *Old Fortunatus* (1600), o chapéu dos desejos de Fortunatus o leva para onde quer que ele deseje. No teatro italiano, a espada de pau de Arlequim, como uma varinha mágica, transforma tudo o que toca. (N.E.)

país dizendo que não era esse o caso; mesmo que estivesse tão escassa, seria um equívoco importar essa carga. A sabedoria de todo país, quando corretamente aplicada, basta para todos os seus propósitos; e não poderia existir ocasião mais genuína na Inglaterra para ter mandado buscar um governador provincial holandês ou um príncipe-eleitor alemão do que haveria na América para realizar coisa similar. Se um país não compreende seus próprios assuntos, como um estrangeiro os compreenderia, não conhecendo as leis, os costumes nem a língua?

Se existisse um homem tão transcendentemente sábio e acima de todos os demais, de forma que sua sabedoria fosse necessária para instruir uma nação, teríamos alguma razão para a monarquia. Entretanto, quando lançamos nosso olhar a um país e observamos como cada região entende seus próprios assuntos, e quando olhamos o mundo afora e percebemos que, de todos os homens nele presentes, a raça dos reis é a mais insignificante em matéria de capacidade, nossa razão não pode deixar de indagar: com que finalidade tais homens são mantidos?

Caso haja alguma coisa na monarquia que nós, povo da América, não compreendemos, gostaria que o sr. Burke fizesse a gentileza de nos informar. Vejo na América um governo que se projeta por um país dez vezes maior que a Inglaterra e que é administrado regularmente pela quadragésima parte do custo do governo inglês. Se pergunto a um homem na América se ele quer um rei, ele me rebate e pergunta se o tomo por idiota. Como explicar esta diferença? Somos mais ou menos sábios do que os outros? Vejo na América o povo em geral vivendo numa condição de abundância desconhecida em países monárquicos, e vejo que o princípio de seu governo, dos *Iguais direitos do homem*, progride rapidamente no mundo.

Se a monarquia é uma coisa inútil, por que é mantida em alguns lugares? E se é uma coisa necessária, como dispensá-la? Que o *governo civil* é necessário, todas as nações civilizadas concordarão. Mas o governo civil é o governo republicano. Toda a parte do governo inglês que começa com o cargo de condestável e se estende pelas divisões da magistratura, os tribunais "Quarter Session" e "Assize", incluindo o Tribunal do Júri, constitui o governo republicano. Nada da monarquia aparece em qualquer parte dele, salvo o título que Guilherme, o Conquistador, impôs aos ingleses, obrigando-os a chamá-lo de "Seu Soberano Senhor, o rei".

É fácil conceber que um grupo de homens interessados, tais como funcionários públicos, pensionistas, lordes do dormitório, lordes da cozinha, lordes da toalete e sabe lá Deus o que mais, possa encontrar tantas razões a favor da monarquia quanto as suas remunerações, pagas à custa do país. Mas se eu perguntar ao fazendeiro, ao fabricante, ao mercador, ao comerciante, passando sucessivamente por todas as ocupações da vida até o trabalhador comum, para que serve a monarquia, ninguém conseguirá me dar resposta alguma. Se eu lhes perguntar o que é a monarquia, dirão que acreditam ser algo semelhante a uma sinecura.

Embora os impostos da Inglaterra somem quase dezessete milhões por ano, que se diz serem para as despesas do governo, ainda assim é evidente que resta à opinião geral da nação governar a si mesma e, efetivamente, ela governa a si mesma, por meio de magistrados e júris, quase às suas próprios custas, com base em princípios republicanos, sem incluir o custo dos impostos. Os salários dos juízes são praticamente a única despesa paga com taxas e impostos. Considerando que todo o governo interno é desempenhado pelo povo, os impostos na Inglaterra deveriam ser os mais leves dentre todas as nações da Europa; contudo, são os mais pesados. Como isso não pode decorrer do governo civil, necessariamente associa-se à esfera monárquica.

Quando o povo da Inglaterra mandou chamar Jorge I (e a um homem mais sábio do que o sr. Burke causaria perplexidade descobrir para o que ele era querido, ou qual serviço poderia prestar), deveria, ao menos, ter condicionado sua vinda ao abandono de Hannover. Além das intermináveis intrigas alemãs que tinham de ser as conseqüências de um príncipe-eleitor alemão ser rei da Inglaterra, há uma impossibilidade natural de unir na mesma pessoa os princípios da liberdade e os do despotismo ou, como é denominado usualmente na Inglaterra, o poder arbitrário. Um príncipe-eleitor alemão é, no seu território dominial, um déspota. Como poder-se-ia então esperar que ele se vinculasse a princípios de liberdade em um país enquanto seu interesse em outro era ser sustentado pelo despotismo? Essa união não é possível. E poderia ter sido facilmente previsto que príncipes-eleitores alemães criariam reis alemães ou, nas palavras do sr. Burke, assumiriam o governo com "desprezo". Os ingleses tiveram sempre o hábito de considerar um rei da Inglaterra exclusivamente na forma em que esse rei a eles se manifestasse, desde que a mesma pessoa, enquanto perdurasse a relação, tivesse seu domicílio em outro país, cujo interesse fosse diferente dos do seu país, e os princípios dos governos estivessem em mútua oposição. A tal pessoa a Inglaterra parecerá sua residência urbana, e o território dominial, sua propriedade rural. Os ingleses podem desejar, como acredito que desejam, sucesso para os princípios da liberdade na França ou na Alemanha, mas um príncipe-eleitor alemão estremece com o destino do despotismo em seu território dominial. O ducado de Mecklenburg, onde governa a família da atual rainha, encontra-se sob o mesmo desgraçado estado de poder arbitrário, e o povo, numa condição de vassalagem escravizada.

Nunca houve uma época em que os ingleses passassem a assistir as intrigas continentais com maior circunspecção do que no presente momento e a distinguir entre a política do território dominial e a política da nação. A Revolução Francesa alterou inteiramente o cenário relativamente à Inglaterra e à França enquanto nações. Mas os déspotas alemães, liderados pela Prússia, se unem contra a liberdade; enquanto a predileção do sr. Pitt pelo cargo público e o interesse que todas as suas ligações de família alcançaram não fornecem suficiente segurança contra essa intriga.

Como tudo o que transcorre no mundo se converte em matéria para a história, abandonarei agora esse assunto e farei um breve exame da condição dos partidos e da política na Inglaterra, como fez o sr. Burke quanto à França.

Deixo para o sr. Burke a tarefa de saber se o presente reinado iniciou-se com desprezo. É certo, contudo, que ele tinha essa nítida aparência. A animosidade da nação inglesa – isso é lembrado bastante bem – enfurecia-se. E caso os verdadeiros princípios da liberdade tivessem sido compreendidos então como hoje prometem ser, provavelmente a nação não teria se submetido a tanto tão pacientemente. Jorge I e Jorge II percebiam um rival nos remanescentes dos Stuart e, como só podiam julgar a si mesmos contando com seu bom comportamento, tiveram a prudência de conservar seus princípios alemães de governo para si mesmos. Mas, como a família Stuart se apagou, a prudência se tornou menos necessária.

O conflito entre os direitos e as chamadas prerrogativas continuou a aquecer a nação por um período após o desfecho da guerra norte-americana, mas subitamente cessou: a execração se converteu em aplauso, e a popularidade da Corte brotou como um cogumelo em uma noite.

Para explicar essa súbita transição convém observar que há duas espécies distintas de popularidade: a produzida pelo mérito e a produzida pelo ressentimento. Considerando-se que a nação se organizou em dois partidos e cada um exaltava os méritos de seus parlamentares favoráveis e contra as prerrogativas, nada poderia provocar um impacto mais amplo do que uma coalizão imediata dos próprios parlamentares. Os partidários de cada lado foram assim deixados repentinamente em apuros e, mutuamente inflamados de aversão pela medida, só se sentiram aliviados unindo-se numa execração comum dos parlamentares de ambos os lados. Assim foi atiçado um maior ressentimento do que o ocasionado pelo conflito sobre as prerrogativas, e a nação renunciou a todos os antigos objetivos relativos a direitos e injustiças e procurou apenas a gratificação. A indignação com a coalizão superou tão efetivamente a indignação com a Corte a ponto de extingui-la. Mesmo sem qualquer mudança de princípios por parte da Corte, as mesmas pessoas que haviam reprovado seu despotismo a ela se uniram para se vingar do Parlamento de coalizão. Não se tratava daquilo que mais apreciavam, mas do que mais detestavam; o menos odiado passava por amado. A dissolução do Parlamento de coalizão, ao proporcionava os meios para gratificar o ressentimento da nação, não podia deixar de ser popular, e desde então a popularidade da Corte cresceu.

Transições desse tipo exibem uma nação sob o governo da moderação em lugar de um princípio fixo e invariável; e tendo se comprometido, por mais que temerariamente, sente-se doravante obrigada a justificar pela continuidade seu primeiro procedimento. Medidas que em outras ocasiões ela censuraria, agora aprova, e se convence a si mesma a sufocar seu julgamento.

Na volta de um novo parlamento, o novo primeiro-ministro, o sr. Pitt, encontrou-se apoiado por uma segura maioria: a nação lhe deu crédito, não por consideração a ele, mas porque resolvera apoiá-lo por causa do ressentimento em relação ao primeiro-ministro anterior. Ele se tornou publicamente conhecido através de uma proposta para reforma do Parlamento cujo funcionamento seria equivalente a uma justificação pública da corrupção. A nação arcaria com a compra do eleitorado de todos os "burgos apodrecidos", quando deveria punir as pessoas que se ocupavam do suborno desse eleitorado.

Ignorando as duas bolhas dos negócios holandeses e o milhão anual para amortizar a dívida nacional, a matéria que mais se destaca é a questão da Regência. Nunca, no curso de minha observação, o logro foi praticado com mais sucesso, nem uma nação enganada de forma mais completa. Mas, para esclarecê-lo, será necessário examinar as circunstâncias.

O sr. Fox afirmara na Câmara dos Comuns que o príncipe de Gales, na condição de herdeiro na sucessão, possuía um direito próprio de assumir o governo. A isso se opôs o sr. Pitt e, na medida em que a oposição se restringia à doutrina, ela foi justa. Mas os princípios que o sr. Pitt sustentou do lado contrário foram tão ruins ou piores em sua abrangência do que aqueles do sr. Fox, porque pretendiam estabelecer uma aristocracia acima da nação e acima da pequena representação que ela possui na Câmara dos Comuns.

O problema, nesse caso, não é a forma inglesa de governo ser boa ou má. Mas, tomando-a tal como se apresenta, sem considerar seus méritos ou deméritos, o sr. Pitt se achava mais distante do ponto relevante do que o sr. Fox.

Supõe-se que essa forma de governo consiste de três partes; por conseguinte, enquanto a nação se dispuser a mantê-la, as partes terão um *suporte nacional,* sendo independentes e não criaturas umas das outras. Se o sr. Fox tivesse passado pelo Parlamento e dito que a pessoa a que se referia reivindicava um direito de instituir a nação, o sr. Pitt necessitaria então afirmar (o que ele denominou) o direito do Parlamento contra o direito da nação.

Pela aparência da disputa, o sr. Fox assumiu o fundamento hereditário, e o sr. Pitt, o parlamentar. Mas acontece que ambos assumiram fundamentos hereditários, e o sr. Pitt assumiu o pior deles.

O que é chamado de *Parlamento* é constituído por duas Câmaras; uma delas é mais hereditária e mais avessa ao controle pela nação do que se supõe ser a Coroa (como é denominada). Trata-se de uma aristocracia hereditária, que assume e afirma direitos e autoridade inalienáveis e irrevogáveis, inteiramente independentes da nação. Onde reside, então, a merecida popularidade da exaltação desse poder hereditário sobre outro poder hereditário, menos independente da nação do que aquilo que ele próprio presumia ser, e da absorção dos direitos da nação por uma Câmara que a nação não pode nem eleger nem controlar?

O impulso geral da nação foi acertado, mas operou irrefletidamente. Ela aprovou a oposição feita ao direito estabelecido pelo sr. Fox, sem perceber que o sr. Pitt sustentava outro direito irrevogável, mais distante da nação e oposto a ela.

Quanto à Câmara dos Comuns, esta é eleita apenas por uma pequena parte da nação. Mas, se a eleição fosse tão universal quanto a tributação, o que deveria ser, ainda assim aquela Câmara seria apenas um órgão nacional, sem direitos inerentes. Quando a Assembléia Nacional da França resolve um assunto, essa resolução está apoiada no direito da nação. Contudo, em todas as questões nacionais que se referem à Câmara dos Comuns, o sr. Pitt faz com os direitos da nação sejam assimilados pelo órgão, transformando-o numa nação e transformando a própria nação numa cifra.

Em poucas palavras, a questão da Regência era uma questão de um milhão por ano reservado ao departamento executivo. O sr. Pitt não poderia ter ele próprio qualquer controle sobre essa soma sem antes estabelecer a supremacia do Parlamento. E quando esta foi estabelecida, não fazia diferença quem deveria ser o regente, já que teria que ser Regente às suas próprias custas. Entre as curiosidades geradas por esse contencioso debate, estava a de transformar o Grande Selo em rei; afixado a um documento, o selo continha a autoridade real. Se a autoridade real pode estar em um Selo Real, conseqüentemente não é nada em si mesma, e uma boa Constituição valeria infinitamente mais para a nação do que valem os três poderes nominais tais como agora se apresentam.

O uso contínuo da palavra *Constituição* no Parlamento inglês mostra que não há nenhuma e que o conjunto não passa de uma forma de governo sem uma Constituição, e que se constitui nos poderes que bem entenda. Se houvesse uma Constituição, ela certamente poderia ser mencionada, e o debate em torno de qualquer ponto constitucional findaria na criação da Constituição. Um membro diz "*isto* é Constituição"; outro diz "*aquilo* é Constituição" – hoje é uma coisa; amanhã, outra –, enquanto a manutenção do debate demonstra que não há Constituição alguma. Constituição é hoje a querela hipócrita do Parlamento que soa aos ouvidos da nação. Antes era a *supremacia universal do Parlamento* – a *onipotência do Parlamento*. Mas desde o progresso da liberdade na França, tais expressões encerram uma crueldade despótica na sua significação. E o Parlamento inglês, ao falar de *Constituição,* captou o estilo da Assembléia Nacional, mas não a substância.

Como a atual geração na Inglaterra não criou o governo, ela não é responsável por qualquer de seus defeitos. Mas, mais cedo ou mais tarde, caberá a ela empreender uma reforma constitucional. Isso é tão certo quanto o acontecimento idêntico ocorrido na França. Se a França – com uma renda de quase 24 milhões de libras esterlinas, com uma extensão de campos ricos e férteis mais de quatro vezes maior do que a da Inglaterra, com uma população de 24 milhões de habitantes para pagarem tributos, com mais de noventa milhões de libras esterlinas em ouro e prata circulando pela nação, e com uma dívida inferior à dívida atual da Inglaterra – ainda julgasse necessário, por qualquer que seja a razão, saldar suas dívidas, isso resolveria o problema de fundos de ambos os países.

Está fora de questão afirmar quanto tempo durou a chamada Constituição inglesa e, a partir disso, argumentar quanto ela deve durar. A questão é: quanto tempo pode durar o sistema das finanças públicas? Trata-se de uma coisa modernamente inventada e que ainda não foi além da existência de um homem. No entanto, nesse curto lapso de tempo, a dívida pública se acumulou a tal ponto que, juntamente com as despesas correntes, requer uma quantidade de impostos ao menos igual à soma dos aluguéis de todos os acres de terra da nação para cobrir os gastos anuais. Deve ser evidente para todos que um governo não poderia ter sido sustentado pelo mesmo sistema adotado nos últimos setenta anos. Pela mesma razão, esse sistema não pode continuar.

O sistema de financiamento do governo não cria moeda nem crédito, propriamente falando. Com efeito, ele lança em notas de papel a soma que parece emprestar e estabelece um imposto a fim de manter vivo o capital imaginário através do pagamento de juros, enviando as anuidades ao mercado para serem negociadas por notas já em circulação. Se algum crédito é concedido, é o crédito dado à disposição do povo de pagar o imposto, e não ao governo que o impõe. Quando essa disposição se extingue, o suposto crédito do governo se extingue com ela. O exemplo da França sob o antigo governo mostra que é impossível forçar o pagamento de impostos quando uma nação inteira está determinada a defender a sua posição.

O sr. Burke, no seu exame das finanças da França, estima a quantidade de ouro e prata na França em cerca de 88 milhões de libras esterlinas. Ele a estimou, eu suponho, usando um câmbio diferente, em lugar do padrão de 24 *livres* por uma libra esterlina, pois a estimativa do sr. Necker, da qual o sr.

Burke se serviu, é de *2.200 milhões de livres,* o que equivale a mais do que 91 milhões e meio de libras esterlinas.

O sr. Necker, na França, e o sr. George Chalmers, do Departamento do Comércio e da Agricultura da Inglaterra, chefiado por Lorde Hawkesbury, publicaram aproximadamente na mesma época (1786) relatórios da quantidade de moeda em cada nação a partir das informações da Casa da Moeda de cada uma. O sr. Chalmers, com base nas informações da Casa da Moeda inglesa, situada na Torre de Londres, estima a quantidade de moeda na Inglaterra, incluindo a Escócia e a Irlanda, em vinte milhões de libras esterlinas.*

O sr. Necker** afirma que a quantidade de moeda na França, cunhada novamente a partir da moeda metálica velha recolhida, era de 2.500 milhões de *livres* (acima de 104 milhões de libras esterlinas); e, após a dedução das perdas, que poderiam ter ocorrido nas Índias Ocidentais e em outras possíveis circunstâncias, estima a quantidade em circulação doméstica em 91 milhões e meio de libras esterlinas. Entretanto, aceitando a cifra indicada pelo sr. Burke, são 68 milhões a mais do que a quantidade no território da Inglaterra.

Que a quantidade de moeda na França não pode corresponder a essa soma, pode-se perceber imediatamente pelo estado dos rendimentos públicos franceses, sem recorrer aos registros da Casa da Moeda francesa em busca de provas. Os rendimentos públicos da França, antes da Revolução, somavam aproximadamente 24 milhões de libras esterlinas e, como não existiam então notas de papel nesse país, todos os rendimentos nacionais eram arrecadados em ouro e prata. E teria sido impossível arrecadar tal quantia a partir de uma quantidade nacional de moeda menor do que a estimada pelo sr. Necker. Antes da emissão de notas de papel na Inglaterra, os rendimentos públicos somavam cerca da quarta parte da quantidade nacional de ouro e prata – fração que pode ser

---

* Ver *Estimate of the Comparative Strength of Great Britain*, de G. Chalmers. (N.A.)

** Ver *Administration of the Finances of France*, vol. III, do sr. Necker. (N.A.)

conhecida consultando os rendimentos públicos antes do rei Guilherme e a quantidade de moeda que se estimava existir na nação nessa época, quase a mesma atual.

Não pode ser realmente útil a uma nação enganar a si mesma ou deixar-se enganar. Todavia, os preconceitos de alguns e a fraude de outros sempre representaram a França como uma nação com pouca moeda, embora a quantidade dela não seja apenas superior a quatro vezes a quantidade existente na Inglaterra, como consideravelmente maior em termos de proporção numérica. Para dar conta dessa deficiência por parte da Inglaterra, seria preciso fazer alguma referência ao sistema inglês de finanças do governo. Este opera no sentido de multiplicar notas de papel e fazê-las assumir o lugar da moeda sob várias formas. E quanto mais as notas são multiplicadas, mais oportunidades são oferecidas para tirar a moeda de circulação, admitindo-se a possibilidade (incluindo até cédulas de pequeno valor) de aumentar a quantidade de notas de papel até não restar mais moeda.

Sei que este não é um assunto agradável aos leitores ingleses; porém, as matérias que vou mencionar são tão importantes em si mesmas que requerem a atenção de homens interessados em negócios públicos. Há uma condição indicada pelo sr. Necker em seu tratado sobre a administração das finanças que nunca foi observada na Inglaterra, mas que forma a única base sobre a qual estimar a quantidade de dinheiro (ouro e prata) que deve existir em toda nação européia a fim de preservar uma proporção relativa às outras nações.

Lisboa e Cádiz são os dois portos pelos quais se importa ouro e prata (dinheiro) da América do Sul, os quais, posteriormente, são divididos e escoados através do comércio, aumentando a quantidade de moeda em todas as partes da Europa. Se, portanto, a quantidade de importação anual que ingressa na Europa puder ser conhecida e a proporção relativa do comércio exterior das diversas nações pelas quais se dá a distribuição puder ser determinada, elas proporcionarão uma regra suficientemente verdadeira para determinar a quantidade de moeda que deve ser encontrada em qualquer nação a qualquer dado momento.

O sr. Necker mostra, com base nos registros de Lisboa e de Cadiz, que a importação de ouro e prata para a Europa representa cinco milhões de libras esterlinas por ano. Ele não se baseou num único ano, mas numa média de quinze anos sucessivos, de 1763 a 1777, ambos incluídos, período em que a soma foi de 1.800 milhões de *livres*, que correspondem a 75 milhões de libras esterlinas.*

Desde o início da sucessão de Hannover, em 1714, até a época da publicação do sr. Chalmers são 72 anos. A quantidade importada pela Europa nesse período seria de 360 milhões de libras esterlinas.

Se o comércio exterior da Grã-Bretanha for estimado como a sexta parte de todo o comércio exterior europeu (o que é provavelmente uma estimativa inferior à que os cavalheiros responsáveis pelo câmbio admitiriam), a proporção que a Grã-Bretanha deveria obter por meio do comércio desse total, para conservar-se proporcional ao resto da Europa, seria também uma sexta parte, uma soma de sessenta milhões de libras esterlinas. Se o mesmo abatimento feito para a França pelo sr. Necker, por conta de perdas e acidentes, for feito para a Inglaterra, a quantia restante após essas deduções seria de 52 milhões. E essa soma devia estar na nação (à época da publicação do sr. Chalmers), em acréscimo à soma que se encontrava na nação no início da sucessão de Hannover, constituindo um total de pelo menos 66 milhões de libras esterlinas; em vez disso, havia apenas vinte milhões, o que significa 46 milhões abaixo da quantia proporcional correspondente.

Como a quantidade de ouro e prata trazida a Lisboa e Cadiz é determinada com maior exatidão do que a de qualquer mercadoria importada pela Inglaterra, e como a quantidade de moeda cunhada na Torre de Londres é conhecida de forma ainda mais exata, os principais dados são incontroversos. Portanto, ou bem o comércio da Inglaterra não produz lucro ou bem o ouro e a prata trazidos ao país escoaram continuamente por meios invisíveis a uma taxa média de cerca de três quartos de milhão ao ano, o que, no

---

* *Administration of the Finances of France,* vol. III. (N.A.)

decorrer de 72 anos, explica a deficiência, sendo sua falta suprida por notas de papel.*

---

* Enquanto o sr. Price, o sr. Eden (agora Auckland), o sr. Chalmers e outros debatiam se a quantidade de moeda na Inglaterra era maior ou menor do que no período revolucionário, não se reparou na circunstância de que, desde a Revolução, não menos que quatrocentos milhões de libras esterlinas foram trazidos para a Europa. E, portanto, a quantidade na Inglaterra deveria ser ao menos quatro vezes maior do que foi por ocasião da Revolução, de modo a ser proporcional à Europa. O que a Inglaterra está fazendo agora com papel-moeda é o que teria sido capaz de ter feito com moeda sonante, se o ouro e a prata houvessem entrado na Nação na proporção adequada ou não houvessem saído dela. Hoje o país se esforça para restaurar, em cédulas, o equilíbrio que perdeu em moeda. É certo que o ouro e a prata que chegam anualmente nos navios de registro à Espanha e a Portugal não permanecem nesses países. Tomando-se o valor metade em ouro e metade em prata, são aproximadamente quatrocentas toneladas anuais; e considerando o número de navios e galeões empregados no comércio para trazer esses metais da América do Sul para Portugal e Espanha, a quantidade basta para confirmar a si mesma, sem necessidade de consultar os registros.

Na situação em que se encontra atualmente a Inglaterra, é impossível que possa crescer monetariamente. Impostos elevados não só reduzem a propriedade dos indivíduos, como também reduzem o capital monetário de uma Nação ao induzir o contrabando, que só pode ser levado a cabo com ouro e prata. Dada a política que o governo britânico tem praticado com as potências do interior da Alemanha e com o continente, ele se transformou num inimigo do todas as potências marítimas e por isso é obrigado a manter uma grande marinha de guerra. Embora a frota seja construída na Inglaterra, os suprimentos navais têm de ser comprados no exterior, de países onde a maior parte das compras precisa ser paga em ouro e prata. Alguns rumores falaciosos foram lançados na Inglaterra para induzir a crença no dinheiro; entre outros, o rumor de que os refugiados franceses trazem grandes quantidades dele. A idéia é ridícula. A maior parte do dinheiro na França é constituída por prata e seriam necessárias mais de vinte enormes carroças, puxadas cada uma por dez cavalos, para transportar um milhão de libras esterlinas em prata. Caberia então supor que algumas pessoas fugindo a cavalo, ou em diligências postais secretamente, e tendo a Alfândega francesa para transpor e o mar para cruzar, pudessem sequer trazer o suficiente para suas próprias despesas?

Quando se fala em milhões em dinheiro, deveríamos lembrar que tais somas só podem ser acumuladas num país de modo gradual e lento, em um longo período de tempo. Nem o sistema mais frugal que a Inglaterra

Para a Revolução Francesa, concorrem muitas novas circunstâncias, não apenas no âmbito político, como também no círculo das transações monetárias. Entre outras coisas, ela mostra que um governo pode estar num estado de insolvência e a nação ser rica. Quanto ao governo francês anterior, estava insolvente porque a nação não suportaria mais a sua extravagância e, portanto, ele não poderia mais sustentar a si mesmo. Contudo, quanto à nação, existiam todos os recursos. Pode-se dizer de um governo que está insolvente toda vez que recorre à nação para pagar suas dívidas. A insolvência do governo francês anterior e a do atual governo inglês só diferem na disposição do seu povo. O povo francês se recusou a ajudar o antigo governo, enquanto o povo inglês se submete à tributação sem mais perguntas. O que na Inglaterra é chamado de *Coroa* esteve insolvente em várias ocasiões. A última delas – de conhecimento público – foi em maio de 1777, quando recorreu à nação para pagar mais de seiscentas mil libras de dívidas privadas, que de outra forma não poderia pagar.

O erro do sr. Pitt, do sr. Burke e de todos que não estavam familiarizados com os assuntos da França foi confundir a nação francesa com o governo francês. A nação francesa, com efeito, se empenhou em tornar insolvente o antigo governo com o objetivo de tomar o governo em suas próprias mãos, reservando seus recursos para a sustentação do novo governo. Num país de território tão vasto e tão populoso como a França, não podem faltar os recursos naturais, e os recursos políticos aparecem no instante em que a nação se dispõe a concedê-los. Quando o sr. Burke, num discurso no último inverno no Parlamento britânico, *lançou seu olhar sobre o mapa da Europa e viu o vazio que antes era a França,* falou como um sonhador. A mesma França natural existia como

---

adotasse agora recuperaria, em um século, o equilíbrio monetário que perdeu desde o início da sucessão de Hannover. A Inglaterra está atrás da França em setenta milhões, e deve estar em considerável proporção atrás de todos os países europeus porque os relatórios da Casa da Moeda inglesa não indicam um aumento de dinheiro, enquanto os registros de Lisboa e Cádiz revelam um aumento europeu entre trezentos e quatrocentos milhões de libras esterlinas. (N.A.)

antes, e com ela todos os recursos naturais. O único vazio era aquele deixado pela extinção do despotismo, que precisava ser preenchido por uma Constituição cujos recursos são mais formidáveis que o poder que havia expirado.

Embora a nação francesa tenha tornado insolvente o antigo governo, ela não permitiu que a insolvência atingisse os credores, e estes, considerando a nação como a verdadeira pagadora e o governo como mero agente, recorreram à nação de preferência ao governo. Isso parece incomodar enormemente o sr. Burke, já que o precedente é fatal para a política graças à qual os governos se imaginam seguros. Eles contraíram dívidas visando a atrair o apoio dos chamados interesses endinheirados de uma nação. Mas o exemplo da França mostra que a permanente segurança do credor reside na nação, não no governo, e que em todas as revoluções que possam ocorrer nos governos, os meios se acham sempre com a nação, e é a nação que sempre existe. O sr. Burke argumenta que os credores deviam ter se conformado com destino do governo no qual confiavam. A Assembléia Nacional, contudo, os considerava credores da nação e não do governo – do patrão e não do mordomo.

Embora o governo anterior não pudesse pagar os gastos correntes, o atual governo amortizou grande parte da dívida. Isso foi feito empregando-se dois meios: primeiro, reduzir as despesas do governo; segundo, vender as propriedades rurais monásticas e eclesiásticas. Os devotos e os devassos penitentes, usurários e avarentos de outrora, a fim de assegurar para si mesmos um mundo melhor do que aquele que estavam a ponto de deixar, haviam legado imensas propriedades em custódia ao clero para *obras pias*. O clero as manteve para si mesmo. A Assembléia Nacional ordenou que fossem vendidas para o bem de toda a nação e que o clero fosse decentemente provido.

Como conseqüência da Revolução, o juro anual da dívida da França será reduzido em pelo menos seis milhões de libras esterlinas ao remunerar mais de cem milhões de capital, diminuindo as despesas anteriores do governo em ao menos três milhões, o que colocará a França numa situação digna de imitação na Europa.

Analisando inteiramente o tema, quão vasto é o contraste! Enquanto o sr. Burke falava de uma bancarrota geral da França, a Assembléia Nacional liquidava a dívida da França, e enquanto os impostos aumentavam aproximadamente um milhão por ano na Inglaterra, eram reduzidos em muitos milhões por ano na França. O sr. Burke ou o sr. Pitt não disseram uma só palavra sobre os assuntos franceses nem a respeito das finanças da França nas atuais sessões do Parlamento. O tema começa a ser compreendido bastante bem e já não se presta ao engano.

Existe um enigma geral que perpassa todo o livro do sr. Burke. Ele escreve furiosamente contra a Assembléia Nacional, mas com o que está enfurecido? Se suas afirmações fossem tão verdadeiras quanto são infundadas, e a França tivesse, através da sua revolução, destruído seu poder e se convertido no que ele chama de um *vácuo,* poderiam gerar aflição em um francês (que se considerasse um cidadão) e provocar sua fúria contra a Assembléia Nacional. Mas por que elas provocariam a fúria do sr. Burke? Ora, não é à nação francesa que o sr. Burke se refere, mas sim à CORTE! E todas as *cortes* européias, temendo o mesmo destino, estão de luto. Ele não escreve como um francês ou um inglês, mas como o servil CORTESÃO, criatura conhecida em todos os países e que não é amiga de ninguém. Se se trata da corte de Versalhes, da corte de St. James ou da Carlton House*, ou de uma corte futura, isso nada significa, uma vez que o princípio larval de todas as cortes e dos cortesãos é semelhante. Formam uma política diplomática comum em toda a Europa, destacada e separada do interesse das nações e, embora pareçam estar em disputa, concordam em pilhar. Nada pode ser mais terrível para uma corte ou um cortesão do que a Revolução Francesa. Aquilo que constitui uma bênção para as nações, para eles é amargura, e como a existência deles depende da duplicidade de um país, tremem diante da introdução de princípios e se atemorizam ante o precedente que os ameaça com a ruína.

---

* A residência londrina do príncipe de Gales. (N.E.)

Conclusão

A RAZÃO E A IGNORÂNCIA, opostas uma à outra, influenciam o grosso da humanidade. Se qualquer uma delas puder expandir-se suficientemente em um país, a máquina do governo funcionará com facilidade. A razão obedece a si mesma, e a ignorância se submete a tudo que lhe seja ditado.

As duas formas de governo que predominam no mundo são, em *primeiro lugar*, o governo por eleição e representação e, em *segundo*, o governo por sucessão hereditária. A primeira é geralmente conhecida pelo nome de república; a segunda, pelos nomes de monarquia e aristocracia.

Essas duas formas distintas e opostas se fundam em duas bases distintas e opostas: a razão e a ignorância. Como exercer o governo requer talentos e capacidades e como talentos e capacidades não podem ser hereditários, fica evidente que a sucessão hereditária exige do ser humano uma crença que sua razão não pode subscrever e que só pode ser assentada em sua ignorância; e quanto mais ignorante for um país, melhor se ajustará a essa espécie de governo.

Ao contrário, o governo numa república bem constituída não exige nenhuma crença do ser humano além do que pode ser provido por sua razão. Ele vê o *fundamento* de todo o sistema, sua origem e sua operação. E como é mais bem apoiado quando melhor compreendido, as faculdades humanas atuam com audácia e alcançam, sob essa forma de governo, uma gigantesca virilidade.

Portanto, como cada uma dessas formas atua sobre uma base diferente – uma se move livremente, auxiliada pela razão; a outra, pela ignorância –, temos que examinar, na seqüência, o que é que transmite movimento a essa espécie de governo chamada governo misto ou, como é por vezes ridiculamente chamada, governo *disso, daquilo e daqueloutro*.

O poder impulsionador dessa espécie de governo é necessariamente a corrupção. Por mais imperfeitas que a eleição e a representação possam ser nos governos mistos, ainda assim estes permitem o exercício de uma dose de razão maior do que a que convém à porção hereditária; portanto, torna-se necessário comprar tudo o que ainda restar da razão. Um governo misto é um todo imperfeito que para atuar cimenta e une firmemente, por meio de corrupção, partes discordantes. O sr. Burke parece bastante aborrecido com o fato de a França, desde que decidiu pela revolução, não ter adotado o que ele chama de *"uma Constituição britânica"*, e a maneira pesarosa na qual ele se expressou sugere uma suspeita de que a Constituição britânica necessitasse de alguma coisa para favorecer os seus defeitos.

Nos governos mistos não há responsabilidade: as partes se acobertam mutuamente até a perda da responsabilidade, e a corrupção que move a máquina, ao mesmo tempo, concebe sua própria escapada. Quando formulada como máxima, a afirmação de que um *rei não pode cometer injustiça* o situa numa condição de certeza semelhante à dos idiotas e insanos; para o rei, a responsabilidade está fora de questão. Tal certeza se transmite ao primeiro-ministro, que se abriga sob uma maioria no Parlamento, a qual, graças a cargos, pensões e corrupção ele pode sempre controlar. Essa maioria se justifica a si mesma pela mesma autoridade com a qual protege o primeiro-ministro. Neste movimento circular, a responsabilidade é alijada das partes e do todo.

Quando existe uma parte num governo que não pode cometer injustiça, significa que ela nada faz, sendo somente a máquina de outro poder, a cujos conselhos e ordens ela obedece. Nos governos mistos, supõe-se que o Gabinete é o rei. E como o Gabinete é sempre uma parte do Parlamento, e seus membros justificam num cargo o que aconselham e fazem no outro, o governo misto se transforma num enigma constante, impondo a um país, devido à quantidade de corrupção necessária para soldar suas partes, o ônus de agüentar todas as formas de governo de uma só vez, acabando por reduzir-se a um governo por comitês, nos quais os conselheiros, os agentes, os sancionadores, os defensores, as pessoas responsáveis e as não responsáveis são as mesmas.

Por meio desse mecanismo pantomímico e das mudanças de cena e de personagens, as partes se apóiam mutuamente em matérias nas quais nenhuma delas aceitaria atuar isoladamente. Quando se trata de obter dinheiro, todas as diferenças aparentemente se dissolvem e uma profusão de louvores parlamentares transita entre as partes. Cada uma admira com assombro a sabedoria, a liberalidade e o desprendimento da outra, e todos os membros suspiram lastimosamente pelos fardos da nação.

Numa república bem constituída, entretanto, não ocorre tal soldagem, louvor e compadecimento. Sendo a representação igual para todo o país e completa em si mesma, ainda que organizada em legislativo e executivo, os representantes têm uma mesma origem natural. As partes não são estranhas umas às outras, como democracia, aristocracia e monarquia. Como não há distinções incompatíveis, nada há para ser corrompido por acordos, nem para ser confundido por artifícios. As medidas públicas são por si mesmas atrativas para o entendimento da nação e, apoiadas em seus próprios méritos, renegam quaisquer apelos bajuladores da vaidade. A lamentação contínua pelo fardo dos tributos, ainda que possa ser praticada com sucesso nos governos mistos, é incompatível com o senso e o espírito de uma república. Se os tributos são necessários, é claro que são vantajosos; mas, se precisarem de uma justificativa, a própria justificativa significará uma depreciação. Por que, então, é o homem enganado ou por que engana ele a si mesmo?

Quando nos referimos aos homens como reis e súditos, ou quando o governo é mencionado sob as designações distintas ou combinadas de monarquia, aristocracia e democracia, o que o homem *raciocinador* deve entender por esses termos? Se existissem realmente no mundo dois ou mais *elementos* distintos e independentes de poder humano, deveríamos então considerar as variadas origens às quais esses termos se aplicariam descritivamente. Todavia, como existe apenas uma espécie de homem, só pode haver um elemento de poder humano. Esse elemento é o próprio homem. Monarquia, aristocracia e democracia não passam de criaturas da imaginação; tanto quanto essas três, mil delas poderiam ser inventadas.

Considerando as revoluções norte-americana e francesa e os sintomas que surgiram em outros países, fica claro que a opinião do mundo sobre os sistemas de governo está mudando e que as revoluções não se acham na esfera dos cálculos políticos. O progresso do tempo e das circunstâncias, que os homens atribuem à realização de grandes mudanças, é demasiado mecânico para medir a força do intelecto e a rapidez da reflexão pelas quais são geradas as revoluções: todos os antigos governos receberam um choque daqueles que já surgiram e que outrora foram mais improváveis – e que constituem matéria de maior espanto – do que agora seria uma revolução geral na Europa.

Quando examinamos a condição miserável do ser humano sob os sistemas de governo monárquico e hereditário, arrastado de seu lar por um poder ou coagido por outro e mais empobrecido por impostos do que por inimigos, fica evidente que esses sistemas são ruins e que uma revolução geral no princípio e na construção dos governos é necessária.

O que é o governo além da administração dos negócios de uma nação? Não é, e por sua natureza não pode ser, a propriedade de qualquer homem ou família particular, e sim de toda a comunidade, a expensas da qual ele é mantido. E, embora pela força e a sagacidade tenha sido usurpado hereditariamente, a usurpação não pode alterar o direito das coisas. A soberania, enquanto questão de direito, diz respeito somente à nação e não a qualquer indivíduo. E uma nação sempre tem o direito inerente e inalienável de abolir qualquer forma de governo que julgue inconveniente e de instaurar uma que se harmonize com seu interesse, disposição e felicidade. A distinção romântica e bárbara dos homens entre reis e súditos, ainda que satisfaça a condição de cortesania, não pode satisfazer a de cidadania; ela é destruída pelo princípio sobre o qual os governos atualmente se fundamentam. Todo cidadão constitui um membro da soberania e, como tal, não pode admitir qualquer sujeição pessoal; ele só deve obediência às leis.

Quando os homens pensam no que é o governo, precisam necessariamente supor que ele possua um conhecimento de todos os objetos e assuntos sobre os quais sua autoridade será exercida. Conforme essa visão do que seja o governo, o sistema republicano, tal como estabelecido na América e na França, opera para abarcar a totalidade de uma nação. E o conhecimento necessário ao interesse de todas as partes precisa ser encontrado no centro que as partes formam por representação. Os velhos governos, entretanto, repousam sobre uma construção que exclui tanto o conhecimento quanto a felicidade. Um governo de monges que nada sabem do mundo além dos muros do mosteiro é tão consistente quanto o governo de reis.

Antigamente, as chamadas revoluções eram pouco mais do que trocas de pessoas ou alterações de circunstâncias locais. Elas ascenderam e caíram como coisas naturais e nada tiveram, em sua existência ou destino, que influenciasse além do lugar que as produziu. Mas o que vemos hoje no mundo, a partir das revoluções da América e da França, é uma renovação da ordem natural das coisas, um sistema de princípios tão universal quanto a verdade e a existência do homem e que combina a moral com a felicidade política e a prosperidade nacional.

"I. *Os homens nascem e permanecem sempre livres e iguais com respeito aos seus direitos. As distinções civis, portanto, só podem se fundar na utilidade pública.*

"II. *O fim de todas as associações políticas é a preservação dos direitos naturais e imprescritíveis do homem; esses direitos são a liberdade, a propriedade, a segurança e a resistência à opressão.*

"III. *A nação é essencialmente a fonte de toda soberania; nenhum* INDIVÍDUO *ou* GRUPO DE HOMENS *detém qualquer autoridade que não seja expressamente recebida da nação.*"

Nesses princípios, não há nada que mergulhe uma nação em confusão ao incitar a ambição. Eles são calculados para promover a sabedoria e as capacidades e para treinar os homens para o bem público e não para o proveito e engrandecimento de classes particulares de homens ou famílias. A soberania monárquica, inimiga da humanidade e fonte de miséria, está abolida. E a própria soberania foi restaurada ao seu lugar natural e original, a nação. Se esse fosse o caso em toda a Europa, a causa das guerras estaria eliminada.

Atribui-se a Henrique IV da França, um homem de coração grande e benevolente, a proposta, por volta do ano 1610, de um plano para abolir a guerra na Europa. O plano consistia em criar um Congresso europeu ou, como os autores franceses o denominam, uma República Pacífica, nomeando delegados das diversas nações para atuar como uma corte de arbitragem em quaisquer disputas que pudessem surgir entre as nações.

Se tal plano tivesse sido adotado na época em que foi proposto, os tributos da Inglaterra e da França, como duas das partes, teriam ficado pelo menos dez milhões de libras esterlinas anuais abaixo do que somaram, para cada nação, no começo da Revolução Francesa.

Para concebermos uma causa para tal plano não ter sido adotado (em lugar de um Congresso com o propósito de *evitar* a guerra, ele foi convocado apenas para *dar fim* a uma guerra depois de muitos anos de despesas infrutíferas), será necessário considerar o interesse dos governos como distinto daquele das nações.

O que quer que a causa dos impostos represente para uma nação, eles são a fonte da receita do governo. Toda guerra termina com um aumento dos impostos e, conseqüentemente, com um aumento da receita. Em todos os casos de guerra, considerando a maneira pela qual são atualmente iniciados e concluídos, o poder e o interesse dos governos aumentam. Portanto, a guerra, a partir de sua produtividade, ao fornecer facilmente o pretexto da necessidade de impostos e da nomeação para postos e cargos públicos, torna-se uma peça essencial do sistema dos antigos governos. Assim, estabelecer uma forma de abolir a guerra, por mais vantajosa que possa ser para as nações, seria retirar desses governos a mais lucrativa das suas ramificações. As questões frívolas pelas quais se realiza uma guerra mostram a disposição e avidez dos governos para conservar o sistema da guerra e traem os motivos com base nos quais os governos agem.

Por que as repúblicas não estão mergulhadas em guerras senão em razão de a natureza de seus governos não admitir um interesse distinto daquele da nação? Mesmo a Holanda, embora seja uma república mal formada e detentora de um comércio que se estende pelo mundo, existiu por quase um século sem guerras. E no instante em que a forma de governo foi mudada na França, os princípios republicanos da paz, da prosperidade doméstica e da economia surgiram com o novo governo, e os mesmos efeitos sucederiam as mesmas causas em outras nações.

Como a guerra constitui o sistema de governo na antiga concepção, a animosidade recíproca que as nações entretêm nada mais é do que aquilo que a política de seus governos provoca com o propósito de preservar o espírito do sistema. Cada governo acusa o outro de traição, intriga e ambição como um meio de aquecer a imaginação de suas respectivas nações e incitá-las à hostilidade. O homem só é o inimigo do homem por intermédio de um falso sistema de governo. Portanto, em lugar de um brado contra a ambição dos reis, o brado deveria ser dirigido contra o princípio de tais governos, e em vez de procurar reformar o indivíduo, a sabedoria de uma nação deveria aplicar-se na reforma do sistema.

Neste caso não está em questão se as formas e máximas dos governos que ainda são praticadas eram adaptadas ao estado do mundo no período em que foram estabelecidas. Quanto mais antigas elas são, menos correspondem ao atual estado de coisas. O tempo e a mudança das circunstâncias e das opiniões exercem o mesmo efeito progressivo de tornar obsoletas formas de governo do que exercem sobre maneiras e costumes. A agricultura, o comércio, as manufaturas e as artes produtivas pelas quais a prosperidade das nações é mais bem promovida exigem um sistema diferente de governo e uma espécie diferente de conhecimento para endereçar suas operações ao que poderia ter sido o estado anterior do mundo.

Tal como não é difícil perceber, com base no atual estado esclarecido da humanidade, que os governos hereditários estão à beira do declínio e que revoluções amplas nos fundamentos da soberania nacional e do governo representativo abrem o seu caminho na Europa, seria um ato de sabedoria antecipar sua aproximação e produzir revoluções por meio da razão e da adaptação em vez de confiá-las ao fluxo das convulsões.

Pelo que presenciamos atualmente, nenhuma reforma do mundo político deve ser considerada improvável. Trata-se de uma era de revoluções, na qual tudo pode ser buscado. A intriga das cortes, pela qual o sistema da guerra é preservado, pode levar uma confederação de nações a aboli-las e um Congresso europeu a patrocinar o progresso do governo livre e fomentar a civilidade das nações. Eis um acontecimento mais provável do que foram outrora as revoluções e a aliança entre a França e a América.

Os direitos do homem
Parte II

Combinando princípio e prática

1792

AO MARQUÊS DE LA FAYETTE

Depois de uma convivência de quase quinze anos em situações difíceis na América e várias conversas na Europa, é para mim um prazer apresentar-lhe este pequeno tratado em agradecimento por seus serviços prestados à minha querida América como testemunho de minha estima pelas virtudes, públicas e particulares, que sei que você possui.

O único aspecto em torno do qual alguma vez pude observar um desacordo entre nós foi o tempo, e não os princípios de governo. De minha parte, julgo igualmente danoso para os bons princípios permitir tanto que sejam protelados quanto apressados. Aquilo que você supõe exeqüível em catorze ou quinze anos, posso crer praticável num período muito mais curto. A humanidade, a meu ver, sempre está suficientemente amadurecida para compreender seu verdadeiro interesse, contanto que este seja claramente apresentado ao seu entendimento e de uma maneira que não gere suspeita de algo semelhante a um motivo egoísta ou ofensivo por supor em demasia. Quando desejarmos reformar, não devemos censurar.

Quando a Revolução Americana foi instaurada, senti-me disposto a me sentar serenamente e desfrutar a tranqüilidade. Não me parecia que pudesse surgir depois qualquer coisa tão importante que me fizesse abandonar a tranqüilidade e sentir-me como me sentira antes. Mas quando é o princípio, e não o lugar, a causa energética da ação, um homem, assim creio, é o mesmo em todos os lugares.

Encontro-me agora, uma vez mais, na vida pública, e como não tenho direito a contar com tantos anos de vida como os que lhe restam, decidi trabalhar o mais rápido possível. E como estou ansioso por sua ajuda e companhia, gostaria que você acelerasse seus princípios e me alcançasse.

    Se você partir em campanha na próxima primavera, ainda que o mais provável seja a falta dessa oportunidade, partirei para acompanhá-lo. Caso a campanha se inicie, espero que termine com a extinção do despotismo alemão e com o estabelecimento da liberdade de toda a Alemanha. Quando a França estiver rodeada por revoluções, estará em paz e segurança; conseqüentemente, seus impostos e os da Alemanha irão diminuir.

Seu amigo sincero e afetuoso,
THOMAS PAINE.

Londres, 9 de fevereiro de 1792.

PREFÁCIO

QUANDO INICIEI O CAPÍTULO intitulado "Conclusão" da primeira parte de *Os direitos do homem,* publicada o ano passado, era minha intenção ampliá-lo. Mas, refletindo sobre tudo que desejava acrescentar, percebi que isso tornaria o trabalho excessivamente volumoso ou restringiria demasiadamente o meu plano. Por conseguinte, eu o concluí tão rapidamente quanto o assunto me permitia e reservei o que ainda tinha a dizer para outra oportunidade.

    Diversas outras razões contribuíram para essa decisão. Antes de seguir adiante, desejava saber como um trabalho escrito num estilo de pensamento e expressão diferentes do que era habitual na Inglaterra seria recebido. Graças à Revolução Francesa, um vasto campo se abria à visão da humanidade. A oposição insultuosa do sr. Burke trouxe a controvérsia para a Inglaterra. Ele atacou princípios sabendo (por estar informado) que eu os contestaria, pois são princípios que acredito serem bons ou para cujo estabelecimento eu contribuí, considerando-me obrigado a defender. Se ele não houvesse provocado a controvérsia, muito provavelmente eu teria mantido meu silêncio.

Outra razão para adiar o resto da obra foi o fato de o sr. Burke ter prometido, em sua primeira publicação, retomar o assunto numa outra oportunidade e fazer uma comparação entre o que chamou de Constituições inglesa e francesa. Portanto, fiquei à sua espera. Desde então, ele publicou dois trabalhos*, mas sem compará-las, coisa que ele certamente não teria preterido se a comparação lhe fosse favorável.

Em sua última obra, *Apelo dos novos whigs aos antigos,* ele citou cerca de dez páginas de *Os direitos do homem,* e tendo se dado ao trabalho de fazê-lo, diz que "não fará a mínima tentativa de refutá-los", aludindo aos princípios ali contidos. Conheço o sr. Burke o suficiente para saber que ele o faria se pudesse. Mas em lugar de contestá-los, imediatamente se consola declarando que "fez a sua parte". Ele não fez a sua parte. Não cumpriu sua promessa de comparar as Constituições. Deu início à controvérsia, lançou o desafio e fugiu dele, convertendo-se em um *caso exemplar* da sua própria opinião de que "a era dos cavaleiros se foi!"

O título e a substância de seu último trabalho, seu *Apelo,* são sua condenação. Os princípios devem se apoiar em seus próprios méritos; se forem bons, certamente o farão. Confiá-los ao abrigo da autoridade de outros homens, como fez o sr. Burke, serve para torná-los suspeitos. O sr. Burke não aprecia muito compartilhar as suas honras, mas, neste caso, está artificiosamente repartindo a desgraça.

Mas quem são esses a quem o sr. Burke fez seu apelo? Um grupo de pensadores pueris e políticos incompletos nascidos no século passado, homens que não levaram adiante qualquer princípio além do que convinha aos seus propósitos como partidos. A nação sempre esteve fora de questão. E este tem sido o caráter de todos os partidos desde aquela época até hoje. A nação não vê nada digno de sua atenção em tais obras ou em tal política. Basta qualquer coisinha para impulsionar um partido, mas é preciso algo grandioso para impulsionar uma nação.

---

* Os panfletos *A Letter to a Member of the National Assembly,* publicado em 21 de maio de 1791, e *An Appeal from the New to the Old Whigs,* publicado em 3 de agosto de 1791. (N.E.)

Embora eu não veja nada digno de muita atenção no *Apelo* do sr. Burke, há, contudo, uma afirmação sobre a qual farei algumas observações. Depois de fazer extensas citações de *Os direitos do homem* e se recusar a discutir os princípios contidos nesse trabalho, ele diz: "Isso será muito provavelmente feito *(caso estes escritos sejam considerados merecedores de qualquer outra refutação além daquela da justiça criminal)* por outros que conseguirem pensar como o sr. Burke e com o mesmo zelo".

Em primeiro lugar, isso ainda não foi feito por ninguém. Creio que diferentes pessoas publicaram nada menos que oito ou dez panfletos que se pretendiam respostas à primeira parte de *Os direitos do homem*. Que eu saiba, nenhum deles alcançou uma segunda edição e, em geral, sequer seus títulos são lembrados. Como sou contrário a publicações que se multiplicam desnecessariamente, não respondi a nenhuma delas. E como acredito que um homem pode escrever de forma a privar-se de sua própria reputação quando ninguém mais pode fazê-lo, sou cauteloso para evitar tal abalo.

Todavia, assim como me abstenho de publicações desnecessárias, também evito tudo o que poderia parecer orgulho ferido. Se o sr. Burke, ou qualquer pessoa do seu lado da controvérsia, produzisse uma resposta a *Os direitos do homem* que alcançasse a metade ou mesmo uma quarta parte do número de exemplares alcançado por *Os direitos do homem,* eu lhe responderia. Mas até que isso aconteça, tomarei a opinião geral como guia (e o mundo sabe que não sou um bajulador): aquilo que o público não julga digno de ser lido não merece uma resposta minha. Suponho que a tiragem de exemplares alcançada pela primeira parte de *Os direitos do homem,* tomando a Inglaterra, a Escócia e a Irlanda, não é inferior a quarenta ou cinqüenta mil.

Passo agora à observação sobre a parte restante da citação que fiz do sr. Burke.

"Caso", diz ele, "estes escritos sejam considerados merecedores de qualquer outra refutação além daquela da justiça *criminal*."

Que me perdoem o jogo de palavras, mas *criminal* realmente seria a justiça que tivesse que condenar uma obra como sucedâneo da possibilidade de refutá-la. A maior condenação que poderia atingi-la seria uma refutação. Mas ao proceder conforme o método aludido pelo sr. Burke, a condenação exporia, no final das contas, a criminalidade do processo e não da obra, e nesse caso eu teria preferido ser o autor a ser o juiz ou o júri que a condenaram.

Mas cheguemos de uma vez ao ponto. Divergi de alguns cavalheiros da profissão a respeito das persecuções criminais, e acho que eles estão se inclinando para a minha opinião, que indicarei aqui completamente, ainda que da maneira mais concisa possível.

Primeiro vou expor um exemplo válido para qualquer lei para então compará-lo a um governo ou àquilo que na Inglaterra é ou foi chamado de Constituição.

Seria um ato de despotismo, ou o que na Inglaterra é chamado de poder arbitrário, criar uma lei proibindo o exame dos princípios, bons ou maus, nos quais tal lei, ou qualquer outra, se baseie.

Se uma lei é má, uma coisa é opor-se à sua aplicação, mas outra muito diferente é expor os seus erros, raciocinar sobre suas falhas e indicar a razão pela qual ela deveria ser revogada, ou por que outra lei deveria substituí-la. Sempre sustentei a opinião (fazendo disso também a minha prática) de que é melhor obedecer a uma lei que é má, utilizando ao mesmo tempo todos os argumentos possíveis para demonstrar seus erros e buscar sua revogação, do que a violar pela força, porque o precedente de violar uma lei de natureza ruim poderia debilitar a força e levar a uma violação discricionária daquelas leis que são boas.

O mesmo se aplica aos princípios e às formas de governo, bem como às chamadas Constituições e às partes que as compõem.

É para o bem das nações, e não para o lucro ou engrandecimento de determinados indivíduos, que o governo deve ser estabelecido e a humanidade arca com o custo de sua manutenção. Os defeitos de todos os governos e Constituições, tanto de princípio como de forma, precisam, pelo mesmo raciocínio, ser tão abertos à discussão quanto os defeitos de uma lei, e todo homem tem o dever de apontá-los à sociedade. Quando esses defeitos e os meios de remediá-los são geralmente advertidos por uma nação, essa nação reformará seu governo ou sua Constituição num caso tal como o governo revogou ou reformou a lei no outro. A função do governo se restringe à criação e administração das leis, mas é à nação que cabe o direito de formar ou reformar, gerar ou regenerar as constituições e os governos. Conseqüentemente, esses temas, enquanto objetos de investigação, sempre estão diante de um país *como questão de direito* e não podem, sem invadir os direitos gerais do país, ser transformados em objetos de persecução criminal. Nesse terreno, eu me encontrarei com o sr. Burke quando lhe aprouver. É melhor que todo o argumento venha à tona do que seja abafado. Foi ele mesmo quem começou a controvérsia, e não deveria abandoná-la.

Não acredito que a monarquia e a aristocracia continuem por mais sete anos em qualquer um dos países esclarecidos da Europa. Se for possível alinhar melhores razões a favor delas do que contra, elas continuarão; se for o contrário, elas não continuarão. Atualmente, não se pode dizer à humanidade que não pense ou que não leia, e as publicações, que não vão além de investigar os princípios do governo, de convidar os homens a raciocinar e refletir e de mostrar os erros e as excelências de diferentes sistemas, têm direito de vir à luz. Se não despertarem a atenção, não valerão o incômodo de um processo e, se despertarem, a persecução não redundará em nada, pois não pode equivaler a uma proibição da leitura. Seria uma sentença proferida contra o público e não contra o autor, e seria também a forma mais eficaz de produzir ou acelerar revoluções.

Um júri de *doze* homens não é competente para decidir em todos os casos que se aplicam universalmente a uma nação com respeito a sistemas de governo. Quando não houver testemunhas a examinar, fatos a demonstrar, quando a matéria inteira se encontrar diante de todo o público e os méritos ou deméritos dela se apoiarem na opinião pública, e nada houver para ser conhecido num tribunal senão aquilo que todos sabem fora dele, quaisquer doze homens seriam um júri tão bom como quaisquer outros doze, e muito provavelmente anulariam o veredicto dos outros; ou, dada variedade de suas opiniões, não seriam capazes de formar um. Uma coisa é quando uma nação aprova uma obra ou um plano, mas outra inteiramente distinta é se confiará a tal júri o poder de determinar se ela tem ou não direito de reformar seu governo ou se deve fazê-lo. Eu menciono esses exemplos para que o sr. Burke possa perceber que não escrevi sobre o governo sem refletir sobre o que é o Direito, como também sobre o que são os direitos. O único júri eficaz em tais casos seria uma convenção de toda a nação eleita imparcialmente, porquanto em todos esses casos a vizinhança é a nação inteira. Se o sr. Burke propuser tal júri, renunciarei a todos os privilégios de ser o cidadão de outro país e defender os seus princípios e aceitarei o veredicto, contanto que ele faça o mesmo, pois penso que sua obra e seus princípios seriam os condenados em lugar dos meus.

Os pré-julgamentos que os homens têm, em função da educação e dos hábitos, favoráveis a uma forma ou um sistema determinado de governo, precisam ainda ser submetidos ao teste da razão e da reflexão. Na verdade, tais preconceitos não são nada. Nenhum homem tem pré-julgamentos favoráveis a uma coisa que sabe que está errada. Está apegado a ela porque crê que está certa, mas quando percebe que não é assim, o preconceito se desvanece. Temos uma idéia falha do que seja o preconceito. Poder-se-ia dizer que enquanto os homens pensarem por si mesmos, tudo é preconceito e *não opinião,* pois somente é opinião o que resulta da razão e da reflexão. Faço essa observação para que o sr. Burke não confie demais nos preconceitos habituais do país.

Não creio que o povo da Inglaterra tenha alguma vez sido tratado de maneira justa e franca. Tem sido enganado por partidos e por homens que assumem o caráter de líderes. É tempo de a nação se elevar acima dessas ninharias. É tempo de descartar a negligência que por tanto tempo foi a causa do aumento excessivo dos impostos. É tempo de pôr de lado todos esses cantos e brindes calculados para escravizar e que servem para sufocar a reflexão. Em todas essas questões bastaria aos homens pensar, e não agiriam mal nem seriam desencaminhados. Afirmar que qualquer povo não está capacitado para a liberdade é fazer da pobreza a sua escolha e afirmar que preferiu ser sobrecarregado de impostos. Se isso pudesse ser demonstrado, demonstraria igualmente que os que governam não estão capacitados para governar o povo, dado que fazem parte da mesma massa nacional.

Mas ao reconhecermos que os governos devem ser mudados em toda a Europa, também admitimos certamente que isso pode ser feito sem convulsões ou vinganças. Não vale a pena fazer transformações ou revoluções a não ser em prol de um grande benefício nacional. E quando isso se apresentar para uma nação, perigoso será, como na América e na França, estar entre os que a ela se opõem. Com esta reflexão encerro meu prefácio.

THOMAS PAINE

Londres, 9 de fevereiro de 1792.

INTRODUÇÃO

O QUE ARQUIMEDES DISSE das forças mecânicas é aplicável à razão e à liberdade: "Dá-me um ponto de apoio e moverei o mundo!"

A Revolução Americana realizou na política o que era apenas teoria na mecânica. Tão profundamente enraizados estavam todos os governos do velho mundo, e tão efetivamente a tirania e a antiguidade do hábito haviam se estabelecido na mente, que nada poderia ter iniciado na Ásia, na África ou na Europa que reformasse a condição política do homem. A liberdade era caçada ao redor do mundo; a razão era considerada rebelada, e a escravidão do medo fizera com que os homens temessem pensar.

Mas tal é a natureza irresistível da verdade que tudo que ela pede, e tudo que precisa, é liberdade para aparecer. O sol não necessita de marca alguma que o distinga das trevas. E bastou os governos americanos se mostrarem ao mundo para que o despotismo experimentasse um choque e o homem começasse a esperar a reparação.

A independência da América, entendida apenas como separação da Inglaterra, teria sido um assunto de pouca importância se não fosse acompanhada por uma revolução nos princípios e práticas dos governos. Ela se ergueu não somente em sua própria defesa, mas na do mundo, e olhou para além das vantagens que ela mesma poderia receber. Mesmo os mercenários hesseanos, ainda que contratados para combatê-la, poderão viver para abençoar a sua própria derrota. E a Inglaterra, condenando a maldade de seu governo, celebra o fracasso dele.

Da mesma forma que era o único lugar do mundo político onde os princípios da reforma universal podiam ter iniciado, a América também era o melhor lugar do mundo natural. Um conjunto de circunstâncias conspirou não apenas para dar nascimento como para acrescentar uma gigantesca maturidade aos seus princípios. O cenário que esse país apresenta aos olhos de um espectador contém algo que gera e encoraja grandes idéias. A natureza a ele se mostra em toda sua magnitude. Os poderosos objetos que ele contempla atuam sobre sua mente alargando-a, e ele participa da grandeza que contempla. Seus primeiros colonos foram emigrantes de diferentes nações européias que professavam diferentes religiões, que fugiam das perseguições dos governos do velho mundo e que se reuniram no novo mundo não como inimigos, mas como irmãos. As necessidades que obrigatoriamente acompanham a agricultura em regiões ermas produziram entre eles um estado de sociedade que países há muito acossados por conflitos e intrigas de governos tinham descuidado de cultivar. Nessa situação, o homem se torna o que deveria ser. Não vê a sua espécie com a idéia inumana de um inimigo natural, mas como a sua família. E esse exemplo mostra ao mundo artificial que o homem precisa retornar à natureza em busca de informação.

Considerando o rápido progresso que a América realiza em todo gênero de aprimoramento, é racional concluir que, se os governos da Ásia, África e Europa tivessem começado com um princípio semelhante ao da América ou não tivessem se corrompido muito cedo, seus países estariam hoje numa condição extremamente superior. As eras se sucederam e serviram apenas para observarmos sua desgraça. Se pudéssemos supor um espectador que nada soubesse do mundo e que fosse nele colocado apenas para fazer suas observações, ele tomaria uma grande parte do velho mundo como nova e simplesmente combateria as dificuldades e adversidades da colonização incipiente. Não poderia supor que nas hordas de pobres miseráveis abundantes nos velhos países pudessem estar outros senão os que ainda não haviam tido tempo de suprir suas necessidades. Dificilmente esse espectador pensaria que essas hordas eram a conseqüência do que em tais países se denomina governo.

Se desde as partes mais miseráveis do mundo olharmos para aquelas que se acham num estágio avançado de aperfeiçoamento, continuaremos vendo como a mão cobiçosa do governo se infiltra em todos os cantos e frestas das atividades laboriosas e agarra o espólio da multidão. Constantemente são inventados novos pretextos para criar taxas e impostos. O governo observa a prosperidade como sua presa e não permite que nada escape sem pagar um tributo.

Como as revoluções já começaram (e como a probabilidade de que algo não comece é sempre maior do que a probabilidade de que prossiga após ter começado), é natural prever que outras revoluções acontecerão. As espantosas e sempre crescentes despesas com as quais funcionam os velhos governos, as inúmeras guerras nas quais se envolvem ou que provocam, as dificuldades que interpõem no caminho da civilização universal e do comércio e a opressão e usurpação que praticam domesticamente esgotaram a paciência e exauriram a propriedade do mundo. Em tal situação e com os exemplos já existentes, as revoluções devem ser esperadas. Tornaram-se tema de conversação em toda parte e podem ser consideradas como a *ordem do dia.*

Se for possível instaurar sistemas de governo menos caros e que produzam mais bem-estar geral do que aqueles que existiram, todas as tentativas de resistir ao seu avanço serão, no final das contas, infrutíferas. A razão, como o tempo, abrirá o seu próprio caminho, e o preconceito será derrotado no combate com o interesse. Se a paz universal, a civilização e o comércio hão de ser o quinhão de felicidade do homem, só serão concretizadas mediante uma revolução no sistema dos governos. Todos os governos monárquicos são militares.

A guerra é seu comércio, o saque e a tributação são seus objetivos. Enquanto tais governos forem mantidos, não haverá segurança absoluta para a paz sequer por um único dia. Qual é a história de todos os governos monárquicos senão uma imagem repugnante de miséria humana e o repouso acidental de alguns anos de descanso? Cansados da guerra e fartos da carnificina humana, eles se sentam para descansar e chamam isso de paz. Essa não é certamente a condição que o céu planejou para o ser humano, e se *isso é a monarquia*, ela bem poderia ser incluída entre os pecados dos judeus.

As revoluções que aconteceram anteriormente no mundo não continham nada que interessasse às massas. Chegavam apenas à substituição de pessoas e medidas, mas não de princípios, e surgiam ou desapareciam entre os acontecimentos comuns do momento. O que presenciamos atualmente poderia ser chamado, sem impropriedade, de *contra-revolução*. A conquista e a tirania, em algum período do passado, destituíram o homem de seus direitos, e ele agora os recupera. E assim como a maré de todos os assuntos humanos tem seu fluxo e refluxo em direções opostas, o mesmo ocorre nesse caso. O governo fundado numa *teoria moral, num sistema de paz universal e nos inalienáveis direitos hereditários do homem* move-se atualmente do ocidente ao oriente através de um impulso mais intenso do que o governo da espada se movia do oriente para o ocidente. Seu progresso não interessa a indivíduos determinados, mas a nações, e promete uma nova era à espécie humana.

O perigo ao qual o êxito das revoluções está mais exposto é que se tente realizá-las antes que os princípios dos quais procedem e os benefícios que delas resultam sejam suficientemente percebidos e compreendidos. Quase tudo que pertence às circunstâncias de uma nação tem sido absorvido e confundido na geral e misteriosa palavra *governo*. Ainda que se esquive à responsabilidade pelos erros que comete e pelos males que causa, o governo não deixa de arrogar-se tudo o que tem a aparência de prosperidade. Pilha das atividades laboriosas suas honras ao fazer-se pedantemente de causa de seus efeitos e rouba do caráter geral do homem os méritos que lhe pertencem como ser social.

Portanto, pode ser útil nesta época de revoluções distinguir entre as coisas que são efeitos do governo e as que não são. A melhor forma de fazê-lo será analisar a sociedade e a civilização, bem como as suas conseqüências, como coisas distintas do chamado governo. Começando por esta investigação, seremos capazes de atribuir os efeitos às suas devidas causas e analisar os erros mais comuns.

Capítulo I
Da sociedade e da civilização

Grande parte da ordem que reina na humanidade não é efeito do governo. Tem sua origem nos princípios da sociedade e na constituição natural do homem. Existia antes do governo e continuaria existindo se a formalidade do governo fosse abolida. A dependência mútua e o interesse recíproco de cada homem com respeito aos outros e que todas as partes de uma comunidade civilizada têm umas em relação às outras criam esse grande encadeamento que a mantém unida. O proprietário de terras, o fazendeiro, o fabricante, o comerciante, o negociante e todas as ocupações prosperam graças à ajuda que cada um recebe do outro e do todo. O interesse comum regula suas preocupações e forma sua lei, e as leis ordenadas pelo uso comum têm maior influência do que as leis do governo. Em síntese, a sociedade executa por si mesma quase tudo o que é atribuído ao governo.

Para compreender a natureza e a quantidade do governo apropriado para o homem, é necessário atentar para o caráter deste. Como a natureza o criou para a vida social, capacitou-o para a condição que pretendia para ele. Em todos os casos, fez com que suas necessidades naturais fossem maiores do que suas capacidades individuais. Nenhum homem é capaz, sem o auxílio da sociedade, de satisfazer suas próprias necessidades, e essas necessidades, agindo sobre cada indivíduo, impelem a totalidade deles para a sociedade tão naturalmente quanto a gravitação força para um centro.

Mas a natureza foi mais longe. Não se limitou a forçar o homem para a sociedade por meio de uma diversidade de necessidades que a ajuda recíproca pode satisfazer, como também nele implantou um sistema de afetos sociais que, embora não sejam necessários para a sua existência, são essenciais para a sua felicidade. Não há período algum da nossa vida em que esse amor pela sociedade deixe de agir. Ele tem início e termina junto com nosso ser.

Se examinarmos atentamente a composição e a constituição do homem, a diversidade de talentos nos diferentes indivíduos para se adaptarem reciprocamente às necessidades dos outros, sua propensão à sociedade e, conseqüentemente, a preservar as vantagens dela resultantes, perceberemos facilmente que uma grande parte daquilo que é chamado de governo é mera imposição.

O governo é necessário apenas para cumprir umas poucas funções para as quais a sociedade e a civilização não são convenientemente competentes, e não faltam exemplos para mostrar que tudo que o governo pode acrescentar de benéfico além delas é realizado através do consentimento geral da sociedade, sem governo.

Durante mais de dois anos desde o começo da guerra norte-americana e durante um período mais longo em vários dos estados americanos, não houve formas estabelecidas de governo. Os governos antigos tinham sido abolidos e o país estava demasiado ocupado na defesa para dar atenção ao estabelecimento de novos governos. No entanto, durante esse intervalo, a ordem e a harmonia permaneceram tão intactas quanto em qualquer país da Europa. Existe uma aptidão natural no homem, e mais ainda na sociedade, porque esta abrange uma maior variedade de capacidades e recursos para se ajustar a qualquer situação em que se encontre. No momento em que o governo formal é abolido, a sociedade começa a atuar. Uma associação geral tem lugar, e o interesse comum produz a segurança comum.

A afirmação de que a abolição do governo formal signifique a dissolução da sociedade está tão longe da verdade pretendida quanto a de que o governo promova um impulso contrário, produzindo uma união ainda maior da sociedade. Toda aquela parte de sua organização que a sociedade havia confiado ao governo é outra vez a ela incumbida e age por seu intermédio. Quando os homens, tanto por força do instinto natural quanto pelos benefícios recíprocos, se habituam à vida social e civilizada, na prática sempre há o bastante dos princípios dessa vida para ajudá-los enquanto se realizam as transformações que julgam necessárias ou convenientes fazer em seus governos. Em suma, o homem é tão naturalmente uma criatura da sociedade que é quase impossível colocá-lo fora dela.

O governo formal constitui apenas uma pequena parte da vida civilizada, e mesmo quando se estabelece o melhor que a sabedoria humana pode conceber, é uma coisa mais nominal e ideal do que factual. É dos grandes e fundamentais princípios da sociedade e da civilização – do uso comum consentido universalmente, e mútua e reciprocamente preservado, do incessante fluxo do interesse que, passando através de um milhão de canais, fortalece a massa total de homens civilizados – é de todas essas coisas, infinitamente mais que de qualquer coisa que possa fazer mesmo o melhor dos governos instituídos, que dependem a segurança e a prosperidade do indivíduo e do todo.

Quanto mais perfeita for a civilização, menos necessitará de governo, porque regulará melhor seus próprios assuntos e governará melhor a si mesma; mas tão contrária à razão é a prática dos governos antigos que seus gastos crescem na proporção em que deveriam diminuir. São apenas umas poucas leis gerais que a vida civilizada exige, e são leis de utilidade tão comum que, quer sejam impostas pelas formas de governo quer não, o efeito será quase o mesmo. Se examinarmos quais são os princípios que primeiramente concentram os homens na sociedade e quais são os motivos que posteriormente regulam suas relações mútuas, descobriremos, quando chegarmos ao que é chamado de governo, que quase todo o processo é realizado pelo funcionamento natural das partes umas sobre as outras.

Com relação a todas essas questões, o homem é uma criatura mais consistente do que ele mesmo sabe ou do que os governos desejariam que ele acreditasse. Todas as grandes leis da sociedade são leis da natureza. As do intercâmbio e do comércio, das relações entre indivíduos ou entre nações são leis de interesses mútuos e recíprocos. São seguidas e obedecidas porque agir assim é do interesse das partes, e não porque seus governos possam impor ou interpor alguma lei formal.

Mas quão freqüentemente a propensão natural à sociedade é perturbada ou destruída pelas ações do governo! Quando este último, em vez de estar enxertado nos princípios da primeira, supõe existir por si mesmo e atua com a parcialidade do favor e da opressão, torna-se a causa dos males que ele deveria prevenir.

Se relembrarmos as agitações e os tumultos que ocorreram na Inglaterra em diversas épocas, descobriremos que não se originaram da falta de um governo, mas que o próprio governo foi sua causa: em lugar de consolidar a sociedade, ele a dividiu; privou-a de sua coesão natural e gerou descontentamentos e desordens que, de outra maneira, não teriam existido. Naquelas associações promíscuas que os homens formam com propósito comercial ou com qualquer outro fim que não tenha nada a ver com o governo, e nas quais atuam meramente com base nos princípios da sociedade, observamos quão naturalmente as várias partes se unem. Isso mostra, por comparação, que os governos, longe de serem sempre a causa ou meio da ordem, são muitas vezes sua destruição. Os motins de 1780 não tiveram outra fonte senão os resquícios dos preconceitos que o próprio governo tinha estimulado. Mas, quando falamos da Inglaterra, também há outras causas.

O excesso e a desigualdade dos impostos, por mais disfarçados que sejam seus meios, nunca deixam de aparecer em seus efeitos. Como uma grande massa da comunidade é assim lançada na pobreza e no descontentamento, ela está constantemente à beira da convulsão. Despojada, como infelizmente está, dos meios de informação, é facilmente inflamada até a ofensa. Qualquer que seja a causa aparente dos distúrbios, a verdadeira é sempre a falta de felicidade. Indica que alguma coisa está errada no sistema de governo que prejudica a felicidade pela qual a sociedade deve ser mantida.

Contudo, como o fato é superior ao raciocínio, o exemplo da América se apresenta como confirmação dessas observações. Se há um país no mundo onde a concórdia, de acordo com o cálculo comum, seria menos esperada, esse país é a América. A união dos povos que o constituem – de diferentes nações*, acostumados a diferentes formas e hábitos de governo, falando distintas línguas e bastante heterogêneos quanto aos seus cultos religiosos – pareceria inviável. Entretanto, graças à simples operação de erigir o governo sobre os princípios da sociedade e os direitos do homem, toda dificuldade é afastada e todas as partes são postas em harmonioso uníssono. Os pobres não são oprimidos; os ricos não são privilegiados. As atividades laboriosas não são mortificadas pela extravagância esplendorosa de uma corte que esbanja às suas expensas. Seus impostos são poucos, porque seu governo é justo. E como não há nada que os faça infelizes, não há nada que gere agitações e tumultos.

Um homem metafísico, como o sr. Burke, teria torturado a sua imaginação para descobrir como um povo assim poderia ser governado. Suporia que alguns deveriam ser manipulados pela fraude, outros, pela força, e todos mediante algum artifício; e que gênios teriam de ser contratados para enganar a ignorância e fascinar o vulgo com espetáculos e desfiles. Perdido na abundância de suas investigações, ele teria analisado e reanalisado, mas terminaria deixando de ver o caminho claro e simples diante dos seus olhos.

Uma das grandes vantagens da Revolução Americana foi ter levado a uma descoberta dos princípios e exposto a opressão dos governos. Todas as revoluções até então tinham

---

* A parte da América geralmente chamada de Nova Inglaterra, incluindo New Hampshire, Massachusetts, Rhode Island e Connecticut, é povoada principalmente por descendentes de ingleses. No estado de Nova York, cerca da metade da população é holandesa, o restante é composto por ingleses, escoceses e irlandeses. Em New Jersey, há uma mistura de ingleses e holandeses, com alguns escoceses e irlandeses. Na Pensilvânia, cerca de um terço são ingleses, outro terço, alemães, e o restante, escoceses e irlandeses, mais alguns suecos. Os estados ao sul possuem uma proporção maior de ingleses do que os estados centrais, mas em todos eles existe uma mistura; e além desses povos enumerados, há um considerável número de franceses e alguns poucos oriundos de todas as nações européias litorâneas. A denominação religiosa predominante é a presbiteriana, mas nenhuma é fixada como superior às outras, e todos os homens são igualmente cidadãos. (N.A.)

ocorrido na atmosfera de uma corte, e nunca no palco maior de uma nação. As partes pertenciam sempre à classe dos cortesãos e, fosse qual fosse sua ânsia pela reforma, preservavam cuidadosamente a fraude da profissão.

Em todos os casos tratavam de representar o governo como algo cheio de mistérios, que somente eles compreendiam. E ocultavam do entendimento da nação a única coisa benéfica de saber, isto é, *que o governo nada mais é do que uma associação nacional que funciona com base nos princípios de sociedade*.

Tendo assim me esforçado para demonstrar que o estado social e civilizado do homem é capaz de realizar por si mesmo quase tudo que é necessário à sua proteção e governo, será adequado, por outro lado, analisar os atuais governos velhos e examinar se os seus princípios e a sua prática podem fazer o mesmo.

Capítulo II
Da origem dos atuais governos velhos

É IMPOSSÍVEL QUE OS governos que até agora existiram no mundo não tenham começado com uma total violação de todos os princípios sagrados e morais. A obscuridade na qual está mergulhada a origem de todos os atuais governos velhos implica a iniqüidade e o horror com os quais começaram. A origem dos atuais governos da América e da França será sempre lembrada, porque sua história é honrosa. Contudo, quanto aos restantes, até a bajulação os confinou ao túmulo do tempo, e sem epitáfio.

Nas eras primitivas de um mundo pouco povoado, quando o principal trabalho dos homens era cuidar de rebanhos e manadas, não pode ter sido difícil que um bando de desordeiros dominasse um país e lhe impusesse contribuições. Com seu poder estabelecido dessa forma, o chefe do bando dava um jeito de extraviar o nome de ladrão para substituí-lo pelo de monarca; daí a origem da monarquia e dos reis.

A origem do governo da Inglaterra, enquanto relacionada ao que é denominada sua linhagem monárquica, uma das mais recentes, talvez seja a que dispõe de melhor registro. O ódio gerado pela invasão e a tirania normandas deve ter se enraizado profundamente na nação para ter sobrevivido ao instrumento criado para apagá-lo. Embora cortesão algum mencione o toque de recolher, nem um só povoado da Inglaterra o esqueceu.

Depois de repartirem o mundo e de dividi-lo em domínios, esses bandos de ladrões começaram, como naturalmente ocorre, a lutar entre si. O que de início era obtido pela violência, outros consideravam uma forma lícita de conquista, e um segundo saqueador sucedia ao primeiro. Invadiam alternadamente os domínios que cada um havia destinado a si mesmo, e a brutalidade com a qual se tratavam mutuamente explica o caráter original da monarquia. Eram rufiões torturando outros rufiões. O conquistador não considerava o conquistado como seu prisioneiro, mas como sua propriedade. Ele desfilava em triunfo, conduzindo o conquistado acorrentado e o condenava, ao seu bel-prazer, à escravidão ou à morte. À medida que o tempo apagava o começo dessa história, os sucessores dos conquistadores assumiam novas aparências a fim de eliminar a herança de sua infâmia, mas seus princípios e objetivos permaneceram os mesmos. O que inicialmente era saque assumiu o nome mais suave de tributo, enquanto os sucessores fingiam ter herdado o poder originalmente usurpado.

A partir dessa origem dos governos, o que se poderia esperar salvo a continuação do sistema de guerra e extorsão? Estabeleceu-se como um negócio. O vício não é mais característico de uns do que de outros, mas sim o princípio comum a todos. Não existe dentro de tais governos resistência suficiente para enxertar reformas. A solução mais sumária e eficaz é começar de novo.

Que cenas de horror e que iniqüidade perfeita se mostram quando contemplamos o caráter desses governos e examinamos a sua história! Se fôssemos retratar a natureza humana com uma vileza de coração e uma hipocrisia de feições tais que a razão estremecesse diante dela e a humanidade a repudiasse, seriam os reis, as cortes e os gabinetes que precisariam posar para o retrato. O homem, tal como é naturalmente, com todos seus defeitos, não se encaixa nesse quadro.

Poderíamos supor que, se os governos tivessem origem em um princípio correto e não se interessassem em seguir um princípio incorreto, o mundo estaria na condição miserável e belicosa em que o vemos? Que motivo teria o agricultor que segue o seu arado para pôr de lado suas atividades pacíficas e ir lutar na guerra contra o agricultor de outro país? Que motivo teria um fabricante para fazer o mesmo? O que significa a dominação para eles ou para qualquer classe de homens de uma nação? Acrescenta um acre às terras de algum homem ou aumenta o valor delas? Não são idênticos os preços da conquista e da derrota, e os tributos, sua conseqüência sempre infalível? Embora este raciocínio possa ser bom para uma nação, não é assim para um governo. A guerra é o tabuleiro do jogo de Faro dos governos; as Nações, os jogadores incautos.

Nesse execrável cenário dos governos, se há algo de espantoso, mais do que se poderia esperar, é o progresso que as artes pacíficas da agricultura, da manufatura e do comércio fizeram sob essa longa e acumulativa carga de desencorajamento e opressão. Serve para mostrar que o instinto não atua nos animais com um impulso mais forte do que os princípios da sociedade e da civilização atuam nos homens. Apesar de todos esses desencorajamentos, o homem segue perseguindo seu objetivo e não se rende a nada exceto ao impossível.

Capítulo III

Dos velhos e novos sistemas de governo

Nada pode parecer mais contraditório do que os princípios com base nos quais os velhos governos começaram e a condição à qual a sociedade, a civilização e o comércio são capazes de conduzir a humanidade. O governo, no velho sistema, é uma tomada do poder para o seu próprio engrandecimento;

no novo sistema, ele é uma delegação do poder para o benefício comum da sociedade. O primeiro se mantém através de um sistema de guerra; o segundo promove um sistema de paz como meio verdadeiro para o enriquecimento da nação. O primeiro estimula os preconceitos nacionais; o segundo promove a sociedade universal como meio para o comércio universal. Um mede sua prosperidade pela quantidade de receita que extorque; o outro demonstra a sua excelência pela pequena quantidade de tributos que demanda.

O sr. Burke falou de whigs velhos e novos. Se ele se diverte com nomes e distinções pueris, não vou privá-lo desse prazer. Não é a ele, mas ao abade Sieyès que dirijo este capítulo. Já estou envolvido com este último cavalheiro na discussão do tema do governo monárquico e, como naturalmente se trata de comparar o sistema velho ao novo, aproveito esta oportunidade para apresentar-lhe minhas observações. Ocasionalmente, eu me ocuparei do sr. Burke.

Embora seja possível demonstrar que o sistema de governo atualmente denominado NOVO é o mais antigo do ponto de vista do princípio entre todos os que já existiram, sendo fundado nos direitos originais e inerentes do homem, já que a tirania e a espada suspenderam o exercício desses direitos por muitos séculos, é mais conveniente ao propósito da clareza chamá-lo de *novo* do que reivindicar o direito de chamá-lo de velho.

A primeira distinção geral entre esses dois sistemas é que o que hoje é chamado de velho é *hereditário,* total ou parcialmente; e o novo é inteiramente *representativo*. Rejeita todo governo hereditário:

Primeiro, por ser uma imposição à humanidade.

Segundo, por ser inadequado às finalidades para as quais o governo é necessário.

Com respeito ao primeiro tópico, não é possível provar com base em que direito poderia começar um governo hereditário; tampouco existe, na esfera dos poderes mortais, um direito de estabelecê-lo. O homem não tem autoridade sobre a posteridade em questões de direito pessoal; portanto, nenhum homem ou grupo de homens tinha, ou pode ter, o direito de estabelecer um governo hereditário. Mesmo que nós próprios voltássemos a existir, em lugar de sermos sucedidos pela posteridade, não temos agora o direito de tirar de nós próprios os direitos que então seriam nossos. Por qual razão, então, pretendemos tirá-los de outros?

Todo governo hereditário é, por sua natureza, tirânico. Uma coroa hereditária ou um trono hereditário, seja qual for o nome fantasioso que tal coisa possa receber, tem uma só explicação dotada de significado: que a humanidade é uma propriedade que pode ser herdada. Herdar um governo é herdar o povo, como se este fosse um rebanho ou uma manada.

Com respeito ao segundo tópico, o de ser inadequado às finalidades para as quais o governo é necessário, basta que consideremos o que é o governo essencialmente e o comparemos às circunstâncias às quais a sucessão hereditária está sujeita.

O governo deve ser uma coisa sempre plenamente madura. Deve ser construído de tal forma a ser superior a todos os acidentes aos quais os indivíduos humanos estão sujeito. Portanto, a sucessão hereditária, por estar *sujeita a todos esses acidentes,* é o mais irregular e imperfeito de todos os sistemas de governo.

Ouvimos *Os direitos do homem* serem chamados de sistema *nivelador;* porém, o único sistema ao qual a palavra *nivelador* verdadeiramente se aplica é o monárquico hereditário. Este é um sistema *nivelador das mentes.* Concede indiscriminadamente a toda espécie de caráter uma mesma autoridade. Vício e virtude, ignorância e sabedoria, em síntese, todas as qualidades, sejam boas ou más, são colocadas no mesmo nível. Os reis não se sucedem como seres racionais, mas como animais. O caráter mental ou moral deles não significa nada. Assim, será surpreendente o estado abjeto da mente humana nos países monárquicos, quando o próprio governo está baseado em um sistema nivelador tão abjeto? Ele carece de caráter fixo. Hoje é uma coisa, amanhã, outra. Muda de acordo com o humor de cada indivíduo que entra na sucessão e está sujeito a todas as variações de cada um. Trata-se de um governo que se conduz pelas paixões e os acidentes. Manifesta-se através de todos os variados temperamentos da infância, decrepitude, senilidade; é algo que precisa de uma criada, de rédeas curtas ou muletas. Inverte a ordem sadia da natureza. Ocasionalmente coloca crianças acima de homens, e as arrogâncias da menoridade acima da sabedoria e da experiência. Em suma, não é possível conceber uma forma mais ridícula de governo do que a sucessão hereditária, em todos os seus casos.

Se fosse possível promulgar um decreto da natureza ou registrar um édito do céu – se o homem soubesse disso – para que a virtude e a sabedoria pertencessem invariavelmente à sucessão hereditária, as objeções a ela seriam eliminadas. Mas quando vemos que a natureza atua como se repudiasse ou ridicularizasse o sistema hereditário e que a capacidade mental dos sucessores, em todos os países, está abaixo da média da inteligência humana – um deles é tirano, outro, um idiota, um terceiro, louco, e alguns, as três coisas ao mesmo tempo –, é impossível confiar nela tendo a razão humana capacidade para atuar.

Não é ao abade Sieyès que necessito aplicar esse raciocínio. Ele já me poupou esta dificuldade ao expor a sua própria opinião sobre o caso. "Se me perguntassem", diz ele, "qual minha opinião acerca do direito hereditário, responderia, sem hesitar, conforme uma boa teoria, que a transmissão hereditária de qualquer poder ou cargo jamais pode se harmonizar com as leis de uma verdadeira representação. A hereditariedade é, nesse sentido, tanto um atentado contra o princípio como um insulto à sociedade. "Mas consultemos", prossegue ele, "a história de todas as monarquias e principados eletivos: existe algum no qual o sistema eletivo não seja pior do que a sucessão hereditária?"

Discutir qual dos dois sistemas é o pior equivale a admitir que ambos são ruins: nisso concordamos. A preferência expressa pelo Abade é uma condenação daquilo que ele prefere. Esse método de raciocínio sobre tal assunto é inadmissível porque, no final das contas, resulta numa acusação da Providência, como se esta não tivesse deixado aos homens outra escolha em matéria de governo senão entre dois males, o menor dos quais ele reconhece ser "um atentado contra o princípio como um insulto à sociedade".

Ignorando, por ora, todos os males e danos que a monarquia tem ocasionado no mundo, nada pode demonstrar com mais eficácia sua inutilidade em um estado de *governo civil* do que torná-la hereditária. Tornaríamos hereditário um cargo que exigisse sabedoria e capacidades para ser desempenhado? E um cargo, seja qual for, para o qual sabedoria e capacidades são desnecessárias é supérfluo ou insignificante. A sucessão hereditária é uma caricatura da monarquia. Coloca-a sob a mais risível das luzes ao apresentá-la como um cargo que qualquer criança ou idiota pode ocupar. Para alguém ser um mecânico comum, necessita de alguns talentos mas, para ser um rei, a única necessidade é ter a forma animal de homem: uma espécie de autômato que respira. Essa superstição pode durar mais alguns anos, mas não pode resistir muito tempo ao despertar da razão e do interesse entre os homens.

Quanto ao sr. Burke, é um defensor pedante da monarquia, não apenas enquanto pensionista, caso ele realmente o seja, como acredito, mas na qualidade de homem político. Ele adotou uma opinião de desprezo pela humanidade, a qual, por sua vez, lhe paga com a mesma moeda. Ele a considera um rebanho de seres que precisa ser governado pela fraude, pela efígie e pelo espetáculo; para ele um ídolo valeria como figura monárquica tanto quanto um homem. Contudo, vou lhe fazer justiça ao dizer que, com respeito à América, ele tem sido bastante lisonjeiro. Sempre sustentou, pelo menos diante de mim, que o povo americano era mais esclarecido do que o inglês ou o de qualquer país da Europa e que por isso seus governos não tinham necessidade de enganar pelo espetáculo.

Embora a comparação feita pelo abade Sieyès entre a monarquia hereditária e a eletiva seja desnecessária nesse caso, porque o sistema representativo rejeita ambas, se eu tivesse que compará-las, concluiria o oposto.

As guerras civis provocadas pela contestação de direitos hereditários são mais numerosas, mais terríveis e de maior duração do que as provocadas por eleições. Todas as guerras civis na França se originaram do sistema hereditário: foram produzidas devido a reivindicações de direitos hereditários ou devido à imperfeição da forma hereditária, a qual admite regências ou monarquias amparadas por criadas. Quanto à Inglaterra, sua história está repleta dos mesmos infortúnios. As disputas pela sucessão entre as Casas de York e de Lancaster duraram um século inteiro, e outras, de natureza semelhante, foram renovadas desde aquela época. As de 1715 e de 1745 foram do mesmo tipo. A guerra de sucessão pela Coroa da Espanha envolveu quase a metade da Europa. Os distúrbios na Holanda são causados pela hereditariedade do governador provincial. Um governo que se considera livre tendo um cargo hereditário é como um espinho na carne produzindo uma inflamação que luta para expulsá-lo.

Mas eu poderia ir além e também atribuir as guerras com estrangeiros, de todos os tipos, à mesma causa. É somando o mal da sucessão hereditária ao da monarquia que são criados os interesses permanentes de uma família, cujos objetivos constantes são a dominação e a arrecadação de tributos. A Polônia, embora seja uma monarquia eletiva, tem sofrido menos guerras do que as monarquias hereditárias, e é o único governo que fez uma tentativa voluntária, ainda que de pequena magnitude, de reformar a condição do país.

Após termos lançado um olhar sobre alguns defeitos do sistema de governo velho ou hereditário, passemos a compará-los ao novo ou representativo.

O sistema representativo adota como base a sociedade e a civilização, e como guia a natureza, a razão e a experiência.

A experiência, em todas as épocas e todos os países, tem demonstrado que é impossível controlar a natureza na sua distribuição de capacidades mentais. A natureza as confere a seu bel-prazer. Seja qual for a norma segundo a qual ela aparenta distribuí-las entre a humanidade, essa norma continua sendo um segredo para o homem. Seria tão ridículo tentar fixar a hereditariedade da beleza humana quanto a da sabedoria. Não importa em que consista a sabedoria, ela é semelhante a uma planta sem sementes: pode ser cultivada quando surge, mas não pode ser voluntariamente produzida. Há sempre uma quantidade suficiente na massa da sociedade para todos os propósitos mas, no que concerne às partes da sociedade, está continuamente mudando seu lugar. Aparece em um lugar hoje, em outro, amanhã, e o mais provável é que tenha visitado alternadamente todas as famílias da Terra e que, novamente, tenha se retirado.

Como essa é a ordem da natureza, a ordem do governo deve necessariamente segui-la ou o governo degenerará, como constatamos que degenera, na ignorância. O sistema hereditário, portanto, é tão repugnante à sabedoria humana quanto aos direitos humanos, e é tão absurdo quanto é injusto.

Assim como a república das letras promove as melhores produções literárias ao proporcionar ao talento uma oportunidade justa e universal, o sistema representativo de governo é calculado para produzir as leis mais sábias ao recolher a sabedoria de onde quer que esta se encontre. Sorrio sozinho ao considerar a grotesca insignificância em que a literatura e todas as ciências mergulhariam se fossem tornadas hereditárias, e transfiro essa mesma idéia para os governos. Um governante hereditário é tão inconsistente quanto um autor hereditário. Não sei se Homero ou Euclides tiveram filhos, mas arriscarei a opinião de que se os tiveram, e houvessem deixado suas obras inacabadas, seus filhos não as poderiam ter completado.

Necessitaremos de uma prova melhor do absurdo do governo hereditário do que aquela que observamos nos descendentes dos homens que, em todas as atividades, alcançaram a fama? Haverá algum um caso que não apresente uma total inversão do caráter? É como se a maré de faculdades intelectuais fluísse o máximo possível por certos canais e, então, interrompesse seu curso e surgisse em outros canais. Quão irracional é então o sistema hereditário, que estabelece canais de poder em cuja companhia a sabedoria se recusa a fluir! Ao manter esse absurdo, o homem está em perpétua contradição consigo mesmo; aceita como rei, como primeiro magistrado ou como legislador uma pessoa que não escolheria para agente de polícia.

Em geral se pensa que as revoluções produzem gênios e talentos, mas esses acontecimentos nada mais fazem do que trazê-los à luz. Existe no homem uma massa de talentos em um estado latente que, a menos que seja estimulada a agir, descerá com ele ao túmulo nesse mesmo estado. Como é vantajoso para a sociedade que todas as faculdades do homem sejam empregadas, a construção de um governo deve ser tal que, através de uma operação silenciosa e regular, faça surgir toda a capacidade que nunca deixa de aparecer nas revoluções.

Isso é algo que não pode ocorrer no estado insípido do governo hereditário, não só porque este o impede, mas também porque atua de forma a embotar. Quando a mente de uma nação está subjugada por alguma superstição política do seu governo, como é o caso da sucessão hereditária, perde uma parte considerável de seus poderes em todas as outras matérias e objetos. A sucessão hereditária requer obediência idêntica à ignorância e à sabedoria; e, ao reverenciá-las indiscriminadamente, apequena a coragem mental. Só será grande nas coisas pequenas. Trai a si mesma e sufoca os sentidos que a impulsionam a descobrir.

Ainda que os antigos governos nos apresentem um retrato deplorável da condição do homem, há, acima de todos os demais, um que isenta a si mesmo dessa descrição. Refiro-me à democracia dos atenienses. Vemos mais coisas para admirar e menos para condenar naquele grande e extraordinário povo do que em qualquer outro revelado pela história.

O sr. Burke está tão pouco familiarizado com os princípios constitutivos do governo que acaba por misturar democracia e representação. A representação era desconhecida nas antigas democracias. Nelas o povo se reunia e promulgava leis (gramaticamente falando) na primeira pessoa. A democracia simples não era outra coisa senão a assembléia dos antigos. Significa tanto a *forma* como o princípio público do governo. Com o aumento da população e da extensão territorial daquelas democracias, a forma democrática simples tornou-se de difícil controle e impraticável, e como o sistema representativo era desconhecido, elas degeneraram convulsivamente em monarquias ou foram absorvidas pelas já existentes. Se o sistema representativo fosse então compreendido como é atualmente, não há razão para crer que as formas de governo hoje chamadas monárquicas ou aristocráticas tivessem surgido. Foi a falta de um método para consolidar as partes da sociedade após esta se tornar demasiado populosa e grande para a forma democrática simples, assim como a condição lassa e solitária de pastores e vaqueiros em outras regiões do mundo, que criou as oportunidades para o começo daqueles modos antinaturais de governo.

Como é necessário remover o entulho de erros no qual o tema do governo foi lançado, passarei agora a fazer observações sobre alguns outros.

O artifício político dos cortesões e governos das cortes sempre consistiu em insultar algo a que davam o nome de republicanismo, embora nunca tenham procurado explicar o que era ou é o republicanismo. Examinemos um pouco este ponto.

As únicas formas de governo são a democrática, a aristocrática, a monárquica e a que é atualmente chamada de representativa.

Aquilo que se denomina *república* não é nenhuma *forma particular* de governo. É inteiramente característica do significado, matéria ou finalidade para os quais o governo deve ser instituído e aos quais deve se dedicar: a RES-PUBLICA, os assuntos públicos ou o bem público; ou, traduzido literalmente, a *coisa pública*. É uma palavra de boa origem, que se refere ao que deve ser o caráter e a atividade do governo; neste sentido, opõe-se naturalmente à palavra *monarquia*, que tem uma significação original vil, significando o poder arbitrário concentrado em uma só pessoa, de cujo exercício *ela própria* é a finalidade e não a *res-publica*.

Todo governo que não atue com base no princípio de uma *República*, ou, em outras palavras, que não faz da *res-publica* a sua finalidade plena e exclusiva não é um bom governo. O governo republicano nada mais é do que o governo estabelecido e aplicado para o interesse público, tanto individual quanto coletivamente. Não está necessariamente conectado a qualquer forma particular, mas se associa mais naturalmente à forma representativa como a mais apropriada para assegurar o fim para o qual uma nação custeia as despesas de um governo.

Várias formas de governo se pretendem repúblicas. A Polônia se denomina uma república aristocrática hereditária governada por uma monarquia eletiva. A Holanda se diz uma república sobretudo aristocrática, com um governador provincial hereditário. Mas o governo da América, que se baseia inteiramente no sistema representativo, é a única república verdadeira, na sua natureza e na prática, atualmente existente. Seu governo tem como objetivo exclusivo os assuntos públicos da nação, sendo, portanto, propriamente uma república. E os americanos cuidaram para que *este,* e nenhum outro, seja sempre o objetivo de seu governo, rejeitando tudo que é hereditário e estabelecendo um governo baseado unicamente no sistema representativo.

Aqueles que afirmaram que uma república não é uma *forma* de governo concebida para países de grande extensão confundiram, em primeiro lugar, a *atividade* de um governo com a *forma* de governo, pois a *res-publica* diz respeito igualmente a toda a extensão territorial e a toda a população. Em segundo lugar, se querem dizer algo sobre a *forma,* era na forma democrática simples, o sistema de governo das democracias antigas, que não havia representação. Não se trata, portanto, de uma república não poder ser vasta, mas de não poder ser vasta na forma democrática simples. E surge naturalmente a pergunta: *qual é a melhor forma de governo para conduzir a* RES-PUBLICA, *ou os* ASSUNTOS PÚBLICOS *de uma nação, depois que ela se torna demasiado vasta e populosa para a forma democrática simples?*

Não pode ser a monarquia porque a monarquia está sujeita a uma objeção da mesma natureza a que estava sujeita a forma democrática simples.

É possível que um indivíduo formule um sistema de princípios segundo o qual o governo será constitucionalmente estabelecido sobre qualquer extensão territorial. Trata-se apenas de uma concepção produzida pela mente ao operar com seus próprios poderes. Mas a prática desses princípios, tal como se aplica a diversas e numerosas circunstâncias de uma nação, sua agricultura, suas manufaturas, transações mercantis, comércio etc., exige um conhecimento de diferente ordem e que só pode ser extraído das várias partes da sociedade. Trata-se de um conjunto de conhecimento prático que nenhum indivíduo pode possuir; portanto, a forma monárquica é tão limitada, na prática útil, pela incompetência de conhecimentos quanto era a forma democrática pela multiplicidade da população. Uma degenera em confusão devido à extensão; a outra, em ignorância e incapacidade, o que é provado por todas as grandes monarquias. A forma monárquica, portanto, não poderia substituir a democrática porque apresenta os mesmos inconvenientes.

Muito menos o poderia ser quando se tornou hereditária. Esta é a forma mais eficiente de todas para barrar o conhecimento. Tampouco poderia a mente democrática de forma voluntária se resignar a ser governada por crianças e idiotas e toda a variegada insignificância de caráter que toma parte em tal sistema meramente animal, a vergonha e a desgraça da razão e do ser humano.

Quanto à forma aristocrática, ela apresenta os mesmos vícios e defeitos da monárquica, exceto as chances maiores para o surgimento dos talentos por conta da maior proporção numérica. Mas, ainda assim, não há garantia de que eles serão usados e aplicados com correção.*

Reportando-nos então à democracia simples original, obteremos os dados genuínos de como o governo em larga escala pode iniciar. É incapaz de se estender, não por conta de seu princípio, mas da inconveniência de sua forma; a monarquia e a aristocracia o são por conta da sua incapacidade. Retendo, portanto, a democracia como o fundamento e rejeitando os sistemas corruptos da monarquia e da aristocracia, o sistema representativo naturalmente se apresenta, remediando ao mesmo tempo os defeitos da democracia simples quanto à sua forma e a incapacidade dos outros dois quanto ao conhecimento.

A democracia simples era a sociedade governando a si mesma sem o auxílio de meios secundários. Enxertando a representação na democracia, obtemos um sistema de governo capaz de abarcar e confederar todos os vários interesses e qualquer extensão territorial e tamanho populacional; e isso com vantagens tão superiores ao governo hereditário quanto a república das letras em relação à literatura hereditária.

Nesse sistema se fundamenta o governo americano. É a representação enxertada na democracia. Fixou a forma

---

* Quanto ao caráter da aristocracia, o leitor poderá consultar a Parte I de *Os direitos do homem*; p. 119. (N.A.)

mediante uma escala paralela, na totalidade dos casos, à abrangência do princípio. O que Atenas era em miniatura, a América será em larga escala. Uma foi a maravilha do mundo antigo; a outra está se tornando objeto de admiração e um modelo do presente. Dentre todas as formas de governo, é a de mais fácil compreensão e a mais desejável na prática, além de excluir ao mesmo tempo a ignorância e a insegurança do sistema hereditário e os inconvenientes da democracia simples.

É impossível conceber um sistema de governo capaz de atuar sobre tal extensão territorial e tal círculo de interesses como o que é imediatamente produzido pelo funcionamento da representação. A França, ainda que grande e populosa, não passa de um pingo da amplidão do sistema, preferível à democracia simples mesmo em pequenos territórios. Através do sistema representativo, Atenas teria superado sua própria democracia.

Aquilo que é chamado de governo, ou melhor, aquilo que devemos conceber que seja o governo, não é mais do que um centro comum onde se unem todas as partes da sociedade. Isso não pode ser realizado por método algum que contribua para os vários interesses da comunidade tão decisivamente quanto o sistema representativo. Este concentra os conhecimentos necessários para os interesses das partes e do todo. Coloca o governo em um estado de constante maturidade. Nunca é, como já foi observado, jovem nem velho. Não está sujeito nem à menoridade nem à decrepitude. Jamais se encontra no berço ou nas muletas. Não admite uma separação entre o conhecimento e o poder e é superior, como o governo sempre deve ser, a todos os acidentes do indivíduo humano, sendo assim superior ao que é chamado de monarquia.

Uma nação não é um corpo cuja figura possa ser representada pelo corpo humano, mas é como um corpo contido por um círculo, com um centro comum no qual se encontram todos os raios. Esse centro se forma pela representação. Relacionar a representação com o que é chamado de monarquia seria um governo excêntrico. A representação é por si mesma a monarquia delegada de uma nação e não pode se aviltar dividindo-a com outra.

O sr. Burke utilizou em duas ou três ocasiões, em seus discursos no Parlamento e em suas publicações, um jogo de palavras que não expressa idéia alguma. Falando do governo, diz: "É melhor ter uma monarquia como base e um republicanismo como corretivo do que um republicanismo como base e a monarquia como corretivo". Se isso quer dizer que é melhor corrigir a insensatez com a sabedoria do que a sabedoria com a insensatez, não vou discutir nada com ele, mas apenas afirmar que seria muito melhor rejeitar a insensatez inteiramente.

Mas o que é isso que o sr. Burke chama de monarquia? Ele oferece alguma explicação? Todo homem consegue compreender o que é a representação e que esta deve necessariamente incluir uma diversidade de conhecimentos e talentos. Mas que garantia temos de que as mesmas qualidades existam numa monarquia? Ou, quando essa monarquia residir em uma criança, onde estará a sabedoria? O que sabe ela sobre o governo? Quem então é o monarca ou onde reside a monarquia? Se tiver de ser exercida por uma regência, provará ser uma farsa. A regência é uma espécie de caricatura da república, e a monarquia inteira não merece melhor definição. É algo tão variado quanto o possa pintar a imaginação. Não possui nada do caráter estável que o governo deve possuir. Toda sucessão é uma revolução, e toda regência, uma contra-revolução. É um completo cenário de perpétua conspiração e intriga da corte, do qual o sr. Burke é ele próprio um exemplo. Para tornar a monarquia compatível com o governo, o próximo na sucessão não deveria nascer criança, mas já homem, e esse homem ser um Salomão. É ridículo que as nações tenham que esperar e que o governo precise ser interrompido até que os meninos cresçam e se tornem homens.

Se minha percepção é insuficiente para ver ou demasiada para ser enganado; se meu orgulho é excessivo ou insuficiente, ou se é algo mais, isso não vou discutir. Mas o certo é que o que chamam de monarquia sempre me pareceu uma coisa tola e desprezível. Eu a comparo a uma coisa mantida atrás de uma cortina, sobre a qual há muito alvoroço e exagero, e um ar magnífico de aparente solenidade. Mas quando, acidentalmente, se abre a cortina, e o grupo vê do que se trata, ele se põe a gargalhar.

No sistema representativo de governo, nada disso pode acontecer. Assim como a própria nação, ele possui uma resistência perpétua, tanto física quanto mental, e se apresenta no teatro aberto do mundo de maneira justa e viril. Sejam quais forem suas excelências ou seus defeitos, todos podem vê-los. Não existe graças à fraude e ao mistério; não se ocupa de sofismas e jargões, mas inspira uma linguagem que, passando de coração para coração, é sentida e compreendida.

É preciso que fechemos nossos olhos à razão, é preciso que rebaixemos vilmente nosso entendimento para não ver a loucura daquilo que é chamado de monarquia. A natureza é ordenada em todas suas obras, mas essa forma de governo contraria a natureza. Coloca o progresso das faculdades humanas de cabeça para baixo. Sujeita a idade ao governo de crianças e a sabedoria ao governo da insensatez.

Pelo contrário, o sistema representativo sempre é paralelo à ordem e às leis imutáveis da natureza, e corresponde à razão humana em todas as partes. A seguir, um exemplo desse paralelismo.

No governo federativo americano, delegam-se mais poderes ao presidente dos Estados Unidos do que a qualquer outro membro individual do Congresso. Por isso ele não pode ser eleito para esse cargo com menos de 35 anos. Nessa idade, o discernimento do homem se torna amadurecido e ele já viveu o suficiente para familiarizar-se com os homens e as coisas, e o país com ele. Na concepção monárquica, porém (desconsiderando as numerosas chances contrárias à possibilidade de que homem que vem ao mundo seja premiado na loteria das faculdades humanas), o próximo sucessor, seja ele quem for, é colocado no comando da nação e do governo com a idade de dezoito anos. Isso parece um ato de sabedoria? É consistente com a dignidade própria e o caráter viril de uma nação? Como pode ser correto classificar um rapaz como o pai do povo? Em todos os demais casos, uma pessoa é menor até a idade de 21 anos. Até então, não lhe é confiada sequer a administração de um acre de terra ou da propriedade herdada de um rebanho de ovelhas ou de porcos. Mas que maravilha, confiar uma nação a um jovem de dezoito anos!

Que a monarquia não passa de uma bolha de sabão, um mero artifício da corte para obter dinheiro, é evidente (ao menos para mim) sob todos os aspectos que a consideremos. Seria impossível, no sistema racional do governo representativo, apresentar uma fatura de despesas com o enorme montante admitido por essa fraude. O governo não é em si mesmo uma instituição muito cara. Toda a despesa do governo federal da América, fundado, como já disse, no sistema representativo, e que se estende por um país quase dez vezes maior do que a Inglaterra, não passa de seiscentos mil dólares, ou 135 mil libras esterlinas.

Suponho que nenhum homem ajuizado comparará o caráter dos reis europeus com o do general Washington. No entanto, na França, como também na Inglaterra, só a despesa civil, para o sustento de um único homem, é oito vezes maior do que toda a despesa do governo federal da América. Parece quase impossível atribuir alguma razão para isso. A maior parte do povo da América, especialmente os pobres, tem maior capacidade para pagar impostos do que a maior parte do povo da França ou da Inglaterra.

Mas o fato é que o sistema representativo difunde, por toda a nação, uma quantidade tal de conhecimentos acerca do governo que a ignorância é destruída e o engano barrado. As artimanhas das cortes são inúteis nesse terreno. Não há lugar para o mistério, nenhum lugar por onde possa começar. Aqueles que tomam parte na representação conhecem tanto da natureza das atividades do governo quanto aqueles que estão fora dela. Uma afetação de importância carregada de mistério seria imediatamente detectada. As nações não podem ter segredos, e os segredos das cortes e dos indivíduos são sempre seus defeitos.

No sistema representativo, a razão de tudo deve aparecer publicamente. Cada homem é proprietário do governo e considera uma parte necessária de seus interesses compreendê-lo. Isso porque sua propriedade é afetada. Ele examina os custos e os compara às vantagens; acima de tudo, não adota o costume servil de seguir os que nos outros governos são chamados de DIRIGENTES.

Só cegando o entendimento do homem e o fazendo crer que o governo é algo fantástico e misterioso para conseguir arrecadações excessivas. A monarquia é calculada para assegurar esse fim. É o papismo do governo, algo mantido para entreter o ignorante e tranqüilizá-lo quanto aos tributos.

O governo de um país livre, falando apropriadamente, não está nas pessoas, mas nas leis. A aprovação destas não requer grandes despesas, e uma vez administradas, todo o governo civil é realizado. O resto não passa de artifício das cortes.

Capítulo IV
Das constituições

QUE OS HOMENS QUEIRAM dizer coisas distintas e independentes quando falam de constituições e governos é evidente; mas, por que tais termos são empregados distinta e independentemente? Uma Constituição não é um ato do governo, mas de um povo que constitui um governo; e um governo sem Constituição é um poder sem direito.

Todo poder exercido sobre uma nação tem de possuir uma origem. Tem de ser delegado ou apossado. Não há outras origens. Todo poder delegado é custodiado e todo poder apossado é usurpado. O tempo não altera a natureza nem a qualidade de nenhum deles.

Ao examinar esse assunto, o caso e as circunstâncias da América se apresentam como no começo de um mundo. E nossa investigação da origem do governo é abreviada pela referência aos fatos ocorridos em nossos próprios dias. Não temos motivo para vagar em busca de informação no campo obscuro da antigüidade, nem para nos arriscar em conjeturas. Chegamos imediatamente ao ponto de vermos como o governo nasce, como se houvéssemos vivido o início dos tempos. O volume real, não de história, mas de fatos, está bem à nossa frente, ainda não adulterado pelo artifício ou pelos erros da tradição.

Vou expor aqui concisamente os primórdios das Constituições americanas, o suficiente para trazer à tona a diferença entre Constituições e governos.

Talvez não seja inoportuno lembrar o leitor de que os Estados Unidos da América consistem de treze Estados separados, cada um dos quais estabeleceu um governo para si mesmo depois da declaração da independência feita em 4 de julho de 1776. Cada Estado agiu independentemente dos demais na formação de seu governo, mas o mesmo princípio geral permeia o todo. Estando formados os vários governos dos Estados, passou-se à formação do governo federal, que atua sobre o todo em todas as matérias que dizem respeito ao interesse do todo, ou que dizem respeito às relações dos vários Estados entre si com as nações estrangeiras. Começarei dando um exemplo de um dos governos estaduais (o da Pensilvânia); em seguida, passarei ao governo federal.

O estado da Pensilvânia, embora tenha quase a mesma extensão territorial da Inglaterra, estava então dividido em apenas doze condados. Cada um desses condados elegera um comitê por ocasião do início do conflito com o governo inglês. Como a cidade de Filadélfia, que também tinha seu comitê, era a mais central para fins de inteligência, tornou-se o centro das comunicações com os diversos comitês dos condados. Quando se tornou necessário proceder à formação de um governo, o comitê da Filadélfia propôs uma conferência de todos os comitês, a ser realizada naquela cidade. Eles se reuniram nos últimos dias de julho de 1776.

Embora esses comitês tivessem sido eleitos pelo povo, não o foram expressamente com o propósito de (nem investidos da autoridade para) criar uma Constituição. Como não podiam, coerentemente com as idéias americanas de direito, arrogar-se tal poder, só poderiam discutir a questão e pô-la em marcha. Os conferencistas, portanto, se restringiram a enunciar o problema e recomendaram aos vários condados que elegessem seis representantes por condado para que se reunissem numa convenção na Filadélfia, com poderes para criar uma Constituição e submetê-la ao exame público.

Após ter se reunido, deliberado e acordado a Constituição, a convenção, da qual Benjamin Franklin foi o presidente, em seguida ordenou que fosse publicada, não como algo estabelecido, mas a ser apreciada por todo o povo e receber sua aprovação ou rejeição. Foi então marcada uma data para uma nova sessão da convenção. Expirado esse prazo, a convenção reuniu-se novamente; e, conhecida a opinião geral de aprovação pelo povo, a Constituição foi assinada, selada e proclamada com base na *autoridade do povo*. O documento original foi depositado nos arquivos públicos. A convenção, em seguida, marcou um dia para a eleição geral dos representantes que comporiam o governo e a hora em que a eleição deveria começar. Feito isso, a convenção foi dissolvida e seus membros voltaram às suas muitas casas e ocupações.

Nessa Constituição foi estabelecida, em primeiro lugar, uma declaração de direitos; depois, a forma que o governo deveria ter e os poderes que deveria possuir; a autoridade dos tribunais de justiça e dos júris; a forma de as eleições serem realizadas e a proporção de representantes em relação ao número de eleitores; o tempo que cada assembléia sucessiva deveria durar, que era um ano; a forma da cobrança de impostos e da prestação de contas dos gastos públicos; a nomeação de funcionários públicos e assim por diante.

Nenhum artigo dessa Constituição poderia ser alterado ou violado à discrição de qualquer governo vindouro. Era uma lei para o governo. Mas como não seria sábio renunciar ao benefício da experiência e visando também prevenir o acúmulo de erros, caso algum fosse encontrado, e sempre preservar uma harmonia entre o governo e as circunstâncias vividas pelo Estado, a Constituição estabelecia que, ao cabo de cada sete anos, uma convenção fosse eleita com o propósito expresso de revisar a Constituição e fazer as alterações, emendas ou supressões que fossem julgadas necessárias.

Contemplamos aqui um processo regular: um governo emergindo de uma Constituição, formado pelo povo em seu caráter original, no qual essa Constituição não serve apenas como autoridade, mas como lei controladora do governo. Era a bíblia política do Estado. Raramente uma família não a tinha. Todos os membros do governo tinham um exemplar, e nada era mais comum – quando ocorria qualquer debate sobre o princípio de um projeto de lei ou sobre a competência de qualquer tipo de autoridade – do que os membros retirarem a Constituição impressa de seus bolsos e lerem o capítulo com o qual a matéria em questão estava relacionada.

Após ter apresentado o exemplo de um dos Estados, indicarei os procedimentos através dos quais a Constituição Federal dos Estados Unidos surgiu e foi criada.

O Congresso, em suas duas primeiras sessões, em setembro de 1774 e maio de 1775, não passava de uma delegação das assembléias legislativas das diversas províncias, posteriormente Estados, e não detinha outra autoridade senão a derivada do consentimento comum e da necessidade de atuar como um órgão público. Em tudo o que se relacionava aos assuntos internos da América, o Congresso não ia além de fazer recomendações às várias Assembléias provinciais, que as adotavam ou não, como bem entendessem. Nada, da parte do Congresso, era compulsório; apesar disso, naquela situação ele era obedecido com mais fidelidade e afeto do que qualquer governo europeu. Este exemplo, como o da Assembléia Nacional da França, demonstra suficientemente que a força do governo não consiste em algo *dentro* dele, mas na lealdade de uma nação e no interesse que o povo tem em respaldá-lo. Quando isso se perde, o governo é como uma criança investida de poder, e embora ele possa, como o velho governo da França, durante algum tempo atormentar os indivíduos, estará apenas facilitando a sua própria queda.

Depois da declaração de independência, tornou-se coerente com o princípio no qual se funda o governo representativo definir e estabelecer a autoridade do Congresso. A questão não era se essa autoridade deveria ser maior ou menor do que aquela que o Congresso então exercia discricionariamente, mas sim que a exercesse com retidão.

Com essa finalidade, foi proposta a denominada Lei da Confederação (que era uma espécie de Constituição Federal imperfeita); depois de demoradas deliberações, ela foi concluída em 1781. Não foi uma lei emanada do Congresso, pois repugna aos princípios do governo representativo um órgão outorgar poder a si mesmo. O Congresso primeiramente informou os vários Estados sobre os poderes dos quais pensava ser necessário investir a União a fim de capacitá-la a desempenhar as obrigações e os serviços dela exigidos. Os Estados concordaram separadamente uns com os outros e concentraram esses poderes no Congresso.

Talvez não seja impróprio observar que em ambos os casos (o da Pensilvânia e o dos Estados Unidos da América) não há algo parecido com a idéia de um pacto entre o povo, de um lado, e o governo, do outro. O pacto foi entre os povos dos Estados americanos para criar e constituir um governo. Supor que um governo possa ser parte em um pacto com todo o povo é supor que ele exista antes de poder ter direito a existir. O único exemplo no qual um pacto pode ocorrer entre o povo e aqueles que exercem o governo é quando o povo os paga enquanto decide mantê-los empregados.

O governo não é um ofício que qualquer homem ou grupo de homens tem o direito de estabelecer e exercer para seu próprio proveito, mas inteiramente um negócio fiduciário cuja propriedade do bem é um direito do fiduciante, que continua podendo retomar a posse do bem. Por si mesmo, o governo não possui direitos; trata-se integralmente de deveres.

Após apresentar dois exemplos da formação original de uma Constituição, mostrarei a maneira como ambas foram alteradas desde seu primeiro estabelecimento.

A experiência demonstrou que os poderes conferidos aos governos pelas Constituições dos Estados eram excessivamente grandes, e aqueles conferidos ao governo federal pela Lei da Confederação, demasiado pequenos. O defeito não residia no princípio, mas na distribuição dos poderes.

Surgiram numerosos artigos, em panfletos e jornais, sobre a oportunidade e a necessidade de uma remodelação do governo federal. Após algum tempo de debates públicos na imprensa e em conversações, o estado da Virgínia, que enfrentava alguns inconvenientes quanto ao comércio, propôs a realização de uma conferência continental. Seguindo essa proposta, uma delegação proveniente de cinco ou seis das Assembléias dos Estados se reuniu em Annapolis, Maryland, em 1786. Como essa reunião não se considerou suficientemente autorizada para deliberar sobre a reforma, nada mais fez do que enunciar suas opiniões gerais a respeito da justeza da medida e recomendar que uma convenção de todos os Estados fosse realizada no ano seguinte.

Essa convenção aconteceu na Filadélfia em maio de 1787; o general Washington foi eleito para presidi-la. Naquela ocasião, ele não se achava ligado a nenhum dos governos estaduais nem ao Congresso. Renunciara à sua patente no fim da guerra e desde então vivia privadamente.

A convenção tratou com profundidade de todos os assuntos e, após várias discussões e investigações, seus membros puseram-se de acordo acerca das diversas partes de uma Constituição federal, de modo que questão seguinte era a forma de conferir a ela autoridade e colocá-la em prática.

Com esse propósito em mente, não mandaram buscar, como o faria um conluio de cortesãos, um governador provincial holandês ou um príncipe-eleitor alemão, mas referiram toda a matéria à compreensão e aos interesses do país.

Ordenaram primeiramente que a Constituição proposta fosse publicada; em segundo lugar, que cada Estado elegesse membros para uma convenção expressamente com a função de apreciar a Constituição e, em seguida, ratificá-la ou rejeitá-la; e que, assim que a aprovação e ratificação de quaisquer nove Estados fossem dadas, esses Estados deveriam proceder à eleição de sua parcela de membros do novo governo federal, e que este então começasse a funcionar, cessando o governo anterior.

Os vários Estados passaram, então, a eleger os membros das convenções. Algumas destas ratificaram a nova Constituição por maiorias muito expressivas; duas ou três, por unanimidade. Em outras houve muita polêmica e divisões de opiniões. Na convenção de Massachusetts, que se reuniu em Boston, a maioria não foi além de dezenove ou vinte em cerca de trezentos membros, mas tal é a natureza do governo representativo que nele se decidem tranqüilamente todas as matérias por maioria. Após os debates na convenção de Massachusetts terem se encerrado e a votação ser realizada, os membros objetantes se levantaram e declararam que "embora houvessem argumentado e votado contra ela porque algumas partes lhes apareceram sob uma luz diferente daquela considerada por outros membros, ainda assim, como os votos decidiram em favor da Constituição proposta, dariam a ela o mesmo apoio efetivo que dariam se tivessem votado a seu favor".

Obtida a aceitação de nove Estados (tendo os restantes seguido na ordem em que suas convenções foram eleitas), foi desfeita a antiga estrutura do governo federal e adotada a nova, na qual o general Washington é o presidente. Aqui não posso deixar de observar que o caráter e os serviços desse cavalheiro são suficientes para envergonhar todos esses homens chamados de reis. Enquanto estes recebem do suor e dos labores da humanidade pagamentos prodigiosos, aos quais nem suas capacidades nem seus serviços lhes dão direito, Washington presta todos os serviços ao seu alcance e recusa toda recompensa pecuniária. Não aceitou pagamento algum como comandante. Não aceita nenhum como presidente dos Estados Unidos.

Depois do estabelecimento da nova Constituição Federal, o estado da Pensilvânia, entendendo que algumas partes de sua própria Constituição exigiam alteração, elegeu uma convenção para esse propósito. As alterações propostas foram publicadas e, tendo o povo com elas concordado, ficaram estabelecidas.

Na formação dessas Constituições, ou em sua alteração, enfrentou-se pouca ou nenhuma inconveniência. O curso normal das coisas não foi interrompido, e as vantagens foram muitas. Sempre interessa a um número muito maior de pessoas numa nação acertar as coisas em vez deixá-las erradas, e quando os assuntos públicos estão abertos ao debate e o julgamento público é livre, a decisão não será errada a menos que seja feita precipitadamente.

Nos dois casos de modificação de Constituições, os governos então existentes não intervieram em nada. O governo não tem direito de converter-se em parte em qualquer discussão em torno dos princípios ou modos de formar ou alterar as Constituições. Não é para o benefício dos que exercem os poderes governamentais que as Constituições e os governos que delas resultam são estabelecidos. Em todas essas matérias, o direito de julgar e agir é daqueles que pagam e não daqueles que recebem.

Uma Constituição é propriedade de uma nação e não daqueles que exercem o governo. Todas as Constituições da América declaram ser estabelecidas pela autoridade do povo. Na França, a palavra nação é empregada em lugar de "povo"; porém, em ambos os casos uma Constituição é algo que antecede ao governo e sempre distinto dele.

Na Inglaterra, não é difícil perceber que tudo tem uma constituição exceto a nação. Toda sociedade ou associação que se estabelece começa por um consenso sobre vários artigos originais, que são compilados e passam a formar sua constituição. Em seguida, são nomeados funcionários, cujos poderes e competências são descritos nessa constituição, com o que se inicia o governo dessa sociedade. Esses funcionários, quaisquer que sejam os nomes de seus cargos, não têm autoridade alguma para acrescentar, alterar ou abreviar os conteúdos dos artigos originais. Esse direito pertence exclusivamente ao poder constituinte.

Devido à falta de compreensão da diferença entre uma Constituição e um governo, o dr. Johnson e todos os autores do seu estilo sempre se confundem completamente. Só conseguiram perceber que deve haver necessariamente um poder *controlador* em algum lugar, e o atribuíram à discrição das pessoas que exercem o governo, em vez de atribuí-lo à Constituição formada pela nação. Quando ele reside na Constituição, a nação é seu sustentáculo e os poderes controladores natural e político estão unidos. As leis promulgadas pelos governos controlam os homens apenas como indivíduos, ao passo que a nação, através de sua Constituição, controla todo o governo e possui uma capacidade natural para fazê-lo. Portanto, o poder controlador final e o poder constituinte original são um e o mesmo poder.

O dr. Johnson não poderia ter apresentado tal posição em um país em que houvesse Constituição; ele mesmo é prova de que nada semelhante a uma Constituição existe na Inglaterra. Apesar disso, pode-se levantar uma questão que merece investigação: se não existe Constituição, como a idéia de sua existência se generalizou tanto?

Para responder a essa questão, é necessário examinar uma Constituição em seus dois aspectos: primeiro, enquanto cria um governo e lhe confere poderes; segundo, enquanto regula e limita os poderes assim conferidos.

Se começarmos por Guilherme da Normandia, descobriremos que o governo da Inglaterra era originalmente uma tirania, fundada numa invasão e conquista do país. Admitido isso, parecerá então que o esforço da nação, em distintos períodos, para enfraquecer essa tirania e torná-la menos intolerável foi creditado a uma Constituição.

A *Magna Carta,* como foi chamada (atualmente se parece a um almanaque da mesma data), não passou de uma obrigação imposta ao governo para que este renunciasse a uma parte de suas pretensões. Não criou nem conferiu poderes ao governo ao modo de uma Constituição; foi, dentro do seu alcance, algo da natureza de uma reconquista e não de uma Constituição, porque se a nação tivesse expulsado totalmente os usurpadores, como a França fez com seus déspotas, teria dado forma a uma Constituição.

A história dos *Edwards* e dos *Henries*, e até o começo dos *Stuarts*, exibe tantos atos da tirania quanto poderiam ser cometidos dentro dos limites aos quais a nação a havia confinado. Os *Stuarts* se empenharam em transpor tais limites, e seu destino é notório. Em todos esses exemplos não percebemos Constituição alguma atuando, mas apenas restrições ao poder usurpado.

Depois disso, outro Guilherme, descendente da mesma estirpe e reivindicando a mesma origem, tomou posse; e dos dois males, *Jaime* e *Guilherme,* a nação preferiu o que considerou o menor, pois naquelas circunstâncias tinha de aceitar um deles. A lei chamada Declaração de Direitos *(Bill of Rights)* vem aqui à luz. E o que ela é senão uma barganha entre as partes do governo a fim de repartirem poderes, benefícios e privilégios? Você terá tanto e eu ficarei com o resto. E no tocante à nação, se dizia, *tua cota será o direito de fazer petições.* Assim sendo, a Declaração de Direitos é mais propriamente o *documento* das injustiças e do insulto. Quanto ao chamado de parlamento da convenção, foi algo que criou a si próprio e, em seguida, criou a autoridade pela qual atuou. Umas poucas pessoas se reuniram e chamaram a si mesmas com tal nome. Algumas delas jamais haviam sido eleitas, e nenhuma delas para tal propósito.

Desde Guilherme, surgiu um tipo de governo, que emanava dessa coalizão em torno da Declaração de Direitos e que aumentou seus poderes a partir da corrupção introduzida pela sucessão de Hannover, pela atuação de Walpole. Ele não merece outra designação senão a de legislação despótica. Ainda que as partes possam embaraçar umas às outras, o todo não tem limites, e o único direito que ele reconhece fora de si mesmo é o direito de petição. Onde estaria então a Constituição que outorga ou limita o poder?

Quando uma parte do governo é eletiva, isso não o torna menos despótico se as pessoas eleitas possuírem posteriormente, como parlamento, poderes ilimitados. Nesse caso, a eleição se divorcia da representação e os candidatos são candidatos ao despotismo.

Não posso acreditar que nação alguma, raciocinando por conta própria, teria pensado em chamar tais coisas de *Constituição* se o governo não tivesse lançado o grito de Constituição. Entrou em circulação por força de repetição nos discursos do Parlamento, da mesma forma que as novas palavras *bore* e *quiz**, que pareciam ser usadas sob todas as janelas e portas. Mas sejam quais forem seus outros aspectos, tal Constituição é indubitavelmente *a mais produtiva máquina de tributação já inventada*. Os impostos na França, sob a nova Constituição, não chegam a treze *shillings* por pessoa**, e os impostos da Inglaterra, sob sua chamada atual Constituição, é de 88 *shillings* e seis *pence* por pessoa – homens, mulheres e crianças –, totalizando quase dezessete milhões

---

* Originalmente, *quiz* significava uma pessoa ou coisa excêntrica, absurda. Era usada também como uma interjeição ou réplica mordaz para expressar incredulidade ou desdém. (N.E.)

** O valor total estimado dos tributos na França, para o presente ano, é trezentos milhões de *livres*, o que corresponde a 12,5 de libras esterlinas; como os impostos secundários estão estimados em três milhões, o total é de 15,5 milhões de libras, soma que, dividida por 24 milhões de pessoas, não chega a treze *shillings* por cabeça. A França reduziu seus impostos desde a Revolução em quase nove milhões de libras esterlinas por ano. Antes da Revolução, a cidade de Paris pagava uma taxa de mais de 30% sobre todos os artigos que entravam na cidade. Ela era cobrada nos portões da cidade. Foi abolida no primeiro dia do último mês de maio, e os portões foram removidos. (N.A.)

de libras esterlinas, além dos gastos da própria cobrança, que acrescentam mais de um milhão.

Em um país como a Inglaterra, onde todo o governo civil é exercido pelo povo de cada cidade e condado através dos funcionários das paróquias, dos magistrados, das sessões dos tribunais *Quarter Session*, *Assize* e do Júri, sem qualquer transtorno para o chamado governo, nem qualquer despesa para o fisco exceto o salário dos juízes, é espantoso como tal volume de impostos pode ser empregado. Nem sequer a defesa interna do país é paga pelo fisco. Em todas as oportunidades, sejam reais ou forjadas, recorre-se continuamente a novos empréstimos e tributos. Assim, não é de estranhar que uma máquina de governo tão vantajosa aos advogados da corte seja enaltecida de forma tão triunfal. Também não é de estranhar que St. James' e St. Stephen's* ecoem o contínuo brado de Constituição e que a Revolução Francesa seja condenada e a *res-publica* tratada com reprovação! O *red book* da Inglaterra, assim como o livro vermelho da França, explicarão a razão.**

Dedicarei agora, a título de descanso, uma observação ou duas ao sr. Burke. Peço-lhe desculpas por tê-lo deixado de lado tanto tempo.

"A América", diz ele (em seu discurso a respeito do projeto de lei sobre a Constituição do Canadá), "jamais sonhou com uma doutrina tão absurda como *Os direitos do homem.*"

O sr. Burke supõe tantas coisas e apresenta suas afirmações e premissas com tal falta de juízo que, mesmo sem apelarmos aos princípios da filosofia ou da política, as meras conclusões lógicas que produzem são ridículas.

Eis um exemplo. Se os governos, como afirma o sr. Burke, não se fundamentam nos direitos do HOMEM, mas em

---

* Capela de Saint Stephen, no Palácio de Westminster, onde a Câmara dos Comuns então se reunia. (N.E.)

** O chamado *livre rouge*, livro vermelho, na França não era exatamente igual ao calendário da Corte na Inglaterra, mas mostrava suficientemente como uma grande parte da arrecadação dos impostos era esbanjada. (N.A.)

algum direito, precisam conseqüentemente fundamentar-se no direito de *alguma coisa* que *não é o homem.* O que é, então, tal coisa?

Falando em termos gerais, desconhecemos outras criaturas que habitem a Terra além dos homens e dos animais. E, em todos os casos em que somente duas coisas se apresentam e uma necessita ser admitida, negar uma das duas equivale a afirmar a outra. Portanto, o sr. Burke, ao estabelecer provas contra os direitos do homem, prova a favor do *animal.* E, por conseguinte, demonstra que o governo é um animal, e como coisas difíceis às vezes se explicam mutuamente, percebemos agora a origem do fato de animais selvagens serem mantidos na Torre, pois eles certamente só podem servir para mostrar a origem do governo. Ocupam o lugar de uma Constituição. Oh, John Bull, que honras perdeste por não ser um animal selvagem! Poderias, com base no sistema do sr. Burke, ter passado a vida na Torre.

Se os argumentos do sr. Burke não possuem peso suficiente para nos inspirar seriedade, o erro é menos meu do que dele, e como estou disposto a pedir desculpas ao leitor pela liberdade que tomei, espero que o sr. Burke também peça as suas por haver dado o motivo.

Assim, tendo prestado ao sr. Burke a homenagem de recordá-lo, volto ao nosso assunto.

Devido à falta de uma Constituição na Inglaterra para refrear e regular o impulso selvagem do poder, muitas das leis são irracionais e tirânicas e sua administração é vaga e problemática.

Parece que a atenção do governo da Inglaterra (prefiro chamá-lo assim a chamá-lo de governo inglês), a partir de sua conexão política com a Alemanha, está tão completamente dominada e absorvida pelos assuntos externos e pelos meios de aumentar impostos que se tem a impressão de que não existe para nenhum outro propósito. Os interesses domésticos são negligenciados, e o direito legislado mal parece existir.

Atualmente, quase todos os casos necessitam ser determinados mediante algum precedente, seja este bom ou mau, quer seja apropriadamente aplicável ou não; e a prática se generalizou a ponto de inspirar suspeitas de que obedece a uma política mais profunda do que parece à primeira vista.

Desde a Revolução da América, e ainda mais, desde a da França, essa pregação das doutrinas dos precedentes, extraídas de tempos e circunstâncias que antecederam esses eventos, tem sido a prática estudada do governo inglês. A maior parte desses precedentes se funda em princípios e opiniões que são o contrário do que deveriam ser; e quanto mais distante for o período do qual são extraídos, mais suspeitos serão. Mas ao associar esses precedentes a uma reverência supersticiosa pelas coisas antigas, tal como os monges mostram relíquias e as qualificam de sagradas, a maior parte da humanidade é ludibriada e cai na armadilha. Atualmente, há governos que agem como se receassem despertar uma só reflexão no homem. Conduzem-no suavemente ao sepulcro dos precedentes para embotar as suas faculdades e afastar sua atenção do cenário das revoluções. Crêem que o homem está adquirindo conhecimentos mais depressa do que desejam, e sua política dos precedentes é o barômetro de seus temores. Esse papismo político, assim como o papismo eclesiástico de outrora, já está ultrapassado e ruma rapidamente para seu desfecho. A relíquia desgastada e o precedente antiquado, o monge e o monarca, apodrecerão juntos.

O governo por precedentes, sem qualquer consideração do princípio do precedente, é um dos sistemas mais vis que podem ser estabelecidos. Em numerosos casos, o precedente deve operar como uma advertência e não como um exemplo e precisa ser evitado em lugar de imitado. Mas, em lugar disso, os precedentes são tomados em conjunto e propostos imediatamente como Constituição e lei.

Ou bem a doutrina dos precedentes é uma política para manter o homem em um estado de ignorância, ou bem é uma confissão prática de que a sabedoria degenera nos governos à medida que estes envelhecem e só conseguem manquejar com a ajuda das bengalas e muletas dos precedentes. Como as mesmas pessoas que orgulhosamente se julgariam mais sábias do que seus predecessores parecem, ao mesmo tempo, meros fantasmas de uma sabedoria desaparecida? Quão estranhamente é tratada a antigüidade! Para alguns propósitos, fala-se dela como a era das trevas e da ignorância; para outros, é apresentada como a luz do mundo.

Se tivermos de seguir a doutrina dos precedentes, será desnecessário que as despesas do governo permaneçam as mesmas. Por que pagar de modo extravagante homens que têm tão pouco a fazer? Se tudo que pode acontecer já tem um precedente, a legislação termina e o precedente, como um dicionário, determina todos os casos. Portanto, ou o governo atingiu sua decrepitude e é preciso renová-lo, ou já ocorreram todas as oportunidades para que ele exercesse sua sabedoria.

Atualmente assistimos, em toda a Europa e particularmente na Inglaterra, ao curioso fenômeno de uma nação olhando numa direção, e o governo, numa outra: uma, para frente; o outro, para trás. Se os governos tiverem que continuar pelo uso de precedentes, enquanto as nações seguem adiante por meio de melhoramentos, eles precisarão, em última instância, separar-se definitivamente, e quanto mais cedo e mais civilmente chegarem a ela, tanto melhor.*

Depois de abordar as Constituições em geral como coisas distintas dos governos efetivos, passemos ao exame das partes que compõem uma Constituição.

Há maior divergência de opiniões quanto a este ponto do que quanto ao todo. Que uma nação deva ter uma Constituição, como regra para a condução de seu governo, trata-se de uma questão simples sobre a qual todos os homens estão de acordo,

---

* Na Inglaterra, os melhoramentos em agricultura, artes aplicadas, manufaturas e comércio têm sido feitos em oposição ao caráter de seu governo, que é seguir os precedentes. E é graças à iniciativa e trabalho dos indivíduos e de suas numerosas associações – para as quais, falando de forma banal, o governo não é nem travesseiro nem almofada – que esses melhoramentos têm ocorrido. Homem algum pensou no governo, em quem estava *nele,* ou *fora dele,* enquanto planejava ou realizava essas coisas, e tudo que precisava esperar do governo era *que este o deixasse em paz.* Há três ou quatro jornais ministeriais muito tolos que constantemente insistem em criticar o espírito do melhoramento atribuindo-o a um primeiro-ministro. Com idêntica veracidade poderiam atribuir este livro a um primeiro-ministro. (N.A.)

com exceção dos cortesãos. É somente em torno das partes componentes que as questões e opiniões se multiplicam.

Mas essa dificuldade, tal como qualquer outra, diminuirá quando disposta de forma que possa ser corretamente entendida.

A primeira coisa é que uma nação tem o direito de estabelecer uma Constituição.

Se ela exerce inicialmente esse direito da maneira mais judiciosa é uma questão totalmente distinta. Ela o exerce conforme o juízo que possui e, ao prosseguir nesse exercício, terminará eliminando todos os erros.

Quando esse direito é estabelecido numa nação, não há temor de que seja empregado de forma que a prejudique. Uma nação não pode ter interesse em ser injusta consigo mesma.

Embora todas as Constituições da América obedeçam a um único princípio geral, sequer duas delas são exatamente iguais em suas partes componentes ou na distribuição dos poderes que conferem aos governos existentes. Algumas são mais complexas, e outras, menos.

Ao formar uma Constituição, necessita-se, em primeiro lugar, considerar quais são os fins para os quais o governo é necessário. Em segundo lugar, quais são os melhores meios e os menos dispendiosos para alcançar esses fins.

O governo não é mais do que uma associação nacional cujo objetivo é o bem de todos, tanto individual como coletivamente. Todo homem deseja exercer sua profissão e gozar dos frutos do seu trabalho e da renda da sua propriedade em paz e segurança e com o menor gasto possível. Quando essas coisas são obtidas, todas as funções para as quais o governo deve ser estabelecido são cumpridas.

É costume considerar o governo sob três divisões distintas: o legislativo, o executivo e o judiciário.

Contudo, se permitirmos que o nosso juízo atue livre do impedimento do hábito de multiplicar os termos, perceberemos não mais do que duas divisões do poder que compõem o governo civil, quais sejam, a que legisla ou promulga leis e a que as aplica ou administra. Portanto, todas as coisas que pertencem ao governo civil se classificam em uma ou outra dessas duas divisões.

Quanto à execução das leis, o que se denomina de poder judiciário é estrita e propriamente o poder executivo de cada país. É a esse poder que todo indivíduo tem de recorrer e graças a ele as leis são executadas. Não possuímos qualquer outra clara idéia quanto à execução oficial das leis. Na Inglaterra, na América e na França, esse poder principia com o magistrado e perpassa todos os tribunais de justiça.

Transfiro aos cortesãos a tarefa de explicar o que significa chamar a monarquia de poder executivo. É apenas um nome pelo qual são realizados os atos do governo; e qualquer um, ou nenhum, atenderia ao mesmo propósito. As leis não possuem nem mais nem menos autoridade por conta disso. Elas devem retirar sustentação da justiça de seus princípios e do interesse que uma nação nela deposita. Se exigissem qualquer outra coisa além disso, algo de imperfeito existiria no sistema de governo. Leis de difícil execução não podem, em geral, ser boas.

Quanto à organização do *poder legislativo,* são adotadas diferentes formas em diferentes países. Na América, ele é geralmente composto de duas Câmaras. Na França, consiste de apenas uma; mas em ambos os países ele é totalmente representativo.

O fato é que a humanidade (devido à longa tirania do poder usurpado) teve tão poucas oportunidades de fazer os testes necessários de sistemas e princípios de governo para poder descobrir o melhor *que o governo apenas atualmente começa a ser conhecido* e ainda falta experiência para determinar muitos aspectos.

As objeções contra duas Câmaras são, em primeiro lugar, que existe uma inconsistência quando uma parte de um todo legislativo chega a uma decisão final pelo voto sobre alguma matéria, enquanto *esta matéria,* com respeito *àquele todo,* ainda se encontra sob deliberação e, conseqüentemente, aberta a novos esclarecimentos.

Em segundo lugar, que ao submeter cada matéria à votação em ambas as Câmaras, como órgãos separados, admite-se sempre a possibilidade, e freqüentemente esse é o caso na prática, de a minoria governar a maioria, o que, em alguns exemplos, ocorre com um grau elevado de inconsistência.

Em terceiro lugar, que duas Câmaras se limitem ou controlem arbitrariamente uma à outra é inconsistente porque não se pode provar, com base nos princípios da justa representação, que uma ou outra seja a mais sábia ou a melhor. Elas podem se limitar tanto com relação ao que está errado quanto ao que está certo e, portanto, conferir poder quando podemos não ter sabedoria para usá-lo, nem estar seguros de que seja corretamente usado, tornando a prevenção ao menos tão cara quanto o dano.*

A objeção contra uma Câmara única é que sempre existe a possibilidade de que se comprometa demasiado cedo. Mas ao mesmo tempo devemos lembrar que quando há uma Constituição que define o poder e estabelece os princípios sob os quais atuará uma Assembléia Legislativa, já se estabelece um freio mais eficaz do que qualquer outro. A seguir, ofereço um exemplo.

---

* Com respeito às duas Câmaras que compõem o Parlamento inglês, elas parecem influenciar-se mutuamente de forma efetiva e, como Assembléia Legislativa, carecer de caráter próprio. O primeiro-ministro, seja quem for em um dado momento, a toca como que com uma varinha de ópio e ela adormece obediente.

Mas se olharmos para as distintas capacidades das duas Câmaras, a diferença parecerá tão grande a ponto de exibir a incoerência de atribuir poder quando não pode haver certeza alguma do juízo para usá-lo. Por mais deplorável que se encontre a representação na Inglaterra, ela dá mostras de grande virilidade em comparação à alcunhada Câmara dos Lordes, que o povo tem em tão pouca conta que raramente se indaga sobre o que ela estaria fazendo. Essa Câmara também parece ser a mais submetida a influências e a mais afastada do interesse geral da nação. No debate sobre o envolvimento na guerra entre Rússia e Turquia: a maioria na Câmara dos Pares a seu favor foi superior a noventa, enquanto na outra Câmara, cujo número de membros é mais do que o dobro, a maioria foi de 1963. Também merecem destaque os trabalhos em torno do projeto de lei do sr. Fox sobre os direitos dos júris. As pessoas chamadas de pares não eram os objetos desse projeto de lei. Elas já detinham mais privilégios do que esse projeto conferia a outras pessoas. São seu próprio júri, e se alguém dessa Câmara fosse processado por calúnia nada sofreria, mesmo sendo condenado pelo delito primário. Essa desigualdade perante as leis não deveria existir em nenhum país. A Constituição francesa diz que *a lei é a mesma para todos os indivíduos, quer para proteger, quer para punir. Todos são iguais perante ela.* (N.A.)

Se fosse apresentado diante de quaisquer das assembléias legislativas americanas um projeto de lei semelhante ao aprovado pelo Parlamento inglês no começo do reinado de Jorge I, determinando a duração do mandato das Assembléias em relação à atual, o freio estaria presente na Constituição, que, com efeito, diz: "Até esse ponto poderás continuar e nada adiante dele".

Todavia, a fim de eliminar a objeção contra a Câmara única – a de agir por impulsos demasiado rápidos – e, ao mesmo tempo, evitar as inconsistências, em alguns casos os absurdos surgidos das duas Câmaras, o método a seguir foi proposto a título de aperfeiçoamento.

Em primeiro lugar, ter apenas uma representação.

Em segundo, dividir essa representação, por sorteio, em duas ou três partes.

Em terceiro, debater de início todo projeto de lei proposto nessas partes sucessivamente, de modo que cada uma ouça as outras, mas sem proceder a votações. Depois disso, toda a representação deverá reunir-se para a realização de um debate geral e decisão por votação.

A essa proposta de aperfeiçoamento foi acrescentada outra, com a finalidade de manter a representação em um estado de constante renovação: um terço da representação de cada condado deve ser exonerado depois de um ano, e o número de representantes afastados deve ser substituído mediante novas eleições. Outro terço será substituído da mesma forma quando expirar o segundo ano. De três em três anos, uma eleição geral será realizada.*

Mas seja qual for a forma na qual as partes de uma Constituição sejam organizadas, há um *único* princípio geral que distingue a liberdade da escravidão, a saber, que *todo governo hereditário sobre um povo é para este uma espécie de escravidão, e que o governo representativo é a liberdade.*

---

* Quanto ao estado da representação na Inglaterra, é demasiado absurdo para ser debatido. Quase todas as partes representadas têm uma população cada vez menor, e as partes não representadas, uma cada vez maior. Uma convenção geral da nação é necessária para que se examine a totalidade da condição de seu governo. (N.A.)

Considerando o governo sob a única luz na qual deve ser considerado, a de uma ASSOCIAÇÃO NACIONAL, ele deve estar formado de modo que não seja desordenado por quaisquer acidentes que ocorram entre as partes. E, portanto, nenhum poder extraordinário capaz de produzir tal efeito deveria ser colocado nas mãos de indivíduo algum. A morte, a doença, a ausência ou a deserção de qualquer indivíduo de um governo deve ser uma matéria sem maiores conseqüências para a nação, tal como seria caso isso ocorresse a membro do Parlamento inglês ou da Assembléia Nacional Francesa.

Dificilmente algo apresenta um caráter mais degradante para a grandeza de uma nação do que ela ser lançada na confusão por alguma coisa que aconteça a um indivíduo ou que seja o produto de sua ação. O caráter ridículo de tal quadro é freqüentemente acentuado pela insignificância natural da pessoa que o gera. Se um governo fosse formado de modo a só poder continuar funcionando se uma gansa ou um ganso estivessem presentes no senado, as dificuldades seriam tão grandes e tão reais, em caso de vôo ou enfermidade da gansa ou do ganso, quanto se fossem chamados de rei. Rimos dos indivíduos que criam dificuldades tolas para si mesmos, sem perceber que as coisas mais ridículas são feitas pelos governos.*

Todas as constituições da América se encontram num plano que exclui os embaraços pueris que ocorrem nos países

---

* Relata-se que no cantão de Berna, na Suíça, existia o costume, desde tempos imemoriais, de manter um urso a expensas do dinheiro público, e que o povo havia sido ensinado a acreditar que se não possuísse um urso, tudo estaria perdido. Há alguns anos, o urso então existente adoeceu e morreu tão subitamente que não houve tempo para que fosse substituído de imediato. Durante o interregno, as pessoas descobriram que os cereais cresciam e a vindima prosperava, o sol e a lua continuavam nascendo e se pondo, e tudo prosseguia da mesma forma que antes. Reunindo coragem diante de tais circunstâncias, o povo decidiu não manter mais ursos. Dizia-se: "Um urso é um animal muito voraz e caro, e tínhamos que extrair suas unhas para que não ferisse os cidadãos".
A história do urso de Berna foi relatada em alguns dos jornais franceses por ocasião da fuga de Luís XVI, e sua aplicação à monarquia era inequívoca na França. Mas parece que a aristocracia de Berna a aplicou a si mesma e, desde então, proibiu a leitura de jornais franceses. (N.A.)

monárquicos. Nenhuma suspensão do governo pode nela ocorrer por um momento sequer sob quaisquer circunstâncias. O sistema de representação atende a tudo e é o único sistema no qual as nações e os governos podem sempre se manifestar com seu próprio caráter.

Tal como um poder extraordinário não deve ser colocado nas mãos de indivíduo algum, não deve haver nenhuma apropriação do dinheiro público por pessoa alguma além do que lhe cabe por seus serviços ao Estado. Não importa se um homem é chamado de presidente, rei, imperador, senador ou qualquer outro nome que a decência ou a loucura possam conceber ou a arrogância assumir: é sempre apenas certa função que pode cumprir no Estado. Na rotina do cargo público, seja classificado como monárquico, presidencial, senatorial ou por qualquer outro nome ou título, seus serviços jamais podem exceder o valor de dez mil libras esterlinas anuais. Todos os grandes serviços prestados no mundo são realizados por voluntários que nada recebem por eles. A rotina do cargo, entretanto, está sempre ajustada a um padrão tão geral de habilidades que se encontra ao alcance de muitas pessoas em um país; conseqüentemente, não merece recompensas extraordinárias. "O governo", diz Swift, "é uma coisa simples e adequada à capacidade de muitas cabeças".

É desumano falar de um milhão de libras esterlinas por ano, pago através de tributos públicos de um país qualquer para sustentar um indivíduo, enquanto milhares forçados a contribuir definham com privações e lutam contra a miséria. O governo não consiste no contraste entre prisões e palácios, entre pobreza e pompa. Não é instituído para roubar dos necessitados os seus centavos e piorar a miséria dos miseráveis. Mas dessa parte do tema falarei mais adiante; por enquanto vou me limitar às observações políticas.

Quando um poder e uma remuneração extraordinários são concedidos a um indivíduo do governo, ele se torna o centro em torno do qual todo tipo de corrupção é gerada e formada. Dê a um homem um milhão por ano e adicione a isso o poder de criar e dispor de cargos a expensas de um país, e as liberdades desse país deixarão de ser seguras. Aquilo que é chamado de esplendor do trono não é outra coisa senão a corrupção do Estado, constituída por um bando de parasitas vivendo uma vida de luxuosa indolência à custa dos tributos públicos.

Quando tal sistema vicioso é implantado, converte-se em guardião e protetor de todos os abusos menores. O homem que recebe um milhão por ano será a última pessoa a promover o espírito de reforma, a menos que ele próprio seja atingido. Será sempre seu interesse defender os abusos menores, como muitas muralhas que protegem a cidadela, e nessa espécie de fortaleza política todas as partes têm uma dependência tão comum que não se deve esperar que se ataquem entre si.*

A monarquia não teria perdurado por tantos séculos no mundo não fosse pelos abusos que ela protege. Trata-se da fraude maior, que abriga todas as demais. Admitindo uma participação no espólio, adquire amigos e, quando deixar de fazê-lo, deixará de ser o ídolo dos cortesãos.

O princípio sobre o qual as Constituições atualmente são formadas rejeita todas as pretensões hereditárias ao

---

* É praticamente impossível abordar qualquer assunto que não sugira uma alusão a alguma corrupção nos governos. A analogia com a "fortaleza" infelizmente acarreta consigo uma circunstância que guarda relação direta com a matéria acima aludida.

Entre os numerosos exemplos de abusos produzidos ou protegidos por governos antigos ou modernos, não há maior do que impor ao público o aquartelamento de um homem e seus herdeiros, mantendo-os a expensas do dinheiro público.

A humanidade dita que se atenda aos pobres. Mas com base em que direito, moral ou político, um governo declara que a pessoa chamada duque de Richmond deverá ser sustentada pelo público? Contudo, se o governo estiver certo, não há um só mendigo em Londres que possa comprar sua miserável porção de carvão sem arcar com a lista de servidores do duque de Richmond. Se o fruto total dessa imposição fosse um só *shilling* por ano, o princípio da iniqüidade ainda seria o mesmo. Mas quando totaliza, como dizem, não menos que vinte mil libras esterlinas por ano, sua enormidade é demasiado grave para que se permita sua continuidade. Esse é um dos efeitos da monarquia e da aristocracia.

Ao expor esse caso, não me movo por nenhuma antipatia pessoal. Embora eu julgue mesquinho que alguém viva à custa do público, o vício tem sua origem no governo e se generalizou tanto que não faz nenhuma diferença o fato de as partes estarem no ministério ou na oposição: cada uma está certa da garantia das outras. (N.A.)

governo e igualmente todo aquele elenco de pretensões conhecidas pelo nome de prerrogativas.

Se existe algum governo no qual as prerrogativas podem ser confiadas, com aparente segurança, a algum indivíduo, é o governo federal da América. O presidente dos Estados Unidos da América é eleito para um mandato de apenas quatro anos. Ele não é apenas responsável na acepção geral da palavra, mas também responde à Constituição através de um mecanismo particular para colocá-lo à prova. Ele é inelegível com menos de 35 anos, além de ser obrigatoriamente um nativo do país.

Numa comparação com o governo da Inglaterra, as diferenças deste último chegam a ser absurdas. Na Inglaterra, a pessoa que exerce a prerrogativa é amiúde um estrangeiro, sempre é metade estrangeira e sempre casada com um estrangeiro. Nunca tem uma ligação completa, de caráter natural ou político, com o país, não é responsável por coisa alguma e atinge a maioridade com dezoito anos; não obstante, é permitido a essa pessoa estabelecer alianças externas, sem sequer o conhecimento da nação, e declarar a guerra ou a paz sem o seu consentimento.

Mas isso não é tudo. Embora tal pessoa não possa dispor do governo na condição de testador, dita as uniões matrimoniais, o que, com efeito, cumpre uma grande parte do mesmo objetivo. Não pode legar diretamente metade do governo à Prússia, mas pode criar um contrato matrimonial que produzirá quase o mesmo efeito. Em tais circunstâncias, representa uma felicidade para a Inglaterra não estar situada no continente, caso contrário poderia cair, tal como a Holanda, nas garras da ditadura da Prússia. A Holanda, pelo expediente do casamento, é efetivamente governada pela Prússia tal como se toda a velha tirania de legar o governo por testamento houvesse sido o meio de instituí-lo.

A presidência na América (ou, como é às vezes chamada, o executivo) é o único cargo do qual estão excluídos os estrangeiros; na Inglaterra, é o único ao qual eles são admitidos. Um estrangeiro não pode ser membro do Parlamento, mas pode ser o que é chamado de rei. Se há alguma razão para a exclusão de estrangeiros, ela deve valer para os cargos nos quais os danos resultantes podem ser maiores e, reunindo todos os preconceitos dos interesses e afetos, com mais certeza ocorrerão. Mas, à medida que as nações avancem na grande tarefa de formar Constituições, examinarão com maior precisão a natureza e a função desse departamento chamado executivo. Todo mundo é capaz de ver o que são os departamentos legislativo e judiciário; porém, quanto ao que é chamado na Europa de executivo, sendo distinto dos outros dois, é visto como supérfluo político ou como um caos de coisas desconhecidas.

Só é necessário um tipo de departamento oficial ao qual sejam enviados os relatórios provenientes das diferentes regiões da nação, ou do exterior, a serem apresentados aos representantes nacionais. Entretanto, não é coerente chamá-lo de executivo; tampouco pode ser considerado sob qualquer outra luz senão a de ser inferior ao legislativo. A autoridade soberana em qualquer país é o poder de fazer leis, e tudo o mais constitui um departamento oficial.

Depois da ordenação dos princípios e da organização das diversas partes de uma Constituição, há a disposição a ser feita quanto ao sustento das pessoas às quais a nação confiará a administração dos poderes constitucionais.

Uma nação não pode ter nenhum direito ao tempo e aos serviços de pessoa alguma às expensas dessa mesma pessoa quando escolhe empregá-la (ou a ela confiar um cargo) em qualquer que seja o departamento; tampouco pode ser alegada qualquer razão para atender ao sustento de uma parte do governo e não de outra.

Admitindo-se, porém, que a honra de ter a si confiada uma parte do governo seja uma recompensa suficiente, assim deveria ser para todas as pessoas. Se os membros da Assembléia Legislativa de um país tiverem que prestar serviços às suas próprias custas, o chamado executivo, quer seja monárquico quer receba qualquer outra designação, também deveria prestá-los nas mesmas condições. É incoerente remunerar uns e aceitar o serviço gratuito dos outros.

Na América, atende-se de forma decente a todos os departamentos do governo, mas nenhum é pago de maneira extravagante. A todos os membros do Congresso e das Assembléias é facultado o suficiente para suas despesas. Na Inglaterra, atende-se da forma mais pródiga ao sustento de uma parte do governo enquanto a outra nada recebe, com a conseqüência de uma receber os recursos para corromper, enquanto a outra é colocada na condição de ser corrompida. Menos de uma quarta parte dessa despesa, se aplicada tal como na América, remediaria grande parte da corrupção.

Outra reforma nas Constituições americanas é a abolição de todos os juramentos pessoais. O juramento de lealdade na América é feito somente à nação. Apontar um indivíduo como emblema da nação é impróprio. A felicidade de uma nação constitui o objetivo superior e, portanto, a intenção de um juramento de lealdade não deve ser eclipsada pelo fato de o julgamento ter sido feito figuradamente ou em nome de alguma pessoa. É impróprio o juramento, chamado de juramento cívico na França, "à nação, à lei e ao rei". Se afinal for feito, o juramento deverá ser, como na América, somente à nação. As leis podem ser boas ou não, mas não podem ter outro significado senão o de conduzirem à felicidade da nação e por isso estão nela incluídas. O resto do juramento não é apropriado pela razão de que todos os juramentos pessoais devem ser abolidos. São, por um lado, os restos da tirania e, por outro, da escravidão, e o nome do CRIADOR não deveria ser introduzido para testemunhar a degradação de suas criaturas; mas se for tomado, conforme já mencionado, como emblema da nação, será nesse caso redundante. Contudo, seja qual for a desculpa feita a favor de juramentos quando se estabelece um governo, posteriormente eles não deverão ser permitidos. Se um governo requer o apoio de juramentos, é um sinal de que não é digno de apoio e de que não deve ser apoiado. Que o governo seja o que deve ser, e assim ele será o seu próprio apoio.

Para concluir esta parte do assunto: um dos maiores aprimoramentos já realizados a favor da segurança e do progresso perpétuos da liberdade constitucional é a disposição que as novas Constituições estabelecem para que elas possam ser ocasionalmente revistas, alteradas e emendadas.

O princípio sobre o qual o sr. Burke formou seu credo político – "obrigar e controlar, até o final dos tempos, a posteridade, que renuncia e abdica para sempre dos seus direitos" – tornou-se atualmente algo excessivamente detestável para converter-se em tema de discussão; portanto, eu o deixo de lado, preocupando-me apenas em deixá-lo à vista.

O governo é algo que atualmente começa a ser conhecido. Até hoje não passou de um mero exercício de poder que impedia toda investigação efetiva em torno dos direitos e com raízes fincadas inteiramente na posse. Enquanto seu juiz foi o inimigo da liberdade, o progresso do princípio desta deve ter sido realmente modesto.

As Constituições da América, e também a da França, estabeleceram um período para sua revisão ou formularam o modo pelo qual o aprimoramento deverá ser feito. Talvez seja impossível estabelecer algo que combine os princípios com as opiniões e a prática, algo que o progresso das circunstâncias, ao longo dos anos, não desordene ou torne incoerente em alguma medida; portanto, a fim de prevenir o acúmulo de inconveniências, que acaba até desestimulando reformas ou provocando revoluções, o melhor é prover os meios de regular tais inconveniências à medida que elas apareçam. Os direitos do homem são os direitos de todas as gerações dos homens e não podem ser monopolizados por nenhuma delas. Aquilo que merece continuar continuará por seu próprio mérito, e nisso reside sua segurança e não em condições nas quais possa estar apoiado. Quando um homem deixa suas propriedades aos seus herdeiros, não condiciona a herança à obrigação de a aceitarem. Por que, então, deveríamos agir diferentemente com respeito às Constituições?

As melhores Constituições atualmente concebíveis, coerentes com as circunstâncias atuais, podem carecer da excelência que alguns anos podem proporcionar. Em relação aos governos, há uma aurora da razão que se levanta sobre o homem e que jamais irrompeu no passado. À medida que se extinga a barbárie dos atuais governos antigos, o estado moral do mútuo relacionamento das nações será alterado. O homem não mais será educado com a idéia selvagem de considerar sua espécie como inimiga simplesmente porque o acidente do nascimento outorga existência aos indivíduos em países que se distinguem por diferentes nomes. E como as Constituições sempre têm alguma relação com circunstâncias tanto externas como domésticas, os meios para tirar proveito de toda mudança, externa ou doméstica, deveriam ser parte de toda Constituição.

Já percebemos tal alteração na disposição nacional para o relacionamento mútuo entre a Inglaterra e a França que, se olharmos para trás apenas alguns anos, é em si mesma revolucionária.

Quem poderia ter previsto ou acreditado que uma Assembléia Nacional Francesa seria algum dia um objeto de comemoração popular na Inglaterra ou que uma aliança amistosa das duas nações pudesse se transformar no desejo de ambas? Isso mostra que o homem não corrompido pelos governos é naturalmente amigo do homem e que a natureza humana não é, em si, perversa. O espírito de inveja e ferocidade que os governos de ambos os países instigaram e que submeteram ao propósito da tributação cede agora aos ditames da razão, do interesse e da humanidade. O negócio das cortes está começando a ser compreendido, e a afetação do mistério, com todo o sortilégio artificial com o qual ludibriam a humanidade, está em declínio. Foi ferida de morte e, embora sua agonia ainda possa durar, acabará perecendo.

Os governos deveriam estar tão abertos ao aperfeiçoamento quanto qualquer coisa que diga respeito ao homem, mas em lugar disso foram monopolizados, era após era, pelos membros mais ignorantes e perversos da espécie humana. Necessitamos de alguma outra prova de sua deplorável administração além do excesso de dívidas e impostos sob cujo peso gemem todas as nações e dos conflitos nos quais precipitaram o mundo?

Como estamos apenas emergindo dessa condição de barbárie, é prematuro determinar até que grau de aperfeiçoamento o governo ainda pode ser conduzido. A julgar pelo que podemos prever, é possível que toda a Europa forme uma só e grande república e o homem seja inteiramente livre.

Capítulo V
Meios para melhorar a condição da Europa, intercalados com observações variadas

Ao contemplarmos um tema que abarca com magnitude equatorial o território inteiro da humanidade, é impossível limitar a investigação a um só aspecto. Essa investigação baseia-se em todos os aspectos e condições próprios do homem, mesclando o indivíduo, a nação e o mundo.

De uma pequena centelha que irrompeu na América originou-se uma chama que não pode ser apagada. Sem consumir-se como a *Ultima Ratio Regum,* alastra seu progresso de nação para nação e conquista através de uma operação silenciosa. O homem encontra a si mesmo mudado e mal percebe como. Adquire um conhecimento de seus direitos ao atender justamente a seus interesses e descobre no transcurso que a força e os poderes do despotismo consistem unicamente no medo de lhe oferecer resistência e que "para ser livre basta que o queira".

Tendo me esforçado, em todas as partes anteriores desta obra, para estabelecer um sistema de princípios como a base sobre a qual os governos devem ser erigidos, passarei agora aos meios para colocá-los em prática. Mas, para introduzir essa parte do tema com maior correção e eficácia, são necessárias algumas observações preliminares, que podem ser deduzidas desses princípios ou a eles conectadas.

Seja qual for a forma ou a Constituição do governo, sua exclusiva meta deve ser a felicidade *geral*. Quando, em vez disso, atua para gerar e aumentar a maldade, em qualquer das partes da sociedade, então se baseia em um sistema errado, e a reforma se torna necessária.

A linguagem cotidiana classificou a condição humana sob duas descrições: a vida civilizada e a incivilizada. À primeira, atribuem-se a felicidade e a abundância; à outra, o sofrimento e a carência. Mas, por mais que a nossa imaginação possa ser impressionada com pinturas e comparações, continua sendo verdadeiro que uma grande parte da humanidade, nos denominados países civilizados, encontra-se em um estado de pobreza e miséria bem abaixo da condição dos indígenas. Não me refiro a um determinado país, mas a todos. Assim é na Inglaterra, assim é em toda a Europa. Investiguemos a sua causa.

A causa não reside em qualquer defeito natural dos princípios da civilização, mas no fato de esses princípios serem impedidos de operar universalmente, cuja conseqüência é um perpétuo sistema de guerras e gastos que esgotam o país e frustram a felicidade geral da qual a civilização é capaz.

Nenhum governo europeu (com exceção da França atualmente) está construído com base no princípio da civilização universal. Baseiam-se no princípio oposto. Quanto à forma de relacionamento mútuo, esses governos se apresentam na mesma condição de vida que concebemos como selvagem e incivilizada. Colocam-se fora da lei de Deus e dos homens. Quanto ao princípio e à conduta recíproca, são como muitos indivíduos em um estado de natureza.

Os habitantes de todos os países que são civilizados pelas leis civilizam-se juntos facilmente. Contudo, como os governos ainda se encontram em um estado incivilizado, e quase continuamente em guerra, pervertem a abundância produzida pela vida civilizada a fim de aumentar a extensão da parte incivilizada. Ao enxertar sua barbárie na civilização interna de um país, os governos extraem deste e especialmente dos pobres uma grande parte dos recursos que deveriam ser aplicados na subsistência e conforto deles. Independentemente de todas as reflexões morais e filosóficas, é um fato melancólico que mais de um quarto do trabalho da humanidade seja anualmente consumido por esse sistema bárbaro.

O que serve para perpetuar esse mal são as vantagens pecuniárias que todos os governos da Europa encontram na manutenção desse estado de incivilização. Elas lhes concedem pretextos para o poder e a cobrança de impostos, para os quais não haveria oportunidade nem desculpa se o círculo da civilização fosse completado. Sozinho, o governo civil, ou governo das leis, não oferece pretextos para muitos tributos; ele opera dentro do país, de modo visível, e barra a possibilidade de grandes imposições. Mas quando a cena se desenrola no palco do conflito incivilizado dos governos, a gama de pretextos é ampliada e o país, deixando de ser um juiz, fica aberto a toda penalização que os governos queiram impor.

Nem uma trigésima (dificilmente uma quadragésima) parte dos impostos arrecadados na Inglaterra tem a ver com os fins do governo civil nem se aplica a ele. Não é difícil perceber que tudo que o governo efetivo faz a esse respeito é promulgar leis, e que o país as administra e faz cumprir às suas próprias expensas – através de magistrados, júris, sessões de todos os tipos de tribunais – e além dos tributos que paga.

Sob esse ponto de vista, temos dois gêneros distintos de governo: um é o civil, ou governo das leis, que atua internamente; o outro, o governo da corte ou de gabinete, que atua no estrangeiro, no plano brutal da vida incivilizada. O primeiro é atendido com poucos gastos; o segundo, com exageros ilimitados. São tão distintos entre si que se este último fosse tragado por uma abertura súbita na terra e desaparecesse totalmente, o primeiro não seria perturbado. Prosseguiria funcionando porque isso é do interesse comum da nação, e na prática já existem todos os meios para tanto.

As revoluções, então, têm por seu objeto uma mudança na condição moral dos governos e, com ela, a carga dos tributos públicos será reduzida e a civilização poderá fruir da abundância da qual é atualmente privada.

Ao considerar o conjunto desse tema, estendo minhas opiniões ao departamento do comércio. Em todas as minhas publicações, sempre que o assunto permitiu, defendi o comércio porque sou um amigo de seus efeitos. Trata-se de um sistema pacífico que opera para dar cordialidade à humanidade, tornando as nações e os indivíduos úteis uns aos outros. Quanto à reforma meramente teórica, jamais a defendi. O processo mais eficiente consiste em melhorar a condição do homem através do seu interesse, e é nisso que baseio a minha posição.

Se fosse permitido que o comércio atuasse na escala universal de que é capaz, ele extirparia o sistema das guerras e produziria uma revolução no estado de incivilização dos governos. A invenção do comércio surgiu desde o princípio desses governos e é a maior aproximação da civilização universal já feita por quaisquer meios que não derivem imediatamente de princípios morais.

Tudo o que tenha uma tendência a promover a relação civil das nações através de uma troca de benefícios é um tema tão digno da filosofia quanto da política. O comércio nada mais é do que a transação entre dois indivíduos, multiplicada numa escala numérica, e a mesma regra que a natureza destinou ao intercâmbio entre dois, ela destinou àquele entre todos. Com esse propósito, a natureza distribuiu os materiais da manufatura e do comércio em variadas e distantes partes de cada nação e do mundo; e como eles não podem ser obtidos pela guerra de maneira tão barata ou cômoda quanto pelo comércio, a natureza fez deste último o meio para extirpar a primeira.

Como o comércio e a guerra são quase opostos, o estado incivilizado dos governos europeus é prejudicial ao comércio. Todo tipo de destruição ou embaraço serve para reduzir a atividade comercial, e pouco importa em que parte do mundo a redução se inicia. Tal como o sangue, não se pode ser extraí-lo de uma parte sem reduzir o volume total em circulação, e todas as partes compartilham a perda. Quando a capacidade de comprar de uma nação é destruída, isso afeta igualmente o vendedor. Se o governo da Inglaterra conseguisse destruir o comércio de todas as demais nações, arruinaria totalmente também o seu.

É possível que uma nação seja a transportadora do mundo inteiro, mas não pode ser sua única comerciante. Não pode ser a vendedora e a compradora de sua própria mercadoria. A capacidade de comprar tem de residir fora dela e, portanto, a prosperidade de qualquer nação comercial é regulada pela prosperidade das restantes. Se estas são pobres, aquela não pode ser rica, e sua condição, seja qual for, constitui um indicador da altura da maré comercial em outras nações.

A razão não pode negar a afirmação de que os princípios do comércio e seu funcionamento universal podem ser compreendidos sem que sua prática seja compreendida. Discuto o assunto com base exclusivamente nessa possibilidade. Uma coisa é o que acontece no escritório comercial; outra, a que acontece no mundo. Seu funcionamento deve necessariamente ser contemplado como algo recíproco, pois apenas a metade de seus poderes reside no interior da nação. Destruindo-se a metade que reside externamente, o todo é destruído de forma tão eficaz quanto se destruída a parte interior apenas, pois nenhuma delas é capaz de funcionar sem a outra.

Na última guerra, bem como nos conflitos anteriores, o comércio da Inglaterra naufragou porque o volume de atividade comercial foi reduzido em todos os lugares; agora ele aumenta porque o comércio está em ascensão em todas as nações. Se a Inglaterra, hoje, importa e exporta mais do que em qualquer período anterior, as nações com as quais comercializa devem necessariamente fazer o mesmo; as importações da Inglaterra são as exportações delas, e vice-versa.

Não pode existir uma nação florescendo sozinha no comércio. Tudo o que ela pode fazer é participar do comércio; a destruição deste em qualquer parte afeta necessariamente todas as nações. Quando, portanto, os governos se encontram em guerra, o ataque é feito contra um estoque comum de comércio, e a conseqüência é a mesma que seria se cada um tivesse atacado o seu estoque próprio.

O presente aumento do comércio não deve ser atribuído a ministros nem a qualquer dispositivo político, mas ao seu próprio funcionamento natural como conseqüência da paz. Os mercados regulares estavam destruídos, os canais comerciais, bloqueados, a ampla via dos mares, infestada de ladrões de todas as nações, e a atenção do mundo, distraída com outros objetivos. Essas interrupções cessaram, e a paz corrigiu a condição desordenada das coisas, recolocando-as na sua devida ordem.*

---

* Na América, o aumento do comércio é proporcionalmente superior ao da Inglaterra. Atualmente, o comércio é pelo menos uma metade superior ao de qualquer período anterior à Revolução. O maior número de navios que zarparam do porto da Filadélfia antes do começo da guerra girava entre oitocentos e novecentos. Em 1788, o número era superior a 1.200. Como se estima que a população do estado da Pensilvânia corresponda à oitava parte daquela dos Estados Unidos, o número total de navios deve ser, atualmente, de quase dez mil. (N.A.)

Vale a pena observar que cada nação computa a balança comercial a seu próprio favor, de forma que deve haver alguma irregularidade nas idéias comuns sobre esse assunto.

Entretanto, as vantagens são um fato e se enquadram no que se chama de balança positiva ou saldo positivo, e é por essa razão que o comércio é universalmente apoiado. Cada nação deve experimentar suas vantagens; caso contrário, abandonaria a prática. Mas o engano reside na composição da contabilidade e em atribuir os chamados lucros a uma causa errônea.

O sr. Pitt algumas vezes se divertiu mostrando o que classificou como balança comercial a partir dos livros das alfândegas. Essa forma de cálculo, além de fornecer um critério correto, fornece um falso.

Em primeiro lugar, todo carregamento que parte da alfândega é contabilizado como exportação e, de acordo com os livros alfandegários, as perdas no mar e as causadas por falências estrangeiras são todas computadas do lado dos lucros porque aparecem como exportações.

Em segundo lugar, as entradas através do comércio contrabandista não aparecem nos livros alfandegários e por isso não são subtraídas das exportações.

Portanto, nenhum saldo comercial que represente vantagens superiores pode ser estabelecido a partir desses documentos, e se examinarmos o funcionamento natural do comércio, veremos que a idéia é falaciosa; e se fosse verdadeira, logo se tornaria prejudicial. A grande sustentação do comércio vem do equilíbrio de benefícios que a balança comercial garante entre todas as nações.

Dois mercadores de diferentes nações que comercializem entre si e se tornem ricos realizarão, para si próprios, um saldo positivo; por conseguinte, não se tornaram ricos às expensas um do outro. O mesmo vale para as nações onde residem. O que está em questão é que cada nação deve enriquecer a partir de seus próprios meios e aumentar essa riqueza mediante algo que obtém de outra em termos de troca comercial.

Se um mercador na Inglaterra envia para o estrangeiro um artigo manufaturado inglês cujo custo doméstico é de um *shilling* e importa alguma coisa que vende por dois *shillings*, realiza um saldo de um *shilling* a seu favor; mas isso não é ganho às custas da nação estrangeira nem do comerciante estrangeiro, pois este também faz o mesmo através dos artigos que recebe, de forma que nenhum lucra às custas do outro. O valor inicial individual dos dois artigos em seus respectivos países era apenas um *shilling*; contudo, ao se deslocarem, adquiriram um novo valor correspondente ao dobro do que valiam antes, e o valor acrescido foi igual.

De resto, não há uma balança comercial externa distinta da doméstica. Os comerciantes de Londres e de Newcastle comercializam como se residissem em diferentes nações, quer dizer, não mudam os princípios seguidos e estabelecem suas balanças da mesma maneira. Não obstante, Londres não enriquece às custas de Newcastle, nem esta cidade às custas de Londres; mas o carvão, a mercadoria de Newcastle, tem um valor adicional em Londres, e o mesmo ocorre com a mercadoria de Londres em Newcastle.

A despeito de o princípio de todo comércio ser o mesmo, o doméstico, do ponto de vista nacional, é o mais benéfico, porque o todo das vantagens, de ambos os lados, permanece no interior da nação, enquanto no comércio exterior a participação é de uma metade apenas.

O mais desvantajoso de todos é o comércio ligado ao domínio estrangeiro. A uns poucos indivíduos pode ser benéfico apenas por ser comércio. Para a nação, todavia, é uma perda. Os custos de manutenção do domínio mais do que absorvem os lucros de todo o comércio. O domínio não aumenta o volume geral do comércio existente no mundo, mas contribui para diminuí-lo; e como uma massa maior de artigos comerciais estaria em circulação se houvesse uma renúncia ao domínio, a participação comercial sem os custos do domínio seria mais valiosa do que uma maior quantidade limitada ao domínio e incluindo seus custos.

Contudo, é impossível aumentar o comércio por meio do domínio e, portanto, é ainda mais falacioso. O comércio não pode existir em canais confinados. Necessariamente irromperia através de meios regulares ou irregulares, frustrando a tentativa de confiná-lo. O êxito no confinamento seria ainda pior em termos de crescimento. A França, desde a Revolução, tem se mostrado mais indiferente às possessões estrangeiras, e outras nações agirão identicamente quando investigarem a forma com que elas afetam o comércio.

Aos custos da manutenção dos domínios devem ser somados os das frotas, e quando os totais de ambos são subtraídos dos lucros do comércio, parecerá que aquilo que é chamado de saldo positivo, mesmo que se admita sua existência, não é fruído pela nação, mas absorvido pelo governo.

A idéia de contar com esquadras para proteger o comércio é enganosa. Significa implantar meios de destruição no lugar de meios de proteção. O comércio dispensa qualquer outra proteção exceto o interesse recíproco que cada nação tem em conservá-lo, pois ele garante um estoque comum. Ele existe graças ao equilíbrio de vantagens entre todas as nações. O único obstáculo que o comércio enfrenta reside na presente condição incivilizada dos governos, que a todas interessa corrigir.*

Abandono agora este assunto e passo a outras questões. Como é necessário incluir a Inglaterra na perspectiva da reforma geral, convém investigar quais são os defeitos de seu governo. Somente se cada nação reformar o seu próprio governo o todo poderá ser aperfeiçoado e os benefícios plenos da reforma serão usufruídos. De reformas parciais só podem resultar benefícios parciais.

A França e a Inglaterra são os dois únicos países europeus nos quais uma reforma dos governos poderia ser iniciada com sucesso. Um, protegido pelo oceano, e o outro, pela imensidão de sua força interna, poderiam desafiar a perversidade do despotismo estrangeiro. Mas ocorre com as revoluções o mesmo que ocorre com o comércio: as vantagens

---

* Enquanto considerava a forma pela qual o sr. Pitt estimava a balança comercial em um dos seus discursos no Parlamento, fiquei com a impressão de que ele nada sabia a respeito da natureza nem do interesse do comércio, e homem algum torturou mais brutalmente o comércio do que ele: durante um período de paz, ele perseguiu o comércio com as calamidades da guerra; por três vezes, ele o reduziu à estagnação, e destituiu os navios de suas tripulações devido ao recrutamento forçado em menos de quatro anos de paz. (N.A.)

aumentam à medida que se generalizam e duplicam para ambos os países o que cada um receberia isoladamente.

À medida que um novo sistema se abre à observação do mundo, as cortes européias conspiram a fim de neutralizá-lo. As alianças, contrárias a todos os sistemas anteriores, se agitam, e o interesse comum das cortes se forma contra o interesse comum do homem. Essa combinação traça uma linha que perpassa toda a Europa e que representa uma causa tão inteiramente nova que exclui todos os cálculos de circunstâncias passadas. Enquanto o despotismo guerreou contra o despotismo, o homem não teve interesse na contenda, mas em uma causa que une o soldado ao cidadão e a nação à nação, o despotismo das cortes, ainda que sinta os perigos e pense em vingança, tem medo de acertar um golpe.

Nos anais da história jamais surgiu uma questão com a importância da atual. Não está em questão se este ou aquele partido chegará ao poder, whig ou tóri, ou se prevalecerão os extremados ou os moderados, mas se o homem herdará seus direitos e a civilização universal será instaurada. Se os frutos de seu trabalho serão fruídos pelo homem mesmo ou consumidos pela extravagância dos governos; se o roubo será banido das cortes e a miséria banida dos países.

Quando vemos, em países classificados como civilizados, velhos irem para reformatórios e jovens para a forca, decerto algo está errado no sistema de governo. Parece, a julgar pela aparência externa desses países, que tudo se resumiria à felicidade, mas, oculta à visão do observador comum, há uma massa de miseráveis que dificilmente terá alguma outra chance senão acabar na pobreza ou na infâmia. Sua chegada à vida é marcada pelo presságio do seu destino; e até que isso seja corrigido, punir não servirá para nada.

O governo civil não consiste em realizar execuções, mas em prover a instrução dos jovens e o amparo dos velhos, de forma a excluir, na medida do possível, a devassidão de uns e o desespero dos outros. Em vez disso, os recursos de um país são esbanjados com reis, cortes, mercenários, impostores e prostitutas; e até mesmo os pobres, com todas as suas necessidades, são obrigados a suportar a fraude que os oprime.

Por que, além dos pobres, pouquíssimos são executados? Esse fato é uma prova, entre outras coisas, da miséria de sua condição. Criados sem moral e lançados ao mundo sem perspectiva, eles são o sacrifício oferecido ao vício e à barbárie legal. Os milhões desperdiçados superfluamente nos governos são mais que suficientes para corrigir esses males e melhorar a condição de todos os homens da nação que estão fora das cortes. É isso que espero deixar claro na seqüência desta obra.

É da natureza da compaixão solidarizar-se com o infortúnio. Ao entrar neste tema, não busco recompensas nem temo quaisquer conseqüências. Fortalecido pela integridade orgulhosa que desdenha tanto o triunfo como a capitulação, defenderei *Os direitos do homem*.

Tirei proveito do que aprendi na vida. Conheço o valor da instrução moral e tenho visto os perigos contrários a ela.

Ainda jovem, pouco mais do que dezesseis anos, inexperiente e aventureiro, e atiçado pelo falso heroísmo de um professor* que servira em uma belonave, tornei-me o escultor da minha própria sorte e embarquei no navio corsário *Terrible*, sob o comando do Capitão Morte. Dessa aventura, felizmente fui barrado pela reprovação moral e afetuosa de um bom pai, quem, devido aos seus próprios hábitos de vida e fé quaker, talvez já me considerasse perdido. Mas a impressão que me deixou, embora forte naquele momento, se esvaneceu, e terminei embarcando no navio corsário *King of Prussia*, sob o comando do capitão Mendez, e com ele zarpei. A despeito desse início e com todas as inconveniências da juventude contra mim, sinto-me orgulhoso em dizer que com uma perseverança não afetada pelas dificuldades, um desapego que atraía o respeito, não apenas contribuí para erguer um novo império no mundo, fundado em um novo sistema de governo, como também obtive certa eminência na literatura política, o mais difícil dos gêneros para alcançar êxito e destaque, que a aristocracia, com todos os seus apoios, não foi capaz de atingir ou rivalizar.

---

* Reverendo William Knowles, professor da escola secundária de Thetford, em Norfolk. (N.A.)

Conhecendo o meu próprio coração e me sentindo como agora me sinto, superior a todas as escaramuças partidárias e à obstinação de oponentes interesseiros ou equivocados, não rebaterei as falsidades nem os insultos, mas passarei a tratar dos defeitos do governo inglês.*

---

* A política e o auto-interesse têm se mantido tão uniformemente ligados que o mundo, por ser ludibriado com tanta freqüência, tem o direito de suspeitar das figuras públicas. Contudo, no que me diz respeito, estou perfeitamente tranqüilo. Quando ingressei na vida pública, há quase dezessete anos, não dirigi meus pensamentos aos assuntos do governo motivado pelo interesse próprio, fato comprovado por minha conduta desde aquele momento até hoje. Vi uma oportunidade de fazer algum bem e segui exatamente o que meu coração ditava. Não li nem examinei as opiniões de outras pessoas. Refleti por conta própria. Eis o que ocorreu:
Durante a interrupção dos velhos governos na América, tanto antes quanto depois do início das hostilidades, fiquei chocado com a ordem e o decoro com que tudo era conduzido e me impressionei com a idéia de que todo o governo necessário dizia respeito a apenas um pouco mais do que a sociedade realizava naturalmente, e que a monarquia e a aristocracia constituíam embustes e imposições sobre a humanidade. Foi com base nesses princípios que publiquei o panfleto *O senso comum*. O sucesso alcançado por essa publicação superou a todas desde a invenção da imprensa. Cedi os direitos autorais a todos os estados da União, e a demanda pelo livro foi nada menos do que cem mil exemplares. Continuei com o assunto da mesma forma no título *A crise* até o triunfo total da Revolução.
Depois da declaração de independência, o Congresso, por unanimidade e sem o meu conhecimento, nomeou-me secretário do Departamento de Assuntos Estrangeiros. Isso me agradou porque me deu a oportunidade de estudar as capacidades das cortes estrangeiras e sua maneira de atuar. Mas um desentendimento ocorrido entre o Congresso e eu, referente a um de seus delegados então na Europa, o sr. Silas Deane, levou-me a renunciar ao cargo e, ao mesmo tempo, rejeitar educadamente as ofertas pecuniárias feitas pelos ministros da França e da Espanha, *monsieur* Gerard e *don* Juane Mirralles.
À época, eu já tinha conquistado a atenção e a confiança da América tão completamente, e minha própria independência se tornara tão visível, que me permitia escrever sobre uma ampla variedade de assuntos políticos, talvez além da jamais alcançada por homem algum em qualquer país. E, de modo ainda mais extraordinário, mantive inalterada essa variedade até o fim da guerra, e dela usufruo de maneira semelhante até o presente momento. Como meu objetivo não era egoísta, levei adiante,

com firmeza e disposição, a decisão de não me deixar impressionar por elogios ou censuras, amizades ou calúnias, nem ser desviado de meu propósito por nenhuma altercação de ordem pessoal. E quem não for capaz de agir assim não estará capacitado para um cargo público.

Com o fim da guerra, desloquei-me da Filadélfia para Borden-Town, à margem leste do Delaware, onde possuo uma pequena moradia. Naquela época, o Congresso estava em Prince-Town, à distância de quinze milhas, e o General Washington assumira seu quartel general em Rocky-Hill, nas vizinhanças do Congresso, com a finalidade de renunciar ao seu posto (pois o objetivo que o levou a aceitá-lo já fora alcançado) e retirar-se à vida privada. Enquanto se ocupava desse assunto, escreveu-me a seguinte carta:

"Rocky Hill, 10 de setembro de 1783.

Soube, desde que cheguei aqui, que estás em Borden Town, não sei se aposentado ou tratando de assuntos administrativos. Seja por uma coisa ou outra, ou por ambas, ou pelo que for, se vieres para cá e me encontrares, ficarei sumamente feliz por te ver.

Tua presença poderá lembrar o Congresso de teus serviços prestados a este país, e se estiver ao meu alcance convencer os seus membros, exija meus melhores esforços com a maior liberdade, pois alegremente os prestará quem mantém um vivo sentimento da importância de tuas obras e com muito prazer se confirma como

Teu sincero amigo,
G. WASHINGTON"

Durante a guerra, no final do ano de 1780, pensei em viajar pela Inglaterra e comuniquei meu plano ao general Greene, que se encontrava naquela ocasião na Filadélfia a caminho do sul. O general Washington, naquela oportunidade, estava distante demais para que eu me comunicasse imediatamente com ele. Fiquei entusiasmado com a idéia de que se conseguisse chegar à Inglaterra secretamente e permanecer em segurança o suficiente para conseguir publicar uma matéria, poderia abrir os olhos do país para a loucura e a estupidez de seu governo. Percebia que os partidos no Parlamento haviam levado o antagonismo ao máximo e já não conseguiam causar-se qualquer abalo. O general Greene concordou plenamente comigo, mas o caso Arnold e André ocorreu logo em seguida, fazendo-o mudar de opinião. Muito apreensivo quanto à minha segurança, escreveu-me urgentemente desde Annapolis, em Maryland, instando-me para que eu desistisse do plano, o que, com certa relutância, eu fiz. Logo depois, acompanhei o coronel Laurens, filho do sr. Laurens, que se achava na ocasião na Torre, à França em missão do Congresso. Desembarcamos em L'Orient, e

Começarei pelas cartas patentes e corporações.

É uma perversão terminológica afirmar que as cartas patentes conferem direitos. Essas cartas produzem um efeito contrário: retiram direitos. Os direitos são inerentes a todos os habitantes, mas as cartas patentes, ao anularem esses direitos para a maioria, deixam o direito, por exclusão, nas mãos de uns poucos. Se as cartas fossem constituídas de modo a expressar em termos diretos "que todo habitante que não é membro de uma corporação não exercerá o direito do voto", elas seriam, evidentemente, cartas patentes não de direitos, mas de exclusão. O efeito é idêntico pela forma que atualmente assumem, e as únicas pessoas às quais se aplicam são as excluídas. Aquelas cujos direitos estão garantidos por não lhes serem retirados somente exercem os direitos que possuem enquanto membros da comunidade, a elas conferidos sem recorrer a uma carta patente. Portanto, todas as

---

enquanto permanecia ali e ele seguia viagem, ocorreu algo que renovou meu projeto anterior. Chegou a L'Orient um paquete inglês, que ia de Falmouth para Nova York, com os despachos do governo a bordo. A captura de um paquete não é nada extraordinária, mas dificilmente se acreditaria que o malote dos despachos fosse capturado junto, já que é sempre pendurado na janela da cabine num saco contendo uma bala de canhão, pronto para afundar a qualquer momento. O fato é que os despachos vieram parar em minhas mãos e eu os li. A captura, fui informado, fora exitosa graças ao seguinte estratagema: o capitão do navio corsário *Madame*, que falava inglês, ao abordar o paquete fez-se passar pelo capitão de uma fragata inglesa e convidou o capitão do paquete para que viesse a bordo. Quando o último embarcou, ele enviou alguns de seus homens ao paquete e se apoderou do correio. Mas fossem quais fossem as circunstâncias da captura, tenho certeza de que eram os despachos do governo. Eles foram enviados a Paris, ao conde Vergennes, e quando o coronel Laurens e eu retornamos à América levamos os originais ao Congresso.

Pelo teor daqueles despachos, percebi a estupidez do gabinete inglês muito melhor do que teria percebido por qualquer outro meio e retomei meu antigo plano. Mas o coronel Laurens estava tão sem vontade de retornar sozinho – especialmente porque, entre outras coisas, tínhamos uma carga de mais de duzentas mil libras esterlinas – que cedi aos seus desejos e terminei desistindo do meu plano. Mas agora estou certo de que, se tivesse conseguido executá-lo, ele não teria sido um completo fracasso. (N.A.)

cartas patentes só funcionam indireta e negativamente. Não conferem direitos a A, mas produzem um efeito a favor de A ao retirar o direito de B. Conseqüentemente, são instrumentos de injustiça.

Entretanto, as cartas patentes e as corporações têm um efeito nocivo mais amplo do que aquele relacionado meramente às eleições. São fontes de conflitos intermináveis nos lugares em que existem e reduzem os direitos comuns da sociedade nacional. Não se pode dizer que um indivíduo natural da Inglaterra, sob a vigência dessas cartas e corporações, seja um inglês no sentido pleno da palavra. Não goza da liberdade da nação da mesma maneira que a goza um francês na França e um americano na América. Seus direitos estão circunscritos à cidade e, em alguns casos, à paróquia de seu nascimento. Todas as demais regiões, ainda que em sua pátria, são para ele como um país estrangeiro. Para adquirir uma residência nessas regiões ele precisa passar por um processo de naturalização através da compra; caso contrário, seu ingresso no lugar será proibido ou ele será expulso. Essa espécie de feudalismo é preservada para fortalecer as corporações à custa da ruína das cidades. O efeito é visível.

A maior parte das cidades controladas por corporações se acha num estado de decadência despovoada. São poupadas de maior ruína somente devido a alguma característica circunstancial, como um rio navegável ou um condado vizinho próspero. Como a população é uma das principais fontes de riqueza (pois sem ela, até a terra é destituída de valor), tudo aquilo que contribui para reduzi-la necessariamente reduz o valor das propriedades; e como as corporações não apenas apresentam essa tendência como diretamente esse efeito, só podem ser prejudiciais. Se for preciso adotar alguma política no lugar da liberdade geral a toda pessoa de se instalar onde quiser (como na França e na América), seria mais coerente dar estímulo aos recém-chegados do que dificultar sua entrada cobrando-lhes gratificações.*

---

* É difícil explicar a origem das cartas patentes e das cidades controladas por corporações, salvo a suposição de que se originaram de algum serviço realizado nas fortalezas. A época em que começaram a surgir justifica essa idéia. Essas cidades em geral foram fortalezas e as

As pessoas mais imediatamente interessadas na abolição das corporações são os habitantes das cidades onde estão estabelecidas as corporações. Os casos de Manchester, Birmingham e Sheffield mostram, em comparação, os danos que essas instituições góticas trazem à propriedade e ao comércio. É possível encontrar algumas poucas exceções, como o caso de Londres, cujas vantagens naturais e comerciais, por situar-se junto ao Tâmisa, permitem que suporte os males políticos de uma corporação. Mas em quase todos os demais casos a fatalidade é demasiado visível para ser posta em dúvida ou negada.

Embora a nação não seja inteiramente afetada pela depressão da propriedade nas cidades controladas por corporações tão diretamente quanto seus próprios habitantes, ela compartilha as conseqüências. A redução do valor da propriedade provoca a redução do volume do comércio nacional. Todo homem é um cliente de forma proporcional às suas capacidades, e como todas as partes de uma nação comercializam entre si, tudo o que afeta qualquer uma das partes será necessariamente transmitido ao todo.

Como uma das Câmaras do Parlamento inglês é, em grande medida, constituída através de eleições nessas corporações, e como é antinatural que uma corrente de água pura flua de uma fonte suja, seus vícios não são senão a continuação dos vícios de sua origem. Um homem moralmente honrado e de bons princípios políticos não pode se curvar à rotina mesquinha e aos deploráveis artifícios pelos quais tais eleições são levadas a cabo. Para ser bem-sucedido, um candidato precisa carecer das qualidades de um legislador

---

corporações eram encarregadas da vigilância dos seus portões quando não havia guarnições militares presentes. Negavam ou permitiam o ingresso de estrangeiros, prática que gerou o costume de dar, vender e comprar a liberdade. Isso era mais natural da autoridade da fortaleza que do governo civil. Em toda a nação, os soldados estão livres de todas as corporações pelo mesmo motivo pelo qual todo soldado está livre de todas as guarnições, o que não vale para as outras pessoas. Aos soldados, é facultado ter qualquer emprego, desde que tenha a permissão de seus oficiais, em qualquer cidade controlada por corporações em toda a nação. (N.A.)

justo. Estando assim disciplinado para a corrupção pela forma de ingressar no Parlamento, não se deve esperar que o representante seja melhor do que o homem.

O sr. Burke, ao falar da representação inglesa, lançou um desafio mais audacioso do que qualquer um da época da cavalaria. "Nossa representação", diz ele, "tem sido considerada *perfeitamente adequada a todos os propósitos* para os quais uma representação do povo pode ser desejada ou concebida. Desafio," continua ele, "os inimigos de nossa Constituição a mostrar o contrário." Essa declaração, partindo de um homem que fez constante oposição a todas as medidas do Parlamento durante toda a sua vida política, salvo por um ou dois anos, é sumamente extraordinária. Se a aplicarmos a ele mesmo, só nos resta pensar – sem admitir qualquer outra alternativa – que ele agiu contra seu juízo como membro ou se declarou contrário à representação como um autor.

Mas não é somente na representação que residem os defeitos; por isso, na seqüência tratarei da aristocracia.

A chamada Câmara dos Pares está constituída sobre bases muito semelhantes àquelas contras as quais, em outros casos, existe uma lei. Ela equivale a um agrupamento de pessoas com um só interesse comum. Não há uma razão para sustentar que uma Câmara Legislativa seja composta inteiramente por homens cuja ocupação consiste em arrendar terras em vez de ser composta por empregadores, cervejeiros, padeiros ou por qualquer outra classe distinta de homens.

O sr. Burke denomina essa Câmara "o grande fundamento e pilar de sustentação do interesse fundiário". Examinemos essa idéia.

Que pilar de sustentação o interesse fundiário precisará mais do qualquer outro interesse no Estado, ou que direito tem ele a uma representação distinta e separada do interesse geral da nação? O único uso feito desse poder (e que sempre foi feito) é eludir os impostos e jogar sua carga sobre os artigos de consumo que menos o afetem.

Que essa seja (e sempre será) a conseqüência de construir governos apoiados em agrupamentos de homens pertencentes a uma mesma classe fica evidente, relativamente à Inglaterra, a partir da história da tributação nesse país.

Embora os impostos sobre todos os artigos de consumo comum tenham aumentado e se multiplicado, o imposto fundiário, o que afeta mais particularmente aquele "pilar", tem diminuído. Em 1778, o montante arrecadado do imposto fundiário somou 1.950.000 libras esterlinas, meio milhão abaixo ao de quase um século atrás, a despeito de os arrendamentos terem, em muitos casos, dobrado desde então.

Antes da chegada dos hanoverianos, os impostos eram divididos em proporções quase iguais entre a terra e os artigos de consumo. Na verdade, a parcela maior era a da terra. Mas, desde então, quase treze milhões anuais de novos impostos pesam sobre o consumo, resultando num aumento contínuo do número de pobres e da sua miséria, bem como do volume das taxas para auxílio aos pobres. Mas, uma vez mais, a carga dos impostos não recai em proporções iguais sobre a aristocracia e o resto da comunidade. As residências dos aristocratas, nas cidades ou no campo, não se misturam às moradias dos pobres. Eles vivem afastados da pobreza e do custo de aliviá-la. É nas cidades manufatureiras e nos povoados laborais que a carga pesa mais; em muitas dessas cidades e povoados, o que acontece é que uma classe de pobres ajuda a outra.

Alguns dos impostos mais pesados e mais lucrativos são concebidos de modo a isentar aquele "pilar", que assim os tolera em sua própria defesa. O imposto sobre a cerveja produzida para a venda não afeta a aristocracia, que produz sua própria cerveja com isenção desse imposto. Ele recai somente sobre aqueles que não têm recursos ou capacidade para produzir cerveja e que precisam comprá-la em pequenas quantidades. Mas o que pensará a humanidade da justiça da tributação quando souber que somente a arrecadação desse imposto, do qual a aristocracia se acha circunstancialmente isenta, é quase igual ao total do imposto fundiário, que somava, no ano de 1788, 1.666.152 libras esterlinas, valor que não é menor atualmente e que será superior se somarmos o que é cobrado sobre o malte e o lúpulo? Que um só artigo consumido por apenas uma parte da população, principalmente pela parte trabalhadora, esteja sujeito a um imposto igual ao que incide sobre toda a renda da terra de uma nação talvez seja um fato inédito na história da arrecadação de tributos.

Essa é uma das conseqüências resultantes de uma Câmara Legislativa composta com base em um agrupamento de homens com interesses comuns, pois não importa quão independentes possam ser suas políticas partidárias, eles estão unidos por interesses. Quer esse agrupamento funcione para aumentar o preço de um artigo em venda ou o valor dos salários, quer aja de modo a livrar-se de um imposto descarregando-o sobre outra classe da comunidade, o princípio e o efeito são idênticos e, se um for ilegal, será difícil demonstrar que o outro deveria existir.

De nada adianta afirmar que os impostos são primeiramente propostos na Câmara dos Comuns, pois como a outra Câmara sempre pode vetá-los, ela sempre pode defender-se. E seria ridículo supor que a sua aquiescência às medidas a serem propostas não seja levada em conta de antemão. Além disso, tem obtido tanta influência com os cambalachos entre distritos, e há tantos de seus parentes e amigos distribuídos em ambos os lados dos Comuns, que isso lhe garante, além de um veto absoluto em uma Câmara, uma preponderância na outra em todas as matérias de interesse comum.

É difícil descobrir o que pode significar a expressão *interesse fundiário* se não um agrupamento de aristocratas proprietários de terras que opõem o seu próprio interesse pecuniário ao do agricultor e a todos os ramos do comércio interno e externo e da manufatura. Em todos os demais aspectos, é o único interesse que não necessita nenhuma proteção parcial. Goza da proteção geral do mundo. Todo indivíduo, de baixa ou elevada condição, está interessado nos frutos da terra; homens, mulheres e crianças, de todas as idades e situações, sairão em socorro do agricultor antes que sua safra se perca, e não agiriam assim caso se tratasse de outra atividade. Essa é a única pela qual se erguem as preces humanas comuns e a única que nunca pode fracassar por carência de recursos. Não interessa à política, mas à existência do homem e, quando cessar, o homem deixará de existir.

Nenhum outro interesse em uma nação goza do mesmo apoio conjunto. O comércio, as manufaturas, os ofícios, as ciências e tudo o mais, comparados a isso, contam apenas com apoio parcial. A prosperidade ou o declínio dessas outras atividades não possuem a mesma influência universal. Quando os vales riem e cantam, não é somente o agricultor que se regozija, mas toda a criação. É uma prosperidade que exclui toda inveja, o que não pode ser dito de qualquer outra.

Por que, então, o sr. Burke fala dessa Câmara dos Pares como o pilar do interesse fundiário? Se esse pilar afundasse na terra, a mesma propriedade fundiária continuaria existindo, e continuariam os mesmos trabalhos de arar, semear e ceifar. Os aristocratas não são os agricultores que lavram a terra e cultivam os produtos; são meros consumidores da renda da terra e, quando comparados com o mundo ativo, são os zangões, um serralho de machos que nem juntam o mel nem constroem a colméia, existindo unicamente para o gozo indolente.

O sr. Burke, em seu primeiro ensaio, chamou a aristocracia de "capital coríntio da sociedade educada". Para completar a figura, acrescentou agora o *pilar*. Entretanto, ainda falta a base, e sempre que uma nação escolher agir como Sansão, não por cegueira, mas por ousadia, o templo de Dagon cairá por terra, com todos os lordes e os filisteus.

Se uma Câmara legislativa há de ser integrada por homens pertencentes a uma classe com o propósito de proteger interesses próprios, todos os demais interesses devem dispor do mesmo. A desigualdade e a carga dos tributos resultam da aplicação em um caso e não em todos. Se houvesse uma Câmara dos Agricultores, não haveria leis da caça; ou se houvesse uma Câmara de Comerciantes e Manufaturadores, os impostos não seriam tão desiguais nem tão excessivos. Como o poder de impor tributos está nas mãos de quem é capaz de tirar uma grande carga de seus próprios ombros, ele tem produzido devastação sem sofrer qualquer controle.

Os pequenos ou médios proprietários rurais são mais prejudicados pelos impostos que incidem sobre artigos de consumo do que beneficiados por isenções para a propriedade fundiária pelas seguintes razões:

Em primeiro lugar, proporcionalmente às suas propriedades, consomem mais artigos que arrecadam elevados tributos do que os que têm grandes propriedades.

Em segundo, costumam residir sobretudo em cidades, e sua propriedade consiste de casas, e o aumento das taxas de auxílio aos pobres, ocasionado pelos impostos sobre o consumo, atinge uma proporção muito maior do que o das isenções do imposto fundiário. Em Birmingham, as taxas de auxílio aos pobres não são inferiores a sete *shillings* por libra. E, como já foi observado, a aristocracia está em grande medida isenta delas.

Esses são apenas alguns dos danos decorrentes da desprezível conspiração da Câmara dos Pares.

Como um agrupamento, ela sempre pode descartar uma considerável parte dos impostos; e, na qualidade de câmara hereditária, que não presta contas a ninguém, assemelha-se a um distrito corrupto cujo consentimento será cortejado pelo interesse. Entre seus membros, são poucos os que não têm alguma participação no dinheiro público ou o distribuem de alguma forma. Um se transforma em criado ou lorde camareiro; outro, em lorde dos aposentos reais, em pajem da estola ou qualquer cargo público nominal e insignificante ao qual um salário é anexado, pago com dinheiro público, evitando o aparecimento direto da corrupção. Essas situações aviltam o caráter do homem, e quem a elas se sujeita não pode ser honrado.

A todos esses devem ser acrescentados os numerosos dependentes, a longa lista de ramificações dos mais moços e de parentes distantes, que têm de ser atendidos à custa do dinheiro público. Em resumo, se fosse feita uma estimativa do custo da aristocracia para uma nação, descobriríamos que é aproximadamente igual ao custo para o sustento dos pobres. Só o duque de Richmond (e há casos parecidos ao dele) toma para si mesmo o bastante para sustentar duas mil pessoas pobres e idosas. Surpreende então que, sob tal sistema de governo, os impostos e as taxas tenham se multiplicado até seu presente volume?

Ao discutir tais matérias, expresso-me numa linguagem franca e desinteressada, que não é ditada por paixão alguma salvo a da humanidade. A mim, que não só recusei propostas porque as julguei impróprias, como também disse não a recompensas que poderia, sem ferir minha reputação, ter aceito, não é estranho que a mesquinhez e o logro pareçam repulsivos. Minha felicidade reside na independência, e vejo as coisas como são, sem levar em consideração postos ou pessoas. Meu país é o mundo, e minha religião é fazer o bem.

O sr. Burke, ao falar da lei aristocrática da primogenitura, declara: "É a lei permanente de nosso sistema de transmissão da propriedade da terra, e que sem dúvida apresenta uma tendência, que julgo", ele prossegue, "afortunada, para preservar um caráter de estabilidade e solidez".

O sr. Burke pode dizer dessa lei o que bem entender, mas a humanidade e a ponderação imparcial a denunciarão como uma lei de brutal injustiça. Se não estivéssemos acostumados à sua prática diária e a conhecêssemos apenas como a lei de alguma região distante do mundo, concluiríamos que os legisladores desses países ainda não tinham alcançado um estado de civilização.

Quanto a preservarem um caráter de *peso e importância,* parece-me que ocorre precisamente o contrário. Trata-se de uma degradação do caráter, uma espécie de pirataria contra a propriedade familiar. É possível que tenha peso entre arrendatários dependentes, porém não proporciona nenhum na escala da nação e muito menos na universal. Falando de mim mesmo, meus pais não puderam dar-me um *shilling* além do que me deram em educação; e para fazer isso eles passaram dificuldades. No entanto, gozo mais disso que no mundo chamam de importância do que qualquer um dos integrantes da lista de aristocratas do sr. Burke.

Assim, após lançar um olhar em alguns defeitos das duas Câmaras do Parlamento, passo à chamada Coroa, a respeito da qual serei bastante conciso.

Ela significa um cargo nominal de um milhão de libras esterlinas anuais, cuja única tarefa consiste em receber o dinheiro. Se a pessoa que o ocupa é sábia ou tola, sã ou louca, nativa do país ou estrangeira, isso não importa. Cada ministério atua com base na mesma idéia sobre a qual o sr. Burke escreve, a saber, que o povo tem de ser logrado e mantido numa ignorância supersticiosa graças a um ou outro bicho-papão. Aquilo que chamam de Coroa atende a essa finalidade e, portanto, atende a todas as finalidades que dela são esperadas. Isso é mais do que pode ser dito dos outros dois ramos.

O perigo ao qual esse cargo está exposto em todos os países não procede de nada que possa suceder ao homem, mas do que pode suceder à nação: o risco de ela recuperar seu juízo.

É habitual chamar a Coroa de poder executivo, e esse costume continua vigente, ainda que a razão para isso tenha deixado de existir.

Era chamada de *executivo* porque a pessoa que designava costumava antigamente se caracterizar como um juiz, administrando ou executando leis. Naquela época, os tribunais constituíam uma parte da corte. Por conseguinte, o poder hoje chamado de judiciário é aquele que então era chamado de executivo; conseqüentemente, um dos termos é redundante, e um dos cargos, inútil. Quando falamos atualmente da Coroa, nada queremos dizer: ela não significa um juiz nem um general; além disso, são as leis que governam, e não o homem. A velha terminologia é mantida a fim de conferir uma aparência de importância a formas vazias. O único efeito que produz é o de aumentar as despesas.

Antes de passar aos meios de tornar os governos mais conducentes à felicidade geral da humanidade do que são atualmente, não seria inoportuno examinar a evolução da tributação na Inglaterra.

Existe uma idéia geral de que, uma vez impostos, os tributos jamais serão eliminados. Por mais verdadeiro que isso tenha se revelado recentemente, nem sempre foi assim. Conseqüentemente, ou o povo de outrora mantinha uma maior vigilância sobre governo do que o povo de hoje, ou o governo era administrado com menos extravagância.

Já se passaram setecentos anos desde a conquista normanda e da instauração da chamada Coroa. Dividindo esse tempo em sete períodos de cem anos cada, o volume anual dos tributos arrecadados (em libras esterlinas) em cada período é:

Volume anual arrecadado por Guilherme,
   o Conquistador, a partir de 1066 ....£ 400.000
Volume anual arrecadado nos cem anos
   seguintes à conquista (1166) 200.000
Volume anual arrecadado no segundo
   século seguinte à Conquista (1266)................150.000
Volume anual arrecadado no terceiro
   século seguinte à conquista (1366)................130.000
Volume anual arrecadado no quarto
   século seguinte à conquista (1466) 100.000

Esses dados e os seguintes são extraídos da obra *History of the Revenue*, de *Sir* John Sinclair, e a partir deles fica claro que a arrecadação diminuiu continuamente por quatrocentos anos, sendo reduzida em três quartos, quer dizer, passou de quatrocentas mil libras para cem mil. O atual povo inglês tem uma idéia tradicional e histórica da bravura de seus antepassados; mas quaisquer que fossem suas virtudes ou vícios, com certeza era um povo que não se deixava enganar e que se fazia respeitar pelos governos quanto à tributação, ainda que não quanto aos princípios. Embora não fosse capaz de eliminar a usurpação monárquica, relativamente à tributação, ele a manteve dentro dos limites de uma economia republicana.

Mas examinemos agora os trezentos anos restantes.

Volume anual arrecadado no quinto
   século seguinte à conquista (1566).............£ 500.000
Volume anual arrecadado no sexto
   século seguinte à conquista (1666).............1.800.000
Volume anual arrecadado
   atualmente (1791) 17.000.000

A diferença entre os primeiros quatrocentos anos e os últimos trezentos é espantosa a ponto de assegurar a opinião de que o caráter nacional dos ingleses mudou. Seria impossível impor aos antigos ingleses o excesso de tributos atualmente existente. E se considerarmos que o valor pago ao exército, à marinha e a todos os agentes do fisco é igual hoje ao que era há mais de cem anos, quando os tributos não superavam a décima parte do montante atual, parece impossível explicar um aumento tão grande da despesa senão por extravagância, corrupção e intrigas.*

* Ultimamente, vários dos jornais da corte têm mencionado com freqüência Wat Tyler. Não surpreende que a sua memória seja caluniada por sicofantas da corte e por todos os que vivem da pilhagem do dinheiro público. Entretanto, ele representou, em sua época, o meio de barrar a violência e injustiça da tributação. A nação deve muito à sua coragem. Resumidamente, sua história é a seguinte: na época de Richard II, foi arrecadado um imposto *per capita* no valor de um *shilling*, incidindo sobre todas as pessoas acima de quinze anos de idade, de qualquer classe social ou condição, pobres e ricos. Se havia favorecidos pela lei, eram os ricos e não os pobres, já que nenhuma pessoa podia ser taxada em mais do que vinte *shillings* por si mesma, pela família e pelos serviçais, por muitos que fossem, ao passo que todas as demais famílias com menos de vinte pessoas eram taxadas por cabeça. Os impostos *per capita* sempre foram odiosos; esse, em particular, também era opressivo e injusto, atraindo, como deveria naturalmente, o repúdio geral das classes pobres e médias. A pessoa conhecida como Wat Tyler, cujo nome correto era Walter, oleiro por profissão, vivia em Deptford. Um coletor do imposto *per capita*, ao visitar sua casa, exigiu o pagamento relativo a uma das filhas, quem, declarou Tyler, tinha menos de quinze anos. O coletor insistiu nessa cobrança e iniciou um exame indecente da menina. O pai, enfurecido, atacou o coletor com um martelo. O golpe não só o levou ao chão, mas causou sua morte.

Esse incidente fez irromper o descontentamento. Os habitantes das vizinhanças abraçaram a causa de Tyler. Em poucos dias, de acordo com alguns historiadores, mais de cinqüenta mil homens se uniram a Tyler e elegeram como chefe. Com essa força, ele marchou para Londres a fim de exigir a abolição do imposto e a reparação de outras injustiças. A corte, que estava numa situação deplorável e sem condições de oferecer resistência, concordou, com Richard à frente, em reunir-se com Tyler em Smithfield, fazendo belas declarações, típicas da corte, sobre sua disposição de reparar a opressão. Enquanto Richard e Tyler conversavam sobre esses assuntos, ambos a cavalo, Walworth, então prefeito de Londres e uma das criaturas da corte, esperou uma oportunidade e, como um assassino covarde, apunhalou Tyler. Imediatamente, dois ou três outros homens se lançaram sobre Tyler, que foi sacrificado em poucos instantes.

Com a revolução de 1688, e ainda mais a partir da sucessão de Hannover, surgiu o sistema destrutivo das intrigas continentais e da fúria por guerras e domínios estrangeiros, sistema envolto em tal mistério que as despesas não admitem contabilização: uma só linha significa milhões. É impossível dizer a que excessos a tributação teria chegado se a Revolução Francesa não tivesse contribuído para romper esse sistema e terminar com os pretextos. Vista, como essa revolução deve ser vista, como o meio afortunado de reduzir a carga dos tributos de ambos os países, tem tanta importância para a Inglaterra quanto para a França; e se for corretamente aproveitada para incorporar todas as vantagens de que é capaz, e às quais conduz, merecerá tanta celebração num país quanto no outro.

Continuando com esse tema, iniciarei pelo tópico que se apresenta em primeiro lugar, ou seja, o da redução da carga; na seqüência, acrescentarei as matérias e as propostas – com relação à Inglaterra, França e América – que a presente perspectiva das coisas parece justificar: quero dizer, relativas a uma aliança entre esses três países cujos propósitos eu mencionarei oportunamente.

O que aconteceu uma vez pode acontecer novamente. Pela exposição feita a respeito da evolução da tributação, percebe-se que os impostos diminuíram até um quarto do que tinham sido antes. Embora as atuais circunstâncias não permitam a mesma redução, ainda assim permitem um começo capaz de realizar esse fim em menos tempo do que no caso anterior.

O total de tributos para o ano que terminou na festa de são Miguel de 1788 foi o seguinte (em libras):

Tyler parece ter sido um homem intrépido e destituído de qualquer interesse pessoal. Todas as propostas que fez a Richard tinham motivos mais justos e públicos do que as que haviam sido feitas a John pelos barões. A despeito da bajulação de historiadores e de homens como o sr. Burke, que procuram encobrir uma ação sórdida da corte caluniando Tyler, sua reputação sobreviverá às falsidades. Se os barões merecem um monumento a ser erigido em Runnymede, Tyler merece um em Smithfield. (N.A.)

Imposto fundiário	1.950.000
Alfândegas	3.789.274
Imposto sobre consumo (incluindo malte velho e novo)	6.751.727
Selos	1.278.214
Impostos variados e incidentais	1.803.755
Total	£15.572.970

Desde o ano de 1788, arrecadou-se mais de um milhão em novos impostos, além do produto das loterias, e como os impostos em geral têm sido mais rendosos do que antes, o total pode ser estimado (em números redondos) em dezessete milhões de libras esterlinas. (N.B. As despesas com arrecadação e os reembolsos, que juntas chegam a quase dois milhões, são subtraídas da cifra bruta; o valor indicado na tabela é a soma líquida depositada para o tesouro público.)

Esse total de dezessete milhões se destina a duas finalidades distintas: o pagamento dos juros da dívida nacional e a realização das despesas correntes de cada ano. Cerca de nove milhões são destinados à primeira, enquanto o restante, perto de oito milhões, é destinado à segunda. Quanto ao milhão que se diz ser aplicado à redução da dívida, equivale a pagar com uma mão e tomar com a outra, e por isso não merece maior atenção.

A França teve a sorte de possuir bens nacionais para liquidar sua dívida, e assim reduzir seus impostos. Como esse não é o caso da Inglaterra, ela só pode reduzir seus impostos reduzindo as despesas correntes, redução que atualmente só pode ser realizada até o valor de quatro ou cinco milhões anuais, como ficará claro mais adiante. Quando ela for realizada, servirá para contrabalançar de sobra o enorme ônus da guerra americana, e a economia virá da mesma fonte da qual veio o mal.

Quanto à dívida nacional, por mais que os juros pesem sobre os impostos, como serve para manter vivo um capital útil ao comércio, equilibra com seus efeitos uma parte considerável de seu próprio peso; e como a quantidade de ouro e prata na Inglaterra, por um ou outro expediente, é inferior ao montante apropriado* (não passa de vinte milhões, quando deveria ser sessenta milhões), seria uma política negativa, além de injusta, extinguir um capital que serve para compensar essa deficiência. Mas quanto às despesas correntes, toda economia constitui ganho. O excesso pode servir para manter viva a corrupção, mas não produz uma reação favorável ao crédito e ao comércio tal como os juros da dívida produzem.

Atualmente é muito provável que o governo inglês (não me refiro à nação) antipatize com a Revolução Francesa. Tudo que sirva para expor as intrigas e diminuir a influência das cortes ao reduzir a tributação não será bem-vindo pelos que se nutrem do espólio. Enquanto o clamor da intriga francesa, o poder arbitrário, o papismo e os sapatos de madeira puderam ser mantidos, a nação foi facilmente seduzida e alarmada para que pagasse tributos. Mas essa época se foi. O logro, espera-se, ceifou sua última colheita, e há perspectiva de dias melhores para ambos os países e para o mundo.

Dando por certa a possibilidade de formação de uma aliança entre a Inglaterra, a França e a América com os objetivos mencionados a seguir, as despesas nacionais da França e da Inglaterra poderão, conseqüentemente, ser diminuídas. Nenhuma delas necessitará mais das mesmas frotas nem dos mesmos exércitos, e a redução poderá ser feita navio por navio de cada lado. Entretanto, para cumprir essas metas, os governos deverão necessariamente se ater a um princípio comum e correspondente. Jamais será possível instaurar a confiança mútua enquanto persistir alguma disposição hostil em um dos lados, ou enquanto o mistério e o segredo de um lado forem contrapostos à candura e à franqueza do outro.

Admitidos esses pontos, as despesas nacionais poderiam ser reduzidas, *em razão de precedente,* ao que eram em algum período em que a França e a Inglaterra não eram

---

* As intrigas externas, as guerras e os domínios estrangeiros explicam, em grande parte, essa deficiência. (N.A.)

inimigas. Conseqüentemente, deve ser um período anterior à sucessão de Hannover e também à Revolução de 1688.* O primeiro exemplo que se apresenta, anterior a essas datas, é o dos tempos de desperdício e prodigalidade de Carlos II, quando a Inglaterra e a França atuavam como aliadas. Escolhi um período de grandes extravagâncias para mostrar que a extravagância atual é ainda pior, especialmente porque a remuneração dos contingentes da marinha, do exército e dos funcionários do fisco não aumentou desde aquela época.

O orçamento de paz era então o seguinte (ver *History of the Revenue,* de John Sinclair):

Marinha	300.000
Exército	212.000
Arsenal	40.000
Lista civil	462.115
Total	£ 1.014.115

Contudo, o Parlamento estabeleceu todo o orçamento anual de paz em 1.200.000 libras.** Recuemos à época de Isabel:

---

* Por acaso eu me encontrava na Inglaterra durante a celebração do centenário da Revolução de 1688. As pessoas de Guilherme e de Mary sempre me pareceram detestáveis: ele procurando destruir seu tio; ela, seu pai, para eles mesmos chegarem ao poder. Embora a nação estivesse disposta a pensar que aquele acontecimento era algo importante, doía-me vê-la atribuir toda a reputação a um homem que a assumira como um negócio e que, além do que obteve de outra maneira, cobrou seiscentas mil libras esterlinas pelas despesas com a pequena frota que o trouxe da Holanda. Jorge I desempenhou o mesmo papel mesquinho que Guilherme desempenhara e comprou o ducado de Bremen com o dinheiro que obteve da Inglaterra: 250 mil libras além de seu salário de rei. Assim, ele o comprou à custa da Inglaterra e o acrescentou aos seus domínios hanoverianos para seu próprio lucro. Na verdade, toda nação que não governa a si mesma é governada como um negócio. A Inglaterra tem sido presa de negócios desde a Revolução. (N.A.)

** Carlos, como seus predecessores e sucessores, julgando que a guerra era a colheita dos governos, envolveu-se numa guerra com os holandeses, cujo custo elevou as despesas anuais para 1.800.000 libras, como indicado para a data de 1666. Mas o orçamento de paz foi de apenas 1.200.000 libras. (N.A.)

o total dos tributos então não passava de meio milhão, ainda que a nação nada veja nela que a reprove por falta de importância.

Somadas, portanto, todas as circunstâncias criadas pela Revolução Francesa, pela crescente harmonia e o interesse recíproco das duas nações, pela abolição das intrigas da corte em ambos os lados e pelo progresso dos conhecimentos na ciência do governo, as despesas anuais poderiam ser reduzidas a um milhão e meio de libras, distribuídas da seguinte forma:

  Marinha..500.000
  Exército..500.000
  Despesas do governo 500.000
  Total £1.500.000

Mesmo essa soma é seis vezes maior do que as despesas de governo na América, ainda que o governo civil dentro da Inglaterra (quero dizer, o administrado por tribunais *Quarter Session*, *Assize* e do Júri, correspondendo, de fato, à sua quase totalidade, e que é realizado pela nação) represente menos despesas para o erário do que a mesma espécie e parte do governo na América.

Já é hora de nações serem racionais e não serem governadas como animais, para o prazer dos seus ginetes. Ao ler a história dos reis, um homem se sentiria quase inclinado a supor que o governo consiste de uma caçada de cervos e que toda nação paga um milhão por ano a um caçador. O homem deveria sentir suficiente orgulho ou vergonha para enrubescer por ser ludibriado e, quando alcançar seu verdadeiro caráter, ele os sentirá. Em relação a todos os assuntos dessa natureza, freqüentemente passa pela mente uma série de idéias que ele ainda não se acostumou a estimular e transmitir. Freado por alguma coisa que veste a máscara da prudência, banca o hipócrita consigo mesmo, bem como com os outros. Contudo, é curioso observar com que rapidez esse encanto pode ser dissipado. Uma só expressão, concebida e proferida corajosamente, às vezes devolve a um grupo inteiro os seus verdadeiros sentimentos. Com nações inteiras esse efeito pode ser produzido de maneira idêntica.

Quanto aos cargos que podem integrar qualquer governo civil, é de pouca importância a designação que recebem. Na rotina dos negócios do governo, como antes observado, pouco importa que um homem seja chamado de presidente, rei, imperador, senador ou de qualquer outro nome; é impossível que algum serviço que possa prestar mereça de uma nação mais do que dez mil libras esterlinas por ano; e como nenhum homem deve ser remunerado além do que merece pelo serviço que presta, nenhum homem honesto aceitará mais por ele. O dinheiro público deveria ser tocado com a mais escrupulosa consciência da honradez. Ele não é apenas produto das riquezas, mas também dos ganhos suados dos trabalhadores e dos pobres. É extraído até mesmo da amargura da carência e da miséria. Não há um único mendigo que passe pelas ruas ou nelas pereça cujo quinhão não faça parte dessa massa.

Se o Congresso da América se equivocasse quanto ao seu dever e o interesse de seus eleitores a tal ponto de oferecer ao general Washington, como presidente da América, um milhão por ano, ele não o aceitaria e nem poderia aceitá-lo. Seu senso de honestidade é de outro tipo. Custa à Inglaterra quase setenta milhões de libras esterlinas manter uma família importada do estrangeiro, de capacidade muito inferior à de milhares da nação; e dificilmente transcorre um ano sem que haja algum novo pedido mercenário. Até as contas dos médicos têm sido enviadas para que o dinheiro público as pague. Não surpreende que as cadeias estejam cheias e que os impostos e as taxas para auxílio aos pobres tenham aumentado. Em tais sistemas, nada deve ser esperado exceto o que já aconteceu. Quanto às reformas, quando ocorrerem, virão da nação, e não do governo.

A fim de mostrar que a soma de quinhentas mil libras é mais do que suficiente para pagar todos os gastos do governo, salvo os da marinha e do exército, adicionamos a estimativa a seguir, válida para qualquer país com a mesma extensão da Inglaterra.

Em primeiro lugar, trezentos representantes, eleitos imparcialmente, são suficientes para todas as finalidades às quais a legislação se aplica e preferíveis a um número maior.

Podem ser divididos em duas ou três Câmaras ou se reunirem numa única, como na França, ou ainda de qualquer forma determinada por uma Constituição.

Como a representação é sempre considerada, nos países livres, como o mais honroso de todos os postos, a subvenção a ela destinada serve unicamente para atender as despesas nas quais os representantes incorrem em função de seu serviço, e não ao pagamento de um cargo.

Se uma subvenção de quinhentas libras por ano for paga a cada representante, descontando o não comparecimento, a despesa, para a totalidade dos representantes comparecendo durante seis meses do ano, será de ....£ 75.000

Os departamentos oficiais não podem, por uma questão de razoabilidade, exceder os números a seguir, com os salários indicados:

Três cargos a dez mil libras cada,
    totalizando 30.000
Dez cargos a cinco mil libras cada,
    totalizando 50.000
Vinte cargos, a duas mil libras cada,
    totalizando 40.000
Quarenta cargos a mil libras cada,
    totalizando 40.000
Duzentos cargos a quinhentas libras cada,
    totalizando 100.000
Trezentos cargos a duzentas libras cada,
    totalizando 60.000
Quinhentos cargos a cem libras cada,
    totalizando 50.000
Setecentos cargos a 75 libras cada,
    totalizando 52.500
Total ....£ 497.500

Se a nação preferir, poderá deduzir 4% de todos os cargos e estabelecer um de vinte mil libras ao ano.

Todos os agentes do fisco são pagos com base nas somas que arrecadam e, portanto, não constam dessa estimativa.

O esquema demonstrado na tabela não serve para detalhar os cargos, mas apenas para indicar o número de postos e salários que quinhentas mil libras suportarão; e a experiência mostrará que é inviável encontrar ocupação suficiente que justifique até mesmo essa despesa. Quanto ao modo pelo qual os cargos públicos são atualmente desempenhados, as chefias nas diversas repartições – tais como a dos correios e de certas divisões do Tesouro etc. – pouco fazem além de assinar seus nomes três ou quatro vezes por ano, e todas as obrigações são cumpridas por funcionários subordinados.

Portanto, se considerarmos um milhão e meio como o orçamento de paz suficiente para todas as finalidades honestas do governo, valor que está trezentas mil libras acima do estabelecido nos tempos de desperdício e prodigalidade de Carlos II (ainda que, como já foi observado, a remuneração dos contingentes do exército e da marinha e dos funcionários do fisco continue a mesma daquele período), continuará existindo um excedente de mais de seis milhões em relação às atuais despesas correntes. A questão que se coloca é: como dispor desse excedente?

Quem quer que tenha observado a forma na qual o comércio e os impostos se entrelaçam deve ter consciência da impossibilidade de separá-los de forma repentina.

Em primeiro lugar, porque os artigos atualmente disponíveis já foram taxados e os abatimentos não podem se aplicados ao estoque atual.

Em segundo, porque para todos os artigos sobre os quais o imposto é cobrado pela quantidade a granel, como por barril, barrica, quintal ou tonel, a abolição do imposto não pode ser dividida a ponto de aliviar plenamente o consumidor, que compra por pinta ou por libra de peso. O último imposto cobrado sobre a cerveja forte e a *ale* foi de três *shillings* por barril; se suprimido, ele reduziria o valor da compra em apenas meio *farthing* por pinta e, conseqüentemente, não representaria na prática um alívio.

Como essa é a situação de grande parte dos impostos, será necessário procurar outros, que estejam livres desse problema e cujo alívio seja direto, visível e de aplicação imediata.

Em primeiro lugar, portanto, as taxas de auxílio aos pobres são impostos diretos que afetam todo chefe de família, quem sabe também, até o último *farthing,* a soma que paga. Não se conhece exatamente o montante nacional referente ao total das taxas de auxílio aos pobres, mas ele poderia ser calculado. *Sir* John Sinclair, em sua *History of the Revenue,* o estimou em 2.100.587 libras. Uma parte considerável dessa soma é gasta em litígios, pelos quais os pobres, em lugar de serem aliviados, são atormentados. Contudo, para as paróquias os gastos são os mesmos, não importa qual sejam as suas origens.

Em Birmingham, o montante das taxas de auxílio aos pobres é quatorze mil libras por ano. Embora seja uma grande soma, é moderada relativamente à população. Diz-se que Birmingham conta com setenta mil almas; se mantida a proporção de setenta mil para quatorze mil nas taxas de auxílio aos pobres, o montante nacional dessas taxas, supondo que a população da Inglaterra seja de sete milhões de pessoas, seria de apenas um milhão e quatrocentas mil libras. Portanto, é muito provável que a população de Birmingham esteja superestimada. Quatorze mil libras corresponde a uma população de cinqüenta mil almas, tomando dois milhões como o montante nacional das taxas de auxílio aos pobres.

Seja como for, não é mais que a conseqüência da carga excessiva de impostos, pois quando estes eram bem baixos, os pobres eram capazes de manter a si mesmos, e não havia taxas de auxílio.* No estado em que se encontram as coisas atualmente, um trabalhador com esposa e dois ou três filhos paga pelo menos entre sete e oito libras por ano em impostos. Não se apercebe deles, porque estão escondidos nos artigos que compra, e ele se limita a pensar que são caros. Mas como os impostos retiram dele pelo menos uma quarta parte de seus ganhos anuais, terminam por incapacitá-lo para cuidar

---

* As taxas de auxílio aos pobres foram criadas na época de Henrique VIII, quando os impostos começaram a aumentar; desde então, elas têm aumentado seguindo os aumentos dos impostos em geral. (N.A.)

da sua família, especialmente se ele mesmo ou qualquer membro for atingido pela doença.

Portanto, a primeira medida de ajuda prática seria abolir inteiramente as taxas de auxílio aos pobres e, no lugar delas, isentar os pobres de impostos no valor correspondente ao dobro do montante das atuais taxas de auxílio, ou seja, em quatro milhões por ano, a serem compensados pelo excedente fiscal. Por meio dessa medida, os pobres seriam beneficiados com dois milhões, e os chefes de família, com dois milhões. Isso, por si só, equivaleria a uma redução de 120 milhões na Dívida Nacional; por conseguinte, equivaleria ao custo total da guerra americana.

Resta então examinar qual é o modo mais eficaz de distribuir essa isenção de quatro milhões.

Pode-se perceber facilmente que os pobres, em geral, têm famílias com muitas crianças e com pessoas idosas que já não podem trabalhar. Se esses dois grupos forem atendidos, o remédio terá tal poder de cura que o que restará por fazer será incidental e, em grande medida, ficará por conta dos clubes beneficentes, que, mesmo sendo uma modesta invenção, merecem estar classificados entre as melhores instituições modernas.

Supondo que a população da Inglaterra seja de sete milhões de almas, se um quinto dela pertencer à classe de pobres que necessitam ajuda, o número de pobres será de um milhão e quatrocentos mil; deste número, 140 mil serão idosos, como será mostrado adiante; para eles será proposta uma provisão distinta.

Restarão, então, 1.260.000 que, com cinco almas por família, totalizam 252 mil famílias, empobrecidas por força das despesas com os filhos e o peso dos tributos.

O número de filhos com idade inferior a quatorze anos em cada uma dessas famílias se revelará como cinco para cada duas famílias, algumas tendo dois, e outras, três; algumas um, e outras, quatro; algumas, nenhum e outras, cinco; raramente, entretanto, acontece que mais de cinco filhos tenham menos de quatorze anos, e depois dessa idade eles são capazes de trabalhar ou iniciar o aprendizado de um ofício.

Admitindo o número de cinco filhos (com menos de quatorze anos) para cada duas famílias,

O número de filhos será de 630.000
O número de pais e mães,
    caso estejam todos vivos, será de 504.000

É certo que, se os filhos forem atendidos, os pais serão conseqüentemente desonerados, pois é o custo da criação dos filhos que gera sua pobreza.

Depois de determinar qual é o maior número que podemos supor dos que necessitam de ajuda por se tratarem de famílias jovens, passo ao modo de assistência ou distribuição, que é o seguinte:

Pagar a cada família pobre, a título de remissão de impostos a ser compensada pelo excedente fiscal, em substituição às taxas de auxílio, quatro libras anuais por cada filho de menos de quatorze anos, com a obrigação, por parte dos pais, de enviá-los à escola para que aprendam a ler, escrever e conheçam a aritmética elementar. Os sacerdotes de todas as paróquias, de todas as denominações religiosas, deverão certificar conjuntamente a uma secretaria, criada para esse propósito, que tal obrigação está sendo cumprida. O montante desses gastos será:

Para 630 mil crianças, cada uma
    recebendo quatro libras por ano......£ 2.520.000

Adotando-se esse método, não só a pobreza dos pais será aliviada como a ignorância será banida da geração nascente. O número dos pobres será doravante reduzido, porque suas capacidades, como efeito da educação, aumentarão. Muitos jovens, dotados de talentos naturais, que iniciam o aprendizado de algum ofício mecânico, como os de carpinteiro, marceneiro, construtor de moinhos, de barcos, ferreiro etc., são impedidos de avançar em suas vidas por falta de um pouco de educação elementar em sua infância.

Agora passo à questão dos idosos.

Divido os idosos em duas categorias: a primeira, o começo da velhice, a partir dos cinqüenta anos; a segunda, a velhice propriamente dita, a partir dos sessenta anos.

Aos cinqüenta, embora as faculdades mentais do homem estejam em pleno vigor e seu juízo seja melhor do que em qualquer idade anterior, suas capacidades físicas para o trabalho começam a decair. Ele não é capaz de suportar o mesmo grau de fadiga que suportava no passado. Começa a ganhar menos e se torna menos capaz de suportar o vento e a intempérie; e naqueles empregos que exigem uma boa visão, ele falha e rapidamente se vê como um cavalo velho, desprotegido e sem rumo.

Aos sessenta, deve deixar de trabalhar, ao menos por necessidade imediata. É doloroso ver, nos países ditos civilizados, velhos se matarem trabalhando para ganhar o pão de cada dia.

A fim de formar um juízo acerca do número daqueles com idade acima dos cinqüenta anos, por diversas vezes contei as pessoas encontradas nas ruas de Londres, homens, mulheres e crianças, e concluí que, em geral, a média é de aproximadamente um idoso para cada dezesseis ou dezessete pessoas. Se me disserem que as pessoas de idade não saem muito às ruas, o mesmo poderia ser dito das crianças pequenas; e uma grande proporção de crianças maiores se encontra nas escolas e nas oficinas como aprendizes. Tomando, assim, dezesseis anos como divisor, o total de pessoas na Inglaterra com cinqüenta anos ou mais, de ambos os sexos, ricos e pobres, será de 420 mil.

As pessoas a serem atendidas desse total serão os campesinos, os trabalhadores comuns, os artífices de todos os ofícios e suas esposas, os marinheiros, os soldados licenciados, os serviçais extenuados de ambos os sexos e as viúvas pobres.

Haverá também um número considerável de pequenos comerciantes que, após terem vivido decentemente a primeira parte de suas vidas, começam, com a aproximação da velhice, a perder negócios até cair em decadência.

Além desses, haverá os constantemente arremessados pelo giro dessa roda que homem algum é capaz de deter ou regular, provenientes de todas as ocupações relacionadas ao comércio e aos negócios arriscados.

Para dar conta de todos esses acidentes e do restante que possa acontecer, considero que o número de pessoas que, em um ou outro momento de suas vidas depois dos cinqüenta anos de idade, podem considerar necessário, ou mais seguro, contar com um sustento melhor do que aquele que podem obter por si mesmas – e isso não por uma questão de graça e favor, mas de direito – seja um terço do número total, ou seja, 140 mil pessoas (como indicado anteriormente), para as quais uma provisão distinta foi proposta. Se esse número for maior, a sociedade, a despeito do espetáculo e da pompa do governo, encontra-se numa condição deplorável na Inglaterra.

Desses 140 mil, suponho que uma metade, setenta mil, tem entre cinqüenta e sessenta anos, e a outra, sessenta anos ou mais. Depois de determinar a provável proporção numérica dos idosos, passo a tratar do modo de lhes proporcionar condições confortáveis de vida, que é:

Pagar a cada pessoa com cinqüenta anos, e até que atinja os sessenta, a soma de seis libras por ano, subtraídas do excedente fiscal, e dez libras por ano durante sua vida após os sessenta anos, com o que se gastará (em libras) o seguinte:

Setenta mil pessoas recebendo
 seis libras por ano 420.000
Setenta mil pessoas recebendo
 dez libras por ano 700.000

Total ....£ 1.120.000

Essa ajuda, como já observado, não tem caráter de caridade, mas de direito. Toda pessoa na Inglaterra, homem ou mulher, paga em impostos em média duas libras, oito *shillings* e seis *pence* por ano desde o dia de seu nascimento; e se somarmos os gastos com arrecadação, paga duas libras, onze *shillings* e seis *pence;* conseqüentemente, após cinqüenta anos, terá pago 128 libras e quinze *shillings*, e aos sessenta, 154 libras e dez *shillings*. Convertendo-se, portanto, seu imposto individual em uma tontina, o dinheiro que receberá depois dos cinqüenta anos será pouco mais do que o juro legal da quantia líquida que pagou. O restante é constituído por aqueles cujas circunstâncias não exigem que recorram a essa ajuda, e o capital, em ambos os casos, custeia as despesas do governo. Por essa razão estendi as possibilidades de reivindicação a um terço do número de idosos na nação. Então, é melhor que as vidas de 140 mil velhos tenham conforto, ou que um milhão por ano do dinheiro público seja gasto por um único indivíduo, freqüentemente de caráter bastante indigno ou insignificante? Que respondam a pergunta a razão e a justiça, a honra e a humanidade, e que a respondam até mesmo a hipocrisia, a bajulação e também o sr. Burke, Jorge, Luís, Leopoldo, Frederico, Catarina, Cornwallis ou Tippoo Saib.*

A soma então entregue aos pobres será:

---

* Calculando os impostos por famílias, com cinco pessoas por família, cada família paga em média doze libras, dezessete *shillings* e seis *pence* por ano. A essa soma devem ser acrescentadas as taxas de auxílio aos pobres. Embora todos paguem impostos pelos artigos que consomem, nem todos pagam taxas de auxílio aos pobres. Cerca de dois milhões estão isentos, alguns por não serem chefes de família, outros por não terem capacidade de pagar, e os próprios pobres, que recebem o auxílio. A média, portanto, das taxas de auxílio dos pobres que recai sobre o restante é de quarenta *shillings* por família de cinco pessoas, o que perfaz o montante médio total de impostos e taxas de quatorze libras, dezessete *shillings* e seis *pence* para essas famílias; para famílias de seis pessoas, dezessete libras e dezessete *shillings*; para famílias de sete pessoas, vinte libras, dezesseis *shillings* e seis *pence*.

A média de impostos na América, sob o novo sistema de governo, ou seja, o representativo, incluindo o juro da dívida contraída na guerra, e supondo que a população seja de quatro milhões de almas, número alcançado hoje e que cresce a cada dia, é de cinco *shillings per capita*, por homem, mulher ou criança. A diferença, portanto, entre os dois governos, é a seguinte:

	Inglaterra			América		
	l.	*s.*	*p.*	*l.*	*s.*	*p.*
Para uma família de cinco pessoas	14	17	6	1	5	0
Para uma família de seis pessoas	17	17	0	1	10	0
Para uma família de sete pessoas	20	16	6	1	15	0

(N.A.)

Para 252 mil famílias pobres,
 incluindo 630 mil crianças 2.520.000
Para 140 mil idosos 1.120.000

Total £3.640.000

Restarão então 360 mil libras dos quatro milhões, parte das quais podem ser aplicadas como se segue.

Depois de atender a todos os casos expostos, ainda haverá um número de famílias que, embora não propriamente pertencentes à classe dos pobres, encontram dificuldades em dar educação aos seus filhos, que estariam então numa situação pior do que se seus pais fossem realmente pobres. Uma nação com um governo bem administrado não deveria permitir que ninguém ficasse sem instrução. Apenas os governos monárquicos e aristocráticos necessitam do apoio da ignorância.

Suponhamos, então, que quatrocentas mil crianças estejam nessa situação, número que é maior do que o suposto após as medidas já tomadas. Para esse caso, o método seria o seguinte:

Conceder a cada uma dessas crianças dez *shillings* por ano para as despesas escolares durante seis anos, o que lhes proporcionará uma escolaridade de seis meses por ano, acrescentando meia coroa por ano para compra de papel e cartilhas.

O custo anual disso será de 250 mil libras.*

---

* As escolas públicas não respondem às necessidades gerais dos pobres. Estão localizadas principalmente nas cidades controladas por corporações, com a exclusão dos povoados ou vilarejos do campo. Se admitidos estes últimos, a distância ocasiona enormes perdas de tempo. A educação, para que seja útil aos pobres, deve ser local, e a melhor forma de realizar isso, creio, é capacitar os pais a eles a pagar as despesas. Sempre é possível encontrar pessoas de ambos os sexos, em todos os povoados, especialmente as mais velhas, capazes de empreender esse tipo de tarefa. Vinte crianças, a dez *shillings* cada uma (e isso só durante seis meses por ano), representam uma remuneração suficiente para algum sustento nas regiões remotas da Inglaterra; e há, com freqüência, viúvas de clérigos desamparadas para as quais tal renda seria aceitável. Tudo o que for dado às crianças nesses termos atende a dois propósitos: para as crianças significa educação; para os que as educam, um meio de vida. (N.A.)

Restarão então 110 mil libras.

Apesar das grandes formas de auxílio que o governo dotado das melhores instituições e dos melhores princípios possa conceber, haverá uma quantidade de casos menores cuja consideração pela nação constitui uma boa política e uma correta beneficência.

Se vinte *shillings* fossem dados a uma mulher que os solicitasse imediatamente depois do nascimento de seu filho, e ninguém mais os solicitasse quando as circunstâncias não o obrigassem, isso poderia aliviar bastante o infortúnio momentâneo.

Ocorrem cerca de duzentos mil nascimentos por ano na Inglaterra, e se tal ajuda fosse solicitada por um quarto das mães, o montante seria de cinqüenta mil libras. Adicionando vinte *shillings* para cada casal recém-casado que os reivindicasse de maneira análoga, esse adicional não passaria de vinte mil libras.

Que também fossem utilizadas vinte mil libras para despesas dos funerais de pessoas que, tendo que viajar para trabalhar, podem vir a morrer longe de seus amigos. Ao se poupar as paróquias desse encargo, o doente estrangeiro será mais bem tratado.

Encerrarei essa parte do assunto com um plano adaptado às circunstâncias particulares de uma metrópole tal como Londres.

Numa metrópole, ocorrem continuamente casos diferentes dos que ocorrem no campo, razão pela qual é necessária uma forma de assistência diferente, ou melhor, adicional. No campo, mesmo em povoados grandes, as pessoas se conhecem e o sofrimento nunca chega aos extremos que por vezes alcança numa metrópole. No campo, as pessoas não morrem literalmente de fome ou de frio por falta de um abrigo. Entretanto, casos assim, e outros igualmente deploráveis, acontecem em Londres.

São muitos os jovens que chegam a Londres cheios de esperanças, munidos de pouco ou nenhum dinheiro; se não obtiverem imediatamente um emprego, estarão meio perdidos. Os meninos criados em Londres sem quaisquer meios de subsistência e, como ocorre habitualmente, com pais desregrados, se encontram numa condição ainda pior. Os serviçais há muito desempregados não se acham em situação muito melhor. Em resumo, um mundo de pequenos casos surge continuamente, do qual a vida ocupada ou afluente não toma conhecimento, abrindo a primeira porta do infortúnio. A fome não está entre as necessidades adiáveis: um dia, mesmo umas poucas horas, em tal condição, seguidamente representam a crise de uma vida em ruínas.

Essas circunstâncias, que constituem a causa geral de pequenos roubos e furtos que levam a outros maiores, podem ser evitadas. Restam ainda vinte mil libras dos quatro milhões de excedente fiscal, que, somadas a outro fundo a ser mencionado, totalizando cerca de mais vinte mil libras, não podem ser mais bem aplicadas do que com essa finalidade. O plano então será o seguinte:

Em primeiro lugar, construir dois ou mais prédios, ou utilizar alguns já construídos, capazes de abrigar pelo menos seis mil pessoas, disponibilizando neles tantos tipos de ocupação quanto possam ser concebidos, de modo que toda pessoa que aí chegue possa encontrar algo que saiba fazer.

Em segundo lugar, receber todos os que chegarem, sem indagar quem ou o que são. A única condição imposta é que para tal quantidade de trabalho ou tantas horas trabalhadas a pessoa receba tantas refeições saudáveis e alojamento quente, pelo menos tão bom quanto um alojamento de quartel. Uma parte do valor do trabalho de cada pessoa será reservada e entregue a ela no momento de sua partida; e que, respeitadas essas condições, cada pessoa permaneça um tempo tão longo ou curto ou se apresente tão freqüentemente quanto quiser.

Se cada pessoa ficasse por três meses, seria possível assistir rotativamente 24 mil pessoas por ano, ainda que o número real, em qualquer momento, fosse de apenas seis mil. Um abrigo desse gênero daria às pessoas temporariamente atingidas pela adversidade a oportunidade para se recuperar e as capacitaria a procurar melhores empregos.

Permitindo que o trabalho delas pague apenas a metade dos custos para mantê-las, depois de reservarem uma parte de seus ganhos para si mesmas, a soma de quarenta mil libras adicionais cobriria todos os demais custos, mesmo para um número superior a seis mil.

O fundo que poderia ser convertido, de forma muito apropriada, para essa finalidade, além das vinte mil libras restantes do primeiro fundo, será o produto do imposto sobre o carvão, tão iníqua e devassamente aplicado no sustento do duque de Richmond. É horrível que haja um homem, e especialmente com o preço atual do carvão, que viva à custa do sofrimento de uma comunidade; e qualquer governo que permita tal abuso merece ser destituído. Diz-se que esse fundo gira em torno de vinte mil libras por ano.

Concluirei agora este plano enumerando os diversos aspectos particulares; depois passarei a outros assuntos.

A enumeração é a seguinte:

Em primeiro lugar: Abolição de dois milhões em taxas de auxílio aos pobres.

Em segundo: Assistência para 252 mil famílias pobres.

Em terceiro: Educação para um milhão e trinta mil crianças.

Em quarto: Provisão de conforto para 140 mil idosos.

Em quinto: Doação de vinte *shillings* para cada um de cinqüenta mil nascimentos.

Em sexto: Doação de vinte *shillings* para cada um de vinte mil casamentos.

Em sétimo: Auxílio de vinte mil libras para os custos dos funerais de pessoas que viajam para trabalhar e que morrem longe de seus amigos.

Em oitavo: Emprego contínuo para os pobres circunstanciais nas cidades de Londres e Westminster.

Com o funcionamento desse plano, as leis dos pobres, esses instrumentos de tortura civil, serão reformadas, e os gastos inúteis com litígios serão evitados. Os corações humanos não precisarão se chocar com crianças esfarrapadas e famintas e com pessoas de setenta e oitenta anos mendigando pão. Os moribundos pobres não serão arrastados de um lugar a outro para o seu último alento, como represália de uma paróquia contra outra. As viúvas poderão manter os seus filhos e não serão arrastadas, por ocasião da morte de seus maridos, como culpadas e criminosas; e os filhos não serão mais considerados um aumento das dificuldades de seus pais. Os retiros dos infelizes serão conhecidos, porque isso será para o proveito deles, e o número dos pequenos delitos, produtos da desgraça e da pobreza, será reduzido. Os pobres, bem como os ricos, estarão então interessados no apoio ao governo, e a causa e a apreensão de subversões e tumultos cessarão. Vocês que sentam tranqüilamente se alegram na fartura – que existem na Turquia e na Rússia, como também na Inglaterra – e que dizem a si mesmos "Não estamos bem de vida?" já pensaram nessas coisas? Quando o fizerem, deixarão de falar e lamentar apenas a si mesmos.

O plano é de fácil realização. Não perturba o comércio com uma súbita interrupção na ordem dos impostos, mas alivia os problemas ao modificar a aplicação dos impostos; e o dinheiro necessário para esse fim pode ser obtido das arrecadações do imposto sobre o consumo, que são feitas oito vezes por ano em toda cidade que possui mercado na Inglaterra.

Tendo tratado e concluído este assunto, passo ao seguinte.

Estimando as atuais despesas correntes em 7,5 milhões de libras, o que representa o mínimo a que chegam hoje, restará (depois da soma de um milhão e meio ser tomada para as novas despesas correntes, e de quatro milhões para o serviço anteriormente mencionado) a soma de dois milhões, parte da qual deve ser aplicada como se segue.

Embora as frotas e os exércitos, feita uma aliança com a França, se tornem, em grande medida, inúteis, as pessoas que se consagraram a esses serviços, tornando-se assim inaptas para outras atividades na vida, não devem sofrer com os meios que trazem felicidade a outras. Constituem indivíduos de um tipo diferente daqueles que formam uma corte ou giram em torno dela.

Uma parte do exército será mantida, pelo menos durante alguns anos, e também uma parte da marinha; para elas uma provisão correspondente a um milhão já foi feita na primeira parte deste plano; ela está quase meio milhão acima do orçamento de paz do exército e da marinha nos tempos pródigos de Carlos II.

Suponhamos, então, que quinze mil soldados serão licenciados, concedendo-se a cada um desses homens três *shillings* por semana durante toda sua vida, isentando-os de todas as deduções, a serem pagos da mesma maneira que os pensionistas do Chelsea College*, permitindo-lhes retornar aos seus ofícios e estar entre seus amigos. Ao que devemos adicionar quinze mil pagamentos de seis *pence* por semana aos soldados que permanecerão na ativa. O gasto anual será:

Para pagar a quinze mil soldados
    licenciados três *shillings* semanais 117.000
Pagamento adicional aos soldados
    que permanecerem na ativa 19.500
Valor do pagamento dos oficiais licenciados
    suposto como igual à soma concedida
    os soldados licenciados 117.000
A fim de evitar estimativas grosseiras, admitir
    o pagamento aos licenciados da marinha
    da mesma soma paga aos licenciados do
    exército, e o mesmo pagamento adicional 253.000

Total .... £ 507.000

Todos os anos, parte dessa soma de meio milhão (omito a sobra de sete mil libras para não complicar os cálculos) será abatida e, com o tempo, a totalidade dela desaparecerá, como ocorre com as rendas vitalícias, exceto o pagamento adicional de 39 mil libras. À medida que seja abatida, parte dos impostos poderá ser eliminada; por exemplo, quando sofrer abatimento de trinta mil libras, o imposto sobre o lúpulo poderá ser totalmente eliminado, e à medida que outras partes desaparecerem, os impostos sobre as velas e o sabão poderão ser reduzidos, até que finalmente desapareçam por

---

* O Chelsea Hospital, uma instituição para soldados velhos e inválidos, foi construído no final do século XVII no terreno de uma faculdade de teologia. (N.E.)

completo. Restará, agora, pelo menos um milhão e meio de excedente fiscal.

O imposto sobre casas e janelas é uma das contribuições diretas que, assim como as taxas de auxílio aos pobres, não deve ser confundido com o comércio; uma vez eliminado, produzirá alívio imediato. Esse imposto recai pesadamente sobre os ombros da classe média da população.

O valor desse imposto, com base no relatório de 1788, foi de:

	libras	shillings	pence
Casas e janelas, pela lei de 1766	385.459	11	7
Idem, pela lei de 1779	130.739	14	5,5
Total	516.199	6	0,5

Se esse imposto for eliminado, restará então cerca de um milhão de excedente fiscal; e como é sempre oportuno manter uma soma de reserva para imprevistos, talvez seja melhor, num primeiro momento, não estender mais as reduções, mas considerar o que pode ser feito através de outras formas de reforma.

Entre os tributos mais pesadamente sentidos está o "imposto compensatório".* Proporei, portanto, um plano para sua abolição, substituindo-o por outro imposto, o que atenderá a três objetivos ao mesmo tempo.

Primeiro, transferir o ônus para quem o possa suportar melhor.

Segundo, restabelecer a justiça entre as famílias através da redistribuição da propriedade;

Terceiro, extirpar o excesso de influência da lei antinatural da primogenitura, que constitui uma das principais fontes de corrupção nas eleições.

O montante do imposto compensatório, conforme os resultados de 1788, foi de ....£ 771.657

---

* Tributo gradativo sobre as janelas das casas, imposto pelo primeiro-ministro Pitt em adição aos tributos anteriores sobre as janelas das casas, para compensar a perda de arrecadação devido a uma redução do imposto sobre a importação do chá. (N.E.)

Sempre que impostos são propostos, o país se diverte com o discurso razoável de que se trata de taxar o luxo. Uma coisa é classificada como luxo num momento; em outro, outra coisa. Entretanto, o verdadeiro luxo não consiste nos artigos, mas nos meios para obtê-los, e isso é sempre omitido.

Não sei por que uma planta ou erva do campo tenha de ser um luxo maior num país do que em outro. Contudo, uma propriedade rural excessivamente grande é sempre um luxo, e como tal é o objeto apropriado da tributação. Portanto, é correto nos dirigirmos aos gentis cavalheiros que criam os impostos nos seus próprios termos e argumentar com base no princípio que eles próprios formularam, o de *taxar* o *luxo*. Se eles ou seu defensor, o sr. Burke, quem, receio, está desatualizado tal como um homem de armadura, for capaz de provar que uma propriedade rural que rende vinte, trinta ou quarenta mil libras por ano não é um luxo, desistirei do argumento.

Admitindo que seja necessária uma soma anual de, digamos, por exemplo, mil libras para sustento de uma família, então as segundas mil libras representarão um luxo; as terceiras mil libras, ainda mais; e indo adiante, finalmente chegaremos a uma soma que pode ser propriamente classificada como um luxo proibitivo. Seria impolítico estabelecer limites para a propriedade adquirida pelo esforço, sendo correto, portanto, situar a proibição além do que é provável adquirir pelo esforço. Contudo, deve haver um limite para a propriedade ou sua acumulação através de herança. Deveria ser transmitida de outro modo. Os mais ricos em todas as nações têm parentes pobres e, com freqüência, muito próximos em consangüinidade.

A tabela de taxação progressiva que se segue é composta conforme os princípios acima. Essa taxação é um substituto do imposto compensatório. Funcionando normalmente, ela alcançará o ponto de proibição e com isso anulará a lei aristocrática da primogenitura.

Tabela I

Imposto sobre todas as propriedades que excedam um rendimento anual líquido de 50 libras, após a dedução do imposto fundiário:

	shillings	pence
Até 500 libras	0	3
De 500 a 1.000 libras	0	6
Nas segundas 1.000 libras	0	9
Nas terceiras 1.000 libras	1	0
Nas quartas 1.000 libras	1	6
Nas quintas 1.000 libras	2	0
Nas sextas 1.000 libras	3	0
Nas sétimas 1.000 libras	4	0
Nas oitavas 1.000 libras	5	0
Nas nonas 1.000 libras	6	0
Nas décimas 1.000 libras	7	0
Nas décimas primeiras 1.000 libras	8	0
Nas décimas segundas 1.000 libras	9	0
Nas décimas terceiras 1.000 libras	10	0
Nas décimas quartas 1.000 libras	11	0
Nas décimas quintas 1.000 libras	12	0
Nas décimas sextas 1.000 libras	13	0
Nas décimas sétimas 1.000 libras	14	0
Nas décimas oitavas 1.000 libras	15	0
Nas décimas nonas 1.000 libras	16	0
Nas vigésimas 1.000 libras	17	0
Nas vigésimas primeiras 1.000 libras	18	0
Nas vigésimas segundas 1.000 libras	19	0
Nas vigésimas terceiras 1.000 libras	20	0

Essa tabela mostra a progressão por libra para cada mil libras acumuladas.

A tabela seguinte indica o volume do imposto para cada mil libras separadamente; a última coluna indica o volume total das somas separadas.

TABELA II

Uma propriedade com rendimento anual de:

		p.		*l.*	*s.*	*p.*
50 libras, taxada em	3 por libra,		pagará	0	12	6
100 libras			pagará	1	5	0
200 libras			pagará	2	10	0
300 libras			pagará	3	15	0
400 libras			pagará	5	0	0
500 libras			pagará	7	5	0

A partir de quinhentas libras, um imposto de seis *pence* por libra se aplica às segundas quinhentas libras; conseqüentemente, uma propriedade com rendimento anual de mil libras pagará dezoito libras e quinze *shillings*, e assim por diante.

| | | imposto por libra | | | volume total | | | |
		l.	*s.*	*p.*	*l.*	*s.*	*l.*	*s.*
1as.	500		0	3	7	5	21	15
2as.	500		0	6	14	10		
2as.	1.000		0	9	37	10	59	5
3as.	1.000		1	0	50	0	109	5
4as.	1.000		1	6	75	0	184	5
5as.	1.000		2	0	100	0	284	5
6[as].	1.000		3	0	150	0	434	5
7[as].	1.000		4	0	200	0	634	5
8[as].	1.000		5	0	250	0	880	5
9[as].	1.000		6	0	300	0	1.180	5
10[as].	1.000		7	0	350	0	1.530	5
11[as].	1.000		8	0	400	0	1.930	5
12[as].	1.000		9	0	450	0	2.380	5
13[as].	1.000		10	0	500	0	2.880	5
14[as].	1.000		11	0	550	0	3.430	5
15as.	1.000		12	0	600	0	4.030	5
16as.	1.000		13	0	650	0	4.680	5
17as.	1.000		14	0	700	0	5.380	5
18as.	1.000		15	0	750	0	6.130	5

19as.	1.000	16	0	800	0	6.930 5
20as.	1.000	17	0	850	0	7.780 5
21as.	1.000	18	0	900	0	8.680 5
22as.	1.000	19	0	950	0	9.630 5
23as.	1.000	20	0	1000	0	10.630 5

Nas vigésimas terceiras mil libras, o imposto passa a ser de vinte *shillings* por libra; conseqüentemente, cada mil libras adicionais só podem produzir lucros se a propriedade for dividida. No entanto, por mais formidável que esse imposto possa parecer, creio que não produzirá tanto quanto o imposto compensatório: caso produza mais, deverá ser reduzido ao valor deste para as propriedades com rendimentos abaixo de duas ou três mil libras por ano.

No caso de propriedades pequenas e medianas, esse imposto é mais leve (como se pretende que seja) do que o imposto compensatório. Não começa a pesar antes de alcançar rendimentos de sete ou oito mil por ano. A meta maior não é arrecadar muito, mas garantir que a medida seja justa. A aristocracia se protegeu demais, mas esse imposto serve para restaurar parte do equilíbrio perdido.

Como exemplo dessa proteção, basta remontar ao estabelecimento inicial das leis sobre o consumo, na chamada Restauração, ou seja, a chegada de Carlos II ao poder. Os interesses aristocráticos então no poder modificaram os serviços feudais aos quais estavam eles mesmos obrigados, estabelecendo um imposto sobre a cerveja fabricada *para a venda,* isto é, negociaram com Carlos II uma isenção para si mesmos e seus herdeiros a ser compensada por um imposto pago por outras pessoas. A aristocracia não compra cerveja fabricada para a venda, já que fermenta sua própria cerveja sem pagar tributo algum, e se fosse necessária naquela época qualquer permuta, deveria ter sido feita às expensas daqueles a quem se destinavam as isenções desses serviços.* Em lugar

---

* O imposto sobre a cerveja fabricada para a venda, do qual está isenta a aristocracia, supera em quase um milhão o atual imposto compensatório. Segundo o arrecadado em 1788, soma 1.666.152 libras; conseqüentemente, a aristocracia deveria arcar com o montante do último, pois já está isenta de um imposto quase um milhão superior. (N.A.)

disso, o imposto foi lançado sobre uma classe totalmente diferente de homens.

Mas o principal propósito desse imposto progressivo (além da justiça de tornar os tributos mais iguais do que são) é, como já mencionado, extirpar a influência excessiva da lei antinatural da primogenitura, que é uma das principais fontes da corrupção nas eleições.

Pouco valeria a investigação de como começaram essas imensas propriedades de trinta, quarenta ou cinqüenta mil libras por ano, numa época em que o comércio e a manufatura não se achavam em condições de admitir tais aquisições. Que bastasse para remediar o mal deixar que retornassem à comunidade através da pacífica distribuição entre todos os herdeiros e herdeiras dessas famílias. Isso será ainda mais necessário porque até agora a aristocracia tem repartido, entre seus filhos mais jovens e parentes, empregos, posições e cargos inúteis que, quando abolidos, os deixarão sem ocupação, a menos que a lei da primogenitura também seja abolida ou substituída.

Um imposto progressivo produzirá esse efeito em grande medida, e isso no interesse das partes mais imediatamente envolvidas, como poderemos ver pela tabela a seguir, que indica o produto líquido de cada propriedade após a dedução do imposto. A tabela revelará que, quando uma propriedade ultrapassar treze ou catorze mil libras por ano, garantirá pouco lucro ao proprietário, que conseqüentemente a passará aos filhos mais jovens ou a outros parentes.

Tabela III

Indicando o produto líquido de uma propriedade, de mil a 23 mil libras por ano.

Libras anuais	Dedução total	Produto líquido
1.000	21	979
2.000	59	1.941
3.000	109	2.891
4.000	184	3.816

5.000	284	4.716
6.000	434	5.566
7.000	634	6.366
8.000	880	7.120
9.000	1.180	7.820
10.000	1.530	8.470
11.000	1.930	9.070
12.000	2.380	9.620
13.000	2.880	10.120
14.000	3.430	10.570
15.000	4.030	10.970
16.000	4.680	11.320
17.000	5.380	11.620
18.000	6.130	11.870
19.000	6.930	12.170
20.000	7.780	12.220
21.000	8.680	12.320
22.000	9.630	12.370
23.000	10.630	12.370

N.B. Omito as sobras de valores em *shillings*.

De acordo com essa tabela, uma propriedade não pode produzir mais do que 12.370 libras depois de pagar o imposto fundiário e o imposto progressivo; portanto, a divisão dessas propriedades se seguirá por questão de interesse familiar. Uma propriedade com rendimento de 23 mil libras anuais, depois dividida em cinco de quatro mil cada uma e uma de três mil, não somará mais do que 1.129 libras em tributos, o que representa somente 5% desse rendimento; entretanto, se a tributação recaísse sobre um só proprietário, seria de 10.630 libras.

Embora a investigação da origem dessas propriedades seja desnecessária, outra coisa é a sua continuidade na forma atual. Trata-se de uma questão de interesse nacional. Como propriedades hereditárias, a lei criou o mal e também deveria fornecer o remédio. A lei da primogenitura deve ser abolida, não somente porque é antinatural e injusta, mas também porque sua aplicação faz o país padecer. Ao privar (como observado anteriormente) os filhos mais jovens de sua parte justa da herança, o público é onerado com o custo para mantê-los; e a liberdade das eleições é violada pela intolerável influência produzida por esse monopólio injusto da propriedade da família. E isso não é tudo. Ela também ocasiona um desperdício de propriedade nacional: uma parte considerável das terras do país passa a ser improdutiva pela grande extensão dos parques e das áreas para caça que essa lei ajuda a manter, e isso numa época em que a produção anual de grãos não iguala o consumo nacional.* Em resumo, os males do sistema aristocrático são tão graves e numerosos, tão incompatíveis com tudo que é justo, sábio, natural e benéfico, que, se levados em conta, não poderiam deixar dúvida de que muitos dos que hoje são aristocratas desejariam ver tal sistema abolido.

Que prazer eles poderiam ter assistindo à condição de abandono e de mendicância quase certa de seus filhos mais jovens? Toda família aristocrática possui um apêndice de familiares mendigos que vagabundeiam em torno dela. Em poucos anos ou gerações, são abandonados e se conformam contando suas histórias nos albergues, asilos e prisões. Essa é a conseqüência natural da aristocracia. O nobre e o mendigo pertencem freqüentemente à mesma família. Um extremo produz o outro; para produzir um rico, muitos precisam ser reduzidos à pobreza. E esse sistema não pode ser conservado por outros meios.

Há duas classes de pessoas para as quais as leis da Inglaterra são particularmente hostis, compostas pelos mais indefesos: os filhos mais novos e os pobres. Acabei de me referir aos primeiros. Quanto aos pobres, mencionarei apenas um exemplo entre os muitos que poderiam ser apresentados, com o qual darei por encerrado este assunto.

Existem várias leis para regular e limitar os salários dos trabalhadores. Por que não deixá-los tão livres para fazerem suas próprias negociações quanto os legisladores para arrendar seus campos e suas casas? Seu trabalho pessoal é toda a sua propriedade. Por que infringir o pouco que têm e a pequena liberdade de que desfrutam? Mas a

---

* Ver os relatórios sobre o comércio do trigo. (N.A.)

injustiça se mostrará maior se considerarmos a aplicação e as conseqüências dessas leis. Quando os salários são fixados por uma lei, os salários legais permanecem estacionários enquanto tudo o mais sobe; e como os que criam essa lei seguem impondo novos tributos através de outras, aumentam o custo de vida por meio de uma lei e removem os recursos por meio de outra.

Mas se esses cavalheiros legisladores e criadores de impostos julgaram correto limitar o salário insignificante que o trabalho pessoal pode produzir, com o qual uma família inteira tem que ser sustentada, certamente deveriam sentir-se à vontade e felizes em aceitar para si uma limitação de não menos do que doze mil libras por ano, por uma propriedade que jamais adquiriram (provavelmente nem qualquer um dos seus antepassados) e que usam tão mal.

Encerrado este assunto, reduzirei os diversos aspectos particulares a um só ponto de vista e depois passarei a outros assuntos.

Os primeiros OITO ARTIGOS são retirados da enumeração feita em páginas anteriores:

1. Abolição de dois milhões de taxas de auxílio aos pobres.

2. Provisão, para 252 mil famílias pobres, de quatro libras por pessoa por criança com menos de catorze anos, o que, com o acréscimo de 250 mil libras, permitirá também a educação de 1.030.000 crianças.

3. Anuidade de seis libras para todas as pessoas pobres, comerciantes arruinados e outros (supostamente, setenta mil) com a idade entre cinqüenta e sessenta anos.

4. Anuidade vitalícia de dez libras para todas as pessoas pobres, comerciantes arruinados e outros (supostamente, setenta mil) com sessenta anos.

5. Doação de vinte *shillings* para cada um de cinqüenta mil nascimentos.

6. Doação de vinte *shillings* para cada um de vinte mil casamentos.

7. Auxílio de vinte mil libras para os custos dos funerais de pessoas que viajam para trabalhar e que morrem longe de seus amigos.

8. Emprego contínuo para os pobres circunstanciais nas cidades de Londres e Westminster.

SEGUNDA ENUMERAÇÃO:

9. Abolição dos impostos sobre casas e janelas.

10. Pensão de três *shillings* semanais e vitalícios para quinze mil soldados licenciados e uma pensão proporcional para os oficiais das tropas licenciadas.

11. Adição no pagamento aos soldados que permanecerem na ativa de 19.500 libras anuais.

12. Pagamento aos licenciados da marinha da mesma soma e do mesmo adicional pago aos licenciados do exército.

13. Abolição do imposto compensatório.

14. Plano de um imposto progressivo visando a extirpar a lei injusta e antinatural da primogenitura e a influência perniciosa do sistema aristocrático.*

Resta ainda, como já indicado, um milhão de excedente fiscal. Parte dessa soma será necessária para dar conta de circunstâncias imprevistas, e a parte que não atender a nenhuma carência permitirá igual redução adicional de impostos.

---

* Quando se investigam as condições dos pobres, muito provavelmente serão encontrados diversos graus de penúria, que tornariam preferível um método diferente do proposto. As viúvas com família terão maiores necessidades em comparação às esposas com maridos vivos. Há, também, uma diferença de custo de vida de país para país, que é ainda maior no caso do combustível.

Suponhamos, então, 50.000 casos extraordinários,
recebendo cada família 10 libras anuais 500.000
100.000 famílias recebendo 8 libras anuais 800.000
100.000 famílias recebendo 7 libras anuais 700.000
104.000 famílias recebendo 5 libras anuais 520.000
E, em vez de 10 *shillings* por pessoa para a educação de
de outras crianças, conceder para 50.000 famílias e
para essa finalidade, 50 *shillings* por família............... 250.000
140.000 pessoas idosas, como antes 1.120.000

Total £3.890.000

Esse sistema equivale à mesma soma indicada na página 287, se incluirmos as 250 mil libras para a educação, mas atende (incluindo os idosos) a 404 mil famílias, o que representa quase um terço de todas as famílias da Inglaterra. (N.A.)

Entre as reivindicações requeridas por justiça, merecerá atenção a condição dos agentes subordinados do fisco. Merece reprovação qualquer governo que desperdice uma imensa arrecadação em sinecuras, postos e cargos nominais e desnecessários e que não permita sequer uma vida decente àqueles que labutam. O salário dos funcionários subalternos do fisco é o mesmo valor insignificante de menos de cinqüenta libras anuais por mais de um século. Deveria ser de setenta libras. Cerca de 120 mil libras aplicadas para esse fim colocarão todos esses salários em uma condição decente.

Houve uma proposta para que isso fosse feito há quase vinte anos, mas o Conselho da Fazenda de então se alarmou, pois isso poderia levar a expectativas similares por parte do exército e da marinha. O que acabou ocorrendo foi que o rei, ou alguém em seu nome, recorreu ao Parlamento para ter seu próprio salário aumentado em cem mil libras por ano. Feito isso, tudo o mais foi posto de lado.

Abstenho-me de discorrer sobre a condição de outra classe de homens, o baixo clero. Contudo, afora todas as parcialidades e todos os preconceitos favoráveis ou contrários a diferentes sistemas e formas de religião, a justiça comum determinará se deveria haver uma renda de vinte ou trinta libras anuais para um homem e de dez mil libras para outro. Falo sobre esse assunto com maior liberdade porque se sabe que não sou presbiteriano e, portanto, não pode ser erguido contra mim o brado hipócrita de sicofantas da corte sobre essa Igreja e seus Conselhos, mantido para entreter e confundir a nação.

Vocês, homens simples em quaisquer dos lados da questão, não vêem que se trata de uma artimanha da corte? Se vocês puderem ser mantidos em disputas e brigas em torno de igrejas e conselhos, então estarão atendendo ao objetivo de todos os cortesãos, que se nutrirão entrementes do saque dos impostos e rirão da sua credulidade. Toda religião que ensina o homem a ser bom é boa, e não conheço nenhuma que o ensine a ser mau.

Todos os cálculos mencionados acima supõem que somente dezesseis milhões e meio em tributos são pagos ao erário, depois de deduzir as despesas com arrecadação, os reembolsos de direitos aduaneiros e internos, ao passo que a soma paga ao erário está muito próxima de dezessete milhões, se é que não chega a esse valor. Os impostos arrecadados na Escócia e na Irlanda são gastos nesses países e, portanto, suas poupanças resultarão de seus próprios impostos; mas se qualquer parte for paga ao erário inglês, poderia ser devolvida. Isso não alcançará uma diferença anual de cem mil libras.

Resta apenas considerar a dívida nacional. No ano de 1789 o juro, sem incluir a tontina, foi de 9.150.138 libras. Em quanto o capital foi reduzido desde então, quem sabe melhor é o ministro. Mas depois de pagar o juro, abolir o imposto sobre casas e janelas, o imposto compensatório e as taxas de auxílio aos pobres, e de atender plenamente aos pobres, à educação das crianças e aos velhos, e depois do pagamento dos licenciados do exército e da marinha e do aumento para os soldados e marinheiros restantes, sobrará um excedente de um milhão.

A atual política de pagamento da dívida nacional me parece, manifestando-me como pessoa desinteressada, mal administrada, para não dizer falaciosa. A carga da dívida nacional não consiste no fato de alcançar tantos milhões, ou tantas centenas de milhões, mas no volume de impostos arrecadados todos os anos para pagar os juros. Se esse volume continuar o mesmo, o ônus da dívida nacional será o mesmo para todos os efeitos e propósitos, seja o capital maior ou menor. A única forma de o público perceber a redução da dívida é a redução dos impostos para pagamento dos juros. A dívida, portanto, não é reduzida sequer infimamente para o público apesar de todos os milhões já pagos; e hoje ela exigiria mais dinheiro para obter o capital do que quando tal política de pagamento teve início.

Desvio-me por um momento desse ponto, ao qual retomarei, volto à nomeação do sr. Pitt para ministro.

Nessa ocasião, eu me encontrava na América. A guerra terminara, mas, embora os ressentimentos tivessem cessado, as lembranças permaneciam vivas.

As notícias da coalizão, ainda que não me preocupassem como cidadão americano, me afetaram como homem.

Continham algo de escandaloso por zombarem publicamente da decência, senão dos próprios princípios. Foi uma insolência da parte de lorde North, e uma falta de firmeza da parte do sr. Fox.

O sr. Pitt era, naquele tempo, o que pode ser chamado de novato em matéria de política. Sem nenhum traquejo, ele parecia não ter sido iniciado sequer nos primeiros arcanos das intrigas palacianas. Mas tudo estava ao seu favor. O ressentimento contra a coalizão era como amizade para ele, e sua ignorância do vício lhe era creditada como virtude. Com o retorno da paz, o comércio e a prosperidade ressurgiriam por si mesmos; entretanto, mesmo esse ressurgimento foi creditado a ele.

Quando ele assumiu o timão, a tormenta havia passado e nenhum obstáculo poderia interromper seu curso. Até para errar era preciso talento, e ele teve êxito. Bastou pouco tempo para mostrar que era do mesmo tipo de homem que seus predecessores. Em vez de tirar proveito dos erros acumulados por uma carga de impostos sem paralelo no mundo, ele buscou inimigos – praticamente os atraiu com propagandas, poderíamos dizer – e criou meios para aumentar a taxação. Almejando algo que não sabia o que era, explorou a Europa e a Índia em busca de aventuras. Abandonando as justas pretensões com as quais começara, tornou-se o cavaleiro andante dos tempos modernos.

É desagradável assistir ao desmoronamento de um caráter. É ainda mais desagradável ver-se enganado. O sr. Pitt nada merecera, mas prometeu muito. Apresentava os sinais de um espírito superior à mesquinhez e à corrupção das cortes. Sua aparente candidez encorajou expectativas. A fé pública, aturdida, fatigada e perplexa em meio a um caos de partidos, reviveu e se apegou a ele. Mas confundindo, como o fez, o repúdio da nação à coalizão com o merecimento pessoal, apressou-se a tomar medidas que um homem com menos apoio não se atreveria a tomar.

Tudo isso parece demonstrar que uma mudança de ministros não significa nada. Um sai, outro entra, mas continuam as mesmas medidas, os mesmos vícios e a mesma extravagância. Não importa quem seja o ministro. A falha está no sistema. As fundações e a superestrutura do governo são ruins. Escorem-nas com bem entenderem, mas elas continuarão se afundando se cessar no governo da corte.

Retorno, como prometi, ao tema da dívida nacional, esse rebento da revolução anglo-holandesa e de sua criada, a sucessão hanoveriana.

Mas agora é tarde demais para investigar como a dívida começou. Os credores adiantaram o dinheiro; se ele foi bem ou mal gasto, ou embolsado, não é crime deles. Entretanto, é fácil perceber que, à medida que a nação continuar considerando a natureza e os princípios do governo, compreendendo os tributos e fazendo comparações entre os da América, da França e da Inglaterra, será impossível mantê-la na mesma apatia em que esteve até agora. Pela necessidade das circunstâncias, logo terá de iniciar-se uma reforma. Não se trata de que esses princípios tenham pouca ou muita força na atualidade. Eles já vieram a público. Já estão no mundo, e não há força que possa detê-los. Como segredos revelados, não podem ser novamente ocultados, e só um cego não vê que uma mudança já começou.

Nove milhões de impostos improdutivos é algo sério, não somente para um mau governo, mas, em grande medida, estrangeiro. Ao colocar o poder de fazer guerra nas mãos de estrangeiros que aqui chegaram para obter tudo que pudessem obter, não cabia esperar algo muito diferente daquilo que aconteceu.

Já foram apresentadas nesta obra razões mostrando que quaisquer que sejam as reformas fiscais, elas devem ser introduzidas nas despesas correntes do governo e não na parte aplicada aos juros da dívida nacional. Remitindo as taxas de auxílio aos pobres, *eles* ficarão totalmente aliviados e desaparecerá todo descontentamento de sua parte; e suprimindo todos os impostos já mencionados, a nação conseguirá recuperar toda a despesa feita com a insana guerra americana.

Restará então somente a dívida nacional como objeto de descontentamento. A fim de eliminá-la, ou melhor, preveni-la, seria uma boa política por parte dos próprios credores considerá-la como uma propriedade, sujeita, como qualquer outra, a suportar parte dos tributos. Isso lhe proporcionaria popularidade e segurança, e como uma grande parte de sua atual inconveniência é compensada pelo capital que ela mantém vivo, uma medida desse tipo aumentaria tanto essa compensação que silenciaria as objeções.

Isso pode ser feito de maneira gradual para que tudo o que é necessário seja obtido com a máxima facilidade e conveniência.

Em lugar de tributar o capital, o melhor método seria tributar os juros numa proporção progressiva e reduzir os impostos públicos na mesma proporção da diminuição dos juros.

Suponhamos que o juro fosse taxado em meio *penny* por libra no primeiro ano, um *penny* adicional no segundo, procedendo conforme certa proporção a ser determinada, sempre inferior a qualquer outro imposto incidente sobre a propriedade. Tal imposto seria subtraído do juro por ocasião do pagamento sem qualquer custo de arrecadação.

Meio *penny* para cada libra reduziria o juro, e conseqüentemente os impostos, em vinte mil libras. Isso equivale ao imposto sobre o transporte pesado, imposto que poderia ser eliminado no primeiro ano. No segundo ano, o imposto que incide sobre as criadas, ou algum outro de valor semelhante, poderia também ser eliminado. Continuando desse modo, aplicando sempre o imposto arrecadado da propriedade da dívida até que esta se extinga, sem usá-lo para honrar as obrigações correntes, a liberação da dívida virá por conta própria.

Os credores, a despeito desse imposto, pagariam menos tributos do que atualmente. O que pouparia com a abolição das taxas de auxílio aos pobres, do imposto sobre casas e janelas e do imposto compensatório seria consideravelmente superior ao valor alcançado por esse imposto, de ação lenta, mas segura.

Parece-me prudente estar atento a medidas que sejam aplicáveis em quaisquer circunstâncias que possam surgir. Atualmente há uma crise nos assuntos da Europa que requer prudência. É sábio preparar-nos para elas. Se a tributação for afrouxada subitamente, será difícil restabelecê-la; e o alívio não seria tão eficaz quanto o proporcionado por uma redução segura e gradual.

Não há esperança de longo futuro para a fraude, a hipocrisia e a enganação dos governos porque elas começam a ser muito bem compreendidas. A farsa da monarquia e da aristocracia em todos os países segue o destino da cavalaria andante, e o sr. Burke está vestido para o funeral. Que essa farsa então se encaminhe tranqüilamente para o túmulo de todos os demais absurdos, e que as carpideiras sejam confortadas.

Não falta muito tempo para que a Inglaterra ria de si mesma por ter mandado buscar na Holanda, em Hannover, em Zell ou em Brunswick homens que custam um milhão por ano, homens que não compreendem suas leis e sua língua, nem seus interesses, e cujas aptidões mal serviriam para o ofício de guarda de paróquia. Se o governo pôde ser confiado a tais mãos, dever ser realmente algo simples e fácil, e em todos os povoados e vilarejos da Inglaterra podem ser encontrados materiais adequados para esse fim.

Quando qualquer país do mundo puder dizer que seus pobres são felizes, que não há ignorância nem miséria entre eles, que não há prisioneiros em suas prisões nem mendigos em suas ruas, que os velhos não passam necessidades, que seus impostos não são opressivos, que o mundo racional é seu amigo porque ele é amigo da sua felicidade – quando essas coisas puderem ser ditas, então esse país poderá vangloriar-se de sua Constituição e de seu governo.

No espaço de poucos anos assistimos a duas revoluções, a da América e a da França. Na primeira, a luta foi longa, e o conflito, áspero; na segunda, a nação agiu sob um impulso tão determinado que, não tendo inimigo estrangeiro para combater, a revolução tomou completamente o poder no momento em que eclodiu. Esses dois exemplos tornam evidente que as principais forças que podem ser levadas à arena revolucionária são a razão e o interesse comum; onde elas têm a oportunidade de atuar, a oposição morre de medo, ou desmorona condenada. Hoje essas revoluções alcançam um destaque universal. Doravante podemos esperar revoluções ou mudanças de governo sendo produzidas silenciosamente, como são todas as medidas determinadas pela razão e pelo debate.

Quando uma nação muda suas opiniões e maneiras de pensar, já não pode ser governada como antes; mas não só seria um erro, como uma má política, obter pela força o que deveria alcançado por meio da razão. A rebelião consiste em opor-se pela força à vontade geral de uma nação, quer usando um partido, quer usando um governo. Deve haver, portanto, em toda nação um método para determinar, de quando em quando, o estado da opinião pública com relação ao governo. Quanto a este ponto, o antigo governo da França era superior ao atual da Inglaterra porque em ocasiões extraordinárias foi possível recorrer aos então chamados *Estados Gerais*. Na Inglaterra, entretanto, não há tais órgãos ocasionais, e quanto aos que atualmente são ditos representantes, a maioria deles não passa de máquinas da corte, funcionários públicos empregados graças a favores políticos e subordinados.

Calculo que, apesar de todas as pessoas na Inglaterra pagarem impostos, nem uma centésima parte delas é de eleitores, e os membros de uma das Câmaras do Parlamento não representam a ninguém exceto eles próprios. Não existe, portanto, qualquer poder salvo a vontade do povo, que tem direito de atuar em qualquer matéria tocante a uma reforma geral. É esse mesmo direito que permite que duas pessoas, ou mil, se for o caso, tratem desse tema. O objetivo em todos esses procedimentos preliminares é descobrir qual é a opinião geral de uma nação e por ela ser guiado; se essa opinião geral preferir um governo ruim ou deficiente a uma reforma, ou escolher pagar dez vezes mais impostos do que o suficiente para as circunstâncias, tem o direito de fazê-lo, e enquanto a maioria não imponha à minoria condições diferentes das que impõe a si mesma, ainda que possa ser um grande erro, não haverá injustiça. O erro também não durará por muito tempo. A razão e o debate logo corrigirão as coisas, não importa quão errôneas possam ter começado. Mediante tal processo, não ocorrerão tumultos. Os pobres em todos os países são naturalmente pacíficos e agradecidos em todas as reformas nas quais são incluídos seus interesses e sua felicidade. Somente quando são negligenciados e rejeitados é que se tornam tumultuadores.

Os temas que prendem atualmente a atenção pública são a Revolução Francesa e a perspectiva de uma revolução geral nos governos. Dentre todas as nações da Europa não existe nenhuma tão interessada na Revolução Francesa quanto a Inglaterra. Inimigas há séculos, e isso a um imenso custo e sem qualquer motivo racional, surge agora a oportunidade de encerrarem amigavelmente esse quadro e unirem seus esforços para reformar o resto da Europa. Ao fazê-lo, não apenas evitarão novos derramamentos de sangue e aumentos de impostos, como estarão em condições de se desfazer de uma parte considerável de seus fardos atuais, como já foi indicado. Há, entretanto, uma larga experiência mostrando que reformas desse tipo não são aquelas que os velhos governos desejam promover. Por conseguinte, são às nações que essas questões se apresentam, e não a tais governos.

Falei anteriormente de uma aliança entre a Inglaterra, a França e a América, cujos propósitos seriam depois mencionados. Embora eu não tenha autoridade expressa para falar em nome da América, tenho boas razões para concluir que ela está disposta a considerar tal proposta, contanto que os governos com os quais se aliaria atuassem como governos nacionais e não como cortes envolvidas em intrigas e mistérios. Que a França como nação e governo nacional preferiria uma aliança com a Inglaterra, é certo. Nações, assim como indivíduos, que por muito tempo foram inimigas sem se conhecer mutuamente ou sem saber o porquê tornam-se as melhores amigas quando descobrem os erros e as enganações em função dos quais agiam.

Admitindo-se, portanto, a probabilidade dessa conexão, indicarei alguns pontos graças aos quais aquela aliança, junto com a da Holanda, poderia revelar-se vantajosa, não somente para as partes diretamente envolvidas, como para toda a Europa.

Acho evidente que, se as esquadras da Inglaterra, França e Holanda fossem unidas, essas nações poderiam propor, e obter, uma limitação e um desmantelamento geral de todas as marinhas na Europa numa escala a ser combinada.

Primeiro, que nenhuma potência da Europa, incluídas as mencionadas, construa novos barcos de guerra.

Segundo, que todas as marinhas atualmente existentes sejam reduzidas a, digamos, uma décima parte de sua força atual. Isso representaria para a França e para a Inglaterra uma economia de pelo menos dois milhões de libras esterlinas ao ano, e a força relativa dos dois países permaneceria na mesma proporção que está hoje. Se os homens se permitissem pensar como deveriam pensar os seres racionais, nada lhes pareceria mais ridículo e absurdo, à parte de qualquer consideração moral, do que incorrer em gastos para construir esquadras, enchê-las de homens e rebocá-las até o oceano para então ver quem afunda a esquadra de quem mais rapidamente. A paz, que não custa nada, traz benefícios infinitamente maiores do que qualquer vitória com todos os seus gastos. Mas isso, ainda que atenda da melhor forma possível aos interesses das nações, não atende aos dos governos monárquicos das cortes, cuja política habitual é a de buscar pretextos para criar tributos, postos e cargos.

Também acho evidente que as potências confederadas mencionadas, associadas aos Estados Unidos da América, estariam em condições de propor com êxito à Espanha a independência da América do Sul e a abertura desses países de imensas extensões e riquezas ao comércio geral do mundo, como ocorre hoje com a América do Norte.

Quão maiores são as glórias e as vantagens para si mesma quando uma nação atua exercendo seus poderes para salvar o mundo da escravidão e fazer amigos, deixando de empregar esses poderes para aumentar a ruína, a desolação e a miséria! O cenário horrendo criado atualmente pelo governo inglês nas Índias Orientais mereceria ser atribuído apenas a godos e vândalos, que, destituídos de princípios, saqueavam e torturavam o mundo que eram incapazes de fruir.

A abertura da América do Sul produziria um campo imenso de comércio e um mercado com dinheiro abundante para as manufaturas, coisa que o mundo oriental não proporciona. O Oriente já é um território repleto de manufaturas, cuja importação não só prejudica as manufaturas da Inglaterra como também drena seu dinheiro. O saldo desfavorável à Inglaterra desse comércio é regularmente superior a meio milhão por ano, enviado em prata nos navios das Índias Orientais. E essa é a razão, somada à intriga alemã e aos subsídios alemães, de haver tão pouca prata na Inglaterra.

Mas qualquer guerra é uma colheita para governos desse tipo, por mais ruinosa que seja para uma nação. Serve para alimentar expectativas enganosas que impedem um povo de perceber os defeitos e abusos dos governos. É o *"Veja isso!"* e o *"Veja aquilo!"* que divertem e enganam a multidão.

Jamais a Inglaterra e toda a Europa tiveram uma oportunidade tão grande como a oferecida pelas revoluções da América e da França. Graças à primeira, a liberdade ganha um paladino nacional no mundo ocidental e, graças à segunda, um na Europa. Quando outra nação unir-se à França, o despotismo e os maus governos dificilmente ousarão surgir. Para usar uma frase batida, *a chapa está esquentando por toda a Europa.* O alemão insultado e o espanhol escravizado, o russo e o polonês estão começando a pensar. Daqui em diante, a era atual merecerá ser chamada de *Idade da Razão,* e a atual geração aparecerá no futuro como a geração adâmica de um novo mundo.

Quando todos os governos da Europa estiverem baseados no sistema representativo, as nações se conhecerão mutuamente e as animosidades e preconceitos fomentados pela intriga e artifícios das cortes deixarão de existir. O soldado oprimido se tornará um homem livre, e o marinheiro torturado não será mais arrastado pelas ruas como um criminoso, mas prosseguirá sua viagem mercantil em segurança. Seria melhor que as nações continuassem pagando seus soldados durante todas suas vidas e os licenciassem, devolvendo-os à liberdade e aos seus amigos, e terminassem com os recrutamentos, em vez de manterem tais multidões ao mesmo custo numa condição inútil para a sociedade e para eles próprios. A julgar pela forma que os soldados têm sido tratados na maioria dos países, pode-se dizer que não contam com um único amigo. Marginalizados pelos cidadãos, que receiam eles que sejam inimigos da liberdade, e freqüentemente insultados por seus comandantes, sua condição é duplamente opressiva. Mas quando os genuínos princípios de liberdade impregnam um povo, tudo é devolvido à ordem, e o soldado, tratado com civilidade, a retribui.

Ao observarmos as revoluções, não é difícil perceber que elas podem nascer de duas causas distintas: a primeira, evitar uma grande calamidade ou superá-la; a segunda, conquistar algum bem valioso e positivo. Essas duas causas podem ser distinguidas pelos nomes de revoluções ativas e passivas. Naquelas que se originam da primeira causa, os ânimos inflamado se espalham, e a reparação, obtida perigosamente, é demasiadas vezes manchada pela vingança. Mas naquelas que procedem da segunda causa, o coração, mais animado do que agitado, insere-se serenamente no assunto. A razão e o debate, a persuasão e a convicção se convertem nas armas do enfrentamento, e é somente quando se tenta reprimi-las que se recorre à violência. Quando os homens concordam juntamente que *algo é bom,* e que pode ser obtido, tal como o alívio da carga de um tributo e a extinção da corrupção, o objetivo foi alcançado em mais da metade. Tratarão de promover os meios para o que aprovam como fim.

Alguém diria que, com o atual excesso de tributos que incidem tão pesadamente sobre os pobres, uma remissão de cinco libras ao ano dos impostos para 104 mil famílias pobres não é *algo bom?* Diria que uma remissão de sete libras ao ano para mais cem mil famílias pobres, de oito libras anuais para mais cem mil famílias pobres, e de dez libras anuais para cinqüenta mil famílias de viúvas pobres não é *algo bom?* E, para que avancemos mais um degrau nesta ascensão, diria que tomar medidas contra os infortúnios aos quais a vida humana está sujeita, assegurando seis libras anuais para todas as pessoas pobres, desamparadas e humilhadas de idade entre cinqüenta e sessenta anos, e dez libras anuais depois dos sessenta anos, não é *algo bom?*

Diria que a abolição de dois milhões em taxas de auxílio aos pobres para o benefício dos chefes de família e de todo o imposto sobre casas e iluminação de janelas e do imposto compensatório não é *algo bom?* Ou diria que dar fim à corrupção é *algo ruim?*

Portanto, se o bem a ser conquistado merecesse uma revolução passiva, racional e sem custos, seria má política preferir aguardar uma calamidade que force uma revolução violenta. Não faço idéia, a julgar pelas reformas que agora ocorrem e se espalham pela Europa, se a Inglaterra se permitirá ser a última; mais vale agir quando a ocasião e a oportunidade se apresentam tranqüilamente do que aguardar uma necessidade turbulenta. Talvez se considere uma honra para as faculdades animais do homem obter reparação por meio da coragem e do perigo, mas é uma honra muito maior para suas faculdades racionais atingir o mesmo objetivo por meio da razão, da conciliação e do consentimento geral.*

À medida que as reformas, ou as revoluções, como quiserem chamá-las, se expandem entre nações, estas formarão associações e convenções, e quando algumas estiverem assim confederadas, o progresso será rápido, até que o despotismo e os governos corruptos estejam totalmente expulsos ao menos de duas partes do mundo: Europa e América. Então será possível ordenar que cesse a pirataria argelina, pois ela existe devido unicamente à política perversa de enfrentamento entre os velhos governos.

Ao longo desta obra, a despeito da variedade e do grande número de assuntos abordados e discutidos, há apenas um

---

* Sei que a opinião de muitas das personalidades mais esclarecidas da França (sempre haverá aqueles que vêem além dos outros), não apenas entre a massa geral dos cidadãos como também entre muitos dos principais membros da antiga Assembléia Nacional, é que o projeto monárquico não continuará por muitos anos nesse país. Concluíram que como a sabedoria não pode ser tornada hereditária, tampouco o poder deve ser hereditário; e que para um homem merecer um milhão de libras esterlinas por ano de uma nação deveria possuir uma mente capaz de compreender desde um átomo até um universo; mas se ele a possuísse, estaria acima dessa remuneração. Mas não desejaram parecer conduzir a nação mais rapidamente do que os ditames de sua razão e seu interesse. Em todas as discussões sobre o assunto de que participei, a idéia era sempre de que quando chegasse o momento, conforme a opinião geral da nação, o método honroso e liberal consistiria em oferecer a quem quer que ocupasse então o cargo monárquico uma generosa oferta de bens transmissíveis por herança para que se retirasse para o gozo da vida privada, em posse de sua parte dos direitos e privilégios gerais, não tendo que prestar contas ao público do uso do seu tempo e da sua conduta mais do que qualquer outro cidadão. (N.A.)

pequeno comentário acerca de religião, a saber, que "toda religião que ensina o homem a ser bom é boa".

Tive o cuidado de evitar estender-me sobre esse assunto, porque estou inclinado a acreditar que aquilo que se chama de atual ministério deseja que se mantenham as polêmicas em torno da religião, para impedir que a nação volte sua atenção para os assuntos do governo. É como se dissessem: "Olhem para lá, ou para onde queiram, exceto para cá".

Mas como, de forma muito imprópria, se faz da religião uma máquina política, com o que a sua realidade é destruída, concluirei este trabalho indicando sob que luz vejo a religião.

Imaginemos uma grande família com muitas crianças que, em um determinado dia ou em determinadas circunstâncias, tivessem o costume de dar aos pais algum sinal de sua afeição e gratidão. Cada uma delas faria uma oferenda diferente e, muito provavelmente, de uma maneira diferente. Algumas fariam sua homenagem em verso ou prosa; outras, através de pequenos engenhos, determinados por seus talentos, ou de acordo com o que julgassem mais agradável; e, talvez, as menores, incapazes de fazer uma ou outra dessas coisas, ingressassem no jardim ou fossem ao campo e colhessem a mais bela flor que pudessem encontrar, mesmo que não passasse de uma simples erva daninha. O pai ou a mãe ficariam mais satisfeitos com tal variedade do que se todas as crianças tivessem combinado e cada uma houvesse feito exatamente a mesma oferenda. Isso teria a aparência fria do que é planejado ou a severa aparência do que é controlado. Mas, dentre todas as coisas desagradáveis, nada poderia aborrecê-los mais do que saber que todas tivessem, mais tarde, se agarrado pelas orelhas, meninos e meninas tivessem brigado, se arranhado, se insultado e se ofendido para saber qual era o melhor ou o pior presente.

Por que não poderíamos supor que o nosso Pai maior se agrada com a variedade de formas de devoção? E que o maior crime que podemos cometer é procurar nos atormentar mutuamente e fazer que os outros se sintam desgraçados? Da minha parte, estou plenamente convencido de que o que faço atualmente, na tentativa de conciliar a humanidade, de torná-la feliz, de unir nações que até agora foram inimigas, de extirpar a horrorosa prática da guerra e de romper as correntes da escravidão e da opressão é aceitável para Ele. E como é o melhor serviço que sou capaz de prestar, eu o faço com alegria.

Não creio que dois homens quaisquer, se capazes de pensar, pensem semelhantemente sobre questões de doutrina. Apenas aqueles que não pensam aparentam concordar. O mesmo ocorre com aquilo que denominamos Constituição britânica: dá-se por certo que é boa, e os elogios ocupam o lugar das provas. Mas quando a nação se dispuser a examinar seus princípios e os abusos que ela admite, constatará que tem mais defeitos do que aqueles que apontei nesta obra e na anterior.

Quanto às chamadas religiões nacionais, poderíamos com a mesma propriedade falar de deuses nacionais. Quando cada nação possui sua divindade independente e particular, trata-se de um artifício político ou de um resquício do sistema pagão. De todos os autores do clero da Igreja inglesa que abordaram o tema geral da religião, nenhum superou o atual bispo de Landaff. É com muito prazer que aproveito esta oportunidade para expressar-lhe o meu respeito.

Assim, cobri a totalidade do assunto, ao menos tal como atualmente o vejo. Foi minha intenção, durante os cinco anos de estada na Europa, oferecer ao povo da Inglaterra um discurso sobre o governo, caso uma oportunidade surgisse antes de retornar à América. O sr. Burke a lançou em meu caminho e eu lhe agradeço. Numa certa ocasião, há três anos, eu o exortei a propor uma convenção nacional a ser eleita imparcialmente com o objetivo de avaliar o estado da nação; mas percebi que, por mais vigorosamente que a corrente parlamentar se opusesse então ao partido com o qual ele atuava, a sua política era manter tudo na esfera da corrupção e confiar na casualidade. Uma longa experiência demonstrara que os parlamentos seguiriam qualquer mudança de ministros e nisso seus membros depositavam suas esperanças e expectativas.

Antigamente, quando surgiam divisões com respeito aos governos, recorria-se à espada e uma guerra civil se seguia. Esse costume selvagem foi explodido pelo novo sistema. Passou-se a recorrer às convenções nacionais. Os debates e a vontade geral arbitram a questão; a opinião privada os admite de bom grado, e a ordem é preservada sem interrupção.

Alguns cavalheiros apreciaram classificar os princípios nos quais se baseiam esta parte e a anterior de *Os direitos do homem* como "uma doutrina moderna". A questão não é se esses princípios são novos ou antigos, mas se são certos ou errados. Supondo que são certos, seu efeito será mostrado mediante uma figura de fácil compreensão.

Estamos em meados de fevereiro. Se eu me dirigisse ao campo, veria árvores com uma aparência invernal, sem folhas. As pessoas gostam de arrancar galhos finos enquanto passeiam; eu talvez pudesse fazer o mesmo e casualmente poderia observar que *um só botão* de um galhinho começava a florescer. Eu estaria raciocinando de forma muito antinatural, ou melhor, não estaria raciocinando de forma alguma, se supusesse que *aquele* era o *único* botão na Inglaterra. Em lugar de assim julgar, deveria instantaneamente concluir que a mesma aparência despontava, ou estava na iminência de despontar, em toda parte; e a despeito do sono vegetal perdurar mais tempo em algumas árvores e plantas do que em outras, e ainda que algumas delas possam não *florescer* durante dois ou três anos, todas terão suas folhas no verão, exceto as que estão *apodrecidas*. Que ritmo o verão político pode manter com o da natureza, nenhuma previsão humana é capaz de determinar. Contudo, não é difícil perceber que a primavera chegou. Assim, desejando sinceramente liberdade e felicidade para todas as nações, eu concluo a

Segunda Parte.

Apêndice

Como a publicação desta obra atrasou além do que se pretendia, não me parece impróprio, consideradas todas as circunstâncias, indicar as causas do atraso.

O leitor provavelmente observará que algumas partes do plano contido nesta obra para reduzir os impostos e certas partes do discurso do sr. Pitt na abertura da sessão de terça-feira, 31 de janeiro*, são muito semelhantes, de modo que induzem a crer que o autor desta obra acatou uma sugestão do sr. Pitt ou o contrário. Primeiramente, destacarei as partes que são similares e, em seguida, exporei as circunstâncias que conheço, deixando que o leitor tire suas próprias conclusões.

Considerando a proposta de redução de impostos como um caso quase sem precedentes, revela-se igualmente extraordinário tal medida ter ocorrido a duas pessoas ao mesmo tempo; e ainda mais que (levando em conta a enorme variedade e multiplicidade dos impostos) tenham ambas aludido aos mesmos impostos específicos. O sr. Pitt mencionou em seu discurso o imposto sobre *carroças* e *carretas,* o que incide sobre as *criadas,* a redução do imposto sobre *velas* e a eliminação do imposto de três *shillings* sobre *casas* que tenham menos de sete janelas.

Todos esses impostos específicos constituem uma parte do plano contido nesta obra, que também propôs sua eliminação. É verdade que o plano do sr. Pitt não vai além de uma redução de 320 mil libras, ao passo que a redução proposta nesta obra atinge quase seis milhões. Fiz meus cálculos somente sobre dezesseis milhões e meio de arrecadação, acrescentando que essa soma estava "muito próxima de dezessete milhões, se é que não chega a esse valor". O sr. Pitt a estima em 16.690.000. Conheço a matéria o suficiente para declarar que ele não fez uma estimativa *exagerada.* Fornecendo assim os detalhes que constam nesta obra e em seu discurso, indicarei uma série de circunstâncias capazes de resultar em uma explicação.

---

* 31 de janeiro de 1792. (N.E.)

A primeira sugestão para reduzir os impostos, e isso como uma conseqüência derivada da Revolução Francesa, pode ser encontrada no DISCURSO e na DECLARAÇÃO dos cavalheiros que se reuniram em 20 de agosto de 1791 na Thatched-House Tavern. Entre muitos outros detalhes revelados naquele discurso, encontra-se o seguinte, formulado como uma interrogação dirigida aos opositores governamentais da Revolução Francesa: "Estão eles lamentando que a farsa para criar novos tributos opressivos e a oportunidade para manter muitos dos antigos chegarão ao fim?"

É bem sabido que as pessoas que mais freqüentam a Thatched-House Tavern são homens com relações na corte, e foi com tanta aversão que eles receberam o *discurso* e a *declaração* relativos à Revolução Francesa e à redução dos impostos que o proprietário da taberna foi obrigado a informar aos cavalheiros que constituíram a reunião de 20 de agosto, e que se propuseram a realizar uma nova, que não poderia recebê-los.*

O que foi sugerido no discurso e na declaração quanto aos impostos e princípios de governo é o que, nesta obra, aparece reduzido a um sistema regular. Contudo, uma vez que o discurso do sr. Pitt contém algumas das mesmas coisas

---

* Em geral se supõe que o cavalheiro que assinou o discurso e a declaração como presidente da reunião, o sr. Horne Tooke, foi quem o redigiu. E como vem elogiando muito o documento, é jocosamente acusado de louvar seu próprio trabalho. A fim de livrá-lo desse embaraço e poupá-lo do reiterado aborrecimento de mencionar o autor, coisa que não deixou de fazer, não hesito em dizer que uma vez que tive facilmente a oportunidade de tirar proveito da Revolução Francesa escrevi o texto e o mostrei para ele e alguns outros cavalheiros, quem, aprovando-o inteiramente, realizaram uma reunião com a finalidade de torná-lo público e contribuíram com a quantia de cinqüenta guinéus para custear a despesa do anúncio. Acredito que há hoje na Inglaterra, em um número maior do que em qualquer período anterior, homens que agem com base em princípios desinteressados e estão decididos a examinar eles mesmos a natureza e as práticas de governo e a não confiar cegamente, como tem sido até agora o caso, no governo em geral, nos parlamentos ou na oposição parlamentar. Se isso tivesse sido feito há um século, a corrupção e a tributação não teriam atingido o cume em que estão agora. (N.A.)

relativas aos tributos, passo agora a indicar as circunstâncias às quais aludi anteriormente.

A intenção era publicar esta obra antes da reunião do Parlamento, e por conta disso uma parte considerável do original foi colocada nas mãos do impressor em setembro, e todo o restante, até a página 308, que contém as partes semelhantes ao discurso do sr. Pitt, foi a ele entregue seis semanas antes da reunião do Parlamento, sendo ele informado acerca da data na qual deveria ser publicado. Ele compusera quase o total cerca de uma quinzena antes da data da reunião do Parlamento e imprimira até a página 273, além de me fornecer uma prova do caderno seguinte, até a página 285. Contava-se então com suficiente presteza e adiantamento para que estivesse publicada na ocasião proposta, uma vez que dois outros cadernos estavam prontos para impressão. Eu dissera antes ao impressor que, se ele achasse que não fosse dar tempo, eu levaria parte do trabalho para que fosse feito em outra gráfica, mas ele não quis. Assim estava a obra na terça-feira que antecedia em duas semanas a reunião do Parlamento, quando de repente, sem qualquer informação prévia, embora eu tenha estado com ele na noite anterior, o impressor me enviou, por intermédio de um de seus funcionários, todo o restante a partir da página 273, negando-se a prosseguir com o trabalho *sob hipótese alguma.*

Sua conduta extraordinária me deixou totalmente perdido, porque ele parara na parte em que os argumentos em torno dos sistemas e princípios de governo são concluídos e em que começa o plano para redução dos impostos, a educação das crianças e a ajuda aos pobres e velhos; mais especialmente porque, quando iniciara a impressão e antes de ver o texto inteiro, havia oferecido mil libras pelos direitos autorais, somando-se aos futuros direitos relativos à primeira parte de *Os direitos do homem*. Eu disse à pessoa que me comunicou tal oferta que não a aceitava e que desejava que não fosse repetida, pela seguinte razão: embora acreditasse ser o impressor um homem honesto, eu jamais transferiria a qualquer impressor ou editor o poder de fazer cortes ou alterações em uma obra minha, cedendo-lhe os direitos autorais, concedendo-lhes o direito de vendê-los a qualquer ministro ou a qualquer outra pessoa ou de tratar como mero assunto comercial aquilo que eu pretendia que operasse como um princípio.

Sua recusa em concluir o trabalho (que não podia comprar) obrigou-me a procurar outro impressor, o que, conseqüentemente, atrasaria a publicação para depois da reunião do Parlamento, caso contrário teria parecido que o sr. Pitt tinha se apropriado apenas de uma parte do plano que eu havia exposto de forma mais completa.

Se aquele cavalheiro, ou algum outro, havia visto a obra ou parte dela, é algo sobre o que não tenho autoridade para afirmar. Mas a maneira como a obra foi devolvida e, em especial, o momento em que isso foi feito, depois das ofertas que eu recebera, constituem circunstâncias suspeitas. Sei qual é a opinião dos livreiros e editores nesses casos, mas quanto a minha própria opinião, prefiro nada declarar. Há muitas formas pelas quais provas gráficas podem ser obtidas por outras pessoas antes que uma obra seja publicada. A isso acrescerei a seguir outra circunstância.

Um livreiro ministerial de Piccadilly, que foi contratado, segundo o que se diz publicamente, por um funcionário público de um dos conselhos estreitamente ligados ao Ministério (o Conselho do Comércio e Agricultura, cujo presidente é Hawksbury) para publicar o que ele chama de minha biografia* (eu desejaria que sua própria vida e a vida de todos os membros do Gabinete fossem tão boas), costumava imprimir seus livros na mesma gráfica que utilizei. Mas quando a primeira parte de *Os direitos do homem* foi publicada, ele retirou, indignado, seu trabalho da gráfica, e por volta de uma semana ou dez dias antes de o impressor devolver meus originais, ele retornou e pediu ao impressor que retomasse as impressões. Seu pedido foi aceito. Isso, por conseguinte, deu-lhe acesso à oficina gráfica onde se encontravam as provas desta obra, e como livreiros e impressores trocam idéias francamente, ele teve a chance de ver o que

---

* Sob o pseudônimo de Francis Oldys, George Chalmers havia publicado uma biografia hostil e um tanto imprecisa de Paine em 1791, paga pelo governo britânico. Paine cita uma obra anterior de Chalmers na parte um de *Os direitos do homem*; ver p.175 (N.E.)

estava sendo feito. Entretanto, seja como for, o plano do sr. Pitt, modesto e limitado como é, teria uma aparência muito estranha caso esta obra tivesse aparecido na data na qual o impressor se comprometera a concluí-la.

Estão aí apontadas as circunstâncias que provocaram o atraso, desde a proposta de compra dos direitos autorais à recusa de imprimir. Se todos os cavalheiros são inocentes, é bastante lamentável para eles que tal variedade de circunstâncias suspeitas tenha se combinado, sem qualquer desígnio por parte deles.

Finalizado isso, concluirei com a indicação de outra circunstância.

Cerca de duas ou três semanas antes da reunião do Parlamento, um pequeno aumento, equivalente a aproximadamente doze *shillings* e seis *pence* por ano, foi adicionado ao pagamento dos soldados, ou melhor, reduziram nessa quantia os descontos do soldo. Alguns cavalheiros que sabiam, parcialmente, que esta obra conteria um plano de reformas relativo à condição sofrida dos soldados, quiseram que eu adicionasse uma nota, indicando que a parte relativa a esse tema estivera nas mãos do impressor algumas semanas antes desse aumento no soldo ter sido proposto. Recusei-me a fazer isso com receio de que pudesse ser interpretado como uma atitude de vaidade ou uma tentativa de infundir suspeitas (para as quais, talvez, poderia não haver fundamentos) de que algum dos cavalheiros do governo, empregando um meio ou outro, tivesse se inteirado do conteúdo desta obra. Se a impressão não tivesse sido interrompida e não provocasse um atraso em relação à data fixada para a publicação, nada que consta neste apêndice teria sido escrito.

DISSERTAÇÃO SOBRE OS PRIMEIROS PRINCÍPIOS DO GOVERNO

Dissertação sobre os primeiros princípios do governo

Não existe assunto que interesse mais a qualquer homem do que o tema do governo. Sua segurança, seja ele rico ou pobre, e em grande medida sua prosperidade estão conectadas ao governo; conseqüentemente é do seu interesse, e constitui seu dever, tomar conhecimento dos princípios do governo e de como deve ser sua prática.

Toda arte e toda ciência, ainda que imperfeitamente conhecidas inicialmente, foram estudadas, melhoradas e levadas ao que chamamos perfeição pelos contínuos esforços de sucessivas gerações; contudo, a ciência do governo ainda permanece no mesmo estágio. Nenhuma melhora foi realizada nos princípios e quase nenhuma na prática até o começo da Revolução Americana. Em todos os países da Europa (exceto na França) persistem as mesmas formas e sistemas de governo escolhidos nas remotas eras da ignorância, e sua antigüidade ocupa o lugar dos princípios. Está proibido investigar a origem ou o direito pelos quais existem. Se questionarmos como isso aconteceu, a resposta será fácil: foram estabelecidos sobre um principio que é falso e se utilizam do poder que detêm para impedir que isso seja descoberto.

Apesar do mistério em que foi envolta a ciência do governo com o propósito de escravizar, espoliar e violentar a humanidade, de todas as coisas, é a menos misteriosa e a mais fácil de entender. Mesmo a capacidade de entendimento mais comum não se perderá se começarmos a investigação pelo lugar adequado. Toda arte e toda ciência têm algum ponto, ou alfabeto, por onde começa seu estudo e cuja ajuda facilita o progresso. O mesmo método deve ser observado com relação à ciência do governo.

Assim, em vez de embaraçar desde o começo nossa matéria com as numerosas subdivisões sob as quais as formas de governo foram classificadas, tais como aristocracia, democracia, oligarquia, monarquia, o melhor método será começar com as chamadas divisões primárias ou aquelas sob as quais todas as diversas subdivisões serão incluídas.

As divisões primárias são apenas duas:

Primeira, governo por eleição e representação.

Segunda, governo por sucessão hereditária.

Todas as demais formas e sistemas de governo, por numerosas e diversificadas que sejam, são classificadas sob uma ou outra dessas divisões primárias, porque são sistemas por representação ou por sucessão hereditária. Quanto a essa coisa equívoca chamada "governo misto", como o último governo da Holanda e o atual da Inglaterra, não constitui uma exceção à regra geral, já que suas partes, consideradas separadamente, são representativas ou hereditárias.

Começando assim nossas investigações por esse ponto, primeiro teremos de examinar a natureza das duas divisões primárias. Se por princípio forem igualmente corretas, será um assunto de mera opinião a preferência por uma ou outra. Se for possível demonstrar que uma é melhor do que a outra, essa diferença guiará nossa escolha; mas se uma delas for tão absolutamente falsa que não tenha direito a existir, a controvérsia se resolverá de uma vez por todas, porque uma prova negativa de alguma coisa, quando forem oferecidas apenas duas e for necessário aceitar uma, significará uma prova afirmativa da outra.

As revoluções que agora se espalham pelo mundo têm sua origem nesse estágio da questão, e a presente guerra é um conflito entre o sistema representativo, fundado sobre os direitos do povo, e o sistema hereditário, fundado na usurpação. Quanto ao que se chama de monarquia, realeza e aristocracia, não descrevem suficientemente, consideradas como coisas ou como termos, o sistema hereditário; são somente coisas ou signos secundários do sistema hereditário, que desaparecerão por si mesmos se tal sistema não tiver direito a existir.

Se não existissem termos como "monarquia", "realeza" e "aristocracia", ou se outros termos ocupassem o seu lugar, o sistema hereditário, caso persistisse, não seria alterado. Sob qualquer outro nome honorário, seria o mesmo sistema que é hoje.

O caráter, portanto, das revoluções de hoje em dia se distingue muito claramente por estar fundamentado no sistema de governo representativo em oposição ao hereditário. Nenhuma outra distinção chegaria aos princípios.

Depois de colocar a questão em termos gerais, passo, em primeiro lugar, a examinar o sistema hereditário, pois ele é anterior na ordem do tempo. O sistema representativo é a invenção do mundo moderno. A fim de que não haja dúvidas quanto à minha própria opinião, declaro de antemão que *não há, em Euclides, uma proposição matematicamente mais verdadeira que a proposição de que o governo hereditário não tem direito a existir. Por conseguinte, quando tiramos de qualquer homem o exercício do poder hereditário, nós o privamos do que nunca teve direito de possuir e do que nenhuma lei ou costume pode ou poderá lhe conceder direito de ter.*

Os argumentos que até hoje foram empregados contra o sistema hereditário se basearam principalmente no seu absurdo e em sua incompetência para o bom governo. Nada mais absurdo pode ser apresentado ao nosso juízo ou à nossa imaginação que a imagem do governo de una nação, como freqüentemente ocorre, caindo nas mãos de um rapaz necessariamente desprovido de experiência e muitas vezes pouco melhor que um idiota. É um insulto para qualquer homem de idade, caráter e talento de um país.

No momento em que começamos a refletir sobre o sistema hereditário, percebemos como é ridículo. Comece por uma simples idéia, e logo milhares a seguirão. Insignificância, imbecilidade, criancice, extravagância, falta de caráter moral – em suma, todo tipo de defeito, sério ou risível – unem-se para converter o sistema hereditário em uma figura ridícula. Deixando, contudo, o ridículo do assunto para a reflexão do leitor, passo a tratar da parte mais importante da questão, a saber, se tal sistema tem direito a existir.

Para estarmos convencidos do direito de uma coisa a existir, devemos nos convencer de que tenha direito a começar. Se não tiver direito a começar, tampouco o terá para continuar. Com que direito, então, o sistema hereditário começou? Permitamos a qualquer homem que se faça essa pergunta para que ele perceba que nenhuma resposta o satisfaz.

O direito que um homem ou uma família quaisquer tinham inicialmente para estabelecer-se no governo de uma nação e assentar uma sucessão hereditária não é diferente do direito que tinha Robespierre de fazer o mesmo na França. Se este não tinha nenhum direito, tampouco aqueles o tinham. Se aqueles tinham algum, Robespierre também o tinha, pois é impossível descobrir a superioridade do direito de uma família em virtude do qual pode começar o governo hereditário. Os Capetos, os Guelfos, os Robespierres, os Marats, todos eles se encontram na mesma situação com respeito à questão do direito. Este não pertence exclusivamente a ninguém.

É um passo em direção à liberdade perceber que o governo hereditário não pôde começar como um direito exclusivo de uma família. O próximo ponto será saber se, depois de começar, poderia se converter em direito pela influência do tempo.

Isso seria supor um absurdo, porque coloca o tempo no lugar dos princípios ou o faz superior a eles, quando o tempo não tem maior conexão com os princípios ou influência sobre eles do que a dos princípios sobre o tempo. A injustiça que começou há mil anos é tão iníqua quanto se tivesse começado hoje; e o direito que se origina hoje é tão justo quanto se tivesse sido sancionado por mil anos.

O tempo, em relação aos princípios, é um eterno AGORA; ele não opera sobre eles, não modifica em nada a natureza e as qualidades deles. Mas o que nós temos a ver com um milhar de anos? O tempo das nossas vidas é apenas uma parte desse período, e se nos deparamos com a injustiça tão logo começamos a viver, é esse o momento em que ela começa para nós, e nosso direito de resistir a ela é o mesmo que se ela nunca tivesse existido antes.

Como o governo hereditário não pode ter começado como um direito natural de família alguma, nem ter derivado, depois de iniciado, esse direito da passagem do tempo, precisamos examinar apenas se uma nação tem o direito de fundá-lo nem de estabelecê-lo através da chamada lei, coisa que se fez na Inglaterra. Eu respondo que NÃO, e que qualquer lei ou constituição elaborada com tal propósito é um ato de traição contra o direito de todo menor de idade da nação no momento em que é criada e contra os direitos de todas as gerações seguintes.

Falarei de cada um desses casos. Primeiro, dos menores de idade no momento em que a lei é criada. Segundo, das gerações seguintes.

Uma nação, no sentido coletivo, abarca todos os indivíduos de qualquer idade, desde o que acaba de nascer até aquele que está morrendo. Dentre eles, uma parte será dos menores de idade, a outra, dos idosos. A média de vida não é exatamente a mesma para cada clima e país, mas, em geral, os mais novos são a maioria numérica, isto é, o número de pessoas com menos de 21 anos é maior do que o número de pessoas acima dessa idade.

Essa diferença numérica não é necessária para o estabelecimento do princípio que pretendo assentar, mas serve para demonstrar mais vigorosamente a sua justiça. O princípio seria igualmente bom se os maiores de idade também fossem a maioria numérica.

Os direitos dos menores de idade são tão sagrados quanto os dos maiores. A diferença reside inteiramente na diferença de idade entre as partes, e não há nenhuma diferença de direitos. Os direitos são os mesmos e devem ser mantidos invioladas para que os menores os herdem integralmente quando atingirem a maioridade. Durante a menoridade, os direitos dos menores estão sob a sagrada custódia dos maiores.

O menor não pode renunciar a esses direitos; o tutor não pode privá-lo deles; conseqüentemente, a parte dos maiores de idade da nação – que são *por enquanto* os legisladores e se encontram, no transcurso da vida, apenas poucos anos à frente dos menores, que em breve ocuparão os seus lugares – não tem nem pode ter o direito de criar uma lei estabelecendo e instaurando um governo hereditário ou, para falar mais claramente, uma sucessão hereditária de governantes, porque isso constitui uma tentativa de privar todo menor de idade da nação no momento em que a lei é criada da sua herança de direitos para quando atingir a maioridade e de submetê-lo a um sistema de governo ao qual não pôde dar seu consentimento nem se opor durante sua menoridade.

Se uma pessoa menor de idade no momento em que tal lei é proposta pudesse ter nascido poucos anos antes de modo que tivesse 21 anos no momento em que a lei fosse proposta, todos admitiriam o direito dela de ter se oposto a essa lei, de ter exposto a injustiça e a tirania de seus princípios e de ter votado contra ela.

Portanto, se uma lei funciona para evitar que uma pessoa exerça, depois de alcançar a maioridade, os mesmos direitos que teria direito de exercer caso já tivesse alcançado a maioridade, então é inegavelmente uma lei que suprime e anula os direitos de cada menor de idade da nação no momento em que ela é criada; conseqüentemente, não pode existir o direito de criá-la.

Agora passo a falar do governo por sucessão hereditária, tal como é exercido sobre as gerações seguintes. Mostrarei que, como no caso dos menores, não existe na nação um direito a fundá-lo.

Uma nação, embora existindo continuamente, está em constante estado de renovação e sucessão. Nunca está estacionária. Cada dia produz novos nascimentos, leva menores à maturidade e retira idosos de cena. Nesse incessante fluxo de gerações, nenhuma parte é superior a outra em autoridade. Se pudéssemos conceber uma idéia de superioridade em alguma delas, em que ponto do tempo ou em que século a fixaríamos? A qual causa a associaríamos? Com que evidência poderíamos prová-la? Que critério usaríamos para conhecê-la?

Uma simples reflexão nos ensinará que nossos antepassados, como nós mesmos, não foram senão arrendatários vitalícios da imensa nua propriedade dos direitos. A propriedade plena não pertence a eles, nem a nós mesmos, mas à inteira família humana em todas as idades. Se pensarmos de maneira distinta, pensaremos como escravos ou como tiranos. Como escravos, se pensarmos que alguma geração anterior tinha o direito de nos obrigar. Como tiranos, se pensarmos que temos autoridade para obrigar as gerações vindouras.

Talvez não seja inapropriado ao assunto procurarmos definir o que se entende por "geração" no sentido em que a palavra é aqui usada.

Como um termo natural, seu significado é suficientemente claro. O pai, o filho e o neto são gerações distintas. Mas quando falamos de geração para descrever as pessoas nas quais a autoridade legal reside como distintas de uma geração – isto é, descritas igualmente como as pessoas nas quais a autoridade legal reside – que as sucederá, abarcamos todos os maiores de 21 anos no momento em que levamos em conta. Uma geração nesse sentido manterá sua autoridade entre quatorze e 21 anos, ou seja, até que o número de menores de idade, ao chegarem à maioridade, seja superior ao número de pessoas da descendência anterior que ainda restam.

Por exemplo, se a França, neste ou em qualquer outro momento, houver 24 milhões de almas, doze milhões serão homens, e doze milhões, mulheres. Dos doze milhões de homens, seis milhões já terão 21 anos de idade e os outros seis estarão abaixo dessa idade, e a autoridade para governar reside nos primeiros seis.

Mas cada dia produzirá alguma alteração e, em 21 anos, cada um dos menores que sobreviver atingirá a maioridade, a maior parte das pessoas da descendência anterior terá desaparecido e a maioria das pessoas então vivas, nas quais a autoridade legal reside, será composta daqueles que, 21 anos atrás, não tinham existência legal. Por sua vez, aqueles serão pais e avós, e nos próximos 21 anos (ou menos) outra descendência de menores, ao atingir a maioridade, os substituirá, e assim sucessivamente.

Como isso sempre foi assim, e como cada geração é igual a outra em direitos, segue-se que nenhuma pode ter o direito de instituir um governo por sucessão hereditária, porque estaria supondo que possui um direito superior às demais, a saber, o direito de ordenar, por autoridade própria, como e quem governará o mundo a partir de então.

Cada época e cada geração são e devem ser (por questão de direito) tão livres para agir por si mesmas em todas as circunstâncias quanto a época e a geração que as precederam. A vaidade e a presunção de governar além da tumba são a mais ridícula e insolente de todas as tiranias. O homem não é proprietário do homem, nem uma geração é proprietária das gerações que a sucedem.

Na primeira parte de *Os direitos do homem* falei do governo por sucessão hereditária e encerrarei aqui o assunto com um extrato daquela obra, tratando dos seguintes pontos:

Primeira: O direito de uma família específica de estabelecer a si mesma no governo.

Segunda: O direito de uma nação de estabelecer uma família específica no governo.

Quanto à *primeira* dessas categorias, o direito de uma família instituir a si mesma poderes hereditários mediante sua própria autoridade e independentemente do consentimento de uma nação, todos os homens concordarão em chamá-la de despotismo. Seria ofensivo ao entendimento tentar demonstrá-lo.

Mas a *segunda* categoria, o direito de uma nação instituir uma família específica com *poderes hereditários,* não se apresenta como despotismo após uma primeira consideração. Porém, se as pessoas se permitirem fazer uma segunda reflexão e a levarem adiante, entendendo quais poderes são transferidos aos descendentes dessa família, perceberão que a sucessão hereditária acarreta para outros o mesmo despotismo que rejeitaram para si mesmas. Ela opera no sentido de obstruir o consentimento das gerações seguintes. E a obstrução ao consentimento é despotismo. Em qualquer momento, quando a pessoa que está de posse de um governo – ou aqueles que a sucedem – diz a uma nação: "Detenho este poder, desprezando-os", ela não indica a autoridade com a qual julga poder dizê-lo. Não é um alívio, mas uma piora, para uma pessoa escravizada pensar que foi vendida por seus pais, e como aquilo que aumenta a criminalidade de um ato não pode ser apresentado para demonstrar a legalidade dele, a sucessão hereditária não pode ser estabelecida como algo legal.

A fim de chegar a um julgamento mais exato sobre essa segunda categoria, será adequado examinar a geração que efetiva a instituição de uma família com *poderes hereditários* à parte das gerações seguintes; e, também, examinar o cunho da ação da *primeira* geração sobre as seguintes.

A geração que primeiramente seleciona uma pessoa e a coloca à frente de seu governo, seja com o título de rei, seja com qualquer outra distinção, faz a sua *própria escolha,* seja esta sábia ou tola, como um agente livre por si mesmo. A pessoa assim instituída não é hereditária, mas selecionada e indicada, e a geração que a instala não vive sob um governo hereditário, mas sob um governo por ela mesma escolhido e estabelecido. Se a geração que institui a pessoa no poder e a pessoa instituída vivessem para sempre, nunca haveria uma sucessão hereditária; por conseguinte, a sucessão hereditária só pode seguir-se à morte dos primeiros participantes.

Como, portanto, a sucessão hereditária está fora de questão relativamente à *primeira* geração, precisamos agora examinar o cunho da ação *dessa* geração sobre a geração iniciante e todas as seguintes.

A ação assume um cunho ao qual a primeira geração não tem direito nem título. Transforma essa geração de *legisladora* em *testadora* e finge realizar sua vontade, que terá efeito após a morte dos testadores, para legar em herança o governo. Não apenas legar por testamento, mas estabelecer, na geração seguinte, uma forma nova de governo, diferente daquela sob a qual ela mesma vivia. Ela mesma, como já observado, vivia não sob um governo hereditário, mas um governo por ela mesma escolhido e estabelecido. Agora ela procura, por testamento (que não tem autoridade para fazer), retirar da geração iniciante e de todas as futuras os direitos e a capacidade de agir livremente que garantiram a sua própria ação.

Entretanto, excluindo o direito que qualquer geração possui de agir coletivamente como um testador, os objetos aos quais o testamento se aplica nesse caso não estão na esfera de quaisquer lei, vontade ou testamento.

Os direitos dos homens em sociedade não podem ser legados ou transferidos, nem são destrutíveis, mas apenas transmitidos aos descendentes, e nenhuma geração tem o poder de cortar definitivamente ou suspender essa transmissão. Se a atual geração, ou qualquer outra, está disposta a ser escravizada, isso não diminui o direito da geração seguinte de ser livre. Delitos não podem ter uma transmissão legal. Quando o sr. Burke procura sustentar que a *nação inglesa, na Revolução de 1688, renunciou, da forma mais solene, a seus direitos e aos de toda a sua posteridade,* não merece sequer uma resposta e só pode incitar o desprezo por seus princípios prostituídos ou a piedade por sua ignorância.

Seja qual for a luz que ilumine a sucessão hereditária por testamento de uma geração anterior, ela é um absurdo. *A* não pode fazer um testamento para subtrair de *B* a propriedade de *B* para dá-la a *C*; no entanto, essa é a maneira pela qual opera (a chamada) sucessão hereditária por lei. Uma geração anterior fez um testamento para subtrair os direitos da geração iniciante e de todas as futuras, e transmite esses direitos a um terceiro, quem posteriormente se apresenta e diz a elas, na linguagem do sr. Burke, que elas *não têm quaisquer direitos,* que seus direitos já foram a ele transmitidos e que ele governará *sem acatá-los.* Que o bom Deus livre o mundo de tais princípios e tal ignorância!

A história do Parlamento Inglês fornece um caso desse tipo. Ele merece ser registrado como o maior exemplo de ignorância legislativa e ausência de princípio que pode ser encontrado em qualquer país. O caso foi o seguinte:

O Parlamento Inglês de 1688 importou da Holanda um homem e sua esposa, *Guilherme* e *Maria,* e os fez rei e rainha da Inglaterra. Depois disso, o Parlamento criou uma lei para transferir o governo do país aos herdeiros de Guilherme e Maria nos seguintes termos: "Nós, Lordes Espirituais e

Temporais, e os Comuns, em nome do povo da Inglaterra, mui humilde e fielmente, submetemos a *nós mesmos, nossos herdeiros e pósteros* a Guilherme e Maria, *seus herdeiros e pósteros*, para sempre". Em uma lei posterior, como cita Edmund Burke, o dito Parlamento, em nome do povo de então da Inglaterra, *submete a dito povo, seus herdeiros e pósteros a Guilherme e Maria, seus herdeiros e pósteros, até o fim dos tempos.*

Não basta rir da ignorância desses legisladores, é necessário reprovar sua falta de princípio. A Assembléia Constituinte da França incorreu no mesmo vício em que o Parlamento da Inglaterra havia incorrido; em 1789 instaurou uma sucessão hereditária na família dos Capetos através de um ato legislativo da Constituição daquele ano.

Sempre deve ser admitido que cada nação, em qualquer momento, tem o direito de governar a si mesma como bem queira; mas o governo por sucessão hereditária é um governo para outra linhagem, e não para si mesmo, e como aqueles sobre os quais ele é exercido ainda não nasceram ou são menores de idade, tampouco existe o direito de instituir um governo para eles, e supor tal direito é uma traição contra o direito da posteridade.

Concluo aqui os argumentos sobre o governo por sucessão hereditária e passo a examinar o governo por eleição e representação ou, como poderia ser dito concisamente, *governo representativo*, em oposição a *governo hereditário*.

Raciocinando por exclusão, se o *governo hereditário* não tem direito a existir, o que pode ser demonstrado, então o governo representativo é admitido sem dúvida.

Ao considerar o governo por eleição e representação, não nos distrairemos perguntando quando, como ou com que direito começou. Sua origem sempre está à vista. O próprio homem é a origem e a evidência desse direito. Este lhe pertence por força de sua própria existência, e sua pessoa é o titular da propriedade desse direito.

A única base verdadeira do governo representativo é a igualdade de direitos. Todo homem tem direito a um voto e não mais na escolha dos representantes. O rico não tem mais direito de privar o pobre do direito de votar, ou de escolher e ser eleito, que o pobre de privar o rico, e cada vez que essa privação seja tentada ou proposta por qualquer dos lados, será por uma questão de força e não de direito. Quem excluiria quem? Cada lado tem direito de excluir o outro.

O que atualmente se chama de aristocracia implica uma desigualdade de direitos; mas quem são as pessoas que têm o direito de instaurar essa desigualdade? Os ricos excluiriam a si mesmos? Não. Os pobres excluiriam a si mesmos? Não. Com que direito então alguém poderia ser excluído? Seria discutível se um homem ou uma classe de homens tem o direito de excluir a si mesmos, mas, seja como for, não têm o direito de excluir outros. O pobre não delegará esse poder ao rico, nem o rico ao pobre; pressupor tal direito não é apenas pressupor um poder arbitrário, mas pressupor o direito de roubar.

Os direitos pessoais, um dos quais o de votar em representantes, são uma espécie de propriedade do tipo mais sagrado; aquele que utilizar sua propriedade pecuniária ou abusar da influência que ela lhe confere para expropriar ou roubar a propriedade ou os direitos de outra pessoa estará utilizando sua propriedade pecuniária como uma arma de fogo e merecerá ser privado dela.

A desigualdade de direitos é criada por uma manobra de uma parte da comunidade para privar a outra parte de seus direitos. Cada vez que se cria um artigo de uma Constituição ou de uma lei pelo qual o direito de votar, eleger ou ser eleito pertença exclusivamente a pessoas que possuem certa quantidade de propriedade, seja pequena ou grande, trata-se de uma manobra das pessoas que possuem tal quantidade para excluir aqueles que não a possuem. Aquelas se investem de poderes de criar por si mesmas uma parte da sociedade que exclui o restante.

Sempre se admitiu que aqueles que se opõem à igualdade de direitos nunca pretendem que a exclusão se aplique a eles mesmos; sob essa perspectiva, perdoando a vaidade do assunto, a aristocracia é objeto de riso. Essa vaidade autocomplacente é animada por outra idéia não menos egoísta, a opinião dos oponentes de que jogam um jogo seguro, com chances de ganhar e nenhuma chance de perder, isto é, de que em qualquer caso a doutrina da igualdade *os* inclui e que, se não puderem obter mais direitos do que os que serão excluídos, também não obterão menos.

Essa opinião já foi fatal para milhares que, insatisfeitos com a *igualdade de direitos*, buscaram ainda mais até que perderam tudo, experienciando eles mesmos a degradante *desigualdade* que se esforçaram para impor aos outros.

Seja qual for nossa perspectiva do argumento, é perigoso e impolítico, às vezes ridículo e sempre injusto fazer da propriedade o critério do direito de votar. Se a soma ou valor da propriedade que o direito assume for considerável, excluirá a maioria do povo e o unirá pelo interesse comum em contrapor-se ao governo e a todos os que o apóiam; e como o poder está sempre com a maioria, sempre que ela quiser poderá derrubar tal governo e seus apoiadores.

Se, a fim de evitar esse perigo, fixarmos uma pequena quantidade de propriedade como critério do direito, a liberdade, sendo colocada em concorrência com o acaso e a insignificância, estará exposta à desgraça. Um potro ou uma mula afortunadamente paridos por uma égua e que valham a soma em questão concederão a seus proprietários o direito a votar; mas se morrerem, os privarão desse direito; nesse caso, em quem reside o direito, no homem ou na cria? Quando consideramos as muitas maneiras pelas quais se pode adquirir uma propriedade sem ter mérito e perdê-la sem cometer um delito, devemos rejeitar a idéia de convertê-la em critério para atribuição de direitos.

Mas a parte ofensiva desse argumento é que a exclusão do direito de votar implica um estigma sobre o caráter moral das pessoas excluídas, e é isso que parte alguma da comunidade tem direito a impor sobre outra. Nenhuma circunstância externa pode justificá-lo; a riqueza não é prova do caráter moral, nem a pobreza, da sua falta.

Pelo contrário, a riqueza é freqüentemente é a presuntiva evidência de desonestidade, e a pobreza, a evidência negativa de inocência. Portanto, se a propriedade, seja grande ou pequena, for convertida em critério, os meios usados para adquiri-la também devem ser convertidos em critério.

A única razão pela qual a exclusão do direito de votar seria compatível com a justiça é que seja aplicada como punição, durante certo tempo, aos que propuseram a exclusão de outros. O direito de votar em representantes é um direito primordial, pelo qual outros direitos são protegidos.

Suprimir esse direito significa reduzir o homem à escravidão, porque a escravidão consiste em estar sujeito a vontade de outrem, e quem não tem um voto na eleição de representantes está nessa situação. Portanto, a proposta de privar direitos civis a uma classe de homens é tão criminosa quanto a de privá-los da propriedade.

Quando falamos de direitos, sempre devemos relacioná-los à idéia de deveres: os direitos se convertem em deveres por reciprocidade. O direito do qual desfruto se converte em meu dever de garanti-lo a outrem, e ele, reciprocamente a mim; e aqueles que violam o dever ficam justamente sujeitos à perda do direito.

Numa perspectiva política da questão, a força e a segurança permanente do governo são proporcionais ao número de pessoas interessadas em apoiá-lo. A verdadeira política consiste, então, em interessar a todos através da igualdade de direitos, porque o perigo surge das exclusões. É possível privar os homens do direito de votar, mas é impossível privá-los do direito a rebelar-se contra a exclusão; e quando todos os outros direitos são suprimidos, o direito a rebelar-se se torna perfeito.

Enquanto os homens puderam ser convencidos de que não tinham direitos, de que os direitos pertenciam a apenas uma classe de homens ou de que o governo era algo que existia por direito próprio, não foi difícil governá-los autoritariamente. A ignorância em que foram mantidos e a superstição com que foram educados proporcionaram os meios para governá-los assim.

Contudo, quando a ignorância desaparece, e com ela a superstição, quando se apercebem da opressão que sofreram, quando compreendem que o agricultor e a manufaturador são as principais causas de toda a riqueza que existe no mundo além da que a natureza produz espontaneamente, quando começam a experimentar as conseqüências da utilidade e dos direitos que têm como membros da sociedade, então já não é mais possível governá-los como antes. O engano, uma vez descoberto, não funciona novamente.

É certo que a propriedade sempre será desigual. O empenho, a superioridade de talentos, a destreza na administração, a extrema frugalidade, as oportunidades ou as adversidades, o uso de todas essas coisas nunca produzirá a certeza da desigualdade sem recorrer aos nomes ásperos e dissonantes da avareza e opressão. Além disso, há homens que, embora não desprezem a riqueza, não se curvarão ao trabalho penoso ou aos meios para adquiri-la, nem se preocuparão com algo além de suas necessidades ou sua independência, enquanto há outros que são ávidos por obtê-la usando qualquer meio que não seja passível de punição; buscar a riqueza é a única atividade de suas vidas; a ela se dedicam como a uma religião. Tudo o que se exige com respeito à propriedade é que seja obtida honestamente e que não seja usada ilicitamente. Contudo, quando for convertida em critério de direitos exclusivos, sempre será usada de forma criminosa.

Nas instituições que são puramente pecuniárias, como um banco ou uma companhia comercial, os direitos dos membros são inteiramente criados pela propriedade que eles nela investem, e nenhum outro direito está representado no governo da companhia além dos que surgem da propriedade, nem esse governo reconhece *qualquer coisa que não seja a propriedade*.

Contudo, o caso da instituição do governo civil, organizado sobre o sistema de representação, é totalmente diferente. Tal governo reconhece *todas as coisas* e *todos os homens* como membros da sociedade nacional, tenham eles propriedades ou não; portanto, o princípio exige que *todos os homens* e *todos os tipos de direitos* sejam representados, dentro os quais o direito de adquirir e ter propriedades é apenas um, sem pertencer ao tipo mais essencial.

A proteção da pessoa de um homem é mais sagrada que a proteção da propriedade; além disso, a capacidade de realizar qualquer tipo de trabalho ou serviço com os quais se ganha a vida ou se mantém uma família é da natureza da propriedade. É da propriedade de quem os realiza, ele ou ela a adquiriram; é objeto de sua proteção tanto quanto a propriedade externa, possuída sem tal capacidade, pode ser objeto de proteção em outra pessoa.

Sempre acreditei que a melhor segurança para a propriedade, seja esta grande ou pequena, é remover de todas as partes da sociedade, tanto quanto possível, toda causa de queixa e todo motivo de violência, e isso só pode ser feito por meio da igualdade de direitos. Quando os direitos estão protegidos, como conseqüência a propriedade também está protegida. Mas quando a propriedade se converte em pretexto para direitos desiguais e exclusivos, o direito de ter propriedade enfraquece e provoca indignação e tumulto, porque não é natural acreditar que a propriedade possa ser protegida sob a garantia de uma sociedade ferida em seus direitos por influência dessa propriedade.

Junto à injustiça e à política insana de converter a propriedade em pretexto para direitos exclusivos está o absurdo inexplicável de atribuir a um mero *som* a idéia de propriedade, anexando-lhe certos direitos, pois o que é um *título* senão um som? Freqüentemente, a natureza dá ao mundo homens extraordinários, que alcançam a fama por mérito e aprovação universal, como Aristóteles, Sócrates, Platão, entre outros. Foram verdadeiramente grandes e nobres. Mas um governo que se transforma em uma fábrica de nobres é tão absurdo quanto pretender fabricar homens sábios. Todos os seus nobres são imitações.

Essa ordem de cera assumiu o nome de aristocracia, e sua desgraça poderia ser mitigada se a pudéssemos considerar como mera tolice infantil. Desculpamos a vaidade por sua insignificância e, pela mesma razão, poderíamos desculpar a vaidade dos títulos. Contudo, a origem da aristocracia é pior do que a vaidade; é o roubo. Os primeiros aristocratas de todos os países eram ladrões. Os dos últimos tempos são sicofantas.

É bem sabido que na Inglaterra (e o mesmo pode ser encontrado em outros países) as grandes propriedades, hoje possuídas como herança, foram pilhadas de seus pacíficos habitantes durante a conquista. Não existiu a possibilidade de adquiri-las honestamente. Se fosse perguntado de que modo elas foram adquiridas, a única resposta que caberia dar é que foram roubadas. O certo é que nenhuma foi adquirida através de algum negócio com comerciantes ou fabricantes ou por algum outro meio respeitável.

Como elas foram adquiridas então? Envergonhem-se, aristocratas, ao saber da sua origem: seus progenitores eram ladrões! Eles eram os Robespierres e os jacobinos daquele tempo. Depois de roubar, eles se empenharam em livrar-se da culpa, ocultando seus nomes reais sob nomes fictícios que chamaram de títulos. Agir dessa forma sempre foi o hábito de criminosos; eles nunca se apresentam com seu verdadeiro nome.

Como a propriedade honestamente obtida é mais bem assegurada pela igualdade de direitos, a propriedade usurpada depende da proteção do monopólio de direitos.

Quem rouba a propriedade de outrem em seguida procura privá-lo de seus direitos para garantir essa propriedade, pois o ladrão que se torna legislador se acredita protegido. A parte do governo da Inglaterra chamada Câmara dos Lordes originalmente era composta de pessoas que haviam praticado roubos dos quais estou falando. Era uma associação para proteger a propriedade que tinham roubado.

Contudo, a aristocracia tem, além de sua origem criminosa, um efeito pernicioso sobre o caráter moral e físico do homem. Tal como a escravidão, ela debilita as faculdades humanas, pois, da mesma forma que a mente subserviente do escravo perde, em silêncio, suas ágeis faculdades, no extremo oposto a mente que é mantida boiando pela estupidez perde a capacidade de exercê-las e degenera em imbecilidade. É impossível que uma mente preocupada com honras e títulos possa alguma vez ser grande. A criancice desses objetivos consome o homem.

Sempre é necessário, mais ainda enquanto uma revolução progride e até que as idéias se firmem pelo hábito, que refresquemos constantemente nosso patriotismo aludindo aos primeiros princípios. Ligando as coisas a suas origens é que aprenderemos a compreendê-las; mantendo essa ligação em vista, nunca esqueceremos as origens.

Uma investigação sobre a origem dos direitos nos mostrará que os *direitos* não são *doações* de um homem a outro, nem de uma classe de homens a outra, pois quem seria o primeiro doador, ou em razão de qual princípio ou autoridade ele poderia ter o direito de doá-los?

Uma declaração de direitos não cria nem doa direitos. É um manifesto do princípio pelo qual existem, seguido de uma relação dos direitos, pois todo direito civil tem um direito natural como fundamento, incluindo o princípio que garante a cada homem a reciprocidade desses direitos na relação com os demais homens. Por conseguinte, como é impossível descobrir qualquer origem dos direitos fora da origem do homem, segue-se que os direitos pertencem ao homem por força de sua existência apenas; assim, devem ser iguais para todos os homens.

O princípio de *igualdade de direitos* é claro e simples. Qualquer homem pode compreendê-lo, e é compreendendo seus direitos que ele aprende seus deveres, porque quando os direitos dos homens são iguais, todos devem finalmente ver a necessidade de proteger os direitos dos outros como a melhor proteção para si mesmos.

Mas se na criação de uma Constituição nos distanciarmos do princípio da igualdade de direitos ou tentarmos modificá-lo, afundaremos em um labirinto de dificuldade do qual não há saída senão recuar. Onde devemos parar? Ou em que princípio descobriremos onde parar, naquele que separa os homens de um mesmo país entre os que são livres e os que não são?

Se tomarmos a propriedade como critério, será um desvio total de todo princípio moral da liberdade, porque significa atribuir direitos à mera matéria e fazer do homem um instrumento dessa matéria. Além disso, significa converter a propriedade em pomo de discórdia, não apenas incitando como justificando a guerra contra ela, pois sustento o princípio de que, quando utilizamos a propriedade como instrumento para privar de direitos aqueles que por acaso não possuem propriedade, a utilizamos para um propósito ilegítimo, como se a usássemos como arma de fogo.

Em um estado de natureza todos os homens são iguais em direitos, mas não são iguais em poder; os fracos não podem se proteger contra os fortes. Assim sendo, a instituição da sociedade civil objetiva uma equalização de poderes que será paralela e servirá de garantia à igualdade de direitos. As leis de um país, quando criadas apropriadamente, servem a esse propósito.

Todo homem considera o braço da lei como mais eficaz para sua proteção que o seu próprio braço; por conseguinte, todo homem tem um direito igual na formação do governo e das leis pelas quais será julgado e governado. Nos grandes países e sociedades, como a América e a França, esse direito individual só pode ser exercido por delegação, isto é, por eleição e representação; por isso é que surge a instituição do governo representativo.

Até agora me limitei a questões de princípio. Primeiro, concluí que o governo hereditário não tem direito a existir, que não pode estabelecer-se sobre princípio de direito algum e que é uma violação de todos os princípios. Segundo, concluí que o governo por eleição e representação tem sua origem nos direitos naturais e eternos do homem, pois, seja o homem seu próprio legislador, como seria no estado de natureza, ou exerça ele sua parcela de soberania legislativa em sua própria pessoa, como no caso das pequenas democracias nas quais todos se reúnem para a criação das leis que vão governá-los, ou a exerça na escolha de pessoas que o representarão em uma assembléia nacional de representantes, em todos esses casos a origem dos direito é a mesma. A primeira forma de governo, como antes observado, é defeituosa em seu poder; a segunda, factível apenas em democracias de pequeno tamanho; a terceira, o patamar mais alto sobre o qual o governo humano pode ser instituído.

Ao lado das questões de *princípio* estão as questões de *opinião*; é necessário distinguir umas das outras. Que os direitos dos homens sejam iguais não é uma questão de opinião, mas de direito e, conseqüentemente, de princípio, porque os homens não possuem seus direitos como doações de uns aos outros, mas cada um por direito próprio. A sociedade é a sua guardiã, mas não os doa. E uma vez que nas grandes sociedades, como a América e a França, o direito do indivíduo nos assuntos do governo só pode ser exercido por eleição e representação, segue-se que o único sistema de governo coerente com o princípio, no qual a democracia simples é impraticável, é o sistema representativo.

Contudo, a parte orgânica, ou a maneira como as diversas partes do governo serão ordenadas e compostas, é inteiramente uma *questão de opinião*. É necessário que todas as partes se ajustem ao *princípio da igualdade de direitos*, e na medida em que esse princípio seja religiosamente respeitado, nenhum erro substancial poderá ocorrer, nem poderá erro algum permanecer por muito tempo na parte pertencente ao âmbito da opinião.

Em todas as questões de opinião, o contrato social, ou o princípio pelo qual a sociedade se mantém unida, requer que a maioria das opiniões se converta na regra para o todo, e que a minoria lhe renda obediência prática. Isso se ajusta perfeitamente ao princípio da igualdade de direitos, pois, em primeiro lugar, todo homem tem o *direito de dar uma opinião*, mas nenhum homem tem o direito de que sua opinião *governe o restante*. Em segundo lugar, não se supõe o conhecimento prévio do lado ao qual pertence a opinião de um homem sobre determinada questão, quer dizer, se ela pertence aos que são favoráveis ou as que são contra. Pode ser que pertença à maioria em algumas questões, mas à minoria em outras, e pela mesma regra graças à qual esse homem espera a obediência no primeiro caso, precisa render obediência no outro.

Todas as desordens que surgiram na França durante o curso da Revolução tiveram sua origem não no *princípio da desigualdade dos direitos*, mas na violação desse princípio. Esse princípio foi violado repetidamente não pela maioria, mas pela minoria, e *a minoria estava composta por homens que possuíam propriedades, e também por homens que não as possuíam; a propriedade, portanto, até mesmo pela experiência já obtida, não é mais um critério de caráter do que um critério de direitos.*

Algumas vezes ocorrerá que a minoria tenha razão e a maioria esteja errada, mas, tão logo a experiência mostre ser esse o caso, a minoria aumentará e será maioria, e o erro corrigirá a si mesmo através do exercício pacífico da liberdade de opinião e da igualdade de direitos. Nada, portanto, poderá justificar a insurreição, nem ela poderá tornar-se necessária se os direitos forem iguais e as opiniões, livres.

Tomando, assim, o princípio da igualdade de direitos como o fundamento da Revolução e, em conseqüência, da Constituição, a parte orgânica, ou a forma como as diversas partes do governo se organizam na Constituição, pertencerá, como já foi dito, ao âmbito da opinião.

Para tratar dessa questão, vários métodos se apresentarão, e mesmo que a experiência ainda esteja por determinar qual deles é o melhor, ela já provou, acredito, qual é o pior. O pior é aquele no qual as deliberações e as decisões estão sujeitas à precipitação e à paixão de um indivíduo, e quando a legislatura se amontoa em um órgão, a massa forma esse indivíduo. Em todos os casos de deliberação é necessário ter órgãos de reserva, e seria melhor dividir a representação por sorteio em duas partes, deixando que elas se examinem e corrijam entre si, do que um todo que se reúna e debata de uma vez.

O governo representativo não está necessariamente confinado a uma forma em particular. O princípio é o mesmo em todas as formas sob as quais ele pode ser organizado. A igualdade de direitos do povo é a raiz da qual o todo brota; os ramos podem ser dispostos seguindo o que a atual opinião ou a experiência futura ditem como melhor. Quanto àquele *hospital de incuráveis* (como Chesterfield a chama), a Câmara Inglesa dos Lordes, é uma excrescência que cresce a partir da corrupção. E não existe mais afinidade ou semelhança entre qualquer dos ramos de um órgão legislativo que se origina no direito do povo e a essa Câmara dos Lordes do que existe entre um membro normal do corpo humano e um cisto ulcerado.

Quanto à parte do governo chamada de *executivo*, não é necessário primeiramente fixar um significado preciso da palavra.

O poder pode estar organizado somente em duas divisões. A primeira é o poder de estabelecer ou decretar as leis; a segunda, o poder de executar as leis ou pô-las em prática. A primeira corresponde às faculdades intelectuais da mente humana, que pondera e determina o que deve ser feito; a segunda, aos poderes mecânicos do corpo humano que colocam em prática aquela determinação.

Se a primeira decide e a outra não age, temos um estado de imbecilidade; se a última age sem a predeterminação da primeira, temos um estado de loucura. A parte executiva, por conseguinte, é cumpridora e está subordinada à legislativa, assim como o corpo se subordina à mente em um estado de saúde, pois é impossível conceber a idéia de duas soberanias, uma soberania para *querer* e uma soberania para *agir*.

O executivo não está investido do poder de deliberar se agirá ou não; não tem autoridade discricionária no caso, porque não pode fazer *outra coisa senão* o que as leis tenham estabelecido e está *obrigado* a agir conforme o que elas decretam. Segundo essa visão, o executivo é constituído por departamentos oficiais que executam as leis, dos quais o chefe é o chamado judiciário.

Contudo, a humanidade concebeu a idéia de que um *tipo de autoridade* é necessário para superintender a execução das leis e verificar se são fielmente aplicadas. Quando confundimos essa autoridade de superintendência com a execução oficial caímos em dificuldades quanto ao termo *poder executivo*. Todas as partes do governo dos Estados Unidos da América chamadas de EXECUTIVO não são mais do que autoridades para superintender a execução das leis, e são tão independentes do legislativo que só tomam conhecimento dele por meio das leis, não podendo ser por ele controladas ou dirigidas por quaisquer outros meios.

De que maneira essa autoridade de superintendência será nomeada ou composta é uma questão que se insere no âmbito da opinião. Alguns podem preferir certo método; outros, algum outro, mas, em todos os casos, onde só a opinião está em jogo, a maioria de opinião forma a regra para todos.

Todavia, há algumas coisas que podem ser deduzidas pela razão, e comprovadas pela experiência, que servem para guiar nossa decisão sobre o caso. Uma é nunca investir qualquer indivíduo com um poder extraordinário, porque, além de se criar a tentação para o abuso de poder, a nação será incitada à discórdia e à luta pelo cargo. A segunda é nunca depositar o poder por muito tempo não mãos de qualquer número de indivíduos. As supostas inconveniências que podem acompanhar as mudanças freqüentes são menos temíveis que os perigos que surgem de uma continuidade prolongada.

Concluirei esse discurso oferecendo algumas observações sobre os meios para *preservar a liberdade*, pois não é somente necessário que a estabeleçamos, mas que também a preservemos.

Em primeiro lugar, é necessário que distingamos entre os meios usados para derrotar o despotismo, a fim de preparar o caminho para o estabelecimento da liberdade, e os meios a serem empregados depois da derrota do despotismo.

Os meios utilizados no primeiro caso são justificados pela necessidade. Em geral, esses meios são as insurreições, pois enquanto o despotismo estiver estabelecido como governo é pouco provável que algum outro meio possa ser usado. Também é certo que, no começo de uma revolução, o partido revolucionário se permite um *exercício discricionário do poder*, regulado mais pelas circunstâncias que pelo princípio. Mas, se a prática desse poder continuasse, a liberdade nunca seria estabelecida ou, caso o fosse, logo seria derrotada. Nunca se deve esperar que numa revolução todos os homens mudem de opinião ao mesmo tempo.

Todavia, nunca houve uma verdade ou princípio tão irresistivelmente óbvio que todos os homens dele se convencessem imediatamente. O tempo e a razão devem cooperar entre si para o estabelecimento final de qualquer princípio; portanto, aqueles que resultam ser os primeiros convencidos não têm o direito de perseguir os outros, em quem a convicção opera mais lentamente. O princípio moral das revoluções é instruir, não destruir.

Se uma Constituição tivesse sido estabelecida há dois anos (como deveria ter sido feito), as violências que desde então assolam a França e ofendem o caráter da Revolução teriam, na minha opinião, sido prevenidas. A nação teria um vínculo de união, e todo indivíduo saberia a linha de conduta que precisaria ser seguida. Mas, em vez disso, um governo revolucionário, algo sem princípio nem autoridade, assumiu o lugar dela. A virtude e o crime dependeram do acaso, e o que era patriotismo um dia se converteu em traição no dia seguinte.

Todas essas coisas aconteceram por falta de uma Constituição, pois é da natureza e do propósito de uma Constituição *prevenir o governo de partido* estabelecendo um princípio comum que limite e controle o poder e o impulso do partido, e que diga a todos os partidos: "Até aqui poderás chegar e nada mais". Mas na ausência de uma Constituição, os homens dependem inteiramente do partido e, em vez de o princípio governar o partido, é o partido que governa o princípio.

A avidez para castigar é sempre perigosa para a liberdade. Ela leva os homens a deturpar, interpretar ou aplicar mal até a melhor das leis. Aquele que assegura a sua própria liberdade deve proteger da opressão até mesmo o seu inimigo porque, se viola o seu dever, estabelece um precedente que terminará alcançando a ele mesmo.

THOMAS PAINE

Paris, julho de 1795.

Coleção **L&PM** POCKET (LANÇAMENTOS MAIS RECENTES)

430. **A arte de furtar** – Anônimo do séc. XVI
431. **Billy Bud** – Herman Melville
432. **A rosa separada** – Pablo Neruda
433. **Elegia** – Pablo Neruda
434. **A garota de Cassidy** – David Goodis
435. **Como fazer a guerra: máximas de Napoleão** – Balzac
436. **Poemas escolhidos** – Emily Dickinson
437. **Gracias por el fuego** – Mario Benedetti
438. **O sofá** – Crébillon Fils
439. **O "Martín Fierro"** – Jorge Luis Borges
440. **Trabalhos de amor perdidos** – W. Shakespeare
441. **O melhor de Hagar 3** – Dik Browne
442. **Os Maias (volume1)** – Eça de Queiroz
443. **Os Maias (volume2)** – Eça de Queiroz
444. **Anti-Justine** – Restif de La Bretonne
445. **Juventude** – Joseph Conrad
446. **Contos** – Eça de Queiroz
447. **Janela para a morte** – Raymond Chandler
448. **Um amor de Swann** – Marcel Proust
449. **À paz perpétua** – Immanuel Kant
450. **A conquista do México** – Hernan Cortez
451. **Defeitos escolhidos & 2000** – Pablo Neruda
452. **O casamento do céu e do inferno** – William Blake
453. **A primeira viagem ao redor do mundo** – Antonio Pigafetta
454. (14). **Uma sombra na janela** – Simenon
455. (15). **A noite da encruzilhada** – Simenon
456. (16). **A velha senhora** – Simenon
457. **Sartre** – Annie Cohen-Solal
458. **Discurso do método** – René Descartes
459. **Garfield em grande forma (1)** – Jim Davis
460. **Garfield está de dieta (2)** – Jim Davis
461. **O livro das feras** – Patricia Highsmith
462. **Viajante solitário** – Jack Kerouac
463. **Auto da barca do inferno** – Gil Vicente
464. **O livro vermelho dos pensamentos de Millôr** – Millôr Fernandes
465. **O livro dos abraços** – Eduardo Galeano
466. **Voltaremos!** – José Antonio Pinheiro Machado
467. **Rango** – Edgar Vasques
468. (8). **Dieta mediterrânea** – Dr. Fernando Lucchese e José Antonio Pinheiro Machado
469. **Radicci 5** – Iotti
470. **Pequenos pássaros** – Anaïs Nin
471. **Guia prático do Português correto – vol.3** – Cláudio Moreno
472. **Atire no pianista** – David Goodis
473. **Antologia Poética** – García Lorca
474. **Alexandre e César** – Plutarco
475. **Uma espiã na casa do amor** – Anaïs Nin
476. **A gorda do Tiki Bar** – Dalton Trevisan
477. **Garfield um gato de peso (3)** – Jim Davis
478. **Canibais** – David Coimbra
479. **A arte de escrever** – Arthur Schopenhauer
480. **Pinóquio** – Carlo Collodi
481. **Misto-quente** – Charles Bukowski
482. **A lua na sarjeta** – David Goodis
483. **O melhor do Recruta Zero (1)** – Mort Walker
484. **Aline: TPM – tensão pré-monstrual (2)** – Adão Iturrusgarai
485. **Sermões do Padre Antonio Vieira**
486. **Garfield numa boa (4)** – Jim Davis
487. **Mensagem** – Fernando Pessoa
488. **Vendeta** *seguido de* **A paz conjugal** – Balzac
489. **Poemas de Alberto Caeiro** – Fernando Pessoa
490. **Ferragus** – Honoré de Balzac
491. **A duquesa de Langeais** – Honoré de Balzac
492. **A menina dos olhos de ouro** – Honoré de Balzac
493. **O lírio do vale** – Honoré de Balzac
494. (17). **A barcaça da morte** – Simenon
495. (18). **As testemunhas rebeldes** – Simenon
496. (19). **Um engano de Maigret** – Simenon
497. (1). **A noite das bruxas** – Agatha Christie
498. (2). **Um passe de mágica** – Agatha Christie
499. (3). **Nêmesis** – Agatha Christie
500. **Esboço para uma teoria das emoções** – Sartre
501. **Renda básica de cidadania** – Eduardo Suplicy
502. (1). **Pílulas para viver melhor** – Dr. Lucchese
503. (2). **Pílulas para prolongar a juventude** – Dr. Lucchese
504. (3). **Desembarcando o Diabetes** – Dr. Lucchese
505. (4). **Desembarcando o Sedentarismo** – Dr. Fernando Lucchese e Cláudio Castro
506. (5). **Desembarcando a Hipertensão** – Dr. Lucchese
507. (6). **Desembarcando o Colesterol** – Dr. Fernando Lucchese e Fernanda Lucchese
508. **Estudos de mulher** – Balzac
509. **O terceiro tira** – Flann O'Brien
510. **100 receitas de aves e ovos** – J. A. P. Machado
511. **Garfield em toneladas de diversão (5)** – Jim Davis
512. **Trem-bala** – Martha Medeiros
513. **Os cães ladram** – Truman Capote
514. **O Kama Sutra de Vatsyayana**
515. **O crime do Padre Amaro** – Eça de Queiroz
516. **Odes de Ricardo Reis** – Fernando Pessoa
517. **O inverno da nossa desesperança** – Steinbeck
518. **Piratas do Tietê (1)** – Laerte
519. **Rê Bordosa: do começo ao fim** – Angeli
520. **O Harlem é escuro** – Chester Himes
521. **Café-da-manhã dos campeões** – Kurt Vonnegut
522. **Eugénie Grandet** – Balzac
523. **O último magnata** – F. Scott Fitzgerald
524. **Carol** – Patricia Highsmith
525. **100 receitas de patisserie** – Sílvio Lancellotti
526. **O fator humano** – Graham Greene
527. **Tristessa** – Jack Kerouac
528. **O diamante do tamanho do Ritz** – S. Fitzgerald
529. **As melhores histórias de Sherlock Holmes** – Arthur Conan Doyle
530. **Cartas a um jovem poeta** – Rilke
531. (20). **Memórias de Maigret** – Simenon
532. (4). **O misterioso sr. Quin** – Agatha Christie
533. **Os analectos** – Confúcio
534. (21). **Maigret e os homens de bem** – Simenon
535. (22). **O medo de Maigret** – Simenon
536. **Ascensão e queda de César Birotteau** – Balzac
537. **Sexta-feira negra** – David Goodis
538. **Ora bolas – O humor de Mario Quintana** – Juarez Fonseca
539. **Longe daqui aqui mesmo** – Antonio Bivar
540. (5). **É fácil matar** – Agatha Christie

541. **O pai Goriot** – Balzac
542. **Brasil, um país do futuro** – Stefan Zweig
543. **O processo** – Kafka
544. **O melhor de Hagar 4** – Dik Browne
545. (6). **Por que não pediram a Evans?** – Agatha Christie
546. **Fanny Hill** – John Cleland
547. **O gato por dentro** – William S. Burroughs
548. **Sobre a brevidade da vida** – Sêneca
549. **Geraldão (1)** – Glauco
550. **Piratas do Tietê (2)** – Laerte
551. **Pagando o pato** – Ciça
552. **Garfield de bom humor (6)** – Jim Davis
553. **Conhece o Mário?** vol. 1 – Santiago
554. **Radicci 6** – Iotti
555. **Os subterrâneos** – Jack Kerouac
556. (1). **Balzac** – François Taillandier
557. **Modigliani** – Christian Parisot
558. (3). **Kafka** – Gérard-Georges Lemaire
559. (4). **Júlio César** – Joël Schmidt
560. **Receitas da família** – J. A. Pinheiro Machado
561. **Boas maneiras à mesa** – Celia Ribeiro
562. (9). **Filhos sadios, pais felizes** – R. Pagnoncelli
563. (10). **Fatos & mitos** – Dr. Fernando Lucchese
564. **Ménage à trois** – Paula Taitelbaum
565. **Mulheres!** – David Coimbra
566. **Poemas de Álvaro de Campos** – Fernando Pessoa
567. **Medo e outras histórias** – Stefan Zweig
568. **Snoopy e sua turma (1)** – Schulz
569. **Piadas para sempre (1)** – Visconde da Casa Verde
570. **O alvo móvel** – Ross Macdonald
571. **O melhor do Recruta Zero (2)** – Mort Walker
572. **Um sonho americano** – Norman Mailer
573. **Os broncos também amam** – Angeli
574. **Crônica de um amor louco** – Bukowski
575. (5). **Freud** – René Major e Chantal Talagrand
576. (6). **Picasso** – Gilles Plazy
577. (7). **Gandhi** – Christine Jordis
578. **A tumba** – H. P. Lovecraft
579. **O príncipe e o mendigo** – Mark Twain
580. **Garfield, um charme de gato (7)** – Jim Davis
581. **Ilusões perdidas** – Balzac
582. **Esplendores e misérias das cortesãs** – Balzac
583. **Walter Ego** – Angeli
584. **Striptiras (1)** – Laerte
585. **Fagundes: um puxa-saco de mão cheia** – Laerte
586. **Depois do último trem** – Josué Guimarães
587. **Ricardo III** – Shakespeare
588. **Dona Anja** – Josué Guimarães
589. **24 horas na vida de uma mulher** – Stefan Zweig
590. **O terceiro homem** – Graham Greene
591. **Mulher no escuro** – Dashiell Hammett
592. **No que acredito** – Bertrand Russell
593. **Odisséia (1): Telemaquia** – Homero
594. **O cavalo cego** – Josué Guimarães
595. **Henrique V** – Shakespeare
596. **Fabulário geral do delírio cotidiano** – Bukowski
597. **Tiros na noite 1: A mulher do bandido** – Dashiell Hammett
598. **Snoopy em Feliz Dia dos Namorados! (2)** – Schulz
599. **Mas não se matam cavalos?** – Horace McCoy
600. **Crime e castigo** – Dostoiévski
601. (7). **Mistério no Caribe** – Agatha Christie
602. **Odisséia (2): Regresso** – Homero
603. **Piadas para sempre (2)** – Visconde da Casa Verde
604. **À sombra do vulcão** – Malcolm Lowry
605. (8). **Kerouac** – Yves Buin
606. **E agora são cinzas** – Angeli
607. **As mil e uma noites** – Paulo Caruso
608. **Um assassino entre nós** – Ruth Rendell
609. **Crack-up** – F. Scott Fitzgerald
610. **Do amor** – Stendhal
611. **Cartas do Yage** – William Burroughs e Allen Ginsberg
612. **Striptiras (2)** – Laerte
613. **Henry & June** – Anaïs Nin
614. **A piscina mortal** – Ross Macdonald
615. **Geraldão (2)** – Glauco
616. **Tempo de delicadeza** – A. R. de Sant'Anna
617. **Tiros na noite 2: Medo de tiro** – Dashiell Hammett
618. **Snoopy em Assim é a vida, Charlie Brown! (3)** – Schulz
619. **1954 – Um tiro no coração** – Hélio Silva
620. **Sobre a inspiração poética (Íon)** e ... – Platão
621. **Garfield e seus amigos (8)** – Jim Davis
622. **Odisséia (3): Ítaca** – Homero
623. **A louca matança** – Chester Himes
624. **Factótum** – Charles Bukowski
625. **Guerra e Paz: volume 1** – Tolstói
626. **Guerra e Paz: volume 2** – Tolstói
627. **Guerra e Paz: volume 3** – Tolstói
628. **Guerra e Paz: volume 4** – Tolstói
629. (9). **Shakespeare** – Claude Mourthé
630. **Bem está o que bem acaba** – Shakespeare
631. **O contrato social** – Rousseau
632. **Geração Beat** – Jack Kerouac
633. **Snoopy: É Natal! (4)** – Charles Schulz
634. (8). **Testemunha da acusação** – Agatha Christie
635. **Um elefante no caos** – Millôr Fernandes
636. **Guia de leitura (100 autores que você precisa ler)** – Organização de Léa Masina
637. **Pistoleiros também mandam flores** – David Coimbra
638. **O prazer das palavras – vol. 1** – Cláudio Moreno
639. **O prazer das palavras – vol. 2** – Cláudio Moreno
640. **Novíssimo testamento: com Deus e o diabo, a dupla da criação** – Juremir
641. **Literatura Brasileira: modos de usar** – Luís Augusto Fischer
642. **Dicionário de Porto-Alegrês** – Luís A. Fischer
643. **Clô Dias & Noites** – Sérgio Jockymann
644. **Memorial de Isla Negra** – Pablo Neruda
645. **Um homem extraordinário e outras histórias** – Tchékhov
646. **Ana sem terra** – Alcy Cheuiche
647. **Adultérios** – Woody Allen
648. **Para sempre ou nunca mais** – R. Chandler
649. **Nosso homem em Havana** – Graham Greene
650. **Dicionário Caldas Aulete de Bolso**
651. **Snoopy: Posso fazer uma pergunta, professora? (5)** – Charles Schulz
652. (10). **Luís XVI** – Bernard Vincent
653. **O mercador de Veneza** – Shakespeare
654. **Cancioneiro** – Fernando Pessoa
655. **Non-Stop** – Martha Medeiros
656. **Carpinteiros, levantem bem alto a cumeeira & Seymour, uma apresentação** – J.D. Salinger
657. **Ensaios céticos** – Bertrand Russell
658. **O melhor de Hagar 5** – Dik Browne
659. **Primeiro amor** – Ivan Turguêniev

50. **A trégua** – Mario Benedetti
51. **Um parque de diversões da cabeça** – Lawrence Ferlinghetti
52. **Aprendendo a viver** – Sêneca
53. **Garfield, um gato em apuros (9)** – Jim Davis
54. **Dilbert 1** – Scott Adams
55. **Dicionário de dificuldades** – Domingos Paschoal Cegalla
56. **A imaginação** – Jean-Paul Sartre
57. **O ladrão e os cães** – Naguib Mahfuz
58. **Gramática do português contemporâneo** – Celso Cunha
59. **A volta do parafuso** seguido de **Daisy Miller** – Henry James
70. **Notas do subsolo** – Dostoiévski
71. **Abobrinhas da Brasilônia** – Glauco
72. **Geraldão (3)** – Glauco
73. **Piadas para sempre (3)** – Visconde da Casa Verde
74. **Duas viagens ao Brasil** – Hans Staden
75. **Bandeira de bolso** – Manuel Bandeira
76. **A arte da guerra** – Maquiavel
77. **Além do bem e do mal** – Nietzsche
78. **O coronel Chabert** seguido de **A mulher abandonada** – Balzac
79. **O sorriso de marfim** – Ross Macdonald
80. **100 receitas de pescados** – Sílvio Lancellotti
81. **O juiz e o seu carrasco** – Friedrich Dürrenmatt
82. **Noites brancas** – Dostoiévski
83. **Quadras ao gosto popular** – Fernando Pessoa
84. **Romanceiro da Inconfidência** – Cecília Meireles
85. **Kaos** – Millôr Fernandes
86. **A pele de onagro** – Balzac
87. **As ligações perigosas** – Choderlos de Laclos
88. **Dicionário de matemática** – Luiz Fernandes Cardoso
89. **Os Lusíadas** – Luís Vaz de Camões
90.(11). **Átila** – Éric Deschodt
91. **Um jeito tranqüilo de matar** – Chester Himes
92. **A felicidade conjugal** seguido de **O diabo** – Tolstói
93. **Viagem de um naturalista ao redor do mundo** - vol. 1 – Charles Darwin
94. **Viagem de um naturalista ao redor do mundo** - vol. 2 – Charles Darwin
95. **Memórias da casa dos mortos** – Dostoiévski
96. **A Celestina** – Fernando de Rojas
97. **Snoopy (6)** – Charles Schulz
98. **Dez (quase) amores** – Claudia Tajes
99. **Poirot sempre espera** – Agatha Christie
700. **Cecília de bolso** – Cecília Meireles
701. **Apologia de Sócrates** precedido de **Êutifron e** seguido de **Críton** – Platão
702. **Wood & Stock** – Angeli
703. **Striptiras (3)** – Laerte
704. **Discurso sobre a origem e os fundamentos da desigualdade entre os homens** – Rousseau
705. **Os duelistas** – Joseph Conrad
706. **Dilbert (2)** – Scott Adams
707. **Viver e escrever (vol.1)** – Edla van Steen
708. **Viver e escrever (vol.2)** – Edla van Steen
709. **Viver e escrever (vol.3)** – Edla van Steen
710. **A teia da aranha** – Agatha Christie
711. **O banquete** – Platão
712. **Os belos e malditos** – F. Scott Fitzgerald
713. **Libelo contra a arte moderna** – Salvador Dalí
714. **Akropolis** – Valerio Massimo Manfredi
715. **Devoradores de mortos** – Michael Crichton
716. **Sob o sol da Toscana** – Frances Mayes
717. **Batom na cueca** – Nani
718. **Vida dura** – Claudia Tajes
719. **Carne trêmula** – Ruth Rendell
720. **Cris, a fera** – David Coimbra
721. **O anticristo** – Nietzsche
722. **Como um romance** – Daniel Pennac
723. **Emboscada no Forte Bragg** – Tom Wolfe
724. **Assédio sexual** – Michael Crichton
725. **O espírito do Zen** – Alan W. Watts
726. **Um bonde chamado desejo** – Tennessee Williams
727. **Como gostais** – Shakespeare
728. **Tratado sobre a tolerância** – Voltaire
729. **Snoopy: Doces ou travessuras? (7)** – Charles Schulz
730. **Cardápios do Anonymus Gourmet** – J.A. Pinheiro Machado
731. **100 receitas com lata** – J.A. Pinheiro Machado
732. **Conhece o Mário?** vol.2 – Santiago
733. **Dilbert (3)** – Scott Adams
734. **História de um louco amor** seguido de **Passado amor** – Horacio Quiroga
735.(11). **Sexo: muito prazer** – Laura Meyer da Silva
736.(12). **Para entender o adolescente** – Dr. Ronald Pagnoncelli
737.(13). **Desembarcando a tristeza** – Dr. Fernando Lucchese
738.(11). **Poirot e o mistério da arca espanhola & outras histórias** – Agatha Christie
739. **A última legião** – Valerio Massimo Manfredi
740. **As virgens suicidas** – Jeffrey Eugenides
741. **Sol nascente** – Michael Crichton
742. **Duzentos ladrões** – Dalton Trevisan
743. **Os devaneios do caminhante solitário** – Rousseau
744. **Garfield, o rei da preguiça (10)** – Jim Davis
745. **Os magnatas** – Charles R. Morris
746. **Pulp** – Charles Bukowski
747. **Enquanto agonizo** – William Faulkner
748. **Aline: viciada em sexo (3)** – Adão Iturrusgarai
749. **A dama do cachorrinho** – Anton Tchékhov
750. **Tito Andrônico** – Shakespeare
751. **Antologia poética** – Anna Akhmátova
752. **O melhor de Hagar 6** – Dik e Chris Browne
753.(12). **Michelangelo** – Nadine Sautel
754. **Dilbert (4)** – Scott Adams
755. **O jardim das cerejeiras** seguido de **Tio Vânia** – Tchékhov
756. **Geração Beat** – Claudio Willer
757. **Santos Dumont** – Alcy Cheuiche
758. **Budismo** – Claude B. Levenson
759. **Cleópatra** – Christian-Georges Schwentzel
760. **Revolução Francesa** – Frédéric Bluche, Stéphane Rials e Jean Tulard
761. **A crise de 1929** – Bernard Gazier
762. **Sigmund Freud** – Edson Sousa e Paulo Endo
763. **Império Romano** – Patrick Le Roux
764. **Cruzadas** – Cécile Morrisson
765. **O mistério do trem azul** – Agatha Christie
766. **Os escrúpulos de Maigret** – Simenon
767. **Maigret se diverte** – Simenon
768. **O senso comum** – Thomas Paine
769. **O parque dos dinossauros** – Michael Crichton
770. **Trilogia da paixão** – Goethe

IMPRESSÃO:

Gráfica Editora Pallotti
IMAGEM DE QUALIDADE

Santa Maria - RS - Fone/Fax: (55) 3220.4500
www.pallotti.com.br